正外部性的经济法
激励机制研究

Research on the Incentive Mechanism of Positive
Externality in Economic Law

胡元聪　著

人民出版社

国家社科基金后期资助项目
出版说明

后期资助项目是国家社科基金设立的一类重要项目，旨在鼓励广大社科研究者潜心治学，支持基础研究多出优秀成果。它是经过严格评审，从接近完成的科研成果中遴选立项的。为扩大后期资助项目的影响，更好地推动学术发展，促进成果转化，全国哲学社会科学工作办公室按照"统一设计、统一标识、统一版式、形成系列"的总体要求，组织出版国家社科基金后期资助项目成果。

全国哲学社会科学工作办公室

前　言

本书稿是笔者十年锱铢积累的心血成果,适逢建党百年,谨以此著作向伟大的中国共产党百年华诞献礼!

2021年是中国共产党成立100周年。我国全面建成小康社会,中华民族实现千年梦想。面对世界百年未有之大变局,神州风景这边独好。站在两个一百年交汇点,中华文明璀璨辉煌。纵览中国法律思想史,"正外部性""法律激励"思想在《周易》中早有体现,溯源中国成文立法史,夏启军令中激励规范已有雏形。历史长河中激励型法律制度源远流长、革新不止。当《国家勋章和国家荣誉称号法》将"国家勋章"和"国家荣誉称号"规定为国家最高荣誉、当党内最高荣誉"七一勋章"被授予为党和人民作出杰出贡献的共产党员,共和国激励法治化、制度化迈进新时代。不断创新完善的正外部性经济法激励机制,激发了一切为实现中华民族伟大复兴"中国梦"所需的活力、动力和潜力。

欣逢盛世,不负韶华。谨遵总书记的教导,笔者将以"四有好老师""四个引路人"标准,严以要求自我对照,执着于教书育人,保持热爱教育的定力、淡泊名利的坚守,做新时代高等教育的实践者,把论文写在祖国大地上,做新时代习近平法治思想的传播者。本著作旨在为提高我国国家治理体系和治理能力现代化水平尽一己之力,真诚希望其出版能引发更多学者对激励型法律制度的研究热潮,推出更多法律制度的"中国创造",让越来越多世界制度文明背景下的"中国之治""中国智慧"和"中国方案"竞相涌现,为人类社会发展贡献更多中国特色的优良法律制度,展示中国风格,彰显中国气派。

2021年7月于西南政法大学敬业楼

序 一

市场失灵在我国市场经济条件下仍然普遍存在,然而无论是在国内还是在国外,学者们在研究市场失灵的制度克服时,一般都集中在垄断、公共产品供给不足、社会分配不公、信息失灵的矫正制度健全方面,对于其中外部性问题制度解决的研究却显得较少。而胡元聪在其攻读博士学位期间,就用了很大的精力去研究外部性问题的经济法解决进路。该选题也获得了2009年教育部人文社科项目的资助,其最终成果《外部性问题解决的经济法进路研究》一书也已出版。该书在一定程度上弥补了外部性问题经济法克服方面缺少系统研究的缺陷。如今呈现在读者面前的《正外部性的经济法激励机制研究》则是胡元聪教授将正外部性与经济法激励相结合进行研究而撰写的另一部力作,其于2018年入选国家社科基金后期资助项目。该成果的出版无疑有利于丰富正外部性经济法激励机制的理论内涵和实践意蕴。

外部性有正外部性和负外部性之分。从法学角度讲,负外部性问题的解决更多的是需要法律的约束和抑制,而正外部性问题的解决更多的是需要法律的激励和促进。一般来说,负外部性容易引起人们的注意,法律会主动或被动地对其进行规制;反之,正外部性在很多时候却被人们所忽视,法律一般也不会主动去进行规制。因此,对正外部性进行激励更多的是通过道德规范去维系的,而这样又往往会导致正外部性供给的严重不足。故此必须完成从"主要依靠道德激励正外部性"到"主要依靠法律激励正外部性"的转变。我很高兴地看到本书在这方面进行了深入的研究和有益的尝试。在我看来,正外部性的经济法激励实际上涉及到法律的功能问题。众所周知,学者较多关注的是法律的惩罚功能,而较少关注法律的激励功能,然而法律的激励功能在经济法中体现得非常充分。因此,对本书的研究我给予充分的肯定和鼓励。

纵观全书,作者采取了层层递进的思路展开研究,首先刈经济学、伦理学以及法学视野下正外部性的含义、激励进路以及局限进行了诠释,并在此基础上对正外部性的法律激励进行理论梳理和立法考察;对正外部性的民法、行政法和刑法的激励进路的效果进行了比较,进而阐述了正外部性经济法激励的独特属性;接下来阐释了正外部性经济法激励的理论基础、基本原则及价值目标；然后从激励文本与激励方式的视角，剖释了正外部性经济法激励的实现路径；最后，针对正外部性经济法激励运行的核心要素进行了解析，并探讨了正外部性经济法激励的诉讼机制。

迄今为止，据我看来，鲜见国内学者对正外部性的经济法激励机制进行这样系统的探讨。本书既有理论价值也有实践意义，具体讲其主要有如下特点：

第一，注重对新兴领域的研究，使本论题具有了新颖性。作者重视了法学界少有关注问题的研究，这主要体现在两个方面：一是作者用很大精力关注了市场失灵中正外部性经济法激励问题的研究，这实际上是一个容易被忽视的学术研究领域。在我看来，市场失灵中负外部性的经济法克服至关重要，而正外部性的经济法激励也应当引起重视。二是作者对法律尤其是经济法的激励功能给予了充分重视。这也恰恰是学者们关注不多的学术研究领域。许多学者没有充分看到法律尤其是经济法激励功能的特殊之处。可以认为，作者对法学研究领域新兴问题的研究为我们提供了一个新的研究话题，进而也丰富了经济法理论框架的内涵意蕴。

第二，注重对交叉学科的研究，使本论题具有了前沿性。"正外部性"原本属于经济学研究的对象。作者将其与其他学科包括经济法学勾联起来进行研究，从而赋予了经济法学开放性的品格。就"正外部性"而言，它的内涵十分丰富，不同学科都可以对它的内涵进行揭示。本书从权利和义务视角对本属于经济学术语的"正外部性"进行了法学视域的界定。目前见诸于有关法律激励的文本中仍然存在着许多激励内容和标准并不统一的现象，而作者能够将正外部性作为法律激励的一个重要前提进行研究，这必将为法律激励确立一个明确的目标，从而完善法律激励客体的相关理论。

第三，注重多种研究方法的综合运用，使本论题的研究方法具有多样性。作者运用法学与经济学的关联性，解释了正外部性的经济法激励现象，从而使经济法作为"克服市场失灵之法"的理论与实践都得到了具有说服力的阐释；作者运用比较研究方法，阐述了各个部门法在激励正外部性方面的不同功能，为经济法激励独特属性的研究奠定了理论基础；作者运用统计学研究方法，统计、梳爬并归纳了古今中外激励性法律规范所具有的内在规律；作者运用类型化研究方法，总结出了法律激励文本和激励方式的相关规律。这些无疑是对先前学者所倡导的革新法学研究方法的一种有益实践。

外部性作为市场失灵的一个普遍现象，是中外经济学家所共同关注的一个问题，然而在自然科学与社会科学之间以及法学各个学科之间正在日益走向交叉融合的今天，外部性的话语权不应当被经济学所独占。寻求外部性问题的合理解决,同样是经济法学人义不容辞的责任。我作为胡元聪的博士生导师,对他在写作过程中展示出坚定的学术勇气、创新的研究智慧感到十分欣慰!在本书稿付梓之际,我也希望能有更多的经济法学人针对本书的选题进行更加深入的研究。

　　是为序。

全国杰出资深法学家
西南政法大学教授

2020 年 2 月 8 日

序　二

胡元聪博士所撰《正外部性的经济法激励机制研究》一稿，完成了主题之始既定的研究构想，全面诠释了经济法所内蕴的正外部性激励规定，对若干偏离相关法理的观点进行了剖析，并将其上升到有关规定与法学基本理论的重要关系的层面。这不仅对经济法学的理论研究具有开拓性的意义，而且对激励法学的研究具有启发性作用。在此基础上进一步发展，其对法理学的创新也提供了重要的启示。综观全文，窃以为其主要特点有以下几个方面：

一为显明的开拓性。胡元聪博士是我国最早研究农业法中的激励功能的青年学者。此后，他一直关注激励法学在我国的发展，不断收集相关资料进行综合的开拓性的研究。可以说在研究内容方面已经从农业法上升到了对整个经济法进行其内含的激励机制及法律规范的研究，也可以说他是这一研究范围的我国的开拓人。其著作可视为对经济法、激励法交叉研究的奠基性文稿。

二为资料的翔实性。该稿所涉理论，均建立在对古今中外有关资料的全面搜集、仔细分析并做理论提升的基础之上，是本人比较关切的关于法律激励文论中的优秀之作。这一点不仅可以见诸本稿，还可见诸作者的其他与法律激励有关的文稿上。

三为研究方法的创新性。该稿不仅奠基于经济法学的研究现状，而且运用了历史分析、社会学分析与比较分析的方法。这在同类研究文稿中是不多见的。研究方法之与研究范围的完美结合，应该是每一个学者关切的重要问题，可惜真正注意者不多，或者列出这样那样的"研究方法"，但却不一定真正贯彻到实际研究中，或未能充分体现在研究成果上。在这一方面，我以为胡元聪博士的此稿是做得比较认真而且是成效卓著的。

此外，该课题研究之新颖性、学术上的规范性以及对法理学、经济法学、激励法学的贡献，是显然可见的，此处就不一一赘述了。

上海政法学院终身教授

2019 年 10 月 21 日

内 容 提 要

市场失灵的经济法克服是经济法学研究中的基本理论问题。外部性属于市场失灵的典型表现形式。外部性分为正外部性与负外部性,其中负外部性由于涉及供体对受体的侵权而使得受体感觉"明显",因此受体通过法律方式解决负外部性的诉求就非常强烈,因而法律会积极地进行约束。相反,正外部性由于是供体的行为使得受体获益,一般不被认为是受体对供体的侵权而使得供体感觉不一定"明显"。因此供体通过法律方式激励正外部性的诉求也就不一定强烈,故而法律就不会积极地进行激励。这样导致太多的正外部性由于缺少法律激励而处于尴尬境地,出现了人们日益增长的对于正外部性的需要与正外部性供给不足之间的矛盾。在习近平总书记大力倡导"激发社会正能量"的今天,对属于市场失灵的正外部性的经济法激励机制进行深入系统研究也就非常必要。因此,本书试图从多维度多角度视域探索正外部性激励的经济法进路。

本书分为七章。第一章考察经济学、伦理学和法学学科对正外部性的多维学科揭示并对经济学、伦理学和法学关于正外部性的激励进路及其局限进行诠释。第二章对正外部性法律激励进路的部门法效果进行比较并分析经济法激励进路的独特属性。第三章对正外部性经济法激励的理论基础、基本原则及价值目标等进行阐释。第四章阐述正外部性经济法激励的逻辑理路并"展示"古今中外经济法激励正外部性的立法图景。第五章对正外部性经济法激励的法律文本进行梳爬并对其激励方式进行剖释。第六章探讨正外部性经济法激励运行中的核心要素。第七章讨论正外部性经济法激励的诉讼机制。具体来看:

第一章　正外部性的多维含义揭示与激励进路诠释。本章主要考察经济学、伦理学和法学对外部性的揭示并分别介绍三种不同的激励进路及其各自的局限。结论是:正外部性的激励在各个学科均有一定的研究,当前缺乏法学视角下正外部性激励进路的系统研究,因此本部分的研究可以为下文正外部性法律激励的研究奠定基础。

第二章　正外部性激励的立法梳理、部门法比较及经济法激励的独特属性。本章首先考察梳理中国正外部性法律激励立法并进行规律总结。然后在此基础上对正外部性法律激励进路的部门法效果进行比较,分析民法、行政法、刑法在正外部性激励方面存在的局限和其中的原因并进行效果评价。最后分析经济法激励进路的独特属性,包括激励进路优势、激励进路选择及激励进路限度。结论是:民法、行政法和刑法基于其价值目标、本位理念等原因,在激励正外部性方面确实存在着比较明显的局限性。反之,经济法却有其独特优势,尽管也有一定的局限性。

第三章　　正外部性经济法激励的理论基础、基本原则及价值目标。本章首先论述正外部性经济法激励的理论基础,包括政治学、经济学、社会学、伦理学和法理学基础。然后论述正外部性经济法激励的基本原则,本书重点选择论述正外部性经济法激励涉及到的资源优化配置原则、国家适度干预原则、社会本位原则以及可持续发展原则。最后论述正外部性经济法激励的价值目标,本书重点论述正外部性经济法激励实现的公平价值、效益价值、人权价值和正义价值。结论是:正外部性的经济法激励理论与经济法诸多基础理论有着逻辑上的紧密勾连,其可以为下文具体制度的创新与完善提供理论支撑。

第四章　　正外部性经济法激励的逻辑理路与立法图景。本章首先从经济法激励功能、经济法赏罚关系及经济法责任规则三个视角阐释正外部性经济法激励的逻辑理路。然后考察梳理古今中外经济法激励正外部性的立法情况,包括激励的法律溯源及现实样态,尤其是在重点梳爬后“展示”中国 1979-2018 年共 40 年的正外部性经济法立法图景并进行规律总结。结论是:古今中外的法律中普遍存在着具有经济法属性的激励性条文并有其自身特点和发展规律,因此无论是从理论视域还是立法视野,经济法都在激励正外部性方面不断进行着理论突破和制度创新。

第五章　　正外部性经济法激励的文本梳爬与方式剖释。本章首先对正外部性经济法激励进行立法考察。这里以 1979—2018 年通过的“经济法”为对象,主要是类型化考察其含有“激励”属性的法规、法条情况并进行比较分析。然后对激励方式进行类型化分析,总结出三大类别、八种具体激励方式并进行比较分析。最后对正外部性经济法激励的法律文本与激励方式的关联情况进行考察分析。结论是:经济法中包含丰富的激励性法律规范,可概括为八种类型的激励方式,它们在现实中实实在在地发挥着激励功能。

第六章　　正外部性经济法激励运行中的核心要素。本章首先分析确保正外部性经济法激励良性运行的几大核心要素,包括激励主体、激励目的、激励客体、激励对象、激励标准、激励程序、激励资金、激励效益以及激励责任等。然后分析几大核心激励要素存在的问题,如激励主体不明确、激励力度不够大、激励标准不统一、激励程序不规范、激励资金不充足、激励效益不够高以及激励责任较模糊等等。最后提出以上几大核心激励要素的优化路径,即明确激励主体、加大激励力度、统一激励标准、规范激励程序、增加激励资金、提高激励效益以及强化激励责任等。结论是:务必正视确保我国正外部性经济法激励良性运行的核心要素存在的几个问题。只有采取切实可行的措施进行制度完善,才能保证正外部性经济法激励目标的有效实现。

　　第七章　正外部性经济法激励的诉讼机制。本章首先结合现实中一些正外部性经济法激励纠纷案例,分析正外部性经济法激励诉讼存在的理论障碍和制度缺陷,如传统诉讼机制解决正外部性激励诉讼案件具有局限性,因此主张构建新型公益经济诉讼机制从而解决前述问题。然后分析正外部性经济法激励的传统公益经济诉讼机制存在的问题。最后提出具体的优化措施,具体涉及原告和被告适格标准、举证责任、法院处理职权、审判庭组织人员、诉讼费用承担以及诉讼激励机制等几个方面。结论是:基于正外部性经济法激励诉讼案件的公益性,公益经济诉讼能够担当重任,但是也需要突破传统公益经济诉讼机制的窠臼并进行制度的变革创新。

Abstract

Overcoming the market failure by means of economic law is a basic theoreticalissue in the study of economic law. As a typical form of market failure, externality is divided into positive externality and negative externality. The former makes the recipient feel "obvious" because it involves the infringement of the donor on the recipient. Therefore, the demand of the receptor to solve negative externalities through legal means is very strong, and the law will actively suppress it. On the contrary, positive externalities, since being the behavior of the donor that benefits the recipient, is not generally considered that the recipient infringes on the donor, so that the donor's feeling is not necessarily "obvious". Therefore, the demand of the donor to stimulate positive externalities through legal means is not necessarily strong and the law will not actively stimulate. The lack of legal incentives happens to positive externalities, which forms a contradiction between people's increasing demand for positive externalities and the insufficient supply of positive externalities. Today, with General Secretary Xi Jinping's vigorous advocacy of "stimulating positive energy in society", it is necessary to make a deep and systematic study on the positive externalities of the economic law incentive. Under such context, this book attempts to explore the economic law approach of positive externality incentive from the perspective of multi-dimension and multi-angle.

The book is divided into seven chapters. The first chapter investigates the multi-disciplinary revelation of positive externalities and explains the motivation and limitation of positive externality in economics, ethics and law. Chapter two compares the effect of positive externality indifferent laws and analyzes the unique nature of economic law. Chapter three expounds the theoretical basis, basic principles and value objectives of positive externality economic law incentive. The fourth chapter demonstrates the logical mechanism of positive externality incentive of economic law and shows the legislative prospect of positive externality incentive of economic law in ancient and modern China and foreign countries. Chapter five combs the legal text of positive externality economic law incentive and explains its incentive methods. Chapter six discusses the core elements of positive externality economic law. Chapter seven discusses the litigation mechanism of positive externality incentive in economic law. Furtherly:

Chapter one: multi-dimensional implication of positive externalities and interpretation of incentive approach. This chapter mainly investigates the revelation of externalities by economics, ethics and law, and introduces three different incentive approaches and their limitations respectively. The conclusion is: Positive externality incentive has been studied in various disciplines. At present, there is a lack of systematic research on positive externality incentive path from the perspective of law. So this study is hopeful to make a foundation for the legal incentive of positive externality.

Chapter two: the legislative history of positive externality incentive, department law comparison and unique attributes by means of economic law. This chapter firstly reviews and summarizes the laws of positive externality incentive legislation in China. It then compares the effect of department law of positive externality legal incentive approach. This book analyzes the limitations of positive externality in civil law, administrative law and criminal law, analyzes the reasons and evaluates the effects. Finally, the book analyzes the unique attributes of the incentive path of economic law, including advantages of incentive, incentive choice and its' limitation .The conclusion is: From the perspective of positive externality, civil law, administrative law and criminal law have obvious limitations based on their value objectives and principles. On the other hand, despite of its inherent limitation of course, economic law has its distinctive attributes.

Chapter three: theoretical basis, basic principles and value objectives of incentive of positive externality economic law. This chapter first discusses the theoretical basis of the incentives of positive externality by means of economic law, including the basis of politics, economics, sociology, ethics and jurisprudence. Then it discusses the basic principle of positive externality of incentive by means of economic law. This book mainly discusses the principle of optimal allocation of resources, the principle of moderate state intervention, the principle of social standard and the principle of sustainable development involved in the incentive of positive externality by means of economic law. Finally, it discusses the value goal of the incentive of positive externality by means of economic law, focusing on the fair value, benefit value, human rights value and justice value realized by the incentive of positive externality by means of economic law. The conclusion is: The incentive theory of positive externality by means of economic law is logically closely connected with many basic theories of economic law, which can provide theoretical support for the innovation and improvement of the specific system for the following chapters.

Chapter four：logical mechanism and legislative prospect of positive externality incentive by means of economic law. This chapter first explains the logic of positive externality of economic law from three perspectives：incentive function of economic law，relationship of reward and punishment of economic law and liability rules of economic law.Then，the legislation of economic law on the positive externalities of incentives in both ancient and modern China and foreign countries is reviewed，including the legal source and reality of incentives. In particular，the legislative picture of the positive externalities of incentives in China's economic law in the past 40 years from 1979 to 2018 is analyzed and summarized.The conclusion is：There are incentive provisions with the property of economic law in the laws of ancient，modern and foreign countries，and they have their own characteristics and development rules.Therefore，no matter from the perspective of theory or legislation，economic law is constantly making theoretical breakthroughs and institutional innovations in encouraging positive externalities.

Chapter five：the text analysis and methodological explanation of the positive externality economic law. The positive externality of the economic law incentive legislation is firstly studies in this chapter. The " economic laws" adopted from 1979 to 2018 are taken as the object of study，from which the laws and regulations that contain the attribute of " incentive" are compared and analyzed. Then，it makes a typological and comparative analysis of incentive modes，summarizes three categories and eight specific incentive types. Finally，it analyzes the correlation between the legal text of positive externality economic law incentive and incentive methods. The conclusion is：There are abundant incentive legal norms in economic law，which can be classified in eight types of incentive method with an incentive function in reality.

Chapter six：the core elements in the incentive operation of positive externality economic law. This chapter firstly analyzes several core elements of incentive in positive externality economic law，including incentive subject，incentive purpose，incentive object，incentive target，incentive standard，incentive procedure，incentive fund，incentive benefit and incentive responsibility，etc. Then it analyzes the problems existing in several core incentive elements，such as unclear incentive subject，insufficient incentive intensity，inconsistent incentive standard，irregular incentive procedure，insufficient incentive funds，insufficient incentive efficiency and fuzzy incentive responsibility. Finally，for the aforementioned several core incentive elements，improvement advices are put forward，namely，clarifying incentive subjects，strengthe-

ning incentive strength, unifying incentive standards, standardizing incentive proce-
dures, increasing incentive funds, improve incentive efficiency and strengthening in-
centive responsibilities. The conclusion is: In order to realize the incentive target of
positive externality in economic law, it is necessary to face up to the problems of the
core elements of the incentive law in China and take practical measures to improve
the system, so as to ensure the effective realization of the incentive target of positive
externality in economic law.

Chapter seven: litigation mechanism of positive externality economic law.
Some cases of positive externality economic law incentive in daily life are listed at the
beginning to demonstrate the theory obstacles and system defect of positive externality
economic law incentive litigation mechanism, such as traditional litigation mechanism
are with some defect to solve positive externality incentive litigation cases, hence it
proposes to build a public interest economic litigation mechanism to solve such prob-
lems. Then the chapter analyzes the positive external economic law incentive mecha-
nism of public interest economic litigation problems. Finally, specific optimization
measures are put forward, including the suitability standard of the plaintiff and de-
fendant, the burden of proof, the court's handling functions and powers, the
organization of the trial court, litigation costs and litigation incentive mechanism. The
conclusion is: Based on the public welfare of positive external litigation cases, public
economic litigation can bear the heavy burden, but there is also necessity to make
some breakthroughs of the traditional litigation mechanism, so as to reform and inno-
vate the system.

目　　录

导　论

一、问题展示与研究价值

（一）为什么需要激励正外部性的法律

正外部性普遍存在，需要法律的激励。2019 年 9 月，袁隆平等人获得中华人民共和国国家勋章、国家荣誉称号。2020 年 9 月，钟南山等人获得此类殊荣。这是《中华人民共和国国家勋章和国家荣誉称号法》（以下简称《国家勋章和国家荣誉称号法》）在我国经济建设、政治建设、文化建设和社会建设中的具体落实，是对袁隆平、钟南山等人为国家做出巨大贡献的激励。习近平总书记强调，要大力激发社会正能量，为实现"中国梦"提供强大精神动力。[①] 习近平总书记还指出，中国要坚定不移走中国特色自主创新道路……鼓励人才把自己的智慧和力量奉献给实现"中国梦"的伟大奋斗。[②] 要激发社会正能量，要实施创新驱动发展战略，必须首先完善激励创新的法律，因为创新具有极强的正外部性，如果法律缺失和不足，创新得不到激励，社会可能会迟滞不前而这势必影响到创新国家的实现。因此，要激励创新，制度必先行[③]，即必须构建完善的激励诸如创新之类正外部性的法律。同时，在现实社会中除了各类创新以外，其他正外部性[④]更是普遍存在，如无偿捐赠、无偿献血、植树造林、农业种植、农业产业投资等等。这些

① 习近平：《大力激发社会正能量》，http://news.xinhuanet.com/mrdx/2013 - 03/07/c_132214177.htm。

② 《习近平、李克强、张德江、俞正声、刘云山、王岐山、张高丽分别看望出席全国政协十二届一次会议委员并参加讨论》，《人民日报》2013 年 3 月 5 日。

③ 要降低和消除创新过程中的不确定性，缩短创新过程的时滞，促进成果的转化，必须有国家之手的干预。参见许多奇：《新税制改革与创新驱动发展战略》，《中国社会科学》2018年第 3 期。

④ 需要说明的是，本书探讨的正外部性的法律激励与管理学上对员工的制度激励是不同的。本书探讨的正外部性行为除了基于一般的"经济人"假设之正外部性行为，还包括基于新人性假设的正外部性行为。后者的假设不同于"经济人"的"逐私利性"而是"道德人"的"逐公益性"。参见程江：《激励的本质与主体性的转化：以道德为本的激励哲学及操作模式研究》，南开大学出版社 2014 年版，第 22 页。

正外部性的存在产生了巨大的社会效益,基于法律制度应有的公平正义理念,也需要对其进行激励。换言之,我们需要让生活变得更美好的利他性道德行为得到宏扬,但这种目标不能仅在道德内部寻找动力,必须超越道德,走入法律。① 即实现从依靠道德激励正外部性到依靠法律激励正外部性的转变。

法律具有激励功能,可以激励正外部性。关于"法律是支持了进步还是否定了文明",言人人殊、莫衷一是。"激励法学"的提出者和深入研究者倪正茂指出,法律不是人类从地狱唤出折磨自己的魔鬼,而是从天堂请得的增进自身福利的天使。② 但是现实中,"法律是恶"的观点似乎更占主流。有学者对"激励法"也提出了不同的观点,他们认为激励实际上是惩罚恶。"赏从表面上看,是对有功者的奖励。实际上赏是对无功者的惩罚,是法或刑的变种"。③ 当然这里也体现出法律之奖与惩的相对性和辩证性。事实是,中国古代的思想家虽然派别林立,但在"赏罚并用"思想方面却高度一致,这也说明,法律激励正外部性具有必要性以及法律也能够激励正外部性。

(二) 正外部性经济法激励机制研究的价值

现实生活中,"道德人"④的存在使得正外部性随处可见。也可以说,我们每天都在"享受"着正外部性,甚至离开正外部性会使我们寸步难行。但是,市场主体的"经济人"⑤本性使得正外部性的供给和激励难以自发实现,人们更多关心自己得到正外部性的多少,而较少关注自己对正外部性"贡献"的多少。从经济学角度看,正外部性的存在会造成资源配置效率低下,

---

① 王方玉:《利他性道德行为的法律激励——基于富勒的两种道德观念》,《河北法学》2013年第5期。
② 倪正茂:《激励法学要言》,《东方法学》2009年第1期。
③ 参见刘大生:《法律层次论》,天津人民出版社1993年版,第104页。作者的观点表明赏罚具有可以互相转化的特性。按照这种逻辑,我们也可以说:惩罚从表面上看,是对有过错者的惩罚。实际上惩罚也是对无过错者的奖励,是激励的变种。还有学者也认为,《消费者权益保护法》关于"双倍赔偿"的规定与其说是对生产者或销售者的惩罚,还不如说是对消费者的奖励。参见谢晓尧:《惩罚性赔偿:一个激励的观点》,《学术研究》2004年第6期。
④ "道德人揭示了市场主体接受道德约束的必要性,从而对人们的经济行为进行道德与伦理评价,这种评价作为价值判断也成为经济法规范的构成要素之一。"参见岳彩申:《论经济法的形式理性》,法律出版社2004年版,第85页。
⑤ "经济人"是作为利益的承担者而出现的社会成员,是奉行'人为自己而存在'、'世界为我而存在',以利己的自我主张为目标的人的存在。"参见[日]川岛武宜:《现代化与法》,王志安等译,中国政法大学出版社1994年版,第10页。

从法学角度看,正外部性的存在容易在供给主体和接受主体之间造成权利不清和利益失衡的情形,进而影响正外部性的充分持续供给,甚至影响社会的稳定与和谐以及更高层面的"人类命运共同体"的构建。

构建充满正能量的社会是各个学科共同努力的目标,其途径之一是必须通过法律对正外部性①进行激励②来实现,在当今中国已经由"熟人社会"步入"陌生人社会"的现实社会环境下更是如此。因为,在熟人社会,人们基于情感和道德因素对于正外部性可能会主动地进行补偿。但是在陌生人社会,这种主动补偿的意愿就大大减少,因此就更需要依靠法律而不是道德进行激励。

这里所谈的正外部性的激励可以上溯至我国的古代社会。"投我以木桃,报之以琼瑶""兼相爱,交相利"无疑可以称得上是我国古人关于正外部性激励的典型格言警句。今天,仅仅依靠伦理道德规范显然已经不能够激励人们需求日益增多的正外部性了,如承包荒沙地植树造林而激励不足面临的法律难题表明,生态受益的人们不会主动补偿植树造林者并帮助其偿还植树造林贷款。食品安全有奖举报成功的例子也表明,对于正外部性的法律激励确有必要。因此,探讨正外部性经济法激励机制具有重要的理论价值和实践价值。

首先,在理论价值方面,该书的研究可以丰富经济法学和激励法学的基础理论。外部性(包括正外部性和负外部性)是市场失灵的重要表现之一,而尤其是其中正外部性的制度激励没有引起学界足够的重视,这使得目前在我国有关正外部性经济法激励的文献并不多见,更不说系统论述正外部性经济法激励机制的专著。易言之,从法学角度尤其是经济法学角度对正外部性激励机制的研究欠系统、欠深入。正如"传统法学理论……对于奖励,也少见将其上升为法学理论加以研究,法律规范结构理论长期将其排斥在法律规范结构之外"③。这就为正外部性经济法激励机制留下了很大的研究空间。本书的研究旨在系统、深入地考察和认识经济法激励正外部性的理论基础、基本原则、价值目标、逻辑理路、文本体现、具体路径以及实现机制等,从而夯实"经济法是克服市场失灵之法"的理论基石,并在此基础上构建正外部性经济法激励机制的理论体系和制度框架,因此这对经济法

---

① 本书主要研究的是正外部性的经济法激励问题。我们发现,对于正外部性的法律激励,似乎并没有像负外部性的法律约束一样受到关注。从经济法律法规的条文就可以看出,对于正外部性激励方法之一的经济法奖励措施还不够多并且已有内容很宏观。不过,这个问题在所有法律中均有体现。正如弗里德曼所言,法学研究总的来说对奖赏注意不多。

② 关于"正外部性的激励",有学者也用"正外部性的内部(在)化""正外部性的弥补""正外部性的补偿""正外部性的规制"等来表达。本书认为正外部性是一个需要激励的问题,所以本书认为用"激励"一词更为恰当。

③ 漆多俊:《经济法基础理论》,武汉大学出版社1993年版,第145页。

学研究具有开拓意义,同时对激励法学研究也具有启发意义。

其次,在实践价值方面,该书的研究有利于构建充满正能量的社会。"正能量"本属于物理学科的一个普通词汇,但是,在习近平总书记的倡导下,其已经延伸为一切予人向上和希望,让梦想变成现实和生活变得圆满幸福的动力和感情。我们要完成党和国家擘画的各项重大目标和任务以实现"中国梦"就迫切需要激发正能量。充满正能量的社会也应该是人类的永恒追求,其目标是基于人类命运共同体理念基础上的人类和谐,这与对正外部性进行激励的目标恰好完全契合。充满正能量的社会的构建需要各个学科,甚至也需要法学学科中各个部门法学科之间的通力合作。因为,人们迫切需要"正能量",但现实社会仍然是一个对正能量激励还不十分足够,即对正外部性激励尚有不足的社会,而这必然会影响到社会的和谐和人类命运共同体的构建。"在行为塑造方面,激励比惩罚更有效果"①,对正外部性的激励有赖于正义制度的供给,而经济法则可以通过激励正外部性实现社会的满满正能量。总之,实践没有止境,理论创新也没有止境②。本书的研究,能够对我国制定、修改和完善激励型法律规范提供智慧支持,以推动经济法激励功能的充分发挥。其还可以激励生产、分配、交换和消费领域的正外部性,加快激发市场主体活力,促进各类要素活力竞相迸发,从而实现解放生产力③、推动经济高质量发展的目标,最终推进我国国家治理体系和治理能力的现代化,构建充满正能量的社会。

二、研究现状与文献评价

(一)国外研究现状与文献评价

事实上,对于正外部性激励的研究,经济学学者、管理学学者多于法学学者。因此,从法学角度研究正外部性激励的文献并不多见。正如弗里德曼所言:"法学研究总的来说对奖赏注意不多……法律制度似乎使用惩罚

---

① Kastlunger, B., et al. "What Goes Around Comes Around? Experimental Evidence of the Effect of Rewards on Tax Compliance." Public Finance Review 39.1 (2011) :150-167.

② 习近平:《习近平谈治国理政》(第三卷),外文出版社2020年版,第21页。

③ 解放生产力就是排除、克服、革掉生产力得以发挥发展的阻力、束缚、桎梏,为生产力的发挥发展创造良好的社会条件。习近平总书记强调,解放和发展社会生产力,是社会主义的本质要求。我们要激发全社会创造力和发展活力,努力实现更高质量、更有效率、更加公平、更可持续的发展。参见习近平:《习近平谈治国理政》(第三卷),外文出版社2020年版,第28页。因此,完善激励型法律制度也是解放生产力的重要手段。

比奖赏多。"①但是,其他学科的相关研究为法学学科的研究提供了思想和理论基础。在经济学学科,学者们形成了包括以法律制度激励功能为主要命题的制度经济学、以"委托——代理"模型为基础的信息经济学(也称激励经济学)、以行为科学和经济学为基础的行为经济学。② 法国经济学家拉丰就认为,经济学在很大程度上已经成为研究激励问题的学科。③ 管理学学科的理论资源主要来自于组织行为学和心理学上的激励理论。在组织行为学领域,罗宾斯认为激励是组织行为学领域最常研究的主题之一。④ 波特认为,激励是组织管理领域重要的研究课题,在整个20世纪得到了大量关注,并变得越来越流行。⑤ 在心理学学科,19世纪末出现了实证心理学,他们试图用实证的方法阐明预测行为变量之间的关系,提出了基于本能论的激励理论。代表人物有威廉·詹姆斯、西格蒙德·弗洛伊德、威廉·麦克道格等,他们提出本能和无意识动机两个变量,用以对行为的原因进行解释。20世纪30年代又形成了"过程型激励理论""行为改造型激励理论"和"综合激励模式理论"。人本心理学理论认为,人的潜能与社会环境是一种内因和外因的关系,潜能是主导的因素,环境是限制和促进潜能发展的条件因素,环境可能促进或抑制人实现潜能。在社会学学科,形成了著名的默顿科学奖励理论,并出现了大量的相关著述。

　　总之,国外对于正外部性法律激励的研究并不多见。不过一些学者已经注意到法律在激励正外部性中的重要性并提出了具体的法律措施。卡拉布雷西和麦拉米德的论述⑥显然涉及到这一方面。法律除了对负外部性进行抑制以外,其还能对正外部性进行激励。这些理论研究和具体实践为本

---

① [美]劳伦斯·M·弗里德曼:《法律制度:从社会科学角度观察》,李琼英等译,中国政法大学出版社1994年版,第97页。

② 参见[美]阿兰·斯密德:《制度与行为经济学》,刘璨、吴水荣译,中国人民大学出版社2004年版,第32,365页。

③ [法]让-雅克·拉丰、大卫·马赫蒂摩:《激励理论(第一卷):委托代理模型》,陈志俊等译,中国人民大学出版社2002年版,导言Ⅲ。

④ ROBBING SP, JUDGE T A, *Organizational Behavior*, 13th edition London: Pearson Education Inc., 2009.

⑤ [美]莱曼·W·波特、格雷戈里·A·比格利、理查德·M·斯蒂尔斯:《激励与工作行为》,陈学军译,机械工业出版社2006年版,第2页。

⑥ 即建议在出现外部性的地方,法院应以双方在解决争端中合作的能力为基础选择损失赔偿或者禁令,在合作有障碍的场合,应选择损失的货币赔偿,在合作基本无障碍的场合,应选择的补救方法是颁布一项制止被告侵犯原告权力的禁令。See Guido Calabresi and A. Douglas Melamed. "Property Rules, Liability Rules, and Inalienability: One View of the Cathedral." *Harvard Law Review*, 85.6(1972).参见尹德洪:《外部性问题的法经济学分析》,《唐山师范学院学报》2006年第6期。

书对正外部性经济法激励机制的研究提供了理论基础和实践参考。

(二) 国内研究现状与文献评价

古代先秦法家"法、术、势"的思想中就有关于正外部性激励的相关研究。在"好利恶害"的人性论基础上,法家强调以"利"激励人们的行为,指出"得人之道,莫如利之""欲束民者,先起其利"。① 墨家主张的"赏当贤,罚当暴,不杀无辜,不失有罪"也体现了激励贤能思想。三国时期曹操认为"军无财,士不来,军无赏,士不往"。一旦人的利益或需要得到了必要的满足,必将激发其更大的积极性,产生更大效益。② 此外,诸葛亮的《将苑》,吴子的《励士》,还有《孙子兵法》中都有前人在军事斗争中对激励将士思想的总结和提炼。王守仁还直接使用了"激励"概念,即"近年以来,士气不振,兵律欠严,盖由姑息屡行,激励之方不立,规利避害者获免,委身效职者难容,是以偷靡成习,节义鲜彰。"③这些激励思想对今天研究正外部性法律激励问题都具有重要的启发意义。

近年来研究正外部性法律激励的学者渐多,包括但不限于学者魏健、黄少安、倪正茂、付子堂、杨万明、宋功德、李友根、黄河、傅红伟、丰霏等等。其中学者倪正茂的《论企业技术进步的法律激励手段》④一文,拉开了国内研究法律制度激励功能的序幕。概括的说,学者们的研究内容主要体现在以下两个大的方面:

1. 法律激励正外部性的基本理论研究

法律激励正外部性的基本理论方面的研究主要体现在:

(1)从法经济学角度对正外部性激励的研究。笔者搜索到的资料显示,学者魏建、黄少安对外部性法学解决方法的研究较早,他们合著的《经济外部性与法律》⑤一文,对正外部性问题的法律解决进行了开创性的研究。他们在对正外部性进行界定后,研究了正外部性的法律激励问题。他们认为,激励正外部性的路径有:一是让法定正外部性的制造者⑥享有收益垄断权(如建立专利制度);二是实行消费收费制度(如公共教育中的收

---

① 《管子·形势解》。
② 颜文垚、郑文力:《中国古代激励思想演变浅析》,《重庆科技学院学报(社会科学版)》2008年第4期。
③ 《王明阳全集·收复九江南康参失事官员疏》。
④ 倪正茂:《论企业技术进步的法律激励手段》,《政治与法律》1986年第1期。
⑤ 参见魏建、黄少安:《经济外部性与法律》,《中国经济问题》1998年第4期。
⑥ 为了研究的方便,本书将正、负外部性的"制造者"统称为"供体(或供给主体)",正、负外部性的"接受者"统称为"受体(或接受主体)"。

费);三是由政府代替私人供给该类产品(如国防);四是宣布以营利为目的
获得和复制他人产品为非法(如打击盗版行为)。学者张维迎运用经济学
激励理论阐发了不同的法律制度激励原理。他认为,个体行为的外部性构
成政府干预、法律存在的依据。① 这里的外部性既包括负外部性也包括正
外部性,因此他认为,针对正外部性,"法律的首要目的是通过提供一种激
励机制,诱导当事人事前采取从社会角度看最优的行动"。② 针对负外部
性,则应该"通过规则的强制,迫使产生外部性的个体将社会成本和社会收
益转化为私人成本和私人收益"③,由此实现引导个体行为达到预期的激
励效果。另外,学者方纯认为,法律是正式制度的重要组成部分,有效率
的法律能提供有效的激励机制。法律激励是通过赋予权利(权力)、明确
责任、强制约束等法律规范的设置来实现的。其功能的发挥需要建立利
益表达、利益博弈、利益综合与利益实现的合理机制。其实现的充分条件
是建立立法的公众参与制度,而健全的法律实施机制则是法律激励功能
实现的必要条件。④

　　(2)从法律社会学角度对正外部性激励的研究。学者付子堂在著作
《法律功能论》中系统性地阐述了法律制度激励功能的原理与方式。他认
为,法律对少数人的强制恰是为了对多数人的激励,法律体现的意志其实决
定于各种利益。所以,法律功能表现为对行为本身的激励和对行为背后利
益的调控。易言之,在法律社会学中,对法律功能形态或运行机制的研究主
要应放在行为激励和利益调整上。他还认为,"动机本身对于人的行为就
有激励作用,法律规范可以通过抑制某些人的恶劣动机,预先就对人的行为
方向作出指引。"⑤

　　(3)从规范法学角度对正外部性激励的研究。学者杨万明和李友根对
激励性法律规范进行了探讨。杨万明否定了许多学者认为的"奖励规范不
具备法律规范所应具备的制裁要素,也就不具备强制性,不能作为法律规范
的一种形式单独分立出来"的观点。⑥ 李友根对现行法律中对奖励部分的
规定方式进行了总结,认为其包括"以义务方式加以规定和以权利方式加

---

①　张维迎:《信息、信任与法律》,生活·读书·新知三联书店 2003 年版,第 83 页。
②　张维迎:《信息、信任与法律》,生活·读书·新知三联书店 2003 年版,第 66 页。
③　张维迎:《信息、信任与法律》,生活·读书·新知三联书店 2003 年版,第 72 页。
④　方纯:《法律的激励机制及其实现条件》,《广西民族学院学报(哲学社会科学版)》2006 年
第 4 期。
⑤　付子堂:《法律功能论》,中国政法大学出版社 1999 年版,第 71 页。
⑥　杨万明:《论奖励性法律规范》,《法学研究》1985 年第 4 期。

以规定"。①

（4）从法律史学角度对正外部性激励的研究。从法律史学角度系统研究激励性法律的学者当属倪正茂。他多年从事激励法学的研究，有非常丰硕的著述成果面世，为我们从事相关研究提供了诸多的借鉴并带来诸多启发。他认为，激励性法律规范出现在中国历史上最早的法律规范中，因此其是客观存在的。对人的特定的向上、向善、造福人类行为实施激励的法律统称为"激励法"。他认为，激励法具有法律功能的激励性、社会成员的认同性和形式上的激励契约性三大特性。按不同标准，激励法可以有多种分类。激励法除了遵循法定性、违法无效、公平性、程序正当性、诚实信用的法定准则外，还具有自己的一些原则，如信赖保护、激励适时、激励适当等原则。与惩罚性法律相比，激励法的双向运行阻力最小，见效最易而可行性最大等等。

（5）从其他跨学科视角对正外部性激励的研究。学者丰霏运用管理学、心理学等跨学科交叉研究方法构建了法律制度激励功能理论的基本框架和内容体系。他在激励理论的脉络梳理中提炼出了法律制度激励功能理论所要解决的五个问题并一一进行了回答，从而明确了法律制度的激励对象和激励作用点，分析了法律制度的激励因素与激励方式，阐释了法律激励的理想形态以及法律激励的制度设计。② 另外，学者梁高峰等基于资源优化配置实现帕累托效率的视角认为，解决正外部性的难点是当事人之间缺乏法定的权利义务关系，所以我们可以运用转化法，将没有权利义务关系的两个主体运用一定的技术手段使其产生一定的权利义务关系，即将其转化为负外部性方式，达到有效解决（激励——笔者注）正外部性的目的。③随着区块链时代的到来，笔者从法学视角对区块链技术的激励机制进行了研究。④

2. 法律激励正外部性的具体制度研究

法律激励正外部性的具体制度方面的研究主要体现在：

（1）行政管制尤其是行政奖励中正外部性的法律激励。学者姜明安早在1986年就将行政奖励作为一种独立的行政行为加以分析。⑤ 学者宋功德在著作《行政法哲学》中分析了行政法中引入激励机制的理论基础、具体

①　李友根:《法律奖励论》,《法学研究》1995年第4期。
②　参见丰霏:《法律制度的激励功能研究》,法律出版社2015年版,内容摘要。
③　梁高峰、李录堂:《正外部性问题法律解浅议》,《甘肃理论学刊》2007年第4期。
④　胡元聪:《区块链技术激励机制的制度价值考察》,《现代法学》2021年第2期。
⑤　姜明安:《行政法学概论》,北京大学出版社1986年版,第226—232页。

要求、基本原则以及激励机制的运行等。学者郭志斌在著作《论政府激励性管制》中研究了激励性管制的基本理论与构建激励性管制的基本思路。学者傅红伟在著作《行政奖励研究》中从行政奖励的视角研究了行政法的激励功能问题，尤其是还研究了行政奖励的法治化问题。另外，学者张伟①、潘墨涛②等也探讨了行政奖励等问题。

（2）知识产权正外部性的法律激励。学者贾丽虹和凌祁漫、谢晓尧等研究了知识产权保护法对于正外部性的激励问题③。贾丽虹认为，曾经新技术开发的步伐缓慢且时有间断，其主要原因在于激励不够。通常，创新可以无代价地被模仿，而发明者得不到任何报酬。没有产权仍是现代技术更新迟缓的主要根源。她还认为，我国在制定自己的知识产权法律时应该充分考虑本国的实情，立法的目的是实施对知识产权的适度保护。④

（3）农业相关正外部性的法律激励。学者黄河在论及我国农业（包括林业）补贴法律制度时，以牛玉琴的例子说明农业具有巨大的正外部性。因此认为对农业的补贴需要获得法律支持，需要构建生态补偿法律制度。⑤另外，相关文献还包括农业产业正外部性的法律激励⑥、林业正外部性的法律激励⑦、农业保险正外部性的法律激励⑧、农地流转正外部性的法律激励⑨、农村金融正外部性的法律激励⑩、地票交易正外部性的法律激励⑪等等。

---

① 张伟：《行政奖励的行政法思考》，《天水行政学院学报》2005年第2期。
② 潘墨涛：《行政奖励科学化：原则、机制和保障》，《理论探索》2012年第2期。
③ 凌祁漫、谢晓尧：《也论知识产权的冲突与协调——一个外部性的视角》，《思想战线》2007年第2期。
④ 参见贾丽虹：《外部性理论研究——中国环境规制与知识产权保护制度的分析》，人民出版社2007年版，第252、255页。
⑤ 参见黄河：《论我国农业补贴法律制度的构建》，《法律科学》2007年第1期；黄河、李永宁：《关于西部退耕还林还草工程可持续性推进问题的几点思考——基于相关现实案例分析》，《理论导刊》2004年第2期。
⑥ 胡元聪：《农业正外部性解决的经济法分析》，《调研世界》2009年第5期。
⑦ 胡元聪、胡丹：《林业正外部性的经济法激励探讨》，《林业经济》2013年第11期。
⑧ 胡元聪、晏小刚：《农业保险正外部性的经济法激励探析》，《南方金融》2014年第3期；李杰生：《基于正外部性的我国农业保险问题透析》，《西安航空技术高等专科学校学报》2008年第4期。
⑨ 胡元聪：《农地流转正外部性的经济法激励探讨》，《华中农业大学学报（社会科学版）》2015年第3期；喻燕：《农地正外部性及其内在化途径》，《国土资源科技管理》2007年第6期。
⑩ 胡元聪、杨秀清：《农村金融正外部性的经济法激励——基于完善农村金融法律体系的视角》，《农业经济问题》2010年第10期。
⑪ 胡元聪、谭鑫：《地票交易正外部性的经济法激励探讨》，《现代经济探讨》2014年第10期。

（4）捐赠正外部性的法律激励。笔者曾撰文认为，个人捐赠行为具有正外部性属性。根据正外部性内部化的基本原理，应该在制定实物抵扣具体办法、提高捐赠优惠比例等方面完善个人捐赠税收优惠制度，同时从建立纳税人编码制度和信用等级制度等方面建立个人捐赠的税收优惠辅助制度，从而最大限度地激励个人捐赠的积极性①。另外，学者曲顺兰、许可在著作《慈善捐赠税收激励政策研究》中以马克思公平分配理论为主要研究基础，以慈善捐赠税收激励政策为研究对象进行了理论研究和实证分析。学者郭健在著作《社会捐赠及其税收激励研究》中设计与构建了社会捐赠税收激励体系的总体设想：一是完善社会捐赠税收激励体系；二是完善社会捐赠税收征管体系；三是强化与推广社会捐赠税收激励宣传教育；四是完善其他配套措施，包括推进捐赠立法进程，强化对捐赠事业的宣传和加强对非政府组织的监管等。

（5）区域平衡发展正外部性的法律激励。学者汪习根指出，区域发展权法律激励机制是为了保障该区域的全体社会成员享有平等的发展机会并公平分享社会发展成果而构建起来的一整套法律激励机制。构建恰当的区域发展权法律激励机制，有助于社会主体最大限度调动内在动力并使其有益于外部社会，有助于区域协调发展价值导向的规范化，也有助于激发全社会的活力，使社会全面、协调、可持续地和谐发展②。

（6）环境正外部性的法律激励。学者张百灵在著作《正外部性视野下的环境法律激励问题研究》中借助经济学中的正外部性概念，从与传统环境法学研究"相反"的视角——环境正外部性出发，以概念分析→理论解析→规范分析→制度构建→实证分析为研究进路，探讨环境法如何发挥激励功能，促进环境正外部性并实现其内部化，解决环境利益外溢问题，实现环境公共利益的有效增进和公平分享。学者何艳梅在著作《环境法的激励机制》中认为，我国环境法的激励机制应当遵循的原则包括普遍激励和重点激励相结合的原则、行为激励为主结果激励为辅的原则和适当激励的原则等。

（7）教育正外部性的法律激励。学者付斌认为，充分发挥我国普通高等教育的正外部性，一是要从宏观方面加强政府规制，增加其边际收益的因

---

① 胡元聪、李美珍：《正外部性视野下我国个人捐赠的税法完善探析》，《税务与经济》2010 年第 1 期。

② 汪习根、滕锐：《论区域发展权法律激励机制的构建》，《中南民族大学学报（人文社会科学版）》2011 年第 2 期。

子;二是政府应构建多元化的投融资体系,增强教育物质资本的边际收益。① 学者倪清燃认为,教育的正外部性需要政府的补贴。政府补贴涉及到补贴方式、补贴资金的分配和补贴资金来源等问题。② 学者乐志强、高鹏提出了高等教育机构的专业差别补贴、国家助学贷款和高等教育经费的区域补偿三种具体的补贴办法。③ 学者吴雅杰认为,政府可以发挥其重要作用,即从战略的或全局的、长期的角度进行综合考虑,并通过投资和补贴等方式,促进教育供给与消费的增加,进而提高国家的整体教育水平。④

综上所述,针对正外部性激励问题,经济学角度的研究较为深入,而法学角度的研究还较为零散,无论是正外部性经济法激励的实体问题还是程序问题,都尚未形成系统的理论体系。正如有学者指出,"对奖励规范的研究已远远落后于立法实践"⑤。但是,这些零散的不系统的资料,对于本书的研究却富有启发意义。尤其需要提及的是,学者倪正茂的《激励法学探析》一书以其对激励法学研究的系统性,给予本书诸多启发和影响。

三、研究方法与研究目标

(一) 研 究 方 法

本书主要运用法与经济学的研究范式,试图基于正外部性的法律激励理论去解释经济法这种法的现象,尤其是"凸显"经济法激励正外部性的独特属性,从而使经济法的本源、功能和价值得到具有说服力的阐释。⑥ 外部性视角是经济学的视角,经济学的分析范畴……已成为经济法的重要分析工具。⑦ 因此,法经济学研究范式提供了一种新型的视角并有利于正外部性的经济法激励机制的跨学科研究。

本书的撰写还运用了其他研究方法:其一,历史分析方法。本书全面收集和系统梳爬国内外经济学、伦理学和法学领域关于"正外部性激励"的研

---

① 付斌:《我国普通高等教育的经济学分析》,四川师范大学 2007 年硕士学位论文,第 35—37 页。

② 倪清燃:《从教育的外部性角度谈政府对教育的补贴问题》,《宁波大学学报(教育科学版)》2006 年第 1 期。

③ 乐志强、高鹏:《论高等教育外部性内在化的政府补贴措施》,《高教探索》2007 年第 5 期。

④ 吴雅杰:《试论教育的正外部性及政府作用》,《民族教育研究》2009 年第 1 期。

⑤ 参见杨万明:《论奖励性法律规范》,《法学研究》1985 年第 4 期。

⑥ 参见李昌麒:《经济法学》,法律出版社 2007 年版,第 7 页。

⑦ 参见李昌麒:《经济法学》,法律出版社 2007 年版,第 7 页。

究成果并对激励的发展规律进行了深入细致的分析。其二,比较研究方法。本书在全面收集国内外相关文献和详细梳爬古今中外激励法律规范基础之上进行了比较研究。具体包括:中国古代与现代激励思想的比较、各个部门法在激励正外部性方面的效果比较、中国1979—2018年期间激励法律法规的比较以及不同激励方式的比较等等。其三,法社会学方法。本书运用社会学相关理论,尤其是结合"鼓励大众创业、万众创新""激发社会正能量"的社会背景对"正外部性的经济法激励机制"进行了接地气的系统研究。其四,文本统计和类型化方法。本书对我国的激励型法律规范进行了多个层面和多种维度的文本统计和类型化分析,然后找出其中的规律,从而为本书的观点提供理论和现实依据。

(二) 研 究 目 标

　　市场失灵的经济法克服是经济法学研究的基本理论问题。外部性属于市场失灵的典型表现形式。外部性有正负之分,负外部性容易引起人们的注意因此能得到法律及时的积极规制,而正外部性在很多时候并不容易引起人们的注意,因此法律在这方面的激励长期处于被"忽视"的状态。因为负外部性的受体一般都会因为权益受损而积极地"维权",但是正外部性的受体一般都会因为权益增加而理所当然地"享受"。至今,我国还有相当多的关于正外部性激励的经济法律仍然处于缺位状态。正外部性到底需不需要经济法进行激励? 答案是肯定的。这就需要对正外部性经济法激励基本理论和具体制度进行深入系统的研究,尤其应关注如何对正外部性进行经济法激励从而实现社会的正义与公平,以及实现正外部性的持续性供给。本书坚持以现实问题为导向,以社会需求为中心,按照从理论剖析到实践考察,从文献检索到实证研究,从国外经验到中国借鉴,从解剖问题到治理措施的进路对正外部性的经济法激励机制进行深入系统的创新研究,旨在基于古今中外的历史长河视野和国别空间视角,通过对跨越时间和空间的立法实践和各类文献的梳爬,以为激励法学和经济法学的发展做出学术贡献,以期对中国特色社会主义法律体系的完善提供绵薄之力。

四、研究思路与逻辑结构

(一) 研 究 思 路

　　本书按照以下具有互相关联的问题的解决思路进行层层递进研究。即法学视野下的正外部性含义是什么？正外部性的经济学、伦理学激励进路及其局限在哪里？法学视野下正外部性激励的进路是什么？正外部性民法、行政法、刑法及经济法激励效果有什么差异？经济法激励正外部性的独特属性又体现在哪里？正外部性经济法激励的理论基础、基本原则及价值目标是怎样的？正外部性经济法激励具有怎样的逻辑理路和立法图景？正外部性经济法激励文本与激励方式有何规律？正外部性经济法激励运行的核心要素如何优化以及正外部性经济法激励的诉讼机制如何革新？

（二）逻 辑 结 构

本书除去导论和结论之外共七章。第一章考察经济学、伦理学和法学等多维学科对正外部性的含义揭示并对经济学、伦理学和法学关于正外部性的激励进路及其局限进行诠释。第二章对正外部性法律激励进路的部门法效果进行比较并分析经济法激励进路的独特属性。第三章对正外部性经济法激励的理论基础、基本原则及价值目标等进行阐释。第四章阐述正外部性经济法激励的逻辑理路并"展示"古今中外经济法激励正外部性的立法图景。第五章对正外部性的经济法激励文本进行梳爬并对经济法激励方式进行剖释。第六章探讨正外部性经济法激励运行中的核心要素。第七章讨论正外部性经济法激励的诉讼机制。

五、创新之处与必要说明

（一）创 新 之 处

1.研究视角方面。从法学视角研究负外部性解决问题的文献较为丰富，但从法学视角研究正外部性激励问题的文献尚不多见。本书认为正外部性是经济主体之间权利与义务的不对等，以至于利益失衡的状态。换言之，本书首次从权利和义务的视角对属于经济学术语的"正外部性"进行界定并对其法律激励问题尤其是经济法激励机制进行深入系统的研究。因此，本书提供了一个创新性的正外部性经济法激励机制研究的新视角。

2.研究内容方面。全书贯穿着理论研究、比较研究、规范研究、实证研究和对策研究从而系统探讨了正外部性的经济法激励机制问题。本书具体从正外部性的经济法激励视域解读出发，探索正外部性激励的经济法进路。其既包括理论问题也涉及实践问题，既包括实体问题也涉及程序问题。因此，本书第一次系统阐述和初步建构了正外部性经济法激励机制的理论创新体系和制度实践体系。

3. 研究方法方面。本书采用了跨学科的研究方法、历史分析方法、比较研究方法、类型化研究方法等,最终将正外部性这个经济学术语引入到法学研究领域。其中主要运用法与经济学研究范式,试图解释经济法这种法的现象,尤其是经济法激励正外部性的独特属性,使经济法作为"克服市场失灵之法"的理论得到进一步深化。同时运用统计学研究方法对中国 1979—2018 年 40 年间正外部性的经济法激励立法进行梳爬并总结出其中的规律。

(二) 必 要 说 明

在本书提出"激励正外部性的法律"(简称为"激励型法律")之前,一些学者已经有了类似如"奖励性法律""促进型法律"的提法。虽然它们有共同之处,但是也有一定的区别。具体来说,激励型法律不同于奖励性法律,也不同于促进型法律。也就是说有必要厘清这几类法律之间的关系。同时,需要说明的还有关于"激励"的界定、经济法的调整范围、正外部性(行为)及其量化问题。

1. 关于"激励"的界定

激励一词最早来源于拉丁文"*Movere*",意思是"驱动"。而关于什么是激励,不同的学科有不同的揭示,包括心理学、经济学、管理学和法学等学科均有相应定义。心理学认为,激励就是持续激发人的行为动机的心理过程。在经济学上,激励通常指的是诱导个体从事或不从事某种行为或活动的因素。在管理学视域,美国管理学家贝雷尔森(Berelson)和斯坦尼尔(Steiner)给激励下的定义是:"一切内心要争取的条件、希望、愿望、动力等都构成了对人的激励。……它是人类活动的一种内心状态"。[1] 加里·德斯勒(Gary Dessler)视"激励"为人们要求满足某种需要的反应。[2] 约翰·威廉·阿特金森(John William Atkinson)认为激励是对行动方向、强度和持久性的共同的、直接的影响[3]。我国最早关于激励的使用是在《史记·范睢蔡泽列传》之中,即"欲以激励应侯",意为激发砥砺,促人振奋。现在一般是指激发鼓励之义。学者倪正茂给出的定义是"激发、鼓励人们为一定行为,以实现满足需要的愿望。"[4]本书主要从法学视域进行考量,即主要是从权利、义务和

---

① [美]小詹姆斯·H·唐纳斯:《管理学基础》,中国人民大学出版社 1982 年版,第 195 页。
② 参见吴绍宏:《公共部门工作动机研究之激励理论综述》,《理论月刊》2010 年第 9 期。
③ ATKINSON J W .*An introduction to motivation.*Princenton,NJ:Van Nostrand Reinhold,1964:Ⅷ.
④ 倪正茂:《激励法学要言》,《东方法学》2009 年第 1 期。

责任视角进行考量,亦即通过权利赋予、义务减免和责任减免等对正外部性供体进行鼓励之意。换言之,法律激励是指在法律关系主体实施某种正外部性行为之后获得的一种肯定评价以及由此带来的某种利益。法律激励的目的在于鼓励、引导法律关系主体主动、积极实施正外部性行为。今天,随着人工智能时代的到来,区块链技术的产生赋予了"激励"新的内涵。区块链技术创设的激励机制类似于制度机制,是区块链技术的核心机制之一,其也具体表现为多种激励方式。①

2. 激励型法律不同于奖励性法律

二者既具有共同之处,也具有不同之处。"奖励"在现代汉语词典里的解释是给予荣誉或者财物来鼓励,而"激励"在现代汉语词典中的解释是激发鼓励的意思。二者的共同之处在于,都是对于正外部性行为的鼓励。奖励的对象是做出正外部性行为的相关主体,如我国《税收征收管理法》规定,税务机关对检举人给予奖励;我国《产品质量法》规定,对产品质量管理先进和产品质量达到国际先进水平、成绩显著的单位和个人给予奖励;我国《专利法》规定,被授予专利权的单位应当对职务发明创造的发明人或者设计人给予奖励;等等。

二者的不同之处在于:其一,奖励性法律属于激励型法律的范畴,因为奖励性法律可以激发、鼓励人们实施正外部性行为。但激励型法律不仅只是奖励性法律,其外延要大得多。可以认为,一切可以"激发、鼓励人们为一定行为,以实现满足需要的愿望"的法,都可视为激励法②。如对于植树造林并产生巨大效应这种具有典型正外部性行为的激励,属于激励型法律,但是不属于奖励性法律。专利法、著作权法、商标法等等都不是奖励法……但它们是激励法,是在人类发展史上起了极其伟大激励作用的激励法。③其二,奖励性法律重在对过去正外部性行为的一种肯定性评价,重在奖励过去,而激励型法律重在对未来正外部性行为的一种鼓励性预测,重在激励未来。当然,奖励在一定程度上也具有激励未来正外部性行为的作用,而激励在一定程度上也有对过去正外部性行为的肯定意蕴。

总之,一般来说,奖励性法律属于激励型法律,但是激励型法律除了奖励性法律以外,还有其他类别的起到激励作用法律。易言之,激励型法律的范围大于奖励性法律的范围。

---

① 参见胡元聪:《区块链技术激励机制的类型化分析》,《学术界》2021年第1期。
② 倪正茂:《激励法学与法制发展》,《文汇报》2012年9月24日。
③ 倪正茂:《激励法学与法制发展》,《文汇报》2012年9月24日。

3. 激励型法律不同于促进型法律

二者既具有共同之处，也具有不同之处。二者的共同之处包括：其一，都有激励正外部性的内容，如学者们[①]一般也把我国《科学技术进步法》《民办教育促进法》放在促进型法律中。从这个层面上看，这是二者的共同之处，都体现了对于正外部性的激励，因为这里的科技进步与民办教育等都具有典型的正外部性属性。其二，都是对于市场失灵矫正的法律。激励型法律主要是矫正市场失灵中的正外部性，其通过激励的手段实现。而促进型法律也是，如学者李艳芳认为，我国促进型立法是从20世纪90年代以后开始逐步产生，属于对市场失灵进行补正的新型立法。[②] 笔者认为，20世纪90年代以后也是我国促进型立法大批量出台的时间，尤其是1993年之后的几年属于相关立法的高峰期。其三，二者在权义模式、责任模式等方面具有一定的共同性。

二者的不同之处在于，促进型法律的范围更广一些。学者们一般认为，"促进型立法"的主旨是促进基础、薄弱产业或事业的发展，与其相对应的是"限禁型立法"。促进型立法通常是针对那些社会关系尚未得到良好发育、市场规模并未形成而急需鼓励形成市场规模的领域[③]，或者说"旨在促进重要产业、地区、企业的发展……更好地保障实质公平和整体效率，体现的仍然是经济法中的差异性原理。"[④]而这些领域，不一定是具有正外部性的领域。正外部性行为需要法律的激励或鼓励或促进，但是需要激励或鼓励或促进的并不一定是具有正外部性的行为，如通过法律促进行业之间和产业之间发展的平衡[⑤]。因此，促进型法律的范围大于激励型法律的范围。

总之，一般来说，激励型法律属于促进型法律，但是促进型法律除了激励型法律以外，还有其他类别的起到促进作用的法律。易言之，促进型法律

---

① 具体作者及文献包括李艳芳：《"促进型立法"研究》，《法学评论》2005年第3期；张守文：《论促进型经济法》，《重庆大学学报（社会科学版）》，2008年第5期；陈昶屹：《论"促进型立法"的形成背景》，《北京行政学院学报》2005年第1期；焦海涛：《论"促进型"经济法的功能与结构》，《政治与法律》2009年第8期；刘志强：《论促进型法律之法律责任》，《社科纵横》2010年第10期；李龙亮：《促进型立法若干问题探析》，《社会科学辑刊》2010年第4期；刘志强：《促进型法律的功能模式和维度》，《湖南科技学院学报》2010年第11期；叶姗：《促进稳定发展的法律类型之比较研究》，《现代法学》2009年第2期；等等。

② 李艳芳：《"促进型立法"研究》，《法学评论》2005年第3期。

③ 李艳芳：《"促进型立法"研究》，《法学评论》2005年第3期。

④ 张守文：《论促进型经济法》，《重庆大学学报》（社会科学版）2008年第5期。

⑤ 其中有部分行为具有正外部性属性，后文有述。

的范围相较于激励型法律的范围来说更大一些。

4. 关于经济法的调整范围问题

经济法有广义、中义和狭义的说法,他们所涉及的调整范围有较大差别。本书内容的研究也必然涉及到经济法的调整范围问题。在笔者看来,经济法是一位"80 后",还比较"年轻",因此在经济法内部调整范围等方面还没有全面达成共识,对于经济法的外部边界也还没有完全厘清。这些问题都需要时间去解决,包括通过持续的理论探索与充分的实践应用去对相关观点进行证实和证伪。

如今,不同部门法学者之间也逐渐平息了纷争,整体来看,在模糊和交叉领域已经走向"搁置争议,共同研究"阶段。并且随着"领域法学"的兴起,这种为了"地盘"的纷争已经过时,意义已经不大。但是,不管怎样界定,笔者发现,随着时间的推移,经济法的调整范围存在"变"与"不变"现象。

经济法学者们在内部逐渐形成共识的过程中,一方面,核心体系聚焦到市场秩序规制法和宏观经济调控法,即这两部分核心内容没有变。这表明经济法学者与民法、行政法学者之间长期争论后其自身的研究领域和边界日益清晰化。当然,交叉和模糊领域仍然存在。后来又发展出经济监管法,这属于经济法学内部的学术增量。另一方面,随着社会经济基础发生巨大变化,法律分工也愈来愈细,经济法中的可持续发展法部分逐渐发展为环境与资源保护法学科,社会分配法部分逐渐发展为社会法学科。[①] 2007 年 3 月,教育部高校法学学科教学指导委员会决定新增环境与资源保护法、劳动与社会保障法两门课程。从此,资源与环境保护法学科、劳动与社会保障法学科从经济法学科中分立出来成为独立的学科。这些都是变化之处。在笔者看来,其中内部的逻辑和原理在于,改革开放几十年来,我国一直重视改革发展成果的持续扩大(如同做大蛋糕),到了 21 世纪初期,我国开始既重视改革发展成果的持续扩大,也重视改革发展成果的公平分享(如同分好蛋糕)。因此,劳动与社会保障法开始勃兴。同时,我国既注重改革发展成果的持续扩大和公平分享(如同分享做蛋糕带来的财富),也开始重视改革发展代价的持续降低和公平分担(如同分担做大蛋糕带来的成本),因此,

---

[①]　从历史视角来看,法律的演化在某一方面类似于生物的演化。达尔文曾说,"从地球历史上最为古老的时代开始以来,已经发现生物彼此之间的相似程度在渐渐地递减,因此它们能够在群下又分群。"参见〔英〕达尔文:《物种起源》,文舒编译,中国华侨出版社 2017 年版,第 209 页。这里所说的"相似程度在递减"类似于"新生"法律的"个性"在增强,法律价值在"变异细分"。这也可以说是"物竞天择""适者生存"在法律演化中的表现。

环境与资源保护法开始勃兴。

就本书语境而言,基于经济法调整范围内部的变动性和外部的交叉性,为了文本梳理和论述阐释的方便,在有些部分取狭义范围,有些部分取中义范围,有些部分取广义范围。

5. 关于正外部性(行为)及其量化问题

本书所指的激励正外部性的法律不同于部分学者提出的广义的激励性法律。如学者倪正茂所指的激励性法律应该是指广义上的激励性法律,如他指出我国《物权法》可以激励公民在维护财产权利基础上更好地促进经济发展、促进福利增长等。笔者认为,这些被激励的客体不是正外部性行为,所以相关激励法律不属于本书研究的范围。

既然本书所研究的经济法激励的逻辑前提是存在正外部性行为。那么就需要对正外部性行为进行"落地",实现从抽象概念到具体现实的转化。但是,由于正外部性的量化问题在今天仍然是一个难题,因此,本书在论述相关问题时,也难免出现解决不了正外部性需要准确量化的难题。

但是,我们欣喜地看到,一是,作为技术型税收的环境保护税,实际上是对向环境直接排放大气污染物、水污染物、固体废物和噪声的负外部性行为进行技术量化而开征的税收。这个以"量害原则"为基础的税种开启了通过技术对负外部性大小进行精确量化的先河,其也为今后对正外部性大小进行技术量化而给予激励提供了相关借鉴和启示。二是,人工智能、大数据和区块链时代已经到来,大数据法治必将会把量化法治推向一个新的阶段①。其采用全样本的数据分析,必能加大精准量化力度,从而实现量化法治新的创新和跨越。《促进大数据发展行动纲要》(国发〔2015〕50 号)的目标正是打造精准治理、多方协作的社会治理新模式。加上区块链技术的日益完善和推广应用,对于正外部性的量化也将产生深远影响。三是,越来越多法治研究机构开始注重法治的量化问题研究,如中国政法大学成立的法治科学计量与评价中心旨在以法学和法治数据为基础资源,以科学计量为核心方法,通过对立法、执法、司法和守法等环节的科学计量与评价,服务于科学立法、严格执法、公正司法和司法改革以及全民守法。因此,可以预判的是,随着科技的进步,正外部性的量化问题会逐渐得到最大程度上的解决,这也必将推动我国国家治理体系和治理能力的现代化。那么,即使今天正外部性的量化尚有难度,又怎会影响本书研究工作的开展呢? 这似乎也

---

① 钱弘道、康兰平:《大数据法治:法治的一种新形态》,《法制日报》2017 年 5 月 31 日。

正好印证了"正义从来不会缺席,只会迟到"。而这种基于技术原因而导致的正义的迟到不同于以往正义的迟到,因为随着技术的迭代,其必将"催促"正义准时到来,从而不仅使得老百姓在每一起司法案件中感受到公平正义,而且可以"及时地"感受到不断发展进步的公平正义。

第一章　正外部性的多维含义揭示与激励进路诠释

一、经济学对正外部性的揭示及其激励进路

（一）经济学对正外部性的揭示

1.正外部性思想的萌芽及其概念的初次使用

（1）正外部性思想的萌芽

外部性包括正外部性和负外部性。正外部性思想由来已久，最早可以追溯到亚当·斯密在《国富论》中论述市场经济的"利他性"时所持的观点。他认为"他追求自己的利益，往往使他能比在真正出于本意的情况下更有效地促进社会的利益。"①这里，虽然并没有直接使用正外部性这个概念，但是显然涉及到了正外部性的特点②。

西奇威克在《政治经济学原理》一书中举灯塔的例子来说明正外部性的存在："某些公共设施，由于其性质，不可能由建造者或愿意购买的人所有（准确地说是使用——笔者注）。例如，大量船只能够从位置恰到好处的灯塔得到好处，灯塔管理者却很难向他们收费。"③此时，假设某个人从个人利益出发建造灯塔，这同时也起到了为他人服务的作用（即提供了正外部性），但是使用人并没对此付出成本。后来，拉丰把西奇威克作为"正外部性"问题研究的奠基者之一。④

（2）正外部性概念的初次使用

"外部经济"概念的首次提出者马歇尔指出，因任何一种货物生产规模扩大而发生的经济分为"有赖于该产业的一般发达所造成的经济"和"有赖

---

① [英]亚当·斯密：《国民财富的性质和原因的研究》（下），郭大力、王亚南译，商务印书馆1981年版，第27页。

② 胡元聪：《法与经济学视野中的外部性及其解决方法分析》，《现代法学》2007年第6期。

③ [美]罗纳德·哈里·科斯：《论生产的制度结构》，盛洪等译，上海三联书店1994年版，第216页。

④ 张培刚：《微观经济学的产生和发展》，湖南人民出版社1997年版，第425页。

于某产业的个别企业自身资源、组织和经营的经济"两类。前者称作"'外部经济',后者称作'内部经济'。"①马歇尔这里显然提到了正外部性(外部经济)和正内部性(内部经济)的原始含义。因此这被称作是外部性理论的第一块里程碑。

2. 正外部性概念的正式使用及其解释理路

(1)正外部性概念的成本解释理路

庇古的贡献是,他在马歇尔提出的"外部经济"(即正外部性)基础上扩充了"外部不经济"(即负外部性)的概念。他将外部性研究视角从外部因素对企业的影响效果转向企业或居民对其他企业或居民的影响效果。他应用边际分析方法,提出了边际社会净产值和边际私人净产值的概念,最终形成了正、负外部性理论。这种转变正好与外部性的两类定义相对应。从外部性产生的原因看,庇古认为外部性产生于私人成本与社会成本的不一致。其中,正的外部性就是"社会边际净生产"大于"个人边际净生产"、私人成本大于社会成本。这可以理解为外部性的成本解释理路。这也被称作是外部性理论的第二块里程碑。

(2)正外部性概念的产权解释理路

从庇古开始,诸多经济学家都从不同视角对正外部性(有时候对正外部性和负外部性未做区分)进行了论述和研究,他们的很多研究都是基于对庇古观点的评述。奈特、埃利斯和费尔纳以及科斯分别确立了对庇古"外部性"理论解读的产权思路②。奈特认为产生"外部不经济"的原因是对稀缺资源缺乏产权界定。若将稀缺资源划定为私人所有,那么问题将得以解决。埃利斯和费尔纳在《外部经济与不经济》中也认为"外部不经济"与产权有关。事实上,较之于产权界定不清,产权清晰一般有利于保护稀缺资源。从整体、宏观的视角来看,其外部不经济将转变为外部经济,即产生正外部性,如森林、草原等资源被界定产权后会带来正外部性,因为产权所有人对其保护而不是其被破坏(如因产权不清而出现"公地悲剧"问题)肯定有利于整个社会。而将产权解释推向巅峰的是科斯,他指出,如果产权界定清楚则没有外部性,从而正式开创了外部性制度解析的先河。这被称作是外部性理论的第三块里程碑。当然,这也为法律解决外部性提供了思想基础和理论支撑。

---

① Marshall, A., *principle of Economics*, London: Macmillan 8th ed, 1920, P. 266.参见贾丽虹:《对"外部性"概念的考察》,《华南师范大学学报(社会科学版)》2002 年第 6 期。

② 参见[美]威廉·布雷特、罗杰·L·兰塞姆:《经济学家的学术思想》,孙琳等译,中国人民大学出版社、北京大学出版社 2004 年版,第 222—223 页。

(3)正外部性概念的同意或许可解释理路

持这种解释理路的经济学家至少包括米德、诺斯、布坎南和斯塔布尔宾等。米德认为,"外部经济是将可以察觉的利益加于某些人,而这些人并没有完全赞同直接和间接导致该事件的决策"。① 诺斯认为,"个人收益或成本与社会收益或成本之间的差异,意味着有第三方或者更多方在没有他们许可的情况下获得或承受一些收益或者成本,这就是外部性。"②布坎南和斯塔布尔宾用一个函数关系式将"外部性"表达为:

$$UA = UA(X_1, X_2, \cdots\cdots Xn, Yi)$$

函数中,UA 表示 A 的个人效用,它依赖于一系列的活动$(X_1, X_2, \cdots\cdots Xn)$,这些活动是 A 自身控制范围内的,但是 Yi 是由另外一个社会成员 B 所控制的行为。

显然,从这个解释理路出发,正外部性就是将可以察觉的利益加于某些人,而这些人并没有同意或许可这项决策,但因为是被动获益,其一般也不会主动拒绝。

(4)正外部性概念的公共物品解释理路

奥尔森从"集体行动"问题入手解释了正外部性:由于大部分环境因子和自然资源都具有公共物品性质,使用中会产生"搭便车"行为,这一方面导致供给方无法获得其优化配置生产的收益指标;另一方面导致需求者又不愿意真实表达主观需求,最终导致生产者的需求曲线无法确定从而形成正外部性。易言之,公共物品的"不可分割性"和"非竞争性"导致正外部性的产生。

(5)正外部性概念的价格解释理路

贝特指出,"将外部经济这一概念扩展是自然而然的,……最好让'外部性'指示这样一种状况,即在用价格划分成本与收入时,出现非帕累托的成本与收益关系。"③瓦伊纳指出,"当一个个体行动不是通过影响价格而影响到另一个个体的环境时,我们认为就存在着外部性"。④ 学者樊纲也做了相似的解读,即"在市场经济中,还存在着另外一种不是通过影响价格而直

---

① Meade James E. "the Theory of Economic Externalities." Journal of Polymer Science Polymer Letter Edition 21.21(1973):487-494.

② Douglass.C.North and Roerbt.P.Thomas., *the rise of the west world*, Cambridge University Press, 1973, pp. 2-3.

③ Bator, F.M. "The Anatomy of Market Failure", *Quarterly Journal of Economics* 72(1958):351.参见贾丽虹:《对"外部性"概念的考察》,《华南师范大学学报(社会科学版)》2002 年第6期。

④ Varian Hal.R, *Mircoeconomics Analysis*, W.W.Norton, Company 1984, p. 259.

接影响他人的经济环境……这种相互影响就是外部经济效益。"①这里虽然没有明确使用"正外部性"这个词,我们仍然可以总结出其解释与价格密切相关。

(6)外部性概念的收益解释理路

诺斯还从"搭便车"入手,对正外部性进行了分析,即一定经济主体行为收益的溢出或渗透,意味着第三方不用付费就可享受收益,导致经济当事人个人收益与社会收益差额扩大到用一种经济活动的私人收益和社会收益的差额来表达。从经济学的角度看,利他性道德行为是容易形成帕累托最优状态的一种社会行为,因为实施行为的人可以在自己的利益没有受到损失的情况下,促进收益人利益的增加。②

(7)外部性概念的成本与收益解释理路

学者盛洪指出,"当一个或者一些人没有全部承担他的行动引起的成本或者收益时,反过来说,只要有人承担了他人的行为引起的成本或者收益时,就存在着外部性"。③ 很显然,在这里,增加他人的收益或者减少他人的成本就是正外部性。

3. 经济学视野下正外部性的教科书定义

在中国教科书中,"正外部性"的英文为"externality",其又被称为"正外部效应"或"正外部经济",国内也有学者译为"正的外在经济"或"正的外在性"。如今,几乎在每一部具有完整学科体系的经济学著作或教科书中,都会包含外部性理论的相关内容。同时,外部性理论也已成为政治学、社会学、人口学和法学研究所涉及的重要领域。④ 但是,相比较于负外部性的明显性及其解决的迫切性,古今中外的学者们对正外部性的重视程度远远落后于对负外部性的重视程度,因此相关研究成果也明显少得多。虽然近几年研究正外部性的学者越来越多,但是与负外部性相关研究文献相比,正外部性相关研究文献仍然是凤毛麟角。

经济学家们从外部性产生主体和接受主体视角分别进行定义⑤:前者以萨缪尔森和诺德豪斯为代表,他们的定义为,"外部性是指那些生产或消

---

① 樊纲:《市场机制与经济效率》,三联书店、上海人民出版社 1995 年版,第 134 页。
② 王方玉:《利他性道德行为的法律激励——基于富勒的两种道德观念》,《河北法学》2013 年第 5 期。
③ 盛洪:《盛洪集》,黑龙江教育出版社 1996 年版,第 175 页。
④ 参见林成:《从市场失灵到政府失灵:外部性理论及其政策的演进》,辽宁大学 2007 年博士学位论文,第 9 页。
⑤ 参见沈满洪、何灵巧:《外部性的分类及外部性理论的演化》,《浙江大学学报(人文社会科学版)》2002 年第 1 期。

费对其他团体强征了不可补偿的成本或给予了无需补偿收益的情形。"①这实际上是成本与收益理路视野下的定义。显然,此时的正外部性乃指后者,即生产或消费对其他团体给予了无需补偿的收益的情形。后者以兰德尔为代表,其定义为,外部性是用来表示"当一个行动的某些效益或成本不在决策者考虑范围内时所产生的一些低效率现象:也就是某些效益被给予,或某些成本被强加给没有参加这一决策的人。"②这实际上是同意或许可解释理路下的定义。显然,此时的正外部性就是当一个行动的某些效益被给予却不在决策者的考虑范围之内,这与亚当·斯密提及的"非真正出于本意"是契合的。

当前,在经济学教科书中较为流行的关于外部性的定义来自布坎南和斯塔布尔宾,他们认为,只要某人的效用函数或某厂商的生产函数所包含的某些变量在另一个人或厂商的控制之下,就表明该经济中存在外部性(包括正外部性)。该定义用数学语言较为准确地描述了外部性行为的基本特征。③ 另外,鲍威尔和奥特斯认为:"如果某个经济主体的福利(效用或利润)中包含的某些真实变量的值是由他人选定的,而这些人不会特别注意到其行为对于其他主体福利产生的影响,此时就出现了外部性(包括正外部性)"④。笔者认为,布坎南和斯塔布尔宾对正外部性的定义仍然可以归属到同意或许可解释理路下的定义。

(二) 经济学视野下正外部性的激励进路

1. 经济学视野下的正外部性激励进路体现

经济学家们在他们的研究视野内,提出了激励正外部性的多种方法,归纳起来,主要有补助津贴方法、界定产权方法、合并企业方法、签订合约方法等。

(1)补助津贴方法⑤。其提出者以庇古为代表。庇古提出的修正性税收方案,即税收、津贴方法,其目的是使私人成本与社会成本一致。他说,"这种鼓励或限制可以采取的最明显的形式,当然是给予奖励金和征税。

---

① [美]保罗·萨缪尔森、威廉·诺德豪斯:《经济学》(第16版),萧琛等译,华夏出版社1999年版,第263页。
② [美]阿兰·兰德尔:《资源经济学》,施以正译,商务印书馆1989年版,第155页。
③ 参见林成:《从市场失灵到政府失灵:外部性理论及其政策的演进》,辽宁大学2007年博士学位论文,第10页。
④ Baumol,W.J. and Oates, W.E,*The Theory of Environmental Policy*, NJ: Prentice-Hall, 1975, P. 17.
⑤ 事实上,这种方法已经属于制度方法,放在此处主要是因为它是由经济学家先提出。

很容易举出一般的实例,来说明这种积极的或消极的干预政策。"①按照他的观点,产生的正外部性应当由政府予以补贴(即"庇古津贴")以进行鼓励(激励)。庇古津贴主要针对三种情况②,但是只有第一种属于对正外部性的激励。"庇古津贴"的思想影响深远,在现实中则演化成为对正外部性供给主体提供补贴支持。如曼昆认为这种补贴是"向私人提供社会效率的激励,与任何税不同,它关注受到影响者的福利,它是对正外部性的正确激励,从而使资源配置接近于社会最优。"③还有,今天学者大力提倡构建的"生态补偿制度"就来源于此理论。因为,生态修复等利他性道德行为也可能会带来行为人自身利益的损失,基于理性人的假定,必须进行相应的补偿才有利于行为人利益的平衡。④

　　(2)界定产权方法。其提出者以科斯为代表。科斯试图通过市场方式即在界定产权的基础上进行相互协商以激励正外部性。福利经济学认为,正外部性是指一个经济活动的主体对于其他主体而言可以无偿得到收益。而从产权经济学角度看,这一过程是一个新的权利——收益权的产生。从科斯定理的思路出发,一切正外部性都可以归结为对以正外部性形式出现的新产权的设置或界定。只要对正外部性设置了产权,外部性就可能会由利益双方自行解决⑤。虽然权利赋予不同的人会导致财富的不同分配,但是只要交易费用为零,无论如何界定权利都可实现资源的最佳配置。即法定权利的最初分配从效率角度上看无关紧要,只要这些权利能自由交换,即由法律所规定的法定权利分配不当,会在市场上通过自由交换得到校正。⑥按照科斯的意思,此时正外部性就内在化了,从而实现了对正外部性的激励。

　　(3)合并企业方法。其提出者以诺斯为代表。诺斯认为,随着条件的不断满足,外部性问题可由市场自身"化解"。具体来看,一个企业的生产

---

① [美]阿瑟·塞西尔·庇古:《福利经济学》(上册),朱泱等译,商务印书馆2017年版,第206页。由于这种税收、津贴制度首先是由庇古提出来的,为纪念他,通常称之为"庇古税"(Pigovian taxes)。

② 即一是给予外部经济价值的补贴,从而增加收益,鼓励其扩大生产至对社会最有效的水平;二是给因受外部性影响而遭受损失者予以补贴;最后是给外部性产生者予以补贴。

③ [美]N·格里高利·曼昆:《经济学原理》(中文版),北京大学出版社1999年版,第220页。

④ 王方玉:《利他性道德行为的法律激励——基于富勒的两种道德观念》,《河北法学》2013年第5期。

⑤ 参见[美]罗纳德·哈里·科斯:《论生产的制度结构》,盛洪等译,上海三联书店1994年版,第141—196页。

⑥ [美]罗纳德·哈里·科斯:《论生产的制度结构》,盛洪等译,上海三联书店1994年版,第304页。

可能会影响另外一个企业。如果影响是正的外部性,则第一个企业的生产就会低于社会最优水平;反之,如果影响是负的外部性,则第一个企业的生产就会超过社会最优水平。但是,如果把这两个企业合并为一个企业,则外部性(包括正外部性和负外部性)就消失了。再以正外部性为例,如养蜂者给果园主带来利益,养蜂者若与果园主组合成一个企业,使所养蜜蜂在自己的果园采蜜,这样外部收益就内部化了。因此,这里诺斯提出了解决外部性问题的一种方法。在现实经济生活中,通过合并将外部性影响内部化的例子也并不少见,但就经济主体而言,其更倾向于吸纳积极的(或正的)外部性。

(4)签订合约方法。此方法相比于合并方法而言更简单易行,其提出者以张五常为代表。张五常对蜜蜂的寓言①的纠正证明,实际上私人的谈判及其合约安排能够降低甚至消除这种低效率。养蜂人和果农通过自愿达成协议,不但养蜂人可以获得蜜蜂酿蜜所带来的利益,而且果农也可获得蜜蜂授粉所产生的利益。因此,养蜂人和果农无法进行交易的故事乃一神话,此处不存在可能招致政府行动的市场失灵。② 因此,张五常主张所有经济活动都可以看作是一种合约安排,并且外部性(笔者认为这里包括了双向正外部性)可以通过合约安排得以解决。此外,张五常在调查中还发现,苹果花很少甚至没有蜜,因此,对养蜂人而言,单纯让蜜蜂在苹果园采蜜并不是一件有利可图的事。③

总之,经济学的激励理论,将解决路径寄托在补偿机制的设计上,主要考虑报酬结构问题,侧重用模型完美地解决理论(逻辑)中的激励问题。④ 综观这四种激励正外部性的方法,我们发现,补助津贴方法、界定产权方法可归类于政府方法,其实际上必需政府的干预,因为没有政府的干预,补助津贴无法实施,产权无法界定;而合并企业方法、签订合约方法

---

① 张五常所说的"蜜蜂的寓言"实际上涉及到经济学家米德 1952 年举的一个例子,他说,养蜂者的蜜蜂飞到隔壁的果园里采蜜而又不付任何费用肯定导致果树数量低于最优数量,而蜜蜂采蜜的同时也在传播花粉,所以果园主也没有向养蜂者支付蜜蜂传播花粉的服务费用。从社会的角度讲,这两者都是市场失效的表现,所以需要政府既对养蜂者补贴也要对果园主补贴以实现社会最优数量的蜜蜂和果树。参见徐桂华、杨定华:《外部性理论的演变与发展》,《社会科学》2004 年第 3 期。

② [美]丹尼尔·史普博:《经济学的著名寓言:市场失灵的神话》,余晖、朱彤等译,上海人民出版社 2004 年版,第 14 页。

③ 王京安:《"外部性"的争议》,《南京工业大学学报(社会科学版)》2007 年第 4 期。

④ 程江:《激励的本质与主体性的转化:以道德为本的激励哲学及操作模式研究》,南开大学出版社 2014 年版,第 41 页。

可归类于市场方法,其可以不需要政府的干预,当然政府在此时进行适当引导也是可以和必要的。也可以认为这与"发挥市场在资源配置中的决定性作用和更好发挥政府作用"思想是契合的。同时,补助津贴方法类似于后文述及的增加收益型激励,界定产权方法类似于后文述及的赋予权利型激励。

2. 经济学视野下的正外部性激励进路之局限

(1)庇古补助津贴方法之局限

首先,从正外部性激励中市场优势的视角分析。第一,科斯无论是在《社会成本问题》中提出而被斯蒂格勒命名的"科斯定理"中,还是在《企业、市场与法律》以及《经济学中的灯塔》中再次强调的"让产权明晰,让他们交易"的观点,无非都是要说明,市场在正外部性的激励方面有其优势。科斯认为,在产权明确界定的情况下,自愿协商同样可以实现和庇古津贴一样的效果。因此,庇古津贴方法没有必要。这里,科斯是从实施成本高效益低且有替代方案的角度来讨论津贴方法的局限性的。当然其实他的理论中隐含着以政府干预为前提,即自愿协商是以产权界定清楚为基础的,因为没有产权界定,自愿协商也就成为无水之源、无本之木。第二,市场激励机制还可以筛选出最具有竞争效率的正外部性供给者(如高新技术企业),其也可以减少寻租行为,避免税收浪费,而且更为关键的是,企业的趋利行为本身已经决定了企业无论如何都会进行自己的研发活动。①

其次,从正外部性激励中政府局限性②的视角分析。第一,从政府干预成本层面看,庇古津贴以对企业监管为前提,因此,干预权介入干预对象的深度,取决于国家干预收益成本与市场自治收益成本的比较③。如果政府干预的成本支出大于激励正外部性所造成的损失,从经济效率角度看激励正外部性就不值了,还不如将该干预的成本支出直接作为公共产品支出。正如科斯所言,在交易费用不为零的情况下,正外部性的激励要通过各种政策手段的成本——收益的权衡比较才能确定。第二,从政府能力层面看,庇古津贴得以运用的前提是,政府必须知道引起正外部性和受它影响的所有主体的边际成本或收益,拥有与决定帕累托最优资源配置相关的所有信息才能定出最优的补贴。但是,政府不可能拥有足够信息而可能出现政府失灵,因此庇

---

① 参见王冰、杨虎涛:《论正外部性内在化的途径与绩效——庇古和科斯的正外部性内在化理论比较》,《东南学术》2002年第6期。

② 这里本来谈的是市场的方法,但是归根结底需要政府的支持,而因为政府的局限性可能反衬市场方法的有效性。

③ 胡元聪:《外部性视野下公共产品供给的经济法分析》,《天府新论》2008年第2期。

古津贴理论虽然"看上去很美",但实际执行效果可能会大打折扣。

最后,从正外部性激励效果的视角分析。正外部性激励需要一定的前提,具体包括:正外部性的供体可以继续实施正外部性行为,即正外部性还有持续供给的余地,否则补助津贴激励就只有针对过往的意义而没有针对未来的价值。另外,补助津贴激励对于正外部性的供体能够形成有效的激励,并且能够降低成本从而提供更多的正外部性,否则补助津贴激励的效率并不高。还有,补助津贴激励的正外部性带来的是供给的可持续,但是也必须考虑需求层面。如果正外部性供体的供给增加,但受体所代表的社会需求却相应地减少,补助津贴激励就会偏离方向。在此情况下,补助津贴激励可能是失效的。也就是说,庇古津贴可能是有效的制度安排,也可能是低效的制度安排。总之,在经济学看来,政府干预方法并非最优选择而且局限性很明显。

(2)界定产权、产权交易以及自愿协商方法之局限

首先,从正外部性激励与财富分配的视角分析。科斯第一定理强调在零交易费用下自由市场交换对经济效率的影响时,忽视了产权在法律上的初始界定与公平的关系。科斯第二定理认为在交易费用为正的条件下,不同的产权制度安排有不同的交易费用,从而对资源配置效率产生不同的影响。但他强调对财产法定所有权最初的分配要尽量提高效率,减少交易成本。他说:"我运用交易成本概念来证实法律体系可以影响经济体系运转方式,除此以外,别无他求。"①易言之,"科斯定理"主要探讨的是法律制度对经济运行效率的影响,没有谈及产权对公平的影响。事实上,对正外部性的激励必然涉及到财富的公平分配,尤其是在正外部性供体与受体之间,甚至包括政府参与的分配之中。因此,科斯的产权方法完全可能导致偏离激励目标。

其次,从正外部性激励与产权法律界定原则的视角分析。事实上,按法律原则界定产权,科斯定理不成立。当然,按科斯的办法去激励正外部性也行不通。因为法律在界定产权时,不是依据相互性原则,而是根据公平正义的原则单向地界定产权,科斯提出的产权界定具有相互性是没有法律根据的。所以,科斯提出的外部性有相互性、通过交易可以激励正外部性的办法也就失去了法律基础,在法律实践中也难以行得通。法律单向地界定产权使经济上的相互性也不复存在,对此有学者认为,如果正外部性没有相互

① [美]罗纳德·哈里·科斯:《企业、市场和法律》(中文版),上海三联书店、上海人民出版社 1994 年版,第 75 页。

性,就不能通过交易来解决外部性,即市场机制不能自行消除市场失灵。①易言之,正外部性的激励并不能完全绕开法律,它不可能忽视法律的存在。因为,产权的界定离不开法律,离开了法律,产权交易就失去了前提,正外部性的激励也就无从谈起。

再次,从正外部性激励的相互协商前提的视角分析。在此类情况下,需要考虑两个因素:一是交易费用较低。如果交易费用高于社会净收益,那么自愿协商就失去意义。在一个法制不健全、人们不讲信用的经济社会,交易费用支出必然十分庞大,此时没有协商的必要。二是产权清晰。自愿协商成为可能的前提是产权明确界定。而事实上,像环境资源这样的公共物品(正外部性的极端例子)产权往往难以界定或者界定成本很高,从而使得正外部性激励的自愿协商方法失去前提。再如个人承包荒沙地植树造林产生巨大社会效应之后连协商对象是谁都不知道,即此时没有协商的对象或者说难以确定协商对象。

最后,其他的如创造竞争市场方法、合并方法和签订合约方法等,都具有一定的局限性。最终科斯还是看清了这一点,即外部性(当然包括正外部性)的"市场解决方案与政府解决方案之间的区别本身就有部分的假定性,因为任何市场方案都是依赖于一系列由立法者和法院创设的法律规则。"②质言之,即使是市场方法仍然需要一定的法律规则。正如"如何使外部性内在化,……尽管经济学家对此存有争论,如英国古典经济学家庇古主张通过政府干预包括征税、提供政府津贴等方法解决外部性,而美国制度经济学家科斯则主张通过重新分配产权解决外部性,但不管是政府干预,还是重新分配产权,都离不开法律。"③

二、伦理学对正外部性的揭示及其激励进路

(一) 伦理学对正外部性的揭示

1. 正外部性产生的伦理学视野

"一般地说,凡是对个体、群体、环境有利的道德是为善德……善德或善是在不危害他人、其他群体和自然环境的前提下创造、维护个人、自己群

---

① 参见王健、张恒山:《科斯定理的法学评析》,《高校理论战线》1994 年第 6 期。

② [美]大卫·D·弗里德曼:《经济学语境下的法律规则》,杨欣欣译,法律出版社 2004 年版,第 48 页。

③ 郑鹏程:《论经济法制定与实施的外部性及其内在化》,《中国法学》2003 年第 5 期。

体利益和有利于他人、其他群体及自然环境的性质型道德。"①正外部性虽然通常谈及的是一个经济学的问题,但这一经济学问题背后却体现为一个善德问题。因为它实质上是"道德人"的个体收益小于社会收益。这种收益的外部化带有一种"损己利人"的倾向,它使一些人可以免费享用别人的无偿贡献。个体收益小于社会收益是社会道德所提倡的,因此必然受到道德伦理的赞扬。人性中除了蕴含自私基因,具有利己的一面之外,还蕴含公益基因,具有利他的一面。尽管历史上诸多大师都承认人的自利性是人类一切文明的发端,但亦不否认人的利他性的社会地位。② 正外部性的产生有多个层面的原因,其中之一必定是道德层面的。道德层面的原因至少体现在两个方面:

(1)正外部性产生于内滋的道德情操

这里主要有两种解释理路:第一,生物学角度的解释,其以辛格为代表。实践伦理学代表辛格企图从生物学角度证明人类的自然利他倾向。他认为社会和国家可以强化伦理法则之趋向,但这个趋向却早于社会和国家而存在。路德维希·拉赫曼也认为,"早在政府被发明以前,许多共同体的运转就已经以受规则约束的行为为基础了。"③第二,同情心角度的解释,其以休谟为代表。休谟认为,"人的本性是自私自利的,那为什么还有为公的利他的表现呢? 这是由于同情感的作用。"④因此,休谟认为利他主义来源于同情心。⑤ 柯武刚也认为,有三种途径能使人们为他人利益而努力,其中之一就是,"他们出于爱、团结或其他各种利他主义而努力有益于他人。"这里的"爱"可以等同于"同情心"。⑥

(2)正外部性产生于外附的道德约束

这里也有两种解释理路:第一,认为道德并非人的本性,其以霍布斯为代表。霍布斯认为,在没有国家之前没有所谓道德、正义,所以要求人们利他是不合理的。他还认为所有看起来是利他的行为,只是自私行为的伪装,

---

① 苏富忠:《论道德的分类体系》,《烟台大学学报(哲学社会科学版)》1998 年第 2 期。
② 陈乃新:《经济法理性论纲——以剩余价值法权化为中心》,中国检察出版社 2004 年版,第 172 页。
③ 转引自[德]柯武刚、史漫飞:《制度经济学:社会秩序与公共政策》,韩朝华译,商务印书馆 2000 年版,第 119 页。
④ [英]休谟:《人性论》,关文运译,商务印书馆 1980 年版,第 620 页。
⑤ 参见[德]柯武刚、史漫飞:《制度经济学:社会秩序与公共政策》,韩朝华译,商务印书馆 2000 年版,第 73 页。
⑥ 胡元聪:《经济法解决外部性的理论基础》,《经济法论坛》,群众出版社 2011 年版,第 37 页。

因此霍布斯认为人类在没有形成社会之前,是处于一种自然状态,是一种人与人为敌的战争状态,因此,利他行为来源于后期外在的道德约束。第二,认为道德缘于意识形态的影响,其以诺斯为代表。诺斯认为,大集团活动之所以产生的一个主要原因就是意识形态能约束理性个人对收益——成本计算的无限运用,使其自觉承担集体行动的成本。同理,各种道德共同体以其特有的一套价值观念广泛地影响着其成员的行为,这就是为什么社会中会有许多利他行为及无明显报酬的自愿性活动。①

2. 正外部性评价的伦理学视野

(1)基于"成本——收益"视角的分析

在经济活动中,个人从事经济活动支付成本和获取收益是必然的。这种成本的支付由他自己来承担,同时带来的收益全部由他自己独享,这也是合理的。如果说,这种成本的支付完全由他自身来承担,同时他带来的收益却由全社会共享,这便产生了正外部性,即个人支付成本而社会获得收益,这显然不合理。因此,经济道德的评价标准将经济学中的成本与收益作为道德的评价依据,具体指成本由谁支付,利益由谁享受。总之,正外部性是一种积极的行为表现,而该种行为会带来成本或收益的增减。相对于正外部性的供体而言,就是成本的增加收益的减少;相对于正外部性的受体而言,就是收益的增加成本的减少。因为正外部性的供体可以在自己的利益没有受到损失的情况下,促进受体利益的增加。但正外部性行为也可能会带来行为人自身利益的损失,而基于成本与收益均衡之原则和公平正义之法理,必须进行相应的补偿才有利于供体成本与收益的平衡。因此这种补偿具有激励属性。

(2)基于"帕累托最优"视角的分析

从帕累托最优视角来看,当一个人最优状况的任何改善都将影响到他人的最优状况时,此时他们所在的经济体系也就达到了最优。换句话说,任何个人经济状况的改善只能通过恶化他人经济状况来实现,而整体经济状况并不由于这样的"改善+恶化"而得到改善,此时整个经济体系也就"帕累托最优"了。但是,如果在此时有人主动在不影响他人利益的前提下,包括使自己的经济状况保持不变或者恶化从而使整体经济状况变好,正外部性就产生了。"帕累托最优"理论深含一般性的经济道德价值判断在内:一个人的最优只有不影响到他人的最优时,也就是不考虑是否能够增加自己的经济收益,

---

① [美]道格拉斯·诺思:《经济史中的结构与变迁》,陈郁等译,上海三联书店、上海人民出版社 1994 年版。转引自黄小勇、王军敏:《外部性与意识形态的关联性分析》,《首都师范大学学报(社会科学版)》2001 年第 6 期。

但不得影响他人收益情况下能够增加整个经济体系的经济收益时,才是道德许可之下的最优。从经济学角度看,利他性道德行为(正外部性行为)是容易形成帕累托最优状态的一种社会行为。因此,"帕累托最优状况"作为一个经济体系里经济最大化的目标,同时又作为一个经济体系内个人经济行为的价值判断基准,使得它具有了清晰的经济道德评价的功能。

3. 正外部性界定的伦理学视野

社会关系的普遍存在性和人与人的相互依赖性为正外部性的产生提供了基础。可以说,没有社会关系的存在也就没有正外部性。人是社会的人,社会是人的社会。社会就是由按照一定的结构进行组织并遵守共同的习俗和法律的许多人组成的。人类的一切社会活动都不可能绝对孤立,而必须和他人发生直接或间接的联系,这种联系就构成了相互依赖性。正如亚里士多德所说:"人在本性上应该是一个政治动物。"①人总是生活在人与人的关系之中,不能离开他人而独立存在。当然,此时人必然也有自己的独立存在性,只有这样才不至于使自己随着个性的消失而消失。人如何才能自在存在、生活于与他人的关系之中呢? 这个问题的答案就是人有利他行为,并且以利益的形式得以体现。因此可以说在伦理学视野下,正外部性的产生反映的是经济主体利益的外溢。诺斯认为,当某个人的行动所引起的个人成本不等于社会成本,个人收益不等于社会收益时,就存在外部性。② 当然这里既包括负外部性,也包括正外部性。可见,正外部性涉及人与人之间的交互行动。在交互行动中,人们之间存在利益溢出从而产生了正外部性。因而从伦理学的维度来看,外部性反映了人与人之间有关利益的互动关系。③ 而正外部性行为就是以"利他"原则为旨归,自觉或者不自觉地"利他"的道德行为。

(二) 伦理学视野下正外部性的激励进路

1. 伦理学视野下正外部性激励进路之溯源

(1)中国古代主要依靠德(礼)激励正外部性。贾谊认为,"若夫庆赏以劝善,刑罚以惩恶……然而曰礼云礼云者,贵绝恶于未萌,而起教于微眇,使民日迁善远罪而不自知也。"④这里贾谊强调了礼在治国中的重要作用。"治国不以礼,犹无耜而耕也"⑤更是强调了这个道理。治国离不开激励,而道

---

① [古希腊]亚里士多德:《政治学》,吴寿彭译,商务印书馆1965年版,第130页。
② 卢现祥:《西方新制度经济学》,中国发展出版社1996年版,第59页。
③ 参见庞永红:《"外部性"问题与"科斯定理"的伦理追问》,《道德与文明》2006年第5期。
④ 《汉书·贾谊传》。
⑤ 陈戍国:《礼记校注》,岳麓书社2004年版,第163页。

德伦理在当时成了激励善(正外部性)的主要方式。也诚如孟德斯鸠所说"中国统治者就是因为严格遵守这种礼教而获得了成功。"①因此,可以说"礼浸透于中国古代社会的方方面面,是中国古代文明的标志。"②道德伦理作为一种非正式约束,调控着个体之间以及个体与社会之间的行为方式,从而激励正外部性。因此,总的来说,道德伦理对于正外部性的激励有重要的作用。

(2)依靠德(礼)激励正外部性是众多思想家的共识。荀子、白居易等都认为礼的起源与激励正外部性有关,并且认为道德伦理能够激励正外部性。如荀子说:"制礼义以分之,以养人之欲,给人之求,使欲必不穷乎物,物必不屈于欲,两者相持而长,是礼之所起也"。③ 而为了有一个好的社会秩序,白居易也主张,"然则圣人非不好利也,利在于利万人。非不好富也,富在于富天下。"④易言之,圣人之所以成为圣人,是因为他的行为具有正外部性(如利万人、富天下)。显然,白居易希望借助圣人标准来规范社会秩序,调整人的行为从而激励正外部性。

(3)依靠德(礼)激励正外部性具有深刻的文化背景。虽然随着市民社会的充分发展,个体主体意识逐渐得到彰显,契约文化得以生成,法便在这种环境里对个体行为的外部性通过事前预防和事后惩罚给予刚性的制约和柔性的引导。但是,由于在当时大环境中,个体主体意识受到王权压制而难以彰显。由此带来的后果是,即使有法(刑)也是作为工具而存在,而不是作为信仰而存在。因此,"那些不以礼而以刑治国的君主们,就是想要借用刑罚去完成刑罚的力量所做不到的事,即树立道德。"⑤易言之,因为法(刑)不能成为当时治理的主要方式,与人治耦合的德(礼)治便理所当然的作为维护社会秩序替代物而存在。因此,从我国古代人治大环境考虑,以德(礼)来激励正外部性有利于社会的有序运行。

(4)依靠德(礼)激励正外部性渗透到人与人及人与自然关系等方面。其一,在人与人之间的正外部性激励方面,一般都主张友爱、团结以互惠互利。《墨子·经说》中说:"仁,爱也。义,利也。"《墨子·大志》中又说,"兼者……此仁也义也,爱人利人,顺天之意。"因此,在墨子眼中,仁义与爱利是相通的,"兼相爱""交相利"渗透了墨子爱利对等互报的原则,亦即他主

---

① [法]孟德斯鸠:《论法的精神》(上册),张雁深译,商务印书馆1961年版,第313页。
② 曾宪义、马小红:《中国传统法研究中的几个问题》,《法学研究》2003年第3期。
③ 《荀子·礼论第十九》。转引自崔大华:《哲学史家文库——儒学引论》,人民出版社2001年版,第35页。
④ 《史记·商君列传》。
⑤ [法]孟德斯鸠:《论法的精神》(上册),张雁深译,商务印书馆1961年版,第317页。

张互相实施正外部性行为。其二,在人与自然间的正外部性激励方面,主要体现在主张人应对环境进行保护的古训中。如早在夏朝,就有"春三月,山林不登斧斤,以成草木之长;夏三月,川泽不入网罟,以成鱼鳖之长"的古训。① 珍惜资源、爱护生命、养生放生不仅被看作明智的经济活动,更被视作德行高尚的体现。至于影响中国最为深远的儒、释、道三大文化,无论儒家的"天人合一",佛教的"众生平等",还是道家的"道法自然"都蕴涵着丰富的生态哲理,体现了生态道德与人际伦理的结合。② 同时,其也为"人与自然是生命共同体"理念的提出提供了思想基础。

2. 伦理学视野下正外部性激励进路之证成

(1)基于个人理性与集体理性统一视角的分析。以公共产品的生产与消费为例,消费者在消费时总想"搭便车",由此导致公共产品提供者的生产成本与收益不一致,进而造成正外部性供给不足。其具体表现在:一是集团成员会认为自己即使不付费也能消费公共产品(享受正外部性),从而大大削弱个体对生产公共产品付费的动机,鼓励了"搭便车"行为;二是个体会担心自己在提供公共产品时,他人会"搭便车",从而大大削弱了个体生产公共产品(提供正外部性)的动机。正如曼瑟尔·奥尔森指出,即使在集体物品的提供相对有效的小集团中,所提供的公共产品也非最优③。总之,许多经济学理论如纳什均衡理论、公共选择理论都将个人理性背离集体理性看作是经常状态。

然而,西方近代伦理学认为,道德可以成为个人理性向集体理性过渡的桥梁,即个人理性与集体理性之间仍然存在统一的伦理学基础。为了避免霍布斯"丛林规则"的应验,必须实现个人利益与社会利益的和谐统一,为此,后来的学者开出了各自的"药方"。④ 具体包括:斯宾诺莎的"理性"解、哈奇森的"道德情感"解、巴特勒的"良心"解、休谟的"同情"解及亚当·斯

---

① 《逸周书·大聚》。

② 参见刘湘溶:《人与自然的道德话语》,湖南师范大学出版社 2004 年版,第 43—47 页。

③ 胡元聪:《外部性视野下公共产品供给的经济法分析》,《天府新论》2008 年第 2 期。

④ 具体来讲:其一是斯宾诺莎的"理性"解,即理性能够引导人们在合理自利的同时也利他(即实施正外部性);其二是哈奇森的"道德情感"解,即人们的道德将使个人利益与社会利益和谐一致从而为实施正外部性提供了可能;其三是巴特勒的"良心"解,即道德能够敦促人们"反省"自身行为的善恶并自然而然地指引个人关心并维护公共利益即实施正外部性;其四是休谟的"同情"解,即同情心使人们自觉地体会他人的痛苦和快乐并促使人们产生关注他人利益的义务感进而实施正外部性;其五是亚当·斯密的"二元"解,即"二元"可以导致个人利益与集体利益的协调。参见贾丽虹、颜国芬:《外部性:个人理性向集体理性过渡的可能性——基于制度形成的分析》,《学术研究》2005 年第 12 期。

密的"二元"①解。总之,在近代西方伦理学的视野下,构建在理性之上或者是基于人的情感之上(仁爱、良心、同情心以及情感共鸣等)的道德是个人利益与集体利益和谐统一的桥梁。易言之,道德可以实现个人理性与集体理性统一,从而激励正外部性行为的产生。

(2)基于非正式制度对社会的积极作用视角的分析。意识形态在非正式制度中处于核心地位,对正外部性激励起着重要作用。意识形态作为一种信念体系,从其地位来看,它是减少其它辅助性制度安排费用最重要的非正式制度安排。从其功能来看,它能够解决现实世界的复杂性和人类理性的有限性之间的冲突和龃龉问题。即道德准则及伦理规范可以为之提供一条方便的"捷径",从而简化交易程序,降低交易费用。② 所以说,意识形态中的道德层面因素是制约外部性行为的基本要素。③ 这里主要是针对负外部性而言的,其实,笔者认为,它更是激励正外部性的基本要素。

马克斯·韦伯对文化精神因素方面的阐述有利于理解意识形态对于激励正外部性的作用。他认为,"归根到底,产生资本主义的因素乃是合理的常设企业、合理的会计、合理的工艺和合理的法律,但也并非仅此而已。合理的精神,一般生活的合理化以及合理的经济道德都是必要的辅助因素。"④换句话说,他主张物质文明必须由精神力量做支撑。因此,在个人主义逐渐威胁崇高理想和道德生态之时,在意识形态领域开展以集体主义为核心的道德教育就成为必然,这不仅可以为复杂的社会关系提供广泛而有力的解释系统,而且能约束个人贪得无厌的需求和欲望,从而激励正外部性行为的产生。这就不难理解我国为什么要不断加强社会主义精神文明建设。

另外,在伦理道德准则中,良心具有内向性、自律性,故在激励正外部性过程中发挥着独特的作用。良心效应⑤可以激励主体供给正外部性。这种

① 其中的"一元"指亚当·斯密沿袭了休谟的"同情说",认为个人在社会交往中产生的情感共鸣可以导致利他的道德倾向。而另外"一元"则是指人的自利可以通过"看不见的手"进行调节。

② 参见孔泾源:《中国经济生活中的非正式制度安排》,《经济研究》1992年第7期。

③ 参见刘良毕、刘明贵:《经济外部性与道德约束》,《浙江社会科学》2001年第4期。

④ [德]马克思·韦伯:《世界经济通史》,上海译文出版社1981年版,第301页。

⑤ 黄有光提出了"良心效应(The Conscience Effect)"的概念,他认为任何正外部性的产生过程中都或大或小存在着一定的"良心效应",也就是说"良心"发挥着一定的作用。参见[澳]黄有光:《福利经济学》,周建明等译,中国友谊出版社1991年版,第217—224页。

教育其实就是"黄金律"①。在今天,良心效应和黄金律强调的就是一种道德教育,属于"精神文明"教育范畴。② 因为运用这种伦理教化可以激励正外部性行为的产生,如通过宣传教育,使社区居民增强环保观念,逐渐形成良好的环境道德、环境习俗、环境习惯等。

总之,在一定的制度结构下,制度所无法激励的正外部性,或者说制度效果不及之处或正外部性还未上升到法律意义上时则需要道德的作用来实现激励。一般来说,此时正外部性社会效应越大,对道德的需求就越强烈。反过来,道德越浓厚,说明正外部性现象也越凸显,也意味着制度还未能有效地激励正外部性,因而制度是低(或无)效率的。所以,在我国古代制度普遍缺乏的背景之下必然引发对道德激励的强烈需求。在今天,道德激励类似于后文述及的特殊荣誉型激励中精神奖励的前身。

3. 伦理学视野下正外部性激励进路之局限

正外部性的产生理路之一是基于道德伦理的鼓励。即道德确实能够激励正外部性行为。但是,其局限也显而易见,主要体现在以下两个方面:

(1)基于道德伦理自身的性质视角的分析。道德伦理是一种非正式制度,属于非正式约束即软约束,因其没有强制力保障而具有局限性。易言之,意识形态的强化固然能形成文化积淀,可以内化为集体意识以影响个体或民族。但在这种情况下,其对行为人正外部性的激励主要依靠行为人的内省和自觉,因为其缺乏强制力的后盾导致局限明显。还可以这样认为,道德的调节强度远不如法律,因为它是靠社会舆论和说服教育以及榜样的激发感化等精神力量来实现而不是借助强制力量。如果"经济人"不为伦理道德所感化,不信奉内圣外王的说教,不惧怕伦理道德的否定性评价,这时,礼便失去了作用。③ 因此,对于正外部性的激励,道德还是有其局限性。

(2)基于道德伦理与制度的关系视角的分析。在道德伦理与制度的复杂关系中,其中之一是作为非正式制度的核心意识形态的作用受制于制度

---

① 斯蒂格利茨认为社会准则(Social sanctions)的教育就是"黄金律(Golden rule)",其是解决外部性的一种办法。他认为,用经济学的语言来解释黄金律就是"要产生外部经济性,不要产生外部不经济性。"参见[澳]黄有光:《福利经济学》,周建明等译,中国友谊出版社1991年版,第209—210页。

② 如"八荣八耻"教育、"创先争优"教育、"三严三实"教育等。

③ 向景:《以礼制利:外部性的克服及其局限——对我国古代经济思想义利观的现代思考》,《怀化师专学报》2001年第4期。

而具有局限性。如道德对经济增长的作用也受制于制度的性质,因为一定的意识形态是附着于一定的制度结构之上的观念、价值符号。制度创立之初,意识形态因制度的先进性和合理性而与制度一起推动经济的增长。随着经济的发展,制度结构可能会从合理走向不合理,导致意识形态也会随之在性质上发生相应的改变而阻碍经济发展。因而,从制度性质决定其意识形态作用方向而言,意识形态的作用有其局限性。① 可见,道德因在激励正外部性过程中类似于制度的"跟班"而并不是起着终极意义上的推动作用,故具有局限性。

　　总之,道德主要针对个人理性发挥作用,在承认个人理性的前提下通过论证规则、制度的合法性来实现对正外部性的激励。正如学者林毅夫指出,通过道德,个人可将"合法性"内化为一种"虔诚"商品,并将之加进个人效用最大化的内容体系之中,使个人自觉服从某一特定的规则。② 因此,在道德激励的基础上产生了后文述及的特殊荣誉型激励,其中的通过给予精神奖励进行激励与此密切相关。但是,道德在激励正外部性方面仍然具有局限性。

三、法学对正外部性的揭示及其激励进路

(一)法学对正外部性的揭示

1. 正外部性产生理路的类型化分析

　　外部性有广义和狭义之分,正外部性也有广义和狭义之分。在本书的语境之下,正外部性有法律意义上的正外部性和非法律意义上的正外部性。本书旨在研究经济法对正外部性的激励,所以主要谈及的是法律层面的正外部性。不过,对于大家比较熟悉但目前还没有上升为法律意义的正外部性仍然有所涉及。正外部性产生有不同的理路,本书从类型化分析的角度,尝试对常见的正外部性产生理路进行分类以方便研究。笔者认为,主要可以从经济、道德、法律三个层面进行分析。

　　(1)经济层面的分析

　　正外部性供体作为理性的"经济人",基于"利润最大化"的考虑,对于

① 黄小勇、王军敏:《外部性与意识形态的关联性分析》,《首都师范大学学报(社会科学版)》2001年第6期。

② 林毅夫:《关于制度变迁的经济学理论:诱致性变迁与强制性变迁》,载R·科斯等主编:《财产权利与制度变迁——产权学派与新制度经济学派译文集》,上海三联书店、上海人民出版社1994年版,第381页。

是否给他人或者社会带来正外部性并不在其考虑范围之内。在此种情况下产生的正外部性可以被认为是被动意义上的正外部性,按照亚当·斯密的说法是"非真正出于本意"而为之。此时的正外部性可以看作是副产品,并非是供体主动追求的目标。

第一,个人层面。主要包括但不限于:一是私人绿化带来的正外部性。在澳大利亚、加拿大等国家,私人的绿化投入非常大,他们的积极性也很高,因为绿化可以使私人房屋升值。此时私人的绿化投入虽然是基于理性"经济人"考虑,但是事实上也为整个社会带来了正的外部性。二是私人主动注射疫苗带来的正外部性。疫苗的注射虽然是基于自身免遭传染病侵袭的初衷,但是事实上,疫苗的注射会使得其传染概率降低,对没有注射疫苗的人会带来正的外部性。

第二,企业层面。主要包括但不限于:一是大型商场兴建带来的正外部性。如一个大型商场的兴建在给兴建者带来利益的同时,也使周围门面出租户得到更多的利益,也使租用这些门面的各个行业的业主得到更大利益。此时,大型商场的兴建者绝不是为了使周围门面出租户得到利益而兴建大型商场,其所关注的是他自身的盈利,而使周围门面出租户得到利益其实只是副产品而已。二是技术创新带来的正外部性。深蓝、谷歌这些典型的全球人工智能高科技公司在研发过程中为了保持市场竞争力而处于世界领先地位,必然会投入大量人力物力。其最终仍然是基于成本收益角度的考虑以及效益最大化的考虑,当然其事实上也会给社会带来了巨大的正外部性。

第三,国际层面。具体包括但不限于:一是国际经济贸易带来的正外部性。在世界各国的经济贸易中,虽然各国基于本国经济利益考虑而进行贸易往来,然而事实上对经济对外开放国家带来了正外部性而且可能是双向正外部性,此时贸易双方实现了"双赢"。二是科学技术合作带来的正外部性。全球各国之间进行着持续深入的科技合作交流,互相展开竞争与合作,共同推动着人类文明的进步。当然,这些交流均以维护各国自身经济利益为初衷。

(2)道德层面的分析

在道德层面,正外部性供体本身是基于利他主义的考虑,而对于他人或者社会带来的正外部性是其行为主旨所在。在此种情况下产生的正外部性可以被认为是主动意义上的正外部性,因为此时的正外部性不是副产品,而是供体主动追求的目标。

第一,个人层面。具体包括但不限于:一是私人植树造林带来的正外部性。我国有许多农民承包荒沙地植树造林的例子①,他们对于植树的目的非常明确,就是为了防风固沙、造福人类。因此,从现实状况来看,无法用经济学原理去分析此类行为。因此,他们并非"经济人"而是"道德人"。二是个人捐赠带来的正外部性。个人捐赠具有典型的正外部性属性,其给他人带来了额外的收益(外部经济),他人对得自于个人捐赠的收益不需要作等价的给付。另外,还有个人无偿献血也是。

第二,企业层面。具体包括但不限于:一是企业承担社会(道德)责任带来的正外部性。企业的社会责任有法律责任和道德责任。这里强调的是道德责任,其并不是企业的法律义务所在,相关法规对企业也没有硬性要求。其包括对所在社区的道德责任,对社会予以捐助的责任等。二是企业尽可能的按照更高生产标准生产商品带来的正外部性。如企业在生产中面对国家强制性国家标准(GB)和推荐性国家标准(GB/T)的时候,尽可能地采用推荐标准来生产产品即是。再如企业推行科学的质量管理方法,采用先进的科学技术,使产品质量达到并且超过行业标准、国家标准和国际标准也是。因此《产品质量法》(2018)第6条对此类正外部性进行了激励。②

第三,国际层面。具体包括但不限于:一是国际人道主义带来的正外部性。如抗日战争时期,加拿大共产党员、国际共产主义战士白求恩来到中国,为我国抗日革命呕心沥血直至献出自己的生命。二是基于人类命运共同体理念带来的正外部性。如在新冠肺炎疫情面前,现任始终保持独立性和权威性的英国著名医学杂志《柳叶刀》的主编理查·德霍顿超越国界,以科学名义解释与爱这个世界,为人类树立了榜样。

(3)法律层面的分析

在法律层面,正外部性供体基于法律规范的要求而对他人或者社会带来的正外部性是法律约束的主旨所在。在此种情况下产生的正外部性更多的是被动意义上的正外部性,因为此正外部性就是对其供体行为约束的目标,是法律之主动追求。

第一,国家层面。其表现为国家基于提供公共产品的职责带来的正外部性。具体包括但不限于:一是国家的宪法义务,其是国家的基本职责所在。例如发展公共教育事业、建设保障性住房等。这对消费国家公共产品的消费者来说是一种正外部性。二是国家的一般义务,包括相关政策性行为。如发

---

① 包括牛玉琴、石光银、盛万忠等。
② 如我国《产品质量法》(2018)第6条规定,"对产品质量管理先进和产品质量达到国际先进水平、成绩显著的单位和个人,给予奖励。"

展轻轨交通对于轻轨沿线经济带来繁荣的正外部性,建设大学城对于校园周边经济带来繁荣的正外部性,灯饰工程的建设对当地居民生活享受带来的正外部性等。

第二,个人层面。其表现为个人某些受到法律约束或强制的行为带来的正外部性。具体包括但不限于:一是在特殊时期注射疫苗带来的正外部性。这也是个人的法律义务所在。如在非典时期,法律强制要求人们注射疫苗,这类消费不仅对于他自己有好处,对他周围的人也有一定的好处,即接触到病毒的传染源减少,因此这也是一种正外部性。二是提高自身教育水平带来的正外部性。根据我国《宪法》规定,受教育既是权利也是义务。教育经常被认为是具有正外部性的典型例子。虽然教育的直接受益人是被教育者本人,即他付费并享受权利,但社会作为一个整体也因为其是有"教养"的公民而受益,如基于其教育程度带来的社会生产率和政治参与率的提高以及最终促进一个国家文明程度的提升。

第三,国际层面。具体包括但不限于:一是各国遵守环境保护国际公约、条约及协定的行为带来的正外部性。后文会述及,在如《人类环境宣言》《环境保护公约》等倡导环境保护之下,各国所采取的系列环境保护行为即是。二是各国遵守高新技术合作方面的国际公约、条约及协定的行为带来的正外部性。后文也会述及,在《保护工业产权巴黎公约》《建立世界知识产权组织公约》等规范下,各国进行科技交流与合作会带来正外部性。

当然,以上三种分类并不是泾渭分明的。如私人绿化带来的正外部性有时候不一定是"经济人"基于成本和收益角度的考虑,而纯粹就是喜欢美化自己的"家园"而已。还有个人注射乙肝疫苗带来的正外部性,在没有法律规定的情况下,可以说就是基于道德而为。企业承担(道德)责任带来的正外部性,可能是基于道德的考虑,也可能是基于成本和收益的考虑,因为企业的社会捐赠也可以带来消费者对其的好感,从而获得更大的市场,赚取更多的利润。甚至有的正外部性还很难类型化,如农业产业具有巨大正外部性,农民种植粮食既可能是基于"经济人"的考虑(如相比其他,觉得仍有利可图),也可能是基于道德的考虑(如祖祖辈辈都是以种地为生,不能舍弃故土),还可能是基于法律的约束的考虑(如迁移困难,只能种地)。

2. 正外部性的法学界定

"正外部性"原本属于一个经济学术语,因此对其界定主要是从成本与收益角度进行的。如一般可以将正外部性界定为"个人收益小于社会收益,个人成本大于社会成本"的情形。本书将经济学中的"成本"与"收益"概念转化为法学中的"权利"与"义务",即尝试用"权利"和"义务"来对正外部性下定义。这种尝试何以可能? 笔者认为,这种转化有其理论依据,正如学者张守文所言"从某种意义上说,成本与收益之于经济学,就像权利与义务之于法学一样。"①

如果从权利和义务的视角来界定正外部性,可以认为正外部性不仅是一个过程而且是这样的一种结果状态,是经济主体之间权利与义务的不对等,导致利益失衡的状态。权利与义务不对等的情形包括但不限于:一是存量的权利与义务的不对等,主要是因为对权利与义务的配置不当而导致。二是增量的权利与存量的义务不对等,主要是因为对新型权利供给不足而导致。三是存量的权利与增量的义务的不对等,主要是对新型义务的分担不合理而导致。四是增量的权利与增量的义务的不对等,主要是因为对新型的权利与义务的配置不当而导致。在本书中,在表述正外部性的过程时会经常使用如"实施正外部性行为",在表述正外部性的结果状态时会经常使用如"供给正外部性"。具体来讲,正外部性是一个经济主体将可由自己行使的权利主动或被动"让渡"给他人且没有施加任何义务,或者说一个经济主体主动或被动将应当由他人履行的义务"自愿转嫁"给自己且没有享受相应的权利。

因为现实生活中许多正外部性的激励迫切需要法律的重新构造,这就为从法学视角界定正外部性提出了要求。基于法律是通过权利与义务的配置以调整社会关系的特殊社会规范,因此它可以通过倾斜性配置权利与义务来激励正外部性。正如,"外部性的本质是权利的行使,也即人与人相互制约与作用。"②需要说明的是,这里对正外部性从法学视角下定义还是具有一定的局限性,即在经济学上,成本和收益一般可以进行量化,但是就权利和义务而言,对其量化的难度很大。同时,法学视野下的正外部性的外延小于经济学视野下正外部性的外延。

因此,本书还认为,正外部性可以分为不同层次③:第一个层次是社会效益巨大的正外部性,其具有法律意义,应该属于法律激励的范畴;第二个层次是社会效益一般的正外部性,介于法律激励和道德激励之间,此时软法

---

① 张守文:《经济法理论的重构》,人民出版社 2004 年版,第 166 页。
② [美]斯密德:《财产、权力和公共选择:对法和经济学的进一步思考》,黄祖辉等译,上海三联书店、上海人民出版社 2006 年版,第 14 页。
③ 胡元聪:《外部性概念的法学视野考察》,《经济法论坛》,群众出版社 2009 年版,第 155 页。

可以发挥一定的作用;第三个层次是社会效益较小的正外部性,只需要用道德进行激励。① 这样一来,本书研究的外部性主要是第一层次的外部性,即需要法律进行激励的具有法律意义的正外部性。对第二、三层次的正外部性仅略提及。

学者倪正茂主张创建"激励法学",他认为,"激励法学"所要激励的是"向上""向善",对社会进步有利的造福人类的行为。这里的"向上""向善"与本书所指"正外部性"有相通之处。从历史的视角来看,正外部性在不同时期有不同的表现:在古代如"战争激励",即个人积极参与"战争"对一个国家来说具有正外部性,因为它可以扩展地盘,俘虏敌人,亦即获取劳动资料与劳动力。如"政绩激励",即激励官员行使职权,履行职责、廉政、勤政、奋发有为,表现良好,为国家做出贡献。如"生产激励",包括激励农业、手工业、商业、畜牧业等为国家做出贡献。如"治理激励",包括激励揭发犯罪、激励直言兴谏、激励见义勇为等为国家做出贡献。这些行为都具有正外部性的属性。今天,激励内容已经发生了巨大变化,具体后文有述。

3. 正外部性的法学视角分类

法律意义的正外部性受法律的激励,非法律意义上的正外部性则受道德的激励。对正外部性可以按照社会效益大小进行分类。前已述及,第一个层次是社会效益巨大的正外部性,具有法律意义,需要法律进行激励,应该属于法律规制的范畴。如私人大面积的植树造林,但是不能得到应该得到的回报,就需要构造法律规范进行激励。再如个人和企业的社会捐赠,也需要法律的完善以实现激励。如果是社会效益较小的正外部性就不具有法律意义。如某居民在家门口装了照明灯,邻居可以不付出任何成本就能享受到照明。还有如有人主动资助修路,行人没付出任何成本也能在修建的马路上走,这也是正外部性。再有如某读者买了一本书,其朋友都可以免费借阅,这些都是不具有法律意义的正外部性,不需要法律进行激励。所以说,社会效益价值一般的正外部性,没必要用法律进行激励,但若仅用道德规范又不能起到良好效果的,软法则可以发挥一定的作用。而社会效益较小的正外部性,不具有法律意义,不需要法律进行激励,只需要用道德进行激励即可。下面主要对法律意义上的正外部性进行分类。

---

① 需要说明的是,这种分类方法只是为了研究的需要,在现实生活中确实难以精确量化。正如学者黄文艺所说,"由于客观的因果关系链条在空间维度上的复杂性和在时间维度上的持续性,如何确定行为的外部性影响是一个非常棘手的技术性问题。"参见张维迎:《信息、信任与法律》,生活·读书·新知三联书店2003年版,第286页。

（1）生产中的正外部性和消费中的正外部性

这是从正外部性产生领域进行的划分。比较而言，人们对于生产中的正外部性的关注要早于对消费中的正外部性的关注。如今，二者同样受到关注。事实上，生产必然带来消费，因此消费中的正外部性与生产中的正外部性同样值得重视。

第一，生产中的正外部性是由供给主体的生产活动带来的正外部性。其包括：一是生产者对生产者的正外部性，如水果园园主与养蜂场场主的关系：一方面，水果园园主对养蜂场场主具有正外部性；另一方面，养蜂场场主对水果园园主具有正外部性。二是生产者对消费者的正外部性，如花园式厂房对周围居民的影响①，再如企业积极践行社会责任，修建休闲场所，为周围居民提供方便等。另外，国家供给教育是一种典型的正外部性，因为完善的教育系统培育出的人才会对社会建设作出贡献。

第二，消费中的正外部性是由消费者主体的消费行为带来的正外部性。其包括：一是消费者对生产者的正外部性，如消费者居住环境的改善对大量增加生产性投资的正外部性，扩大农村消费需求对于工业生产、国家经济发展的正外部性等；二是消费者对消费者的正外部性，如某人注射了甲流疫苗，这种消费对周围的人也有好处，即他人接触到病毒传染源的机会减小。还有旅游消费可以对景区带来收益，景区可以将其中一部分收益用于改善景区环境，从而对其他到此景区旅游的消费者带来正外部性。

（2）单向的正外部性与交互的正外部性

这是从正外部性产生方向进行的划分。事实上，许多正外部性并不是单向的，只是为了研究的方便才这样假设，而交互的正外部性才是常态。

第一，单向的正外部性是指供给主体一方仅仅对另一方所带来的正外部性。例如种植鲜花的人对于邻居的正外部性影响，长江上游实施退耕还林、水土保持工程对长江下游的正外部性影响。再例如重庆市渝中半岛的灯光工程对南滨路美食一条街的繁荣带来的正外部性影响。还有，代际的正外部性一般都是单向正外部性，如教育。

第二，交互的正外部性就是双向的正外部性。双向正外部性是指两个主体彼此都存在正外部性，即甲方和乙方相互之间产生的正外部性。如前述水果园园主与养蜂场场主的关系就是双向正外部性：蜜蜂要酿蜜，必然离不开花粉，此时可以说水果园园主对养蜂场场主具有正外部性；反之，水果

---

① 沈满洪、何灵巧：《外部性的分类及外部性理论的演化》，《浙江大学学报（人文社会科学版）》2002年第1期。

园花开后,离不开蜜蜂传授花粉,此时可以说养蜂场场主对水果园园主具有正外部性。

(3)制度正外部性与科技正外部性

这是从正外部性产生根源进行的划分。制度正外部性的大小可以体现为制度的完善程度,科技正外部性的大小可以体现为科技的发达程度。

第一,制度正外部性主要体现在①:在新制度下存在而在旧制度下无法获得的利益,这是制度变迁所带来的正外部性。如消费信贷制度的实施,会大大改变消费者的行为习惯,进而改变成本收益函数从而带来正外部性。还有,在制度变革的过程中,新制度的实施将有可能打破旧的利益分配格局,由此所牵连的人群十分庞大。② 在一定的制度安排下,由于禁止自愿谈判或自愿谈判的成本极高,经济个体得到的收益与其付出的成本不一致,从而存在着外部收益。即在某些情况下,制度正外部性的实质就是社会责任与个人权利的不对称,具体体现为承担社会责任少而获得的个人权利多。如地票交易制度、农地流转制度、农村金融制度以及农业保险制度等都具有正外部性属性。一般来讲,制度正外部性增大是一个国家政治经济文化向高质量发展的表现。

第二,科技创新正外部性普遍存在着。科技创新成果是一种正外部性很强的公共产品,在存在有效的激励法律制度(如《专利法》《商标法》《反不正当竞争法》)的前提下,其就会激励这种公共产品的充分供给。科技进步往往是互相竞争、你追我赶的结果。一项科技创新成果的面世、推广和应用能够为其他成果的研究、开发和应用提供基础并最终推动国家经济和社会发展。今天,随着人工智能、大数据和区块链时代的到来,科技创新已经发展成为科技革命,其前所未有的巨大正外部性也在日益显现。当然也有一些负外部性随之而来。

(4)政府供给的正外部性和私人供给的正外部性

这是从正外部性供给主体进行的划分。政府供给的正外部性一般是基于政府的职责而为之,私人供给的正外部性可能是基于经济、道德或法律原因而为之。

第一,政府供给正外部性一般是基于政府的职责③。一方面,如基于国家的宪法义务和基本职责,供给诸如发展教育事业、建设保障性住房等公共

① 朱中彬:《外部性的三种不同涵义》,《经济学消息报》1997年7月23日。
② 贾丽红:《外部性理论研究——中国环境规制与知识产权保护制度的分析》,人民出版社2007年版,第35页。
③ 虽然政府提供公共产品是基于税收的代价,但是其外溢的部分仍然属于正外部性。

产品。马克思将传统亚洲国家政府的主要职能部门划分为财政、军事和公共工程等三个部门,其中公共工程部门对应着国家向社会提供公共物品的职责。① 这对消费国家公共产品的消费者来说是一种正外部性。另一方面,如前文所述,基于国家的一般义务,修建高速公路、发展轻轨交通对于沿线经济的繁荣,建设大学城对于校园周边经济的繁荣等正外部性即是。

第二,私人供给正外部性有的是基于经济层面的原因,有的是基于道德层面的原因。前者如基于成本和收益的考虑而进行私人绿化,后者如为社会做贡献而进行个人的社会捐赠等。一般来说,后者中私人供给正外部性一般都是主动意义上的正外部性。此外,私人供给正外部性还可能是基于法律层面的原因,如基于法律的强制约束而注射疫苗等,此时私人供给正外部性与基于经济层面的原因一样是被动意义上的正外部性。

(5)主动的正外部性和被动的正外部性

前已述及,从正外部性的产生理路来看,其具体可以归类为经济、道德、法律三个层面。其中,经济层面和法律层面的正外部性一般来说是被动的正外部性,而道德层面的正外部性一般来说是主动的正外部性。

第一,主动的正外部性主要体现为道德层面。在道德层面,正外部性供体本身是基于利他主义的考虑,而对于他人或者社会带来的正外部性是其行为主旨所在。在此种情况下供给的正外部性可以被认为是主动意义上的正外部性,因为此时的正外部性不是副产品而是主产品,是供给者主动追求的内容。如私人植树造林、个人捐赠、个人无偿献血带来的正外部性等等都是。再如,企业主动承担社会(道德)责任、企业尽可能的按照更高生产标准生产商品带来的正外部性等等都属此类。

第二,被动的正外部性主要体现为经济层面和法律层面。在经济层面,正外部性供体作为理性的"经济人",其行为是基于"利润最大化"的考虑。因此,此种情况下供给的正外部性可以被认为是被动意义上的正外部性,此时的正外部性可以看作是副产品,并非是供给者主动追求的内容。如私人在房前屋后进行的绿化,私人主动去注射疫苗带来的正外部性。再如企业兴建大型商场、企业进行技术创新带来的正外部性等等都是。在法律层面,正外部性供体基于法律规范的要求,而对于他人或者社会带来的正外部性是法律约束的主旨所在。在此种情况下产生的正外部性更多的是被动意义上的正外部性。因为正外部性就是对其行为约束的目标,是法律主动追求的内容。如国家基于提供公共产品的职责,发展教育事业、发展轻轨交通等

---

① 参见《马克思恩格斯选集》(第1卷),人民出版社2012年版,第850—851页。

等,以及个人在特殊时期注射疫苗、提高自身教育水平带来的正外部性等等都是。需要强调的是,虽然两者都是被动意义上的正外部性,但被动的原因各有不同,经济层面的被动不具有强制性而法律层面的被动具有强制性。

(6)代内正外部性与代际正外部性

这是从历史时间视域对正外部性进行的划分。比较而言,人们对于代内正外部性的关注要早于对代际正外部性的关注。事实上,仅仅关注代内正外部性是不够的,因为代际正外部性与代内正外部性同样值得重视,否则就显得短视。

第一,代内正外部性通常是从即期考虑行为的正外部性影响,即主要是同代人或当代人之间的正外部性。同时,代内与代际之间没有一个明显的临界点,一定时间跨度的"代内"就具有"代际"意义,而"代际"也是由"代内"量变而来的质变。因此,激励代内之间的正外部性对代际之间的正外部性具有重要意义。代内的正外部性包括单向的正外部性和交互的正外部性。前面列举的例子很多都是代内正外部性。

第二,代际正外部性主要是考虑人类代际之间行为的正外部性影响。可以把这种正外部性称为"当前向未来延伸的正外部性"。代际正外部性的提出缘于可持续发展理念。由于代际负外部性日益突出,因此倡导代际正外部性的呼声越来越高,例如坚持"绿水青山就是金山银山"理念,促进绿色消费等可持续性消费就是此类正外部性。另外,还有知识的传承与教育的延续,科技的进步与制度的创新这些正外部性就具有重要的代际意义。代际正外部性一般表现为单向的正外部性,即当代人对后代人的正外部性。

(7)国内正外部性与国际正外部性

这是从国别空间视域对正外部性进行的划分。比较而言,早期各国比较关注于国内正外部性而较少关注国际正外部性。随着进入经济全球化时代尤其是今天的智能网络时代,"地球村"的"网民"视野更为宽阔,也更能感受到国际正外部性的存在。

第一,国内正外部性通常关注的是一个国家内部各个主体之间资源配置问题,包括个人、企业和国家三者之间的正外部性,也包括国内生产者和消费者之间的正外部性,还包括单向的与交互的正外部性等等。当然,国内与国际正外部性虽然有明显的边界,但是做好国内正外部性对国际正外部性具有重要意义。前面列举的例子大多数是国内正外部性。

第二,国际正外部性主要考虑的是国家与国家之间的正外部性。可以把这种正外部性称为"国内向国外延伸的正外部性"。国际正外部性契合了人类命运共同体理念。该理念于2012年在中共十八大中提出,其旨在追求本国利益时兼顾他国合理关切,在谋求本国发展中促进各国共同发展。①
人类只有一个地球,各国共处一个世界,因此要倡导"人类命运共同体"意
识。人类命运共同体这一全球价值观包含相互依存的国际权力观、共同利
益观、可持续发展观和全球治理观等等。这些价值观都是国际正外部性的
追求目标。

(二) 法学视野下正外部性的激励进路

1. 基于法律与正外部性内在逻辑关系视角的分析

(1)正外部性的产生各有原因所以法律对其态度各异。前文已述,本
书认为,正外部性的产生大概可以归纳为三个方面的原因。因为产生的原
因不同,所以法律对于是否激励也持不同的态度。其一,基于纯粹经济利益
刺激产生的正外部性。许多正外部性是由于纯粹经济利益的刺激而产生,
尤其是在个人层面和企业层面,他们作为理性的"经济人"和"经济企业",
基于"利润最大化"的考虑,非真正出于本意,不经意间产生了正外部性。
此时的正外部性可以看作是其主经济行为的副产品,并非是供给者的主动
决策和追求目标。因此,法律对这类正外部性不会进行激励,而让其自身通
过市场方式解决。如在某些国家,绿化可以使私人房屋价值得到较大提升。
此时私人的绿化投入就是基于理性"经济人"考虑,其可以通过提高房价在
交易中得到补偿。但是,如果社会效益巨大,法律也会进行激励,如食品安
全有奖举报制度即是典例。其二,基于伦理道德的激励产生的正外部性。
这类正外部性的供给主体本身是基于利他主义的考虑,而对于他人或者社
会带来的正外部性是其行为主旨所在。在此种情况下产生的正外部性可以
被认为是主动意义上的正外部性,因为此时的正外部性不是副产品,是供给
主体的主动决策和追求目标。此类正外部性因为社会效益巨大,因此,法律
对这类正外部性会积极进行激励。其三,基于法律制度规定产生的正外部
性。这类正外部性的供给主体是基于法律规范的要求,而对于他人或者社
会带来的正外部性是法律约束的主旨所在。在此种情况下产生的正外部性
更多的是被动意义上的正外部性,因为正外部性就是法律法规对其行为约
束的目标。因此,法律也会对这类正外部性进行激励,具体原因后文再述。

(2)正外部性表现形式多样但仅有部分需要法律进行激励。正外部性
的表现形式有多种,可以根据不同标准进行分类。这里尝试按照社会效益
大小进行分类。从经济学视角分析,社会效益大小取决于正外部性中个人

---

① 胡元聪:《包容性增长理念下经济法治的反思与回应》,《法学论坛》2015 年第 3 期。

成本与社会成本、个人收益与社会收益之差的绝对值大小。从法学视角分析,社会效益大小取决于正外部性中个人义务与社会义务、个人权利与社会权利之差的绝对值大小。前文已述,第一个层次是社会效益巨大的正外部性。该正外部性具有法律意义,需要法律进行激励,当然属于法律规制的范畴。如有农民承包荒沙地大面积的植树造林,给社会带来巨大的社会效应,但是按照目前的法律规定和政策却不能得到应该得到的回报和补偿,这就需要重新构造法律规范,矫正失衡的权利与义务进行激励。再如个人和企业的社会捐赠,也需要法律的完善从而实现补偿和激励的目标。第二个层次是社会效益一般的正外部性。该正外部性没有必要用法律进行激励,此时,只需要用软法进行激励即可。如一些生产企业的生产行为,一些服务企业的服务行为受到行业自律规范的积极激励。再如《诺贝尔基金会章程》①《中国中小学幼儿教师奖励基金会章程》②等就属此类。第三个层次是社会效益较小的正外部性。该正外部性社会效益不大,不需要法律进行激励,用道德进行激励即可达到目的。这些正外部性一方面是社会效益较小,用不着法律进行激励;另一方面也是因为法律资源不够而"鞭长莫及"。如私人在花园里种花、私人积极捡拾公共场所垃圾的行为就属此类,此时可以通过为其"点赞"甚至使其"上热搜"等替代性的道德激励方式进行激励。

（3）正外部性有利于社会进步与和谐故需要法律激励。这里尤其强调道德层面的正外部性和法律层面的正外部性的激励问题。其一,道德层面的正外部性供体真正出于本意的基于利他主义的考虑,自愿对他人或者社会供给了正外部性。该正外部性可以被认为是主动意义上的正外部性,因为此时的正外部性供给是其主动决策和追求的目标而不是副产品。如私人植树造林带来的正外部性,私营企业主捐赠带来的正外部性,企业积极承担社会（道德）责任,以及其他企业尽可能地按照更高生产标准生产商品等等,这些都有利于社会进步与和谐文明。基于保障正外部性持续供给和实现公平正义的考虑,迫切需要法律对此类正外部性进行激励。其二,法律层面的正外部性供体因为受到法律规范的强制要求而对他人或社会供给了正外部性。在此种情况下产生的正外部性更多的是强制性被动意义上的正外部性。此正外部性是法律对供给者行为约束的目标,也是法律主动追求的目标。如企业进行清洁生产、企业不断推进科技创新等带来的正外部性;个

---

① "诺贝尔基金会"是根据阿尔弗里德·诺贝尔的遗嘱建立的。管理这个基金会和奖金颁发机构的章程,由瑞典国王于 1900 年 6 月 29 日在议会颁布。

② "中国中小学幼儿教师奖励基金会"由中国海内外各界人士募集成立,1986 年 9 月 10 日首次向荣获"人民教师奖章"的 1002 名教师提供了 50 万元人民币的奖金。

人不断提高自身教育水平带来的正外部性等等,这些都有利于社会的进步
与和谐以及经济的高质量发展,都需要法律的积极激励。需要强调的是,这
里实际上涉及到对新型义务行为的激励和法律约束功能与激励功能的配合
协调使用问题。另外,经济层面的正外部性也并非都不需要法律激励,因为
其关键还是看正外部性的大小,如针对腐败的有奖举报人可能就是纯粹考
虑得奖而为之,但仍然应该由法律进行激励。

(4)正外部性法律激励明显不足因此需要健全相关法律机制。学者张
维迎指出,个体行为的外部性构成政府干预、法律存在的依据。① 因此,可
以认为,负外部性需要法律约束;相反,正外部性则需要法律激励。但是,我
国在正外部性的法律激励方面存在严重不足的问题。其一,在现实社会中,
对负外部性进行约束的法律非常多;反之,对正外部性进行激励的法律却明
显供给不足。即使部分法规中都有涉及到"鼓励""促进""奖励"等词语。
然而,事实上,诸多正外部性缺少法律激励机制,使得激励常常处于失效的
境地。其原因可能是社会在倡导"人人为我,我为人人"的社会价值理念
时,掩盖且忽视了其中的法律问题。"人人为我,我为人人"是一种双向的
正外部性。但是,现实社会中如果存在已经上升为法律意义的正外部性,则
不应该再用道德去解决那些无论是双向还是单向正外部性带来的激励问
题。因此尤其是针对个人和企业正外部性行为的激励法律的健全就很有必
要。其二,一般来说,尤其是法律层面的正外部性,其实施和实现是政府的
职责,是法律的强制约束目标之所在。因此,诸如提供公共产品之类的正外
部性本身就是政府的职责。如法国1791年《宪法》规定:"应行设立和组织
为全体公民所共有的公共教育,一切人所必须的那部分教育应当是免费的,
此类教育机构应按王国区划的配合渐次分布之。"②如果政府出现缺位造成
公共产品供给不足,就是政府的失灵。如奈特认为,庇古所证明的市场失灵
实际上是代表政府建立和保护私有财产权利的失败。"如果建立和保护私
人财产权利会成功,那么权力将成为一种生产要素进入市场机制从而得到
他应得的或者他应当付出的那一部分即庇古税收或者津贴"。③ 这表明,庇
古所认为的市场失灵,实际上是政府失灵。此时正外部性供给的顺利实
现就需要对政府的供给行为进行法律规制,而我国在政府激励职责的法
定化方面也还有发展空间。

---

① 张维迎:《信息、信任与法律》,生活・读书・新知三联书店2003年版,第83页。
② 参见由嵘等:《外国法制史参考资料汇编》,北京大学出版社2004年版,第304页。
③ 参见罗纳德・哈里・科斯:《社会成本问题》,载罗纳德・哈里・科斯等主编《财产权利与
　制度变迁》,刘守英等译,上海三联书店、上海人民出版社1994年版,第50—52页。

2. 基于法律激励功能视角的分析

法律是以权利和义务为内容的具有普遍约束力和强制性的社会行为规范。它通过权利和义务规则的设定来实现激励功能从而激励正外部性,下面从三个方面进行分析。

(1)从法律界定和赋予产权进行激励的视角分析。法律激励与产权、投入产出、最大化、效率、均衡等经济学概念方法有较为密切的关系。①正外部性产生的原因之一是产权没有界定清楚,即古人所言的"名分未定"。当然这里的"没有界定清楚"主要是法律的缺位或不完善所导致。如私人植树造林带来巨大社会效益后,由于这些巨大的社会效益缺乏法律界定机制,因此,激励型法律缺位导致植树造林者得不到应有的回报和补偿,这样显然不利于激励更多诸如此类正外部性的持续供给。

我国古代思想家已经看到了通过法律的权义规则界定和赋予产权以激励正外部性的积极作用。商鞅说,"一兔走,百人逐之,非以兔可分以为百也,由名分之未定也……名分定,则大诈贞信,民皆愿悫,而各自治也。姑夫名分定,势治之道也;名分不定,势乱之道也。"②这里产权的界定主要是针对正外部性的事前激励或事后补偿,即产权界定清楚就可以激励正外部性。这种观点与科斯的观点具有契合性:如果正外部性产生则可以通过界定产权加以事后救济,如"故百姓则君以自治也,养君以自安也,事君以自显也,故礼达而分定。"③即一旦名分定下来,对正外部性的激励也就实现了。法律是界定和赋予产权最好的方法,也正如管仲说:"律者,所以定分止争也。"这里强调了法律权义规则的重要性。从私人植树造林的例子看,如果有条件的赋予植树造林者对绿化林的一定产权(尤其是处分权)将大大地激励这类正外部性的持续供给。当然赋予这种产权并不是说其可以随意砍伐,而是有条件的进行采伐。这里的界定和赋予产权与后文述及的赋予权利型激励是契合的。

(2)从法律调整利益进行激励的视角分析。利益冲突在社会关系中不可避免。利益冲突是由一定的利益差别和矛盾引起的,它具体表现为利益主体由于追求目标不同而产生的利益纠纷和利益争夺。在人类社会中,存在着广泛的利益冲突。利益冲突的根源也正是在于不同的社会利益主体对有限的社会资源满足的有限性和条件性。这种利益冲突的过程也是外部性

---

① 倪正茂:《激励法学探析》,上海社会科学院出版社 2012 年版,第 23 页。
② 《商君书·定分》。
③ 《礼记·礼运》。

产生的过程,因而正外部性的产生也必然伴随着利益的冲突。例如私人植树造林中,一方面是自己种树为国家为社会做出了巨大贡献,带来了巨大的社会效益或经济利益;另一方面是自己因植树造林的欠债无力归还,自身的个人利益得不到法律的保障。此时的正外部性实质上就是个人利益与社会利益的冲突,这就需要法律通过调整利益对正外部性进行激励。因为法律是通过权义规则的设定规范人的行为、调整社会关系的一种手段,法律调整的社会关系本质上是一种利益关系。① 赫克的利益法学理论认为,法的最高任务是平衡利益。② 耶林也认为,"法律的目的是平衡个人利益与社会利益,实现利己主义和利他主义的结合。"③为此,利益平衡和利益调节机制蕴涵的精神,是解决利益冲突的有效方法。④因此,正外部性所带来的利益冲突需要法律来解决也就理所当然。从法律激励与利益的关系来看,管子认为"君所以为君者,赏罚以为君"⑤"劝之以赏赐,纠之以刑罚"⑥,他还认为,"得人之道,莫如利之"⑦。因此有学者指出,管子激励法思想的指导理论是从人性论出发的功利观,即要求"利益为人之本性"的利益观。⑧ 这里的调整利益与后文述及的增加收益型激励、减少成本型激励、特殊待遇型激励等也是契合的。

（3）从法律引导行为选择进行激励的视角分析。人的行为是一个动态的系统过程,如果一定的行为所产生的结果在主体目标之外且对系统之外的环境产生了好的影响就说明该行为具有正外部性属性。正外部性由人的行为选择引起,而法律所规范和引导的就是人的行为。因此,法律可以通过权利和义务的配置来激励正外部性行为。从法的本质⑨——法通过权义规则对人的行为选择进行干预——视角来分析,正如马克思所言:"对于法

---

① 石佑启:《论私有财产权公法保护之价值取向》,《法商研究》2006 年第 6 期。
② 张文显:《二十世纪西方方法哲学思潮研究》,法律出版社 2006 年版,第 109 页。
③ 张文显:《二十世纪西方方法哲学思潮研究》,法律出版社 2006 年版,第 108 页。
④ 袁咏:《数字版权》,载郑成思主编:《知识产权文丛》(第 2 卷),中国政法大学出版社 1999 年版,第 12 页。
⑤ 《管子·君臣下》。
⑥ 《国语·齐语》。
⑦ 《管子·形势解》。
⑧ 倪正茂:《激励法学探析》,上海社会科学院出版社 2012 年版,第 549 页。
⑨ 关于法的本质有多种说法,具体包括规范体系说、社会控制说、统治意志说、利益关系说、人类理性说等等。这些都是法学家们从不同角度创设的法的本质视界,力尽所能地表达法律的能指与所指。但无论从哪一维度概括法的本质,法通过权义规则对人的行为选择进行干预则是共通之处。参见申来津:《法律与行为选择:法律激励及其发生机制》,《法学杂志》2006 年第 4 期。

律来说,除了我的行为之外,我是根本不存在的。"① 即法律最终指向的是人的行为。直接或间接地调整主体行为选择是法律的最终目的,一旦人的行为选择与立法宗旨合意,符合法律规范要求,法律功能的实然与应然距离就会逐渐消失。② 这表明,法律可以通过对正外部性行为进行事后补偿或奖赏来进行激励,即法律作为规范主体行为选择的社会规范,其通过权利和义务的配置,引导或者倡导主体的正外部性行为,通过鼓励或者褒扬的形式来激发正外部性供给主体的积极性。易言之,通过设定目标或鼓励竞争的方式,在了解目标的前提下,可以充分调动主体的内在动力,激发主体的积极性和能动性,达到法律激励正外部性的效果。如企业的社会捐赠行为是其可以选择做也可以选择不做的,但是,如果通过恰当的权利和义务的配置,即赋予捐赠者一定的权利如享受税收优惠等,必将激励这种行为更多的发生。我们换个角度看,法律也是通过事前的权义规则,通过激励机制来实现正外部性行为的事前激励。这里的引导行为选择与后文述及的增加收益型激励、减小成本型激励、特殊待遇型激励等也是契合的。

总之,通过法律界定产权、调整利益和引导行为选择可以单独实现对正外部性的激励,也可以综合系统地激励正外部性。即当法律设计了相应的激励机制,人们实施利他性的正外部性行为时,可以有相应的权利期待(赋予相应权利——笔者注)。③ 进言之,通过权义规则的设定来调整社会关系的法律是利益关系的"调节器"。它通过权利、义务的合理配置来公平地分配利益。④ 然后,通过分配利益来调整人们的行为选择从而实现激励目标。如法律可以通过对农民承包荒沙地植树造林过程中权利、义务的合理配置来公平地分配植树造林带来的利益,包括恰当地平衡个人利益和社会利益。并且通过为补偿权利的行使设定条件、程序和法律后果,进而引导植树造林者有序地获取相应的利益,从而调整他们的行为选择,并最终对由于产权不清、利益冲突所带来的正外部性产生激励。

---

① 《马克思恩格斯全集》(第1卷),人民出版社1957年版,第16页。
② 申来津:《法律与行为选择:法律激励及其发生机制》,《法学杂志》2006年第4期。
③ 王方玉:《利他性道德行为的法律规制——基于富勒的两种道德观念》,《河北法学》2013年第5期。
④ 石佑启:《论私有财产权公法保护之价值取向》,《法商研究》2006年第6期。

（三）法学视野下正外部性的激励原则

1. 激励的机会平等原则

当受益人获得帮助和利益满足之后,对于利他性正外部性行为的供给者而言,不管是由受益者本人还是由政府提供精神或财产回报,都是完全必要的也是可行的。① 因此,法律在激励正外部性行为时,只要是法律不予排除的相关主体,只要其供给了法律意义上的正外部性,均有获得被激励的权利。换言之,在法律未加排除的情况下,任何组织和个人在同等情况下享有同等的获得被激励的机会,而无关其本身的民族、性别、年龄、身份、职业、文化程度、财产状况等等。这些在古人的话语中均有所体现。管仲曰:"匹夫有善,可得而举也,匹夫有不善,可得而诛也,民皆勉为善"②;韩非子主张"赏善不遗匹夫"③;荀子更是要求"无恤亲疏、无偏贵贱"④;孙膑强调"不维其人,不何(阿)外辰(臣)"⑤;墨子也主张,"均分赏贤罚暴,勿有亲戚弟兄之所阿"⑥;诸葛亮坚持"宫中府中,俱为一体,陟罚臧否,不宜异同"⑦;等等。这些都体现了激励机会平等的原则。今天,进入区块链时代,该原则又体现为区块链的公有链中所有参与节点均有获得如挖矿奖励的机会。

我国当前还没有完全真正实现激励机会平等原则,现实生活中有违激励机会平等原则的情形并不少见。如由于没有全国统一的激励标准,各地方在激励制度构建及实施中存在各自为政的情形,从而导致激励机会不一定平等。因此,要实现激励的机会平等原则,必须做到:其一是充分公布激励正外部性的相关信息,让每个相关主体有获得激励事项信息的机会;其二是充分消除可能影响激励不公平的各种因素,包括财力、身份、职业、年龄、性别等等不同状况,如现实中存在的设奖先行交费的规则就应该坚决予以取缔。

2. 激励的大小适度原则

法律在激励正外部性时,必须根据正外部性的大小来设定激励力度的大小。古人或古籍对此有诸多论述:荀子主张"赏当功",他指出,"一物失

---

① 王方玉:《利他性道德行为的法律激励——基于富勒的两种道德观念》,《河北法学》2013年第5期。

② 《国语·齐语》。

③ 《韩非子·备内》。

④ 《荀子·王霸》。

⑤ 《孙膑兵法·将德》。

⑥ 《墨子·兼爱下》。

⑦ 《三国志·诸葛亮传》。

称,乱之端也。夫德不称位,能不称官,赏不当功,罚不当罪,不祥莫大焉"①。韩非子更是认为,"用赏过者失民"②。《吕氏春秋》更是指出,"赏僭则惧及淫人"③。今天的现实生活中,曾经就有网民质疑"海南省委、省政府在海口举行大会,隆重表彰'6·29'反劫机英雄机组"④等奖励事件的奖励标准是否过高。

我国当前随意确定激励标准的情形并不少见且存在一定的危害,按照韩非子的话说"无功者受赏,则财匮而民望,财匮而民望,则民不尽力矣。故用赏过者失民……有赏不足以劝……则国虽大,必危。"⑤因此要做到激励大小适度就必须做到:其一,制定全国统一的基本的激励标准。如我国当前对于"科技功臣"的"重赏"就没有全国统一的标准。有的地方少,只有5万元,有的地方多,高达50万元。而且对于"科技功臣"的界定也不一样,标准五花八门。其二,法律在激励正外部性时,必须根据正外部性的大小来设定激励力度的大小。因此,最好的办法是计量出正外部性的大小,这个可以最终体现为经济效益,如××万元。当然,每一类、每一种正外部性要得到精确计量是不可能的,但是也不能随意进行激励,必须确保合情合理。

3. 激励的事项合理原则

该不该通过法律进行激励,应该有一定的标准,古人如荀子就主张"无功不赏"⑥。否则,如同管子曰"一为赏,再为常,三为固然"⑦。因此,应该如柳宗元所主张的"赏或罚,都必须依据正当的理由;奖或惩,都必须符合通常的情理"。⑧现实生活中有一类现象被学者孙立平称之为"谬赏主义",即属于"应该"的行为却受到褒扬,履行应当的责任和义务被誉为高尚,普通的职务性行为被加以表扬,也就将众多人普通行为的责任和义务底

---

① 《荀子·正论》。
② 《韩非子·饰邪》。
③ 《吕氏春秋·开春论》。
④ 2012年7月9日上午,海南省委、省政府在海口举行大会,隆重表彰"6·29"反劫机英雄机组。海航集团宣布,授予英雄机组全体成员"海航功勋员工"勋章,并给予安全员杜岳峰、徐洋、乘务长郭佳各现金100万元、房产一套(价值300万元)、奥迪车一辆奖励,给予英雄机组其他成员各现金50万元、房产一套(价值200万元)、奥迪车一辆奖励。海航集团还对天津航空全体干部员工给予奖励。参见杨翰宁:《劫机事件见义勇为旅客获海航终身免费乘坐奖励》,2012年7月9日,见:http://finance.qq.com/a/20120709/008271.htm。
⑤ 《韩非子·饰邪》。
⑥ 《荀子·议兵》。
⑦ 《管子·侈靡》。
⑧ 参见张国华、饶鑫贤:《中国法律思想史纲》(上),甘肃人民出版社1984年版,第512页。

线抽掉了。① 因此,如果这些激励的事项属于相关主体的应尽职责,如医生救死扶伤、保安保障安全等等一般行为,就不应当属于需要激励的事项,当然特殊时期如新冠肺炎疫情期间另当别论。还有,联合国在《生物多样性公约》中规定了不少激励和保护生物多样性的条款。但是在实施过程中,却带来新的问题,如反而导致生物多样性的减少。因此,不得不举行奖励措施问题研讨会检讨其不正当奖励措施。

我国当前随意进行激励的情形并不少见。因此法律在激励正外部性行为时,必须考虑到正外部性的实际存在,必须找到激励的合理合法的依据,不能"失赏"。这些依据可能是法定的,也可能是约定的。具体来讲,其一,需要法律激励的是相关主体的义务和职责,但是其行为超出了此义务和职责一般范围。易言之,不能将其应该承担责任和职责的完成作为激励的原因,亦即履行应尽的义务不能被激励,必须是超出应该承担的责任和职责的范围,如做出了显著贡献或重大贡献的才能进行激励。因为,立法者在设定义务时,都以全部主体的社会平均承受水平为标准,而法律进行激励的必须是远远高于社会平均承受能力的正外部性行为。其二,需要法律激励的当前还不是法律明确规定的义务和职责,但是法律本意希望相关主体去实施的行为,如大面积的植树造林行为。也就是说,至少是那些"从事了立法者所希望但法律又未规定为义务的行为"②(当然,这里也不排除新型的义务行为,后文有述)。总之,我们应当做到李悝主张的"食有劳而禄有功,使有能而赏必行、罚必当"③,或者司马光评论曹操的"励劳宜赏,不吝千金;无功望施,分毫不与。"④当前社会中出现的"全勤奖""尊师奖""信守合同奖"以及"纳税奖"等,可能会起降低法律权威性以及降低对相关者的应有要求的副作用。⑤

4. 激励的及时兑付原则

激励一词是由"激"和"励"构成。激励与正外部性之间的关系如下:"激"　　正外部性　　"励"。故而,在"激"的前提之下,当正外部性供给之后,就得立即进行"励"。只有这样,才能实现良性循环,即"激"——正外部性——"励"——"激"——正外部性——"励"……。因此,法律在激励正外部性时,必须考虑到激励及时的问题,这里重点强调应当通过法律规定

① 盛若蔚:《公务员奖励规定已制定完成　重奖"叩问"行政奖励》,《人民日报》2008 年 1 月 30 日。
② 倪正茂:《激励法学探析》,上海社会科学院出版社 2012 年版,第 363 页。
③ 《说苑·政理》。
④ 《曹操·以高柔为理曹掾令》。
⑤ 倪正茂:《激励法学探析》,上海社会科学院出版社 2012 年版,第 415 页。

激励兑付的具体时间安排。只有这样才能真正达到激励的效果。曹操主张"赏善不逾日"①,柳宗元主张"赏务速而后有劝"②,王守仁指出"过时而赏,与无赏同"③。国外的学者弗里德曼也认为"进行奖赏的速度和它的必行性及奖励分量同样重要,立即执行的奖赏比拖延的奖赏影响大。"④因此,在执行法律激励的时候最忌讳拖延。《公务员奖励规定》(2020)已有相关规定,即"市(地)级以上机关可以按照奖励权限,对本系统公务员、公务员集体开展及时奖励。"

及时兑付法律激励具有重要的意义:其一,可以使激励对象保持对激励主体(如政府)的信赖。如果久拖不决,人们可能对于激励主体的激励诚意或激励标准等等持怀疑态度。其二,及时激励有助于让激励对象得到心理或物质上的满足,不仅于此,还会"赏一人也必众心之所同喜"⑤,从而实现激励目的,达到激励目标。其三,"无救济则无权利",因此在法定时间内及时兑付激励也意味着,如果没有在法定时间内兑付的话,激励对象有寻求法律救济的权利,而如果激励兑现的时间没有具体规定,救济也就无从所依。

5. 激励的诚实信用原则

法律在激励正外部性时,必须确保激励主体的诚实信用以及激励对象的诚实信用。其一,激励主体的诚实信用要求激励主体必须信守承诺,遵守信用。正如陆贾主张"布赏者不患厚"⑥,从而杜绝"有功不赏"⑦。还有《淮南子》主张"悬法者,法不法也;设赏者,赏当赏也"⑧,以及王守仁的诘问"法令不明,赏罚不信,虽有百万(兵),何益于用!"⑨这些实际上是主张对激励主体进行法律约束,一旦成为义务和职责,就必须履行,即"赏不可倍(背)也"⑩。其二,激励对象的诚实信用要求激励对象必须信守承诺,遵守信用。即在法律对正外部性进行激励时,往往需要激励对象提供相关证明材料,此时如果激励对象违背诚实信用原则,提供虚假证明材料等,必

---

① 《中国法律思想史》编写组:《中国法律思想史》,法律出版社1982年版,第195页。

② 柳宗元:《断刑论(下)》。

③ 《申明赏罚以励人心疏》。

④ [美]劳伦斯·M·弗里德曼:《法律制度:从社会科学角度观察》,李琼英等译,中国政法大学出版社1994年版,第97页。转引自倪正茂:《激励法学探析》,上海社会科学院出版社2012年版,第392页。

⑤ 《大学衍义补·谨号令之颁》。

⑥ 《新语·至德》。

⑦ 《资治通鉴·汉纪》。

⑧ 《淮南子·主术训》。

⑨ 《申明赏罚以厉人心疏》。

⑩ 《商君书·禁使》。

然会造成激励的无效以致于偏离激励的初衷。

　　比较而言,我国当前违背激励诚实信用原则较多的仍然是激励主体一方,这是因为对激励主体的激励责任规定非常欠缺,导致激励主体在激励方面比较随意,这可以从诸多案例中看出来,具体可见后文第六章和第七章的相关内容。

　　总之,以上几条原则实际上归结为一点就是,激励必须合法,必须依照激励实体和激励程序法进行激励。正如商鞅所指"虽民至亿万之数,县重赏而民不敢争……法也"①,应当做到"缘法而治,按功行赏"②。慎到曰"士不得背法而有名,臣不得背法而有功"③,还认为"君舍法,而心裁轻重,则是同功而殊赏……"。王守仁更是认为"赏罚,国之大典"④。相比较而言,当前我国比较注重惩罚的法治化建设,而很大程度上忽视了激励的法治化建设,从而造成激励与否随意、激励标准各异、激励机会不均等等现象,极大地影响激励的效果。因此,我国当前亟待实现正外部性法律激励的法治化,同时也必须贯彻上述激励原则。

　　以上分析了正外部性的各个学科的不同含义及其激励进路,尤其是法学在激励正外部性方面的特殊功能,那么是不是每一个部门法在激励方面都具有同等效果? 下面有必要进行正外部性法律激励效果的部门法比较分析。

---

① 《商君书·画策》。
② 《商君书·君臣》。
③ 钱熙祚:《守山阁丛书》,《慎子》。
④ 《答潘直卿》。

第二章 正外部性激励的立法梳理、部门法比较及经济法激励的独特属性

一、中国正外部性激励立法 40 年(1979—2018)的考察梳理及规律总结

(一)中国正外部性激励立法 40 年(1979—2018)的考察梳理

本书从法律通过年份、法律通过数量、含有"激励"性内容(文本标题中含有"激励"性关键词、文本含有"激励"性章节、含有"激励"性法条)的法律数量、后二者的比例以及含有"激励"性内容的法律及其具体体现等几个维度对我国 40 年①(1979—2018)通过的、目前仍然有效的法律②进行考察分析。具体见表 2-1:

表 2-1

法律通过年份	法律通过数量(单位:件;排除已经失效的;用 A 表示)	含有"激励"性内容的法律数量(单位:件;用 B 表示)	比例(B/A)	含有"激励"性内容的法律③及其具体体现
1979 年	7	2	28.5%	1.《中外合资经营企业法》第 7(2、3)④、9(3)、10(2)条。 2.《刑法》第 17、18、21、46、63、71 条。 3.《人民法院组织法》(无)⑤。 4.《人民检察院组织法》(无)。

---

① 因为 1978 年只有一部《宪法》并且已经失效,因此这里忽略,从 1979 年开始统计。

② 本表列举的法律均为简写,即省略前面的"中华人民共和国",下同。

③ 在北大法宝的"效力级别"栏目下有"法律""有关法律问题的决定""条约批准""法律解释""工作答复""工作文件""任免"等,此处统计时只保留了"法律"。

④ 第 7(2、3)条表示第 7 条第 2、3 款,下同。

⑤ 这里的"无"表示没有"激励"性内容。

法律通过年份	法律通过数量（单位:件;排除已经失效的;用 A 表示）	含有"激励"性内容的法律数量（单位:件;用 B 表示）	比例（B/A）	含有"激励"性内容的法律及其具体体现
1979 年	7	2	28.5%	5.《刑事诉讼法》(无)。 6.《地方各级人民代表大会和地方各级人民政府组织法》(无)。 7.《全国人民代表大会和地方各级人民代表大会选举法》(无)。
1980 年	4	1	25%	1.《个人所得税法》第 4 条。 2.《婚姻法》(无)。 3.《学位条例》(无)。 4.《国籍法》(无)。
1981 年	1	0	0	1.《中国人民解放军选举全国人民代表大会和地方各级人民代表大会代表的办法》(无)。
1982 年	8	3	37.5%	1.《宪法》(1982 年修订)第 8(3)、19(3、4)、20、21(1)、26(2)、42(3)、47 条。 2.《文物保护法》第 29 条。 3.《商标法》第七章"注册商标专用权的保护"第 37—40 条。 4.《地方各级人民代表大会和地方各级人民政府组织法》(1982 年修正)(无)。 5.《国务院组织法》(无)。 6.《全国人民代表大会组织法》(无)。 7.《全国人民代表大会和地方各级人民代表大会选举法》(1982 年修正)(无)。 8.《海洋环境保护法》(无)。
1983 年	4	0	0	1.《统计法》(无)。 2.《海上交通安全法》(无)。 3.《人民法院组织法》(1983 年修订)(无)。 4.《人民检察院组织法》(1983 年修正)(无)。

法律通过年份	法律通过数量（单位:件;排除已经失效的;用 A 表示）	含有"激励"性内容的法律数量（单位:件;用 B 表示）	比例（B/A）	含有"激励"性内容的法律及其具体体现
1984 年	6	6	100%	1.《森林法》第 5(2)、6、7、10 条。 2.《药品管理法》第 3(2)、21(1)条。 3.《民族区域自治法》第 22(2)、28(2、3)、35、49、56 条。 4.《兵役法》第十章"现役军人的优待和退出现役的安置"第 51—60 条。 5.《专利法》第七章"专利权的保护"第 59—66 条。 6.《水污染防治法》第 5 条。
1985 年	4	2	50%	1.《草原法》第 9(1、2)、17 条。 2.《会计法》第 4(2)条。 3.《计量法》(无)。 4.《继承法》(无)。
1986 年	13	6	46.2%	1.《土地管理法》第 4 条。 2.《民法通则》第 79、97 条。 3.《外资企业法》第 17 条。 4.《义务教育法》第 9(3)、12、13、14 条。 5.《矿产资源法》第 4(2)、7、8、34 条。 6.《渔业法》第 4、5、9、14、15 条。 7.《人民法院组织法》(1986 年修正)(无)。 8.《人民检察院组织法》(1986 年修正)(无)。 9.《邮政法》(无)。 10.《国境卫生检疫法》(无)。 11.《全国人民代表大会和地方各级人民代表大会选举法》(1986 年修正)(无)。 12.《地方各级人民代表大会和地方各级人民政府组织法》(1986 年修正)(无)。 13.《外交特权与豁免条例》(无)。

续表

法律通过年份	法律通过数量（单位：件；排除已经失效的；用A表示）	含有"激励"性内容的法律数量（单位：件；用B表示）	比例（B/A）	含有"激励"性内容的法律及其具体体现
1987年	4	3	75%	1.《档案法》第9(2)条。 2.《大气污染防治法》第5、8条。 3.《海关法》第58条。 4.《全国人民代表大会常务委员会议事规则》(无)。
1988年	10	10	100%	1.《土地管理法》(1988年修正)第7、38(1)、41(3)条。 2.《标准化法》第4、6(2)、14条。 3.《野生动物保护法》第4、5、17条。 4.《保守国家秘密法》第7条。 5.《中国人民解放军现役军官服役条例》第四章"现役军官的奖励和处分"第25条；第五章"现役军官的待遇"第29—33条。 6.《全民所有制工业企业法》第43、48条。 7.《中外合作经营企业法》第4、21条。 8.《宪法》(1988年修正)第8(3)、19(3、4)、20、21(1)、26(2)、42(3)、47条。 9.《水法》第8、16(2)、17(1)条。 10.《中国人民解放军军官军衔条例》第21条。
1989年	7	2	28.6%	1.《环境保护法》第5、6、8条。 2.《传染病防治法》第8条。 3.《城市居民委员会组织法》(无)。 4.《集会游行示威法》(无)。 5.《行政诉讼法》(无)。 6.《全国人民代表大会议事规则》(无)。 7.《进出口商品检验法》(无)。

续表

法律通过年份	法律通过数量（单位：件；排除已经失效的；用A表示）	含有"激励"性内容的法律数量（单位：件；用B表示）	比例（B/A）	含有"激励"性内容的法律及其具体体现
1990年	10	5	50%	1.《残疾人保障法》第7(2)、10(1)、13、16、17(1)、24、27、33(1、2)、34、41、44、47(2)、49(2)、50(3)、51、57条。 2.《归侨侨眷权益保护法》第9、10、11、12、14条。 3.《著作权法》第二章"著作权"第10—21条。 4.《铁路法》第9、24(1)条。 5.《中外合资经营企业法》(1990年修正)第9(3)、10(2)条。 6.《缔结条约程序法》(无)。 7.《领事特权与豁免条例》(无)。 8.《香港特别行政区基本法》(无)。 9.《军事设施保护法》(无)。 10.《国旗法》(无)。
1991年	9	3	33.3%	1.《未成年人保护法》第7、20、24、33条。 2.《水土保持法》第10、11、12、23条。 3.《文物保护法》(1991年修正)第29条。 4.《收养法》(无)。 5.《进出境动植物检疫法》(无)。 6.《国徽法》(无)。 7.《文物保护法》(1991年修正)(无)。 8.《烟草专卖法》(无)。 9.《民事诉讼法》(无)。
1992年	10	5	50%	1.《矿山安全法》第5条、6条。 2.《专利法》(1992年修正)第七章"专利权的保护"第59—66条。 3.《税收征收管理法》第7条。 4.《妇女权益保障法》第7条。 5.《人民警察警衔条例》第14条。 6.《海商法》(无)。 7.《全国人民代表大会和地方各级人民代表大会代表法》(无)。

续表

法律通过年份	法律通过数量（单位：件；排除已经失效的；用 A 表示）	含有"激励"性内容的法律数量（单位：件；用 B 表示）	比例（B/A）	含有"激励"性内容的法律及其具体体现
1992 年	10	5	50%	8.《工会法》(无)。 9.《领海及毗连区法》(无)。 10.《测绘法》(无)。
1993 年	15	14	93.3%	1.《会计法》(1993 年修正)第 4(2)条。 2.《个人所得税法》(1993 年修正)第 4、5 条。 3.《消费者权益保护法》第 6(2)、49 条。 4.《教师法》第 15 条;第六章"待遇"第 27—31 条;第七章"奖励"第 33—34 条。 5.《红十字会法》第 5、21、23 条。 6.《反不正当竞争法》第 4(1)条。 7.《农业法》第 9、15、20、21、27、28、31、36、37、38、39(1)、40、41(1);第五章"农业投入"第 42—47 条;第六章:"农业科技与农业教育"第 48—63 条。 8.《农业技术推广法》第 5、6、8、10(2)、13、15(2)、16、21(2、3)、22(3)、23(1、2)条。 9.《科学技术进步法》第 3、5、6(2)、9、10、16、18、19(3)、21、26、33、35、38、43、46、47、48、49 条;第八章"科学技术奖励"第 52—56 条。 10.《澳门特别行政区基本法》第 114(2)、124(1)条。 11.《宪法》(1993 年修正)第 8(3)、19(3、4)、20、21(1)、26(2)、42(3)、47 条。 12.《公司法》第 23 条。 13.《商标法》(1993 年修正)第七章"注册商标专用权的保护"第 37—40 条。 14.《产品质量法》第 6、10 条。 15.《注册会计师法》(无)。

续表

法律通过年份	法律通过数量（单位：件；排除已经失效的；用 A 表示）	含有"激励"性内容的法律数量（单位：件；用 B 表示）	比例（B/A）	含有"激励"性内容的法律及其具体体现
1994 年	12	7	58.3%	1.《监狱法》第 57 条。 2.《母婴保健法》第 5、6 条。 3.《城市房地产管理法》第 28 条。 4.《劳动法》第 6、10(2)、67、75 条。 5.《对外贸易法》第 4(2)条。 6.《中国人民解放军现役军官服役条例》(1994 年修订)第四章"现役军官的奖励和处分"第 25 条；第五章"现役军官的待遇"第 29—33 条。 7.《台湾同胞投资保护法》第 4、5、6、13 条。 8.《仲裁法》(无)。 9.《审计法》(无)。 10.《国家赔偿法》(无)。 11.《预算法》(无)。 12.《广告法》(无)。
1995 年	17	13	76.5%	1.《电力法》第 3、5(2)、9、47、48 条。 2.《民用航空法》第 4 条。 3.《固体废物污染环境防治法》第 4、5、7、8、9、18 条。 4.《体育法》第 3(2)、8、9、15、24、25、36、42、48(2)条。 5.《大气污染防治法》(1995 年修正)第 5、8(2)、27(2)、38(1)条。 6.《保险法》第 149 条。 7.《商业银行法》第 36 条。 8.《预备役军官法》第 9 条；第七章"预备役军官的待遇"第 42—46 条。 9.《教育法》第 11(2)、13、19(3)、25(2)、41、46、52、53、58、60、62、64、65、66、67 条。 10.《税收征收管理法》(1995 年修正)第 7 条。 11.《检察官法》第十章"奖励"第 30、31、32 条；第 38 条。 12.《法官法》第十章"奖励"第 27、28、29 条；第 35 条。

法律通过年份	法律通过数量（单位：件；排除已经失效的；用A表示）	含有"激励"性内容的法律数量（单位：件；用B表示）	比例（B/A）	含有"激励"性内容的法律及其具体体现
1995年	17	13	76.5%	13.《人民警察法》第31、34条。 14.《担保法》(无)。 15.《票据法》(无)。 16.《地方各级人民代表大会和地方各级人民政府组织法》(1995修正)(无)。 17.《全国人民代表大会和地方各级人民代表大会选举法》(1995修正)(无)。
1996年	19	12	63.2%	1.《人民防空法》第5、10、26条。 2.《乡镇企业法》第6、15、19、20、23、24、25条。 3.《环境噪声污染防治法》第7、8、9条。 4.《老年人权益保障法》第5、24、31(2)、33、35(3)、41条。 5.《矿产资源法》(1996年修正)第8、9、35条。 6.《煤炭法》第9(1)、17(1)、29(3)、34(2)、35条。 7.《枪支管理法》第3(2)条。 8.《档案法》(1996年修正)第9(2)条。 9.《统计法》(1996年修正)第6(2)条。 10.《水污染防治法》(1996年修订)第5条。 11.《促进科技成果转化法》第7、12、13、14(1)、19(1)条;第三章"保障措施"第21—25条;第29、30条。 12.《职业教育法》第9、10、19(2)、21(2)、26、27(1,2)、30、32(2)、34、35条。 13.《中国人民解放军选举全国人民代表大会和县级以上地方各级人民代表大会代表的办法》(1996年修订)(无)。 14.《香港特别行政区驻军法》(无)。 15.《拍卖法》(无)。 16.《律师法》(无)。 17.《刑事诉讼法》(无)。 18.《行政处罚法》(无)。 19.《戒严法》(无)。

法律通过年份	法律通过数量（单位:件;排除已经失效的;用A表示）	含有"激励"性内容的法律数量（单位:件;用B表示）	比例（B/A）	含有"激励"性内容的法律及其具体体现
1997年	11	10	90.9%	1.《防震减灾法》第5、9、25、27条。 2.《价格法》第38条。 3.《献血法》第6(3)、16(2)、17条。 4.《建筑法》第4条。 5.《节约能源法》第4(3)、6、7、11、23、32、33、34、35、39条。 6.《防洪法》第47(2)、49、50条。 7.《公路法》第4(1)、10、19、21条。 8.《动物防疫法》第8、9条。 9.《国防法》第9条。 10.《刑法》(1997年修订)第20、21、24、50、67、68、78、79、449条。 11.《合伙企业法》(无)。
1998年	10	7	70%	1.《证券法》第44条。 2.《兵役法》(1998年修正)第十章"现役军人的优待和退出现役的安置"第51—60条。 3.《高等教育法》第6(2)、12、35(2)、55、56(2)、59(2)、60、63条。 4.《土地管理法》(1998年修订)第6、7、38、41条。 5.《执业医师法》第5、33条。 6.《消防法》第73条。 7.《森林法》(1998年修正)第6、8、12条。 8.《收养法》(1998年修正)(无)。 9.《村民委员会组织法》(无)。 10.《专属经济区和大陆架法》(无)。
1999年	16	9	56.3%	1.《海洋环境保护法》(1999年修订)第4、28(1)条。 2.《刑法》(1999年修正)第20、21、24、50、67、68、78、79、449条。 3.《气象法》第7(1,3)条。 4.《会计法》(1999年修正)第6条。 5.《公路法》(1999年修正)第4(2)、10、19、21(1,2)条。

续表

法律通过年份	法律通过数量（单位:件;排除已经失效的;用A表示）	含有"激励"性内容的法律数量（单位:件;用B表示）	比例（B/A）	含有"激励"性内容的法律及其具体体现
1999年	16	9	56.3%	6.《个人所得税法》(1999年修正)第4、5条。 7.《公益事业捐赠法》第8条;第四章"优惠措施"第24—27条。 8.《宪法》(1999年修正)第8(3)、19(3、4)、20、21(1)、26(2)、42(3)、47条。 9.《公司法》(1999年修正)第23条。 10.《海事诉讼特别程序法》(无)。 11.《招标投标法》(无)。 12.《个人独资企业法》(无)。 13.《预防未成年人犯罪法》(无)。 14.《澳门特别行政区驻军法》(无)。 15.《行政复议法》(无)。 16.《合同法》(无)。
2000年	13	11	84.6%	1.《现役军官法》(2000年修正)第五章"军官的奖励和处分"第23条;第六章"军官的待遇"第37—42条。 2.《国家通用语言文字法》第7条。 3.《渔业法》(2000年修正)第4、5、10、16、21条。 4.《归侨侨眷权益保护法》(2000年修正)第9、10、11、12、14条。 5.《中外合作经营企业法》(2000年修正)第4、20条。 6.《外资企业法》(2000年修正)第3、17条。 7.《专利法》(2000年修正)第七章"专利权的保护"第56—67条。 8.《产品质量法》(2000年修正)第6、10条。 9.《海关法》(2000年修正)第13(3)条。 10.《种子法》第4、5、6、11(2)、12、13、28条。 11.《大气污染防治法》(2000年修订)第5、8(2)、9、26、30(3)、34、45条。

续表

法律通过年份	法律通过数量（单位：件；排除已经失效的；用 A 表示）	含有"激励"性内容的法律数量（单位：件；用 B 表示）	比例（B/A）	含有"激励"性内容的法律及其具体体现
2000 年	13	11	84.6%	12.《引渡法》（无）。 13.《立法法》（无）。
2001 年	18	15	83.3%	1.《人口与计划生育法》第 15（3）、16、18、21 条；第四章"奖励与社会保障"第 22—28 条。 2.《刑法》（2001 年修正①）第 20、21、24、67、68、78、79、449 条。 3.《海域使用管理法》第 8、9 条。 4.《商标法》（2001 年修正）第七章"注册商标专用权的保护"第 51—62 条。 5.《著作权法》（2001 年修正）第二章"著作权"中第 9—28 条。 6.《职业病防治法》第 7、12 条。 7.《民族区域自治法》（2001 年修正）第 22（3）、26、27、31、32、34、37、38、39、40、41、42、49、55、56、57、58、59、60、61、62、63、64、65、66、69、70、71 条。 8.《防沙治沙法》第 8、24、25（3）条；第五章"保障措施"第 32—36 条。 9.《检察官法》（2001 年修正）第十章"奖励"第 32—34 条；第 40 条。 10.《法官法》（2001 年修正）第十章"奖励"第 29—31 条；第 37 条。 11.《税收征收管理法》（2001 年修订）第 13 条。 12.《国防教育法》第 10、11、23 条；第四章"国防教育的保障"第 24—26 条。 13.《信托法》第 61 条。 14.《中外合资经营企业法》（2001 年修正）第 8（2、3）、10（2）、11（2）条。

---

① 1 年内修正 2 次的如果激励内容没有增减的只统计 1 次。

续表

法律通过年份	法律通过数量（单位：件；排除已经失效的；用A表示）	含有"激励"性内容的法律数量（单位：件；用B表示）	比例（B/A）	含有"激励"性内容的法律及其具体体现
2001年	18	15	83.3%	15.《药品管理法》（2001年修订）第3、4条。 16.《律师法》（2001年修正）（无）。 17.《工会法》（2001年修正）（无）。 18.《婚姻法》（2011年修订）（无）。
2002年	16	15	93.8%	1.《草原法》（2002年修订）第6、7、26、27、28、29(1)、48(2)条。 2.《民办教育促进法》①第6、43条；第七章"扶持与奖励"第44—52条。 3.《农业法》（2002年修订）第8、11、13、18、19、20、23、27、28、30、32、33、35条；第六章"农业投入与农业保护"第37—46条；第七章"农业科技教育"第48—56条；第84、85、86条。 4.《刑法》（2002年修正）第20、21、24、50、67、68、78、79、449条。 5.《环境影响评价法》第5、6(1)条。 6.《文物保护法》（2002年修正）第10、11、12、52条。 7.《保险法》（2002年修正）第155条。 8.《农村土地承包法》第8(2)、27(4)、43条。 9.《测绘法》（2002年修订）第6条。 10.《水法》（2002年修正）第6、10、11、24、26、27、52条。 11.《中小企业促进法》第二章"资金支持"第10—21条；第三章"创业扶持"第22—28条；第四章"技术创新"第29—31条；第五章"市场开拓"第32—37条；第六章"社会服务"第38—41条。 12.《清洁生产促进法》第4、6、7、10、16(2)条；第四章"鼓励措施"第32—36条。 13.《安全生产法》第14、15、66条。 14.《政府采购法》第9条。 15.《科学技术普及法》第5、9、15条；第四章"保障措施"第23—27条；第29条。 16.《进出口商品检验法》（2002年修正）（无）。

---

① 虽然此类法律标题中含有关键词"促进"，但也并不是其每一个法条均有激励属性。因此，此处仍然列举其中的激励性章节和激励性法条。下同。

续表

法律通过年份	法律通过数量（单位:件;排除已经失效的;用 A 表示）	含有"激励"性内容的法律数量（单位:件;用 B 表示）	比例（B/A）	含有"激励"性内容的法律及其具体体现
2003 年	11	5	45.5%	1.《商业银行法》(2003 修正)第 36 条。 2.《道路交通安全法》第 37、71 条。 3.《放射性污染防治法》第 4、6、7 条。 4.《港口法》第 5、29 条。 5.《海关关衔条例》第 13 条。 6.《银行业监督管理法》(无)。 7.《中国人民银行法》(无)。 8.《证券投资基金法》(无)。 9.《行政许可法》(无)。 10.《居民身份证法》(无)。 11.《海关关衔条例》(无)。
2004 年	18	12	66.6%	1.《固体废物污染环境防治法》(2004 年修订)第 3(3)、6、7、8、9、19(1)、84(3)条。 2.《公路法》(2004 年修正)第 4(2)、10、19、21(1、2)条。 3.《证券法》(2004 年修正)第 44 条。 4.《野生动物保护法》(2004 年修正)第 4、5、17 条。 5.《渔业法》(2004 年修正)第 4、5、10、16、21 条。 6.《种子法》(2004 年修正)第 4、5、6、11(2)、12、13、28 条。 7.《土地管理法》(2004 年修正)第 6、7、38(1)、41(3)条。 8.《传染病防治法》(2004 年修订)第 8、9、11 条。 9.《农业机械化促进法》第 3、10、17、19、21、22 条;第六章"扶持措施"第 26—29 条。 10.《对外贸易法》(2004 年修订)第 4 条;第九章"对外贸易促进"第 51—59 条。 11.《宪法》(2004 年修正)第 8(3)、19(3、4)、20、21(1)、26(2)、42(3)、47 条。 12.《公司法》(2004 年修正)第 23 条。

续表

法律通过年份	法律通过数量（单位：件；排除已经失效的；用 A 表示）	含有"激励"性内容的法律数量（单位：件；用 B 表示）	比例（B/A）	含有"激励"性内容的法律及其具体体现
2004 年	18	12	66.6%	13.《地方各级人民代表大会和地方各级人民政府组织法》(2004 修正)(无)。 14.《全国人民代表大会和地方各级人民代表大会选举法》(2004 修正)(无)。 15.《拍卖法》(2004 年修正)(无)。 16.《学位条例》(2004 年修正)(无)。 17.《票据法》(2004 年修正)(无)。 18.《电子签名法》(无)。
2005 年	11	9	81.8%	1.《畜牧法》第 3、9(2)、31(3)、36、38、47 条。 2.《公司法》(2005 年修订)第 26 条。 3.《个人所得税法》(2005 年修正)第 4、5 条。 4.《证券法》(2005 年修订)第 51 条。 5.《治安管理处罚法》第 19 条。 6.《妇女权益保障法》(2005 年修正)第 8、28 条。 7.《公务员法》第 43(2)条；第八章"奖励"第 48—50 条。 8.《可再生能源法》第 3(3)、13(1)、15、16(1、3)、17、18、19、20、21、22、23 条；第六章"经济激励与监督措施"第 24—26 条。 9.《刑法》(2005 年修正)第 20、21、24、50、67、68、78、79、449 条。 10.《公证法》(无)。 11.《反分裂国家法》(无)。
2006 年	13	6	46.2%	1.《未成年人保护法》(2006 年修订)第 9、27(2)、31(1)、32、33(2)条。 2.《反洗钱法》第 7 条。 3.《农民专业合作社法》第 8 条；第七章"扶持政策"第 49—52 条。 4.《义务教育法》(2006 年修订)第 6(2)、10、33、35(3)、41 条；第六章"经费保障"第 42—50 条。

续表

法律通过年份	法律通过数量（单位：件；排除已经失效的；用 A 表示）	含有"激励"性内容的法律数量（单位：件；用 B 表示）	比例（B/A）	含有"激励"性内容的法律及其具体体现
2006 年	13	6	46.2%	5.《刑法》（2006 年修正）第 20、21、24、67、68、78、79、449 条。 6.《农产品质量安全法》第 8、9、24（3）、38 条。 7.《银行业监督管理法》（2006 年修正）（无）。 8.《人民法院组织法》（2006 年修正）（无）。 9.《合伙企业法》（2006 年修订）（无）。 10.《各级人民代表大会常务委员会监督法》（无）。 11.《企业破产法》（无）。 12.《护照法》（无）。 13.《审计法》（2006 年修订）（无）。
2007 年	19	14	73.7%	1.《科学技术进步法》（2007 年修订）第 3、4（2）、5（2）、6、7（1）、9、15、16、17、18、21、22、23、24、25、27、31（2）、32、33、34、35、36、37、38、39、47、48、49、50、51、52、53、54、56 条;第六章"保障措施"第 59—66 条。 2.《禁毒法》第 7、8、9、10、11 条。 3.《道路交通安全法》（2007 年修正）第 37、71 条。 4.《文物保护法》（2007 年修正）第 10、11、12、52 条。 5.《节约能源法》（2007 年修订）第 7（3）、8（1）、9（1）、13（3）、22、23、25、31、40、43、45（1）、51、59 条;第五章"激励措施"第 60—67 条。 6.《城乡规划法》第 10 条。 7.《动物防疫法》（2007 年修订）第 10、11 条。 8.《反垄断法》第 45、46 条。 9.《突发事件应对法》第 34、25、36、61（3）条。 10.《城市房地产管理法》（2007 年修正）第 29 条。

法律通过年份	法律通过数量（单位：件；排除已经失效的；用 A 表示）	含有"激励"性内容的法律数量（单位：件；用 B 表示）	比例（B/A）	含有"激励"性内容的法律及其具体体现
2007 年	19	14	73.7%	11.《就业促进法》第 7 条；第二章"政策支持"第 11—24 条；第 33、36、38、44、46、47、49、50、54(2)、57(1)条。 12.《个人所得税法》(2007 年修正)第 4、5 条。 13.《劳动合同法》第 79 条。 14.《企业所得税法》第 9 条；第四章"税收优惠"第 25—26 条。 15.《国境卫生检疫法》(2007 年修正)(无)。 16.《劳动争议调解仲裁法》(无)。 17.《民事诉讼法》(无)。 18.《律师法》(2007 年修订)(无)。 19.《物权法》(无)。
2008 年	7	6	85.7%	1.《专利法》(2008 年修正)第七章"专利权的保护"第 59—74 条。 2.《防震减灾法》(2008 年修订)第 8(2、3)、37、43、45、53、73(2)条。 3.《消防法》(2008 年修订)第 7、33 条。 4.《循环经济促进法》第 7、10(2、3)、11、20(4)、21(1)、23(2)、24(1)、29(3)、34、35、37(1)条；第五章"激励措施"第 42—48 条。 5.《残疾人保障法》(2008 年修订)第 7(2)、10(1)、12、13、16、17(1)、24、33、34、36(1)、41、44、49(2)、50(3)、51 条。 6.《水污染防治法》(2008 年修订)第 6、10、88(3)条。 7.《企业国有资产法》(无)。
2009 年	59	45	76.3%	1.《海岛保护法》第 7 条。 2.《可再生能源法》(2009 年修正)第 4、13、14、15、16、17、18、19、20、21、22、23 条；第六章"经济激励与监督措施"第 24—27 条。 3.《驻外外交人员法》第七章"奖励和惩戒"第 32 条。

续表

法律通过年份	法律通过数量（单位：件；排除已经失效的；用 A 表示）	含有"激励"性内容的法律数量（单位：件；用 B 表示）	比例（B/A）	含有"激励"性内容的法律及其具体体现
2009 年	59	45	76.3%	4.《矿山安全法》（2009 年修正）第 5、6 条。 5.《人民武装警察法》第 5 条。 6.《安全生产法》（2009 年修正）第 14、15、66 条。 7.《统计法》（2009 年修订）第 8 条。 8.《保险法》（2009 年修订）第 186 条。 9.《食品安全法》第 8（1）、9、25、30、33（1）条。 10.《刑法》（2009 年修正）第 20、21、24、50、67、68、78、79、449 条。 11.《教育法》（2009 年修正）第 11（2）、13、19（3）、25（2）、41、46、52、53、58、60、62、64、65、66、67 条。 12.《气象法》（2009 年修正）第 7 条。 13.《教师法》（2009 年修正）第 15 条；第六章"待遇"第 25 — 32 条；第七章"奖励"第 33—34 条。 14.《民用航空法》（2009 年修正）第 4 条。 15.《电力法》（2009 年修正）第 3、5（2）、9、47、48 条。 16.《矿产资源法》（2009 年修正）第 8、9、35 条。 17.《森林法》（2009 年修正）第 6、8、12 条。 18.《军事设施保护法》第 4 条。 19.《煤炭法》（2009 年修正）第 9、29、34、35 条。 20.《枪支管理法》（2009 年修正）第 3（2）条。 21.《防洪法》（2009 年修正）第 47（2）、49、50 条。 22.《野生动物保护法》（2009 年修正）第 4、5、17 条。 23.《消费者权益保护法》（2009 年修正）第 6（2）、49 条。

续表

法律通过年份	法律通过数量（单位：件；排除已经失效的；用 A 表示）	含有"激励"性内容的法律数量（单位：件；用 B 表示）	比例（B/A）	含有"激励"性内容的法律及其具体体现
2009 年	59	45	76.3%	24.《草原法》(2009 年修正)第 6、7、26、27、28、29(1)、48(2)条。 25.《体育法》(2009 年修正)第 3(2)、8、9、15、24、25、36、42、48(2)条。 26.《国家安全法》(2009 年修正)第 5、24 条。 27.《全民所有制工业企业法》(2009 年修正)第 43、48 条。 28.《母婴保健法》(2009 年修正)第 5、6 条。 29.《国防法》(2009 年修正)第 9 条。 30.《民法通则》(2009 年修正)第 79、97 条。 31.《农业法》(2009 年修正)第 8、11、13、18、19、20、23、27、28、30、32、33、35 条；第六章"农业投入与农业保护"第 37—46 条；第七章"农业科技教育"第 48—56 条；第 84、85、86 条。 32.《老年人权益保障法》(2009 年修正)第 5、24、31(2)、33、35(3)、41 条。 33.《水法》(2009 年修正)第 6、10、11、24、26、27、52 条。 34.《公路法》(2009 年修正)第 4(2)、10、19、21(1、2)条。 35.《产品质量法》(2009 年修正)第 6、10 条。 36.《农村土地承包法》(2009 年修正)第 8(2)、43 条。 37.《红十字会法》(2009 年修正)第 5、21、23 条。 38.《铁路法》(2009 年修正)第 9、24、36 条。 39.《劳动法》(2009 年修正)第 6、10(2)、67、75 条。 40.《人民防空法》(2009 年修正)第 5、10、26 条。

续表

法律通过年份	法律通过数量（单位：件；排除已经失效的；用 A 表示）	含有"激励"性内容的法律数量（单位：件；用 B 表示）	比例（B/A）	含有"激励"性内容的法律及其具体体现
2009 年	59	45	76.3%	41.《兵役法》（2009 年修正）第十章"现役军人的待遇和退出现役的安置"第53(4)、54、55、56、57、58、59、60、63、64、65 条。 42.《渔业法》（2009 年修正）第 4、5、10、16、21 条。 43.《水土保持法》（2009 年修正）第 10、11、12 条。 44.《邮政法》（2009 年修正）第 2、8 条。 45.《城市房地产管理法》（2009 年修正）第 29 条。 46.《农村土地承包经营纠纷调解仲裁法》（2009 年修正）（无）。 47.《集会游行示威法》（2009 年修正）（无）。 48.《烟草专卖法》（2009 年修正）（无）。 49.《行政复议法》（2009 年修正）（无）。 50.《国旗法》（2009 年修正）（无）。 51.《仲裁法》（2009 年修正）（无）。 52.《计量法》（2009 年修正）（无）。 53.《国境卫生检疫法》（2009 年修正）（无）。 54.《进出境动植物检疫法》（2009 年修正）（无）。 55.《国徽法》（2009 年修正）（无）。 56.《侵权责任法》（无）。 57.《人民警察警衔条例》（2009 年修正）（无）。 58.《工会法》（2009 年修正）（无）。 59.《行政处罚法》（2009 年修正）（无）。
2010 年	12	9	75%	1.《水土保持法》（2010 年修订）第 7、9、33、34、39 条。 2.《社会保险法》第 5(2、3)、6(3)条。 3.《预备役军官法》（2010 年修正）第五章"士兵的奖惩"第 28 条；第五章"士兵的待遇"第 31—41 条。 4.《人民调解法》第 6、16 条。

法律通过年份	法律通过数量（单位:件;排除已经失效的;用 A 表示）	含有"激励"性内容的法律数量（单位:件;用 B 表示）	比例（B/A）	含有"激励"性内容的法律及其具体体现
2010 年	12	9	75%	5.《石油天然气管道保护法》第 24 条。 6.《行政监察法》(2010 年修正)第 29 条。 7.《保守国家秘密法》(2010 年修订)第 8 条。 8.《国防动员法》第 41(2)、53、62 条。 9.《著作权法》(2010 年修正)第二章"著作权"第 9—29 条。 10.《村民委员会组织法》(2010 年修订)(无)。 11.《全国人民代表大会和地方各级人民代表大会代表法》(2010 年修正)(无)。 12.《涉外民事法律关系适用法》(2010 年修订)(无)。
2011 年	11	9	81.8%	1.《非物质文化遗产法》第 6、9、10、28、33、36、37 条。 2.《车船税法》第 3、4、5 条。 3.《煤炭法》(2011 年修正)第 9(1)、17、34(2)、35、44 条。 4.《建筑法》(2011 年修正)第 4 条。 5.《个人所得税法》(2011 年修正)第 4、5 条。 6.《兵役法》(2011 年修正)第十章"现役军人的待遇和退出现役的安置"第 53(4)、54、55、56、57、58、59、60、63、64、65 条。 7.《职业病防治法》(2011 年修正)第 7、12 条。 8.《刑法》(2011 年修正)第 20、21、24、50、67、68、78、79、449 条。 9.《道路交通安全法》(2011 年修正)第 37、71 条。 10.《居民身份证法》(2011 年修正)(无)。 11.《行政强制法》(无)。

续表

法律通过年份	法律通过数量（单位:件;排除已经失效的;用 A 表示）	含有"激励"性内容的法律数量（单位:件;用 B 表示）	比例（B/A）	含有"激励"性内容的法律及其具体体现
2012 年	19	12	63.2%	1.《清洁生产促进法》(2012 年修正)第 9、31、33 条。 2.《军人保险法》第 4、20 条。 3.《农业技术推广法》(2012 年修正)第 3、5、6、8、10(2)、11、14(3)、15(1、2)、17、18、22(1、2)、23(3)、24(1)、25、26 条;第四章"农业技术推广的保障措施"第 28—33 条。 4.《未成年人保护法》(2012 年修正)第 9、27、31、32、33 条。 5.《监狱法》(2012 年修正)第 29、57 条。 6.《治安管理处罚法》(2012 年修正)第 29 条。 7.《人民警察法》(2012 年修正)第 31、34 条。 8.《精神卫生法》第 10、11、12、22、70 条。 9.《农业法》(2012 年修正)第 9、15、20、21、27、28、31、36、37、38、39(1)、40、41(1)条;第五章"农业投入"第 42—47 条;第六章"农业科技与农业教育"第 48—63 条。 10.《老年人权益保障法》(2012 年修订)第 7(3)、10、27、23(2、3)、35、38(2、3)、46、48、51、70 条。 11.《劳动合同法》(2012 年修正)第 79 条。 12.《邮政法》(2012 年修正)第 2、8 条。 13.《预防未成年人犯罪法》(2012 年修正)(无)。 14.《国家赔偿法》(2012 年修正)(无)。 15.《证券投资基金法》(2012 年修订)(无)。 16.《律师法》(2012 年修正)(无)。 17.《民事诉讼法》(2012 年修正)(无)。 18.《出境入境管理法》(2012 年修正)(无)。 19.《刑事诉讼法》(2012 年修正)(无)。

续表

法律通过年份	法律通过数量（单位:件;排除已经失效的;用 A 表示）	含有"激励"性内容的法律数量（单位:件;用 B 表示）	比例（B/A）	含有"激励"性内容的法律及其具体体现
2013 年	23	19	82.6%	1.《草原法》(2013 年修正)第 6、7、26、27、28、29、48 条。 2.《传染病防治法》(2013 年修正)第 8、9、10、11 条。 3.《动物防疫法》(2013 年修正)第 10、11 条。 4.《固体废物污染环境防治法》(2013 年修订)第 3、6、7、8、9、19、65、84 条。 5.《海关法》(2013 年第二次修正)第 13 条。① 6.《海洋环境保护法》(2013 年修正)第 4、28 条。 7.《民办教育促进法》(2013 年修正)第 3、6、31、32、43 条;第七章"扶持与奖励"第 44—52 条。 8.《税收征收管理法》(2013 年修正)第 13 条。 9.《文物保护法》(2013 年修订)第 10、11、12、52 条。 10.《消费者权益保护法》(2013 年修正)第 6、55 条。 11.《药品管理法》(2013 年修正)第 3、4 条。 12.《渔业法》(2013 年修正)第 4、5、10、16、21 条。 13.《种子法》(2013 年修正)第 4、6、11、28、40 条。 14.《商标法》(2013 年修正)第七章"注册商标专用权的保护"第 56—71 条②。

---

①　一年内修正 2 次的,如果没有增加激励内容的只是统计 1 次。

②　《商标法》(2013 年修正)第七章虽然表述为"注册商标专用权的保护",但是该章条款均带有惩罚性的保护性质,而惩罚性的保护并不属于本书所探讨的激励性保护措施,但是基于其保护功能相同,此处仍予以罗列,特此说明。

法律通过年份	法律通过数量（单位：件；排除已经失效的；用A表示）	含有"激励"性内容的法律数量（单位：件；用B表示）	比例（B/A）	含有"激励"性内容的法律及其具体体现
2013年	23	19	82.6%	15.《证券法》（2013年修正）第51条。 16.《煤炭法》（2013年修正）第9、17、20、24、29、30、39条。 17.《海关法》（2013年修正）第7、13条。 18.《旅游法》第4、5、23、27条。 19.《公司法》（2013年修正）第26条。 20.《计量法》（2013年修正）（无）。 21.《烟草专卖法》（2013年修正）（无）。 22.《进出口商品检验法》（2013年修正）（无）。 23.《特种设备安全法》（无）。
2014年	12	10	83.3%	1.《安全生产法》（2014年修正）第15、16、24、48、76条。 2.《保险法》（2014年修正）第186条。 3.《反间谍法》第7、26、27条。 4.《军事设施保护法》（2014年修正）第4、7条。 5.《气象法》（2014年修正）第7条。 6.《预算法》（2014年修正）第91条。 7.《证券法》（2014年修正）第51条。 8.《政府采购法》（2014年修正）第9、70条。 9.《环境保护法》（2014年修订）第7、9、15、21、22、36、39、52条。 10.《航道法》第23条。 11.《行政诉讼法》（2014年修正）（无）。 12.《注册会计师法》（2014年修正）（无）。
2015年	42	33	78.6%	1.《保险法》（2015年修正）第184条。 2.《城乡规划法》（2015年修正）第3、10条。 3.《畜牧法》（2015年修正）第3、9、13、18、31、35、38、46、47条。 4.《促进科技成果转化法》（2015年修正）第12、19、20、22、27、28、31、32条；第三章"保障措施"第33—39条。

法律通过年份	法律通过数量（单位:件;排除已经失效的;用 A 表示）	含有"激励"性内容的法律数量（单位:件;用 B 表示）	比例（B/A）	含有"激励"性内容的法律及其具体体现
2015 年	42	33	78.6%	5.《大气污染防治法》(2015 年修正)第 6、34、35、36、41、44、57、60、67、73、76、83、85 条。 6.《电力法》(2015 年修正)第 3、5、9、12、16、17、48 条。 7.《反家庭暴力法》第 9 条。 8.《反恐怖主义法》第八章"保障措施"第 73—78 条。 9.《防洪法》(2015 年修正)第 47 条。 10.《港口法》(2015 年修正)第 5、29 条。 11.《高等教育法》(2015 年修正)第 6、8、12、15、35、39、55、56、59、60 条。 12.《广告法》(2015 年修订)第 74 条。 13.《国家安全法》(2015 年修订)第 5、24 条。 14.《教育法》(2015 年修正)第 11、20、26、42、47、51、53、59、60、62、66、67 条。 15.《就业促进法》(2015 年修正)第 7 条;第二章"政策支持"第 12—24 条;第 33、36、38、44、46、47、49、50、54、57 条。 16.《老年人权益保障法》(2015 年修正)第 6、7、9、27、33、35、37、38、39、46、48、49、55、64、68、70 条。 17.《民用航空法》(2015 年修正)第 4 条。 18《全国人民代表大会和地方各级人民代表大会代表法》(2015 年修正)第 44 条。 19.《人口与计划生育法》(2015 年修正)第 15、16、24、28、34 条。 20.《食品安全法》(2015 年修订)第 10、11、30、36、42、43、48 条。 21.《税收征收管理法》(2015 年修正)第 5 条。 22.《铁路法》(2015 年修正)第 9、24、36 条。

续表

法律通过年份	法律通过数量（单位：件；排除已经失效的；用 A 表示）	含有"激励"性内容的法律数量（单位：件；用 B 表示）	比例（B/A）	含有"激励"性内容的法律及其具体体现
2015 年	42	33	78.6%	23.《文物保护法》(2015 年修正)第 10、11、12、52 条。 24.《药品管理法》(2015 年修正)第 3、4 条。 25.《义务教育法》(2015 年修正)第 6、10、33、35、41 条；第六章"经费保障"第 42—48 条。 26.《邮政法》(2015 年修正)第 2、8 条。 27.《动物防疫法》(2015 年修正)第 10 条。 28.《固体废物污染环境防治法》(2015 年修正)第 3、4、6、7、19、38、43、84 条。 29.《种子法》(2015 年修正)第 4、12、13、20、25、63、66、67、68 条。 30.《枪支管理法》(2015 年修正)第 3(2)条。 31.《国家勋章和国家荣誉称号法》第 1—20 条。 32.《刑法》(2015 年修正)第 20、21、24、50、67、68、78、79、449 条。 33.《商业银行法》(2015 年修正)第 36 条。 34.《全国人民代表大会和地方各级人民代表大会选举法》(2015 年修正)(无)。 35.《拍卖法》(2015 年修正)(无)。 36.《地方各级人民代表大会和地方各级人民政府组织法》(2015 年修正)(无)。 37.《计量法》(2015 年修正)(无)。 38.《公证法》(2015 年修正)(无)。 39.《证券投资基金法》(2015 年修正)(无)。 40.《电子签名法》(2015 年修正)(无)。 41.《烟草专卖法》(2015 年修正)(无)。 42.《立法法》(2015 年修正)(无)。

续表

法律通过年份	法律通过数量（单位：件；排除已经失效的；用 A 表示）	含有"激励"性内容的法律数量（单位：件；用 B 表示）	比例（B/A）	含有"激励"性内容的法律及其具体体现
2016 年	34	31	91.2%	1.《慈善法》第 5 条；第九章"促进措施"第 77—91 条；第 95、97 条。 2.《电影产业促进法》第 4、6、7、10、11、12、27、28、32 条；第四章"电影产业支持、保障"第 36—45 条。 3.《公共文化服务保障法》第 3、10、11、12、13、25、27、29、32、33、37、38、39、40、42、43 条；第四章"保障措施"第 46—50 条；第 52—54 条。 4.《国防交通法》第 5、11、27、28、29、33、36、42、50 条。 5.《环境保护税法》第三章"税收减免"第 12、13 条；第 24 条。 6.《境外非政府组织境内活动管理法》第 33 条。 7.《深海海底区域资源勘探开发法》第 4、6、15、16、17 条。 8.《台湾同胞投资保护法》（2016 修正）第 13 条。 9.《外资企业法》（2016 年修正）第 3 条。 10.《网络安全法》第 3、13 条；第二章"网络安全支持与促进"第 15—20 条；第 24、27、28、29、31、33、39、63、69 条。 11.《野生动物保护法》（2016 年修订）第 4、5、8、25 条。 12.《对外贸易法》（2016 年修订）第 4、44 条；第九章"对外贸易促进"第 51—59 条。 13.《防洪法》（2016 年修正）第 47 条。 14.《公路法》（2016 年修正）第 4、10、19、21、29、37 条。 15.《固体废物污染环境防治法》（2016 年修正）第 3、4、6、7、19、38、43、84 条。 16.《海关法》（2016 年修正）第 7、13 条。

续表

法律通过年份	法律通过数量（单位:件;排除已经失效的;用A表示）	含有"激励"性内容的法律数量（单位:件;用B表示）	比例（B/A）	含有"激励"性内容的法律及其具体体现
2016年	34	31	91.2%	17.《海洋环境保护法》(2016年修订)第28条。 18.《航道法》(2016年修正)第23条。 19.《环境影响评价法》(2016年修正)第5、6条。 20.《节约能源法》(2016年修正)第7、8、13、22、23、31、40、42、43、45、57、59条;第五章"激励措施"第60—67条。 21.《旅游法》(2016年修正)第4、5、23、27条。 22.《煤炭法》(2016年修正)第9、17、20、24、29、30、39条。 23.《民办教育促进法》(2016年修正)第3、6、31、44条;第七章"扶持与奖励"第45—52条。 24.《民用航空法》(2016年修正)第4条。 25.《气象法》(2016年修正)第7、25条。 26.《水法》(2016年修正)第6、10、11、24、26、27、29、52条。 27.《体育法》(2016年修正)第3、6、8、9、12、15、16、24、25、36、42、48条。 28.《职业病防治法》(2016年修正)第8、13条。 29.《中外合资经营企业法》(2016年修正)第10、11条。 30.《中外合作经营企业法》(2016年修正)第4条。 31.《中医药法》第3、6、8、9、10、11、13条;第三章"中药保护与发展"第22—25条;第27、29、31、34、35、38、39、44、45条;第七章"保障措施"第47—52条。 32.《海上交通安全法》(2016年修正)(无)。 33.《档案法》(2016年修正)(无)。 34.《资产评估法》(无)。

续表

法律通过年份	法律通过数量（单位:件;排除已经失效的;用 A 表示）	含有"激励"性内容的法律数量（单位:件;用 B 表示）	比例（B/A）	含有"激励"性内容的法律及其具体体现
2017 年	36	26	72.2%	1.《船舶吨税法》第 3、9 条。 2.《公共图书馆法》第 4、6、8、9、12、13、30、34、40、46、48 条。 3.《农民专业合作社法》(2017 年修订)第 10 条;第八章"扶持政策"第 64 —67 条。 4.《刑法》(2017 年修正)第 20、21、24、50、67、68、78、79、449 条。 5.《会计法》(2017 年修正)第 6 条。 6.《港口法》(2017 年修正)第 5、29 条。 7.《公路法》(2017 年修正)第 4、10、19、21、29、37 条。 8.《民用航空法》(2017 年修正)第 4 条。 9.《职业病防治法》(2017 年修正)第 8、13 条。 10.《海关法》(2017 年修正)第 7、13 条。 11.《海洋环境保护法》(2017 年修正)第 28 条。 12.《标准化法》(2017 年修订)第 2(3)、7、8、9、18、21、27、31、35 条。① 13.《文物保护法》(2017 年修正)第 10、11、12、52 条。 14.《母婴保健法》(2017 年修正)第 5、6 条。 15.《中外合作经营企业法》(2017 年修正)第 4 条。② 16.《境外非政府组织境内活动管理法》(2017 年修正)第 33 条。

---

① 1988 年,《标准化法》只有 3 个激励性法条,2017 年修订之后,增加到 9 个,可谓大量增加激励性法条的典型。这种情形比较多见,如《老年人权益保障法》《企业所得税法》等也存在。

② 《中外合作经营企业法》(1988,2000)均有 2 个激励性法条,2016 年修正之后,减少到 1 个,但这种情况比较少见。

续表

法律通过年份	法律通过数量（单位：件；排除已经失效的；用 A 表示）	含有"激励"性内容的法律数量（单位：件；用 B 表示）	比例（B/A）	含有"激励"性内容的法律及其具体体现
2017 年	36	26	72.2%	17.《反不正当竞争法》（2017 年修订）第 5(1)条。 18.《水污染防治法》（2017 年修正）第 7、8、11、52、56、99(3)条。 19.《中小企业促进法》（2017 年修订）第二章"财税支持"第 8—12 条；第三章"融资促进"第 13—23 条；第四章"创业扶持"第 24—31 条；第五章"技术创新"第 32—37 条；第六章"市场开拓"第 38—42 条；第七章"社会服务"第 43—49 条；第八章"权益保障"第 50—56 条。 20.《检察官法》（2017 年修正）第十章"奖励"第 32—34 条；第 40 条。 21.《红十字会法》（2017 年修订）第 3(3、4)、5、18、22 条。 22.《国家情报法》第 7、9、25 条。 23.《公务员法》（2017 年修正）第 43(2)条；第八章"奖励"第 48—50 条；第 89 条。 24.《企业所得税法》（2017 年修正）第 4(2)、9 条；第四章"税收优惠"第 25—34 条。 25.《测绘法》（2017 年修订）第 6、40 条。 26.《法官法》（2017 年修正）第十章"奖励"第 29—31 条；第 37 条。 27.《烟叶税法》（无）。 28.《仲裁法》（2017 年修正）（无）。 29.《行政诉讼法》（2017 年修正）（无）。 30.《民事诉讼法》（2017 年修正）（无）。 31.《行政复议法》（2017 年修正）（无）。 32.《行政处罚法》（2017 年修正）（无）。 33.《招标投标法》（2017 年修正）（无）。 34.《计量法》（2017 年修正）（无）。 35.《公证法》（2017 年修正）（无）。 36.《律师法》（2017 年修正）（无）。

续表

法律通过年份	法律通过数量（单位:件;排除已经失效的;用 A 表示）	含有"激励"性内容的法律数量（单位:件;用 B 表示）	比例（B/A）	含有"激励"性内容的法律及其具体体现
2018 年	48	40	83.3%	1.《宪法》(2018 年修正)第 8(3)、19(3、4)、20、21(1)、26(2)、42(3)、47 条。 2.《国防教育法》(2018 年修正)第 10、11、23 条;第四章"国防教育的保障"第 24—26 条。 3.《国家情报法》(2018 年修正)第 7、9、25 条。 4.《精神卫生法》(2018 年修正)第 10、11、12、22、70 条。 5.《民办教育促进法》(2018 年修正)第 3、6、31、44 条;第七章"扶持与奖励"第 45—52 条。 6.《公务员法》(2018 年修订)第 45(2)条;第八章"奖励"第 51—56 条;第 94 条。 7.《农村土地承包法》(2018 年修正)第 11(2)、27(3)条。 8.《广告法》(2018 年修正)第 74 条。 9.《反恐怖主义法》(2018 年修正)第八章"保障措施"第 73—78 条。 10.《个人所得税法》(2018 年修正)第 4、5 条。 11.《环境噪声污染防治法》(2018 年修正)第 7、8、9 条。 12.《民用航空法》(2018 年修正)第 4 条。 13.《循环经济促进法》(2018 年修正)第 7、10(2、3)、11、20(4)、21(1)、23(2)、24(1)、27、29(3)、34、35、37(1)条;第五章"激励措施"第 42—48 条。 14.《旅游法》(2018 年修正)第 4、5、23、27 条。 15.《大气污染防治法》(2018 年修正)第 6、34、35、36、41、44、57、60、67、73、76、83、85 条。 16.《妇女权益保障法》(2018 年修正)第 8、28 条。

续表

法律通过年份	法律通过数量（单位:件;排除已经失效的;用 A 表示）	含有"激励"性内容的法律数量（单位:件;用 B 表示）	比例（B/A）	含有"激励"性内容的法律及其具体体现
2018 年	48	40	83.3%	17.《船舶吨税法》(2018 年修正)第 3、9 条。 18.《节约能源法》(2018 年修正)第 7、8、13、22、23、31、40、42、43、45、57、59 条;第五章"激励措施"第 60—67 条。 19.《防沙治沙法》(2018 年修正)第 8、24、25(3)条;第五章"保障措施"第 32—36 条。 20.《残疾人保障法》(2018 年修正)第 7(2)、10(1)、12、13、16、17(1)、24、33、34、36(1)、44、49(2)、50(3)、51 条。 21.《公共图书馆法》(2018 年修正)第 4、6、8、9、12、13、30、34、40、46、48 条。 22.《野生动物保护法》(2018 年修正)第 4、5、8、25 条。 23.《农业机械化促进法》(2018 年修正)第 1、3、4、5、8、9、10、16、17、19、21、22、23 条;第六章"扶持措施"第 26—29 条。 24.《农产品质量安全法》(2018 年修正)第 8、9、24(3)、38 条。 25.《环境保护税法》(2018 年修正)第三章"税收减免"第 12—13 条;第 24 条。 26.《电力法》(2018 年修正)第 3、5、9、12、16、17、47、48 条。 27.《企业所得税法》(2018 年修正)第 4(2)、9 条;第四章"税收优惠"第 25—34 条。 28.《港口法》(2018 年修正)第 5、29 条。 29.《高等教育法》(2018 年修正)第 6、8、12、15、35、39、55、56、59、60 条。 30.《老年人权益保障法》(2018 年修正)第 6、7(4)、10、27、33(2)、35、37、38(2、3)、39、47、49、50、52、56(2)、57、58、59、69、71 条。 31.《环境影响评价法》(2018 年修正)第 5、6 条。

续表

法律通过年份	法律通过数量（单位：件；排除已经失效的；用 A 表示）	含有"激励"性内容的法律数量（单位：件；用 B 表示）	比例（B/A）	含有"激励"性内容的法律及其具体体现
2018 年	48	40	83.3%	32.《社会保险法》（2018 年修正）第 5（2、3）、6（3）条。 33.《产品质量法》（2018 年修正）第 6、10 条。 34.《义务教育法》（2018 年修正）第 6、10、33、35、41 条；第六章"经费保障"第42—48 条。 35.《食品安全法》（2018 年修正）第 10、11、30、36、42、43、48 条。 36.《预算法》（2018 年修正）第 91 条。 37.《职业病防治法》（2018 年修正）第8、13 条。 38.《劳动法》（2018 年修正）第 6、10（2）、67、75 条。 39.《车辆购置税法》第 9 条。 40.《公司法》（2018 年修正）第 26 条。 41.《城市居民委员会组织法》（2018 年修正）（无）。 42.《村民委员会组织法》（2018 年修正）（无）。 43.《人民法院组织法》（2018 年修订）（无）。 44.《人民检察院组织法》（2018 年修订）（无）。 45.《国境卫生检疫法》（2018 年修正）（无）。 46.《进出口商品检验法》（2018 年修正）（无）。 47.《民事诉讼法》（2018 年修正）（无）。 48.《计量法》（2018 年修正）（无）。
合计	619	447	72.2%（平均比例）	

（二）中国正外部性激励立法 40 年（1979—2018）的规律总结

通过以上的考察和梳理,本书的结论是:

1. 基于含有"激励"性内容的法规法条所属法律部门视角的分析

1979—2018 年我国共通过(含修订和修正)法律 619 件,其中 447 件法律含有"激励"性内容,平均比例达到 72.2%①。在所有含有"激励"性内容的法律中,经济法、社会法以及环境与资源保护法所占比例相对比较高,三类②加总占到接近四分之三(71.4%)。

分别来看,其中经济法的比例最高(36.5%),占到超过三分之一;社会法占到 19.2%,环境与资源保护法占到 15.7%,而民商法、刑法、军事法中激励性法条相对较少。具体见表 2-2:

表 2-2

	宪法组织法	行政法	民商法	刑法	经济法	环境与资源保护法	社会法	军事法	合计
文本标题中含有"激励"性关键词、含有"激励"性章节、含有"激励"性条款的法律数量(含修订和修正;单位:件)	9	61	15	14	163	70	86	29	447
所占比例	2%	13.6%	3.4%	3.1%	36.5%	15.7%	19.2%	6.5%	100%

2. 基于含有"激励"性内容的专门法规、专门章节视角的分析

从法律中激励性法条所占整个法条的比例来看,经济法、社会法、环境与资源保护法中法条所占比例较高。在经济法中,如《农业法》不但有激励性的法条,还有专章规定。《农业机械化促进法》甚至直接以"促进"作为规范名称的关键词。具体来看:

(1)经济法、环境与资源保护法以及社会法中直接以"促进"作为规范名称关键词的最多。具体见表 2-3:

---

① 需要说明的是,因为法律在修订或修正过程中,有可能对激励性法条进行修订或修正。因此这里对于凡是修订或修正后的法律则再计算一次。这种计算方法可能由于重复计算带来一定的问题,但整体上不会有太大影响。

② 本部分在进行规律总结时,将经济法与社会法、环境与资源保护法并列进行比较。

表 2-3

	宪法组织法	行政法	民商法	刑法	经济法	环境与资源保护法	社会法	军事法	合计
文本标题中含有"促进"关键词的法律的数量（含修订和修正；单位：件）	0	0	0	0	7	4	7	0	18
所占比例	0%	0%	0%	0%	38.9%	22.2%	38.9%	0%	100%

（2）民商法、经济法、社会法、军事法、环境与资源保护法中规定有专门章节进行激励。其中民商法所占比例较高的原因是《专利法》《商标法》修正次数较多而"重复"计算的多。实际上经济法的比例最高，社会法的比例次之。具体见表 2-4：

表 2-4

	宪法组织法	行政法	民商法	刑法	经济法	环境与资源保护法	社会法	军事法	合计
文本含有"激励"性章节的法律数量（含修订和修正；单位：件）	0	12	10	0	27	10	25	16	100
所占比例	0%	12%	10%	0%	27%	10%	25%	16%	100%

3. 基于激励力度与社会贡献大小的关系视角的分析

一般来说，社会贡献越大，对其的激励方式越多，激励法条也就越多，激励力度也就越大。根据此规则，我们发现排在前面的分别是经济法、环境与资源保护法、社会法、军事法。这些都是因为其涉及到的激励客体多是具有巨大社会贡献的正外部性,所以激励法条明显多于其他。同时,激励方式也趋于具体和明确,而不仅仅局限于进行宏观倡导型激励。具体见表2-5:

表 2-5

	经济法	环境与资源保护法	社会法	军事法	文教科技法	知识产权法	合计
文本含有"激励"性法条的法律(含修订和修正;单位:件)	68	56	49	27	25	16	241
所占比例	28.2%	23.2%	20.3%	11.2%	10.4%	6.7%	100%

4. 基于规定模式从义务本位转向权利本位的视角的分析

很多环境与资源保护法都规定了举报权利。这种"举报权利"的赋予改变了过去"举报义务"的规定模式,具有重大的进步意义。① 如《海洋环境保护法》(1982)第3条规定②,……一切单位和个人,都有责任保护海洋环境,并有义务对……进行监督和检举。这里虽然规定"一切单位和个人"都可以进行"监督和检举",但是却是以义务的形式进行规定的。后来《海洋环境保护法》(1999)第28条第1款中对此进行了补充规定,凸显了"举报权利",具体体现在其第6条的规定,"一切单位和个人都有保护环境的义务,并有权对污染和破坏环境的单位和个人进行检举和控告。"这里除了规定"一切单位和个人都有保护环境的义务"外,还规定了一切单位和个人"有权"检举和控告。这种类似规定多次出现在环境与资源保护法中。如《大气污染防治法》(1987)第5条规定,"任何单位和个人都有保护大气环境的义务,并有权对污染大气环境的单位和个人进行检举和控告。"《固体废物污染环境防治法》(1995)第9条规定,"任何单位和个人都有保护环境的义务,并有权对造成固体废物污染环境的单位和个人进行检举和控告。"后来,法律除了规定赋予相关主体权利以鼓励检举以外,还增加了给予检举

① 胡元聪:《我国法律激励的类型化分析》,《法商研究》2013年第4期。
② 即"进入中华人民共和国管辖海域的一切单位和个人,都有责任保护海洋环境,并有义务对污染损害海洋环境的行为进行监督和检举。"

人奖励的相关规定,如《产品质量法》(1993)第 10 条的规定①即是。

5.基于激励法律规范发展的趋势视角的分析

由于受到"斗争法学"思想的影响,早先的法律中较少出现激励性的法条。但是随着社会的发展,逐渐加进去了不少激励性法条并且数量越来越多。这里以《水污染防治法》为例:早期的《水污染防治法》(1984,1996)中仅有一条激励性的规定出现,后来该法经过修订,逐渐增加了激励性内容。如 2008 年修订时增加了 3 条,分别是第 6 条②、第 10 条③和第 88 条第 3 款④。相类似情形还非常多⑤,尤其是那些经过几次修订(或修正)的法律,表现得尤其明显。需要强调的是,早先时候,激励性法条增加的进程比较缓慢,但后来速度明显加快。下面分别从宪法组织法、行政法、民商法、经济法、环境与资源保护法、社会法和军事法中各列举一部代表性法律进行说明(因为刑法类法律虽然经过修订或修正,在激励内容方面并无多大变化,而诉讼法类只有一部含有激励性法条的法律,所以这里忽略)。具体见表 2-6:

表 2-6

修订(或修正)过的法律举例	《民族区域自治法》	《土地管理法》	《专利法》	《农业技术推广法》	《大气污染防治法》	《义务教育法》	《兵役法》
初次通过时间及激励性法条数量(单位:条)	1984/16	1986/1	1984/8(专章)	1993/10	1987/2	1986/4	1984/10(专章)

① 即"任何单位和个人有权对违反本法规定的行为,向产品质量监督部门或者其他有关部门检举。产品质量监督部门和有关部门应当为检举人保密,并按照省、自治区、直辖市人民政府的规定给予奖励。"
② 即"国家鼓励、支持水污染防治的科学技术研究和先进适用技术的推广应用,加强水环境保护的宣传教育。"
③ 即"任何单位和个人都有义务保护水环境,并有权对污染损害水环境的行为进行检举。县级以上人民政府及其有关主管部门对在水污染防治工作中做出显著成绩的单位和个人给予表彰和奖励。"
④ 即"国家鼓励法律服务机构和律师为水污染损害诉讼中的受害人提供法律援助。"
⑤ 需要说明的是,也并不是每部法律在修订或修正过程中都有增加。甚至还有极少部分的法律在修订或修正过程中减少了激励性法款,如《中外合作经营企业法》最初有 2 个具有激励性质的法条,2016 年修正的时候就仅保留了 1 条。当然,这种情形极少出现。

续表

第一次修订（或修正）时间及激励性法条数量（单位:条）	2001/28	1988/3	1992/8（专章）	2012/18	1995/4	2006/5＋7（专章）	1998/10（专章）
第二次修订（或修正）时间及激励性法条数量（单位:条）		1998/4	2000/12（专章）		2000/7	2015/5＋7（专章）	2011/13（专章）
第三次修订（或修正）时间及激励性法条数量（单位:条）		2004/4	2000/16（专章）		2015/13		

如果用柱状图表示,则如图 2-1 所示:

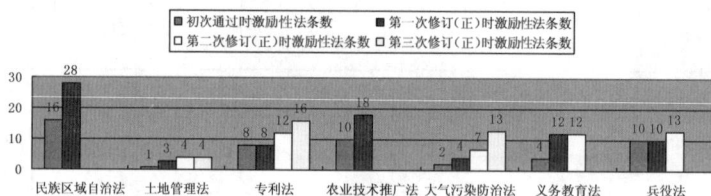

图 2-1

6. 基于激励法律规范发展的轨迹视角的分析

1979—2018 年的 40 年中,几乎每年都有含有激励性法条的法律通过（含修订和修正,仅 1981 年和 1983 年例外）。虽然在早期含有激励性法条的法律数量的确要少一些,但随着社会的发展,这个数字也逐渐增大。这里以 1992 年和 2001 年为界分为三个阶段来分析,具体来看:

第一阶段:1979—1992 年。这一阶段体现为"两少":一是含有激励性法条的法律数量相对比较少;二是即使是含有激励性法条,但是相关法条数量也相对比较少,这是由当时立法资源不足的国情和对正外部性的激励重视不够决定的。

第二阶段:1993—2001 年。从 1993 年开始,我国迎来了新中国成立后第一个立法高峰期,其间含有激励性法条的法律数量日益增多。含有激励性法条的法律数量占到所有通过(含修订和修正)法律数量的一半以上,还有几年甚至达到90%以上。其原因是从1992年邓小平"南方谈话"以后,我国开始决定搞市场经济。而市场经济既是法治经济,也是激励性经济,需要更多的激励型法律规范,由此便促进了法律激励功能的充分彰显。

第三阶段:2002—2018年。这一阶段含有激励性法条的法律规范数量有所减少,主要是因为激励性法律规范的内容逐渐趋于理性,宏观倡导型激励法条已经"齐备",同时,涉及到的激励方式要做到更加具体尚需时日。从1992年开始,含有激励性内容的法律占到50%以上(2003年例外,为45.5%;2006年例外,为46.2%)。

7. 基于激励性法律规范体现的激励方式视角的分析

法律激励除了宏观倡导型激励方式以外,根据后文类型化的研究,其具体还包括赋予权利型激励、减免义务型激励、减免责任型激励、增加收益型激励、减少成本型激励、特殊资格型激励、特殊待遇型激励、特殊荣誉型激励等八种激励方式。从激励法律发展的历史轨迹来看,早期的激励性法条主要体现为宏观倡导型激励和特殊荣誉型激励。宏观倡导型激励的内容非常空洞,而特殊荣誉型激励比宏观倡导型激励相对具体一些。

宏观倡导型激励没有具体的激励内容和具体的操作方式(现在这类型激励法条仍然非常多),激励内容比较空洞。如《中外合资经营企业法》第9条第3款规定,鼓励合营企业向中国境外销售产品。第10条第2款规定,鼓励外国合营者将可汇出的外汇存入中国银行。该规定虽然有激励的意思,但是却没有规定具体的激励措施。再如《森林法》第5条第2款仅规定,国家鼓励林业科学研究,提高林业科学技术水平等等。

随着社会的发展,具体的激励性法条数量越来越多,甚至明确具体的激励性法规也开始出现,如1993年有了《促进科技成果转化法》,以及关于税收优惠的专门章节,如2007年《企业所得税法》第四章名称明确规定为"税收优惠"。从1979—1995年通过的法律来看,激励方式在逐年增多,到了1995年,八种激励方式已经齐全。具体见表2-7:

表2-7

激励方式 含有情况 年份	宏观倡导型激励	赋予权利型激励	减免义务型激励	减免责任型激励	增加收益型激励	减少成本型激励	特殊资格型激励	特殊待遇型激励	特殊荣誉型激励
1979年	√			√		√			

续表

激励方式 含有情况 年份	宏观 倡导 型激励	赋予 权利 型激励	减免 义务 型激励	减免 责任 型激励	增加 收益 型激励	减少 成本 型激励	特殊 资格 型激励	特殊 待遇 型激励	特殊 荣誉 型激励
1980 年						√			
1981 年									
1982 年	√	√							√
1983 年									
1984 年	√				√	√	√	√	√
1985 年	√								
1986 年	√	√			√	√			√
1987 年	√	√							
1988 年	√							√	
1989 年	√	√							
1990 年	√	√			√	√		√	
1991 年	√								
1992 年		√							√
1993 年	√	√			√	√	√	√	√
1993 年	√								
1994 年	√					√	√		√
1995 年	√		√		√		√		√

8. 基于宏观倡导型激励法条的特点视角的分析

除具有具体激励方式的法条以外,还存在许多没有具体激励方式的法条即本书称作的"宏观倡导型法条"。我国宏观倡导型法条数量偏多的情形还不同程度地存在于不同的法律之中。这些法条由于缺少进一步的实施细则以及具体操作性条款,因此存在着同质化和空洞化的特点。

(1)在同质化方面。如关于"国家鼓励××科学技术研究,推广先进技术,提高××科学技术水平"的规定雷同现象非常明显。具体如《森林法》(1984)第5条第2款①、《草原法》(1985)第9条②、《渔业法》(1986)第4

---

① 第5条规定,国家鼓励林业科学研究,提高林业科学技术水平。
② 第9条规定,国家鼓励草原畜牧业科学研究,提高草原畜牧业的科学技术水平。

条①、《矿产资源法》(1986)第 7 条②、《野生动物保护法》(1988)第 4 条③、《种子法》(2004)第 11 条第 2 款④、《传染病防治法》(2004)第 8 条第 1 款⑤、《铁路法》(1990)第 9 条⑥等等。

还有关于"在××等方面成绩显著的单位或者个人,由各级人民政府给予精神的或者物质的奖励"的规定同样如此。如《森林法》(1984)第 10 条⑦、《会计法》(1985)第 4 条第 2 款⑧、《草原法》(1985)第 17 条⑨、《渔业法》(1986)第 5 条⑩、《矿产资源法》(1986)第 8 条⑪、《野生动物保护法》(1988)第 4 条第 2 款⑫、《保守国家秘密法》(1988)第 7 条⑬、《种子法》(2004)第 4 条⑭等等。这些法条在制定时就是借鉴、移植了其他法规法条的表述,其实际的激励作用并不大。

(2)在空洞化方面。如果说同质化问题主要是体现为表述相同,具有一定的激励内容的话,那么空洞化问题带来的结果是,其所要实现的激励

---

① 第 4 条规定,国家鼓励渔业科学技术研究,推广先进技术,提高渔业科学技术水平。

② 第 7 条规定,国家鼓励矿产资源勘查、开发的科学技术研究,推广先进技术,提高矿产资源勘查、开发的科学技术水平。

③ 第 4 条规定,国家对野生动物实行加强资源保护、积极驯养繁殖、合理开发利用的方针,鼓励开展野生动物科学研究。

④ 第 11 条第 2 款规定,国家鼓励和支持单位和个人从事良种选育和开发。

⑤ 第 8 条规定,国家发展现代医学和中医药等传统医学,支持和鼓励开展传染病防治的科学研究,提高传染病防治的科学技术水平。

⑥ 第 9 条规定,国家鼓励铁路科学技术研究,提高铁路科学技术水平。对在铁路科学技术研究中有显著成绩的单位和个人给予奖励。

⑦ 第 10 条规定,在植树造林、保护森林以及森林管理等方面成绩显著的单位或者个人,由各级人民政府给予精神的或者物质的奖励。

⑧ 第 4 条第 2 款规定,对认真执行本法,忠于职守,做出显著成绩的会计人员,给予精神的或者物质的奖励。

⑨ 第 17 条规定,在保护、管理和建设草原、发展草原畜牧业等方面成绩显著的单位或者个人,由各级人民政府给予精神的或者物质的奖励。

⑩ 第 5 条规定,在增殖和保护渔业资源、发展渔业生产、进行渔业科学技术研究等方面成绩显著的单位和个人,由各级人民政府给予精神的或者物质的奖励。

⑪ 第 8 条规定,在勘查、开发、保护矿产资源和进行科学技术研究等方面成绩显著的单位和个人,由各级人民政府给予奖励。

⑫ 第 4 条第 2 款规定,在野生动物资源保护、科学研究和驯养繁殖方面成绩显著的单位和个人,由政府给予奖励。

⑬ 第 7 条规定,在保守、保护国家秘密以及改进保密技术、措施等方面成绩显著的单位或者个人,应当给予奖励。

⑭ 第 4 条规定,国家扶持种质资源保护工作和选育、生产、更新、推广使用良种,鼓励品种选育和种子生产、经营相结合,奖励在种质资源保护工作和良种选育、推广等工作中成绩显著的单位和个人。

目的就更难以达到。空洞化主要表现在两个层面：一是《宪法》中的宏观倡导型法条比较空洞。不过由于宪法是国家根本法，许多规定还需要具体法律制度进行细化以增强其可操作性，所以不可能规定得很详细是可以理解的。二是一般法律中的宏观倡导型法条也较多，这就明显不利于真正实现激励目标。此时，一般的文本表述模式是"国家鼓励××。"如《渔业法》(1986)第14条①、《矿产资源法》(1986)第4条第2款②、《野生动物保护法》(1988)第17条③、《水法》(1988)第4条④、《残疾人保障法》(1990)第7条第2款⑤等等。这些法条由于内容空洞，倡导型很强但操作性很差，因而根本起不到真正的激励作用，笔者认为其属于"沉睡法条"而需要进行激活。

二、正外部性民法、行政法、刑法激励进路及效果评价

在我国1979—2018年的40年间通过(含修订和修正)的619件法律中，从几个含有"激励"性内容比较多的法律部门来看，经济法与民法、行政法、刑法在"激励"效果方面的差异很大，它们亦有各自的特点和局限。因此，下面就从这几个部门法着手对其激励进路及其局限方面进行讨论。⑥

（一）正外部性的民法激励进路及局限

1.正外部性的民法激励进路

民法是调整平等主体之间财产关系、人身关系的部门法，其对于正外部性的激励有一定的作用。学者倪正茂指出，法律之肯定契约自由是对人类活动能力之最大激励⑦，学者王利明曾经表达了对合同法激励功能的关注，他认为，"鼓励交易，是合同法的目标，也是我国合同法所必须具有的方针和规范功能。"⑧具体来看，民法在激励正外部性方面的作用主要体现在：

---

① 第14条规定，国家鼓励、扶持外海和远洋捕捞业的发展，合理安排内水和近海捕捞力量。
② 第4条第2款规定，国家鼓励、指导和帮助乡镇集体矿山企业的发展。
③ 第17条规定，国家鼓励驯养繁殖野生动物。
④ 第4条规定，国家鼓励和支持开发利用水资源和防治水害的各项事业。
⑤ 第7条第2款规定，国家鼓励社会组织和个人为残疾人提供捐助和服务。
⑥ 这里不再将环境与资源保护法和社会法单独列出来分析，因为在此之前经济法是包含这些法律的，他们在激励方面有很多共性，此处不再进行细分。
⑦ 倪正茂：《激励法学探析》，上海社会科学院出版社2012年版，第38页。
⑧ 王利明：《合同法的目标与鼓励交易》，《法学研究》1996年第3期。

（1）通过设定权利和义务规则进行激励。如民法上无因管理之债的形成就具有激励正外部性的目的。无因管理行为可以看作是具有正外部性属性的行为。无因管理法律制度①倡扬社会互助的道德追求，确认无因管理的合法性，从而体现公平正义的法律精神。正如有学者指出，"在社会生活中，存在着两个互相冲突的行为准则：一方面要求不得随意干预他人个人事务……另一方面，'助人为快乐之本'的社会共同生活也要求人们相互帮助、见义勇为。而发扬乐于助人的美德，正是民法中无因管理制度要解决的问题。"②还有《知识产权法》《商标法》《专利法》③等也具有激励正外部性的目的。如其可以用赋予正外部性供体一定时期垄断权利的方法，激励正外部性的持续供给。总之，这些都表明民法在一定程度上具有激励正外部性的功能。

（2）通过配置责任规则进行激励。最高人民法院《关于民事诉讼证据的若干规定》（2008）第4条设立④的举证责任倒置规则，就一定程度上体现了对正外部性的激励。具体包括：因新产品制造方法发明专利引起的专利侵权诉讼，高度危险作业致人损害的侵权诉讼，因环境污染引起的损害赔偿诉讼，建筑物或者其他设施以及建筑物上的搁置物、悬挂物发生倒塌、脱落、坠落致人损害的侵权诉讼，饲养动物致人损害的侵权诉讼，因缺陷产品致人损害的侵权诉讼，因共同危险行为致人损害的侵权诉讼，因医疗行为引起的侵权诉讼等均实行举证责任倒置原则。这些举证责任倒置规则有利于激励当事人行使诉权，而这些诉权的实现有利于达致当事人之间利益的实质平衡并产生正外部性的示范效应。

（3）通过确立基本原则进行激励。民法也可以通过其确立的"自愿原则""公平原则""诚实信用原则""公序良俗原则""绿色原则"等进行一般条款设计，在一定程度上可以缓解多元化利益溢出下民法作为私法的局限性，以保持整个社会体制的顺畅运作，从而激励部分正外部性。如对拾金不昧者给予适当的报酬和奖励就属于此类。《尚书·费誓》载："马牛其风，臣妾逋逃，无敢越逐，祗复之，我商赉汝。"这里即是强调拾得他人的牛马等要送还，送还后会得到奖励。反之"乃越逐不复，汝则有常刑"则强调不送还会受到刑罚。当然，这里的民法原则中包含

---

① 它是指没有法定或约定的义务，为避免他人利益遭受损失，为他人管理事务的行为。无因管理法律制度源于古罗马法，近代各国民法建立了相应的无因管理法律制度。

② 参见高富平：《民法学》，法律出版社2005年版，第658页。

③ 其实这些法律具有经济法的实质涵义，部分学者认为属于经济法。

④ 2019年修正时，该条被删除，其中部分内容由《民法典》所规定。

有道德的元素,正如学者易军所言,这些原则源于民法之外,如诚信原则系道德观念法律化的具体表现①。其原属一种道德观念,著之于法典,是为法律道德化之明征。

2. 正外部性民法激励进路的局限

(1)基于民法本身视角的分析。首先,从每个部门法所秉持的理念来看,与经济法不同的是,民法的私法定位属性和个体本位理念,决定了其在激励正外部性方面具有不可克服的功能性障碍。因为民法主张意思自治、契约自由,虽然也主张通过激励给每个市场主体以良好的空间,但是这种激励是为了让市场主体积极地去追求自身的经济利益。因此,这样就可能不但没有激励正外部性,反而制造了负外部性。即使是民法上的"悬赏广告",如果仅仅只是两个主体之间的法律关系,那就谈不上具有普遍意义的正外部性,更谈不上产生巨大的社会利益和社会效益了。不过,从更深远的意义上看,悬赏广告仍然具有一定的正外部性的示范效应。其次,民法即使能够按照严格责任原则来激励正外部性,但是,由于程序过于复杂、条件过于严格等原因,以及从其仅具有事后救济性而不能防患于未然的特点来看,民法也不利于正外部性的激励。

(2)基于正外部性与民法关系视角的分析。首先,因为民法的本质决定了民法不可能运用其物权和债权规范来激励供给正外部性,如要求私人提供免费产品,也不能要求私人主体提供公共产品(基于正外部性产生的产品也可称公共产品),因为这样可能侵犯私人的财产权。其次,在归责原则方面,即使是前面提及的严格责任原则也只涉及于负外部性,对正外部性如公共产品提供不足等问题则无济于事。最后,传统民法并不接受利他合同,这也表明民法在激励正外部性方面的局限。因为利他合同具有明显的正外部性属性。总而言之,仅通过市场方法不能有效地激励正外部性,从而使资源达到有效的配置。故此,民法在激励正外部性方面大多数时候无能为力,其与经济法相比,在激励效果方面确实存在明显的差距。

(二) 正外部性的行政法激励进路及局限

1. 正外部性的行政法激励进路

行政法制中,较早的如《秦律》规定有"五善"之行而无"五失"者"必有

---

① 易军:《民法基本原则的意义脉络》,《法学研究》2018 年第 6 期。

大赏"。前文已述,鼓励和保护正外部性是政府的一项重要职能。有学者指出,与传统的管制行政相比,行政机关的服务功能得到强化,执法手段文明化、多样化,强调激励和合作,出现了行政奖励、行政合同和行政指导等"软行政"①。因此,在激励正外部性方面,行政法主要从规范政府职权和职责,强化正当行政程序以及提高行政效率等方面来实现。主要体现在:

(1)通过实施行政指导进行激励。在某些情况下,通过实施行政指导可以产生激励作用。行政指导是国家行政机关在职权范围内,为实现所期待的行政状态,以建议、劝告等非强制措施要求有关当事人作为或不作为的活动。它是政府直接激励正外部性的方式,也是世界各国政府激励正外部性最基本、最常用的方式。如在特殊时期鼓励劝导个人注射疫苗会带来正外部性。在新冠疫情期间,政府通过实施行政指导鼓励劝导人们注射免费疫苗,该注射行为不仅对于自己有利,对周围的人也有一定的好处,即可以减少病毒的传染源。

(2)通过设定权利和义务规则进行激励。如我国《宪法》规定受教育既是公民的权利也是公民的义务。而教育经常被认为是具有正外部性的典型例子。虽然教育的受益人是被教育者本人,但国家和社会也因为其"教养"即文化程度的提高而受益,并最终促进国家软实力的增强。在权利规则方面,一个典型的例子是,《道路交通安全法》(2011)第37条规定,道路划设专用车道的,在专用车道内,只允许规定的车辆通行,其他车辆不得进入专用车道行驶。这里即是通过赋予专用车辆通行权利进行激励,如赋予公交车专用通行权利,以鼓励大家多利用公交出行从而减少环境污染和交通拥堵。

(3)通过实施行政奖励②进行激励。行政奖励旨在对为社会做出重大贡献的单位和个人给予物质或精神鼓励,目的在于调动和激发人们的积极性和创造性。因此,行政奖励的合理运用,无疑能够激励人们更多地做出有益于社会、国家和人民的正外部性行为。这里的行政奖励一般是针对正外部性进行的鼓励和倡导。行政奖励的内容和形式至少可以类型化为:一是精神方面的奖励;二是物质方面的奖励;三是职务方面的奖励。如《海关法》(2021)第13条和《进出口关税条例》(国务院令第392号公布,599号、645号、666号修改)第8条规定对举报或者协助查获违反海关法行为进行

---

① 应松年、袁曙宏:《走向法治政府——依法行政理论研究与实证调查》,法律出版社2001年版,第254页。

② 行政奖励是指行政主体为了表彰先进、激励后进,充分调动和激发人们的积极性和创造性,依照法定条件和程序,对为国家、人民和社会做出突出贡献或者模范地遵纪守法的行政相对人,给予物质的或精神的奖励的具体行政行为。

奖励。

（4）通过兑现行政允诺①进行激励。行政允诺的类型包括：允诺引资奖励、允诺举报奖励、允诺国家工作人员辞职奖励等几种。行政允诺作为一种单方行为，最终会因相对人承诺而成为行政合同，又因当事人要求行政主体履行允诺义务而包含行政奖励，因此，可以说行政允诺与行政合同、行政奖励密切相关。虽然行政允诺是行政主体在自由裁量权范围内的单方授益性行为，但是其以诚信原则作为行政允诺义务的客观基础，因此能够很好地激励正外部性。

2. 正外部性行政法激励进路的局限

（1）行政机关基于政绩考虑往往注重收益而鲜于关注供体成本从而不利于激励正外部性。激励正外部性往往需要对正外部性供体花费的私人成本进行弥补，因为从改革发展的视角来看，我们不仅应该关注改革发展成果的公平分享，也还需要考虑改革发展代价的公平负担。例如农民承包荒沙地植树造林为社会做出了巨大的贡献，但是相关的补偿机制却存在补偿范围过窄、补偿力度过小以及补偿期限过短的问题。数据显示，截至 2001 年春季，陕西安塞县两年退耕的土地只有 30% 多一点得到认可并获得补偿。在甘肃定西，退耕前的人均纯收入为 2022.14 元，退耕后的人均纯收入为 1486.74 元；贵州大方退耕前的人均纯收入为 1484 元，退耕后的人均纯收入为 1197.12 元。② 地方政府只考虑植树造林带来的政绩，却并未考虑应该给予付出成本的相关人员以充分补偿。但是，行政机关进行的这些操作一般都是依照行政法律法规进行的，在法律实体和程序上并无不妥。因此，与经济法相比，行政法在此种情况下对于激励正外部性显然力有不逮。

（2）行政机关的利益与国家的长远目标有时候会发生相悖的情形从而不利于激励正外部性。如长江上游的人们为农业生态保护付出了巨大成本，却由下游未付出成本的人们享受收益，这显然是不公平的。农业生态保护不仅能给农业生产者带来一定的经济效益，更重要的是其也能产生广泛的社会效益和生态效益，即会给其他无关的社会主体带来巨大的社会效益。但其同时也会对相应的社会主体产生一种不当激励，即农业生态环境利益分享主体可

---

① 行政允诺指行政主体为履行自己的行政职责，向不特定相对人发出的，承诺在相对人实施了某一特定行为后由自己或由自己所属的职能部门（如下属财政部门）给予该相对人物质利益或其他利益的单方意思表示行为。

② 黄河、李永宁：《关于西部退耕还林还草工程可持续性推进问题的几点思考——基于相关现实案例分析》，《理论导刊》2004 年第 2 期。这个数据虽然陈旧，但是很能说明当时存在的问题。

以在无环境利益成本的约束下尽可能实现自身环境利益的最大化。因此,在构造利益分享制度时,要切实保障农业生态环境保护者即农业生产者的利益。应当从公平原则出发,在法律制度中要求长江下游的受益者根据自己的收益情况承担相应的保护成本,以弥补长江上游的农业生产者的成本投入。这样,在利益公平分享原则下,不但有利于社会公平,更有利于激发农业生产者的积极性,以使农业生态保护能长久实施①并促进生态文明建设和美丽中国建设。在现实中,行政机关可能基于利益的考虑,导致省与省之间、长江上游与下游之间的补偿实现存在诸多困难,这就对经济法的激励提出了需求。我们欣喜地看到,重庆市合川和铜梁两个区围绕涪江支流小安溪流域已经尝试进行生态补偿实践。② 而《长江保护法》的实施也将有助于补偿和激励上游对下游的正外部性。

(三) 正外部性的刑法激励进路及其局限

1. 正外部性的刑法激励进路

刑法是规定犯罪、刑事责任和刑罚的法律,即规定哪些行为是犯罪并应当负刑事责任,给予犯罪人何种刑事处罚的法律。战国时期的《法经》由六篇构成,内容为《盗》《贼》《囚》《捕》《杂》《具》,其中《具》的内容主要是对减刑的规定,所以又称为减律。③ 刑法激励主要体现在通过责任规则来实现激励目的,主要包括从自首、立功、缓刑、减刑和假释等几个方面进行激励,具体包括:

(1)通过设定事前减免责任规则进行激励。如《刑法》(2020)第 24 条对于中止犯有减免责任的规定④。严格来说,这里对中止犯的激励不是对正外部性的激励。因为他并没有给社会带来社会效益。但是意大利刑法中有关于"悔过者⑤奖赏制度"。悔过者可以获得减轻或免除刑事责任的奖赏,为此意大利法律对恐怖活动犯罪规定了"悔过"情节。⑥ 这里的"悔过"不同于一般的"中止犯罪",因为"悔过"者还必须有检举行为(具有正外部性)才能得到激励,而不仅仅是自己"中止"犯罪即可。

---

① 胡元聪:《农业正外部性解决的经济法分析》,《调研世界》2009 年第 5 期。
② 参见陈维灯、何星熠:《重庆加快推进生态文明体制改革》,《重庆日报》2020 年 9 月 28 日。
③ 张晋藩:《中国法制史》,群众出版社 1995 年版,第 92—93 页。
④ 即对于中止犯,没有造成损害的,应当免除处罚;造成损害的,应当减轻处罚。
⑤ 所谓"悔过",指脱离犯罪组织,消除犯罪后果,以及向当局检举集团中进行的犯罪的其他同谋者。
⑥ 莫洪宪:《国际社会反有组织犯罪立法概况》,《中国刑事法杂志》1998 年第 9 期。

（2）通过设定事后减免责任规则进行激励。早在古代，就有"司寇盗百一十钱，先自告，可（何）论？当耐为隶臣，或曰赀二甲。"①这实际上是鼓励自首。元朝时期，《泰和律》规定"诸盗未发而自首者，原其能捕获同伴者，仍依例给赏"②。我国《刑法》（2020）第67条规定了犯罪分子自首的减免责任激励③、第68条规定了犯罪分子立功和重大立功的减免责任激励④、第78条规定了犯罪分子悔改、立功或重大立功的减轻责任激励⑤。另外，我国《监狱法》（2012）第四章第六节"奖惩"部分中的第57条、《看守所条例》（1990）第七章"教育、奖惩"部分中的第35条也有相关激励规定。需要说明的是，关于"正当防卫"的激励问题，有学者认为，"正当防卫"也属于一种激励。笔者也认为，本书所关注的激励客体是具有正外部性属性的行为，虽然对受害者本人和第三人的正当防卫所进行的激励有一定区别，但是针对前者，即，尽管正当防卫是对受害者自身权益的维护，其也会带来正外部性。如昆山砍人事件中，于××的正当防卫行为带来的正外部性，就是对黑社会性质人员嚣张气焰的打击从而为老百姓带来安宁。

2. 正外部性刑法激励进路的局限

（1）基于刑法的立法目的视角的分析。刑法的首要目的是惩罚，其以负激励为主，即通过法律制裁以达到校正个体行为方向、调动社会上大多数人积极性的目的⑥。如《国语·鲁语上》曰："尧能单均刑法以仪民。"汉桓宽《盐铁论·诏圣》云："礼让不足禁邪，而刑法可以止暴。"我国《刑法》（2020）第1条规定其立法宗旨是"惩罚犯罪"，第2条规定，刑法的任务是用刑罚同一切犯罪行为作斗争。正如"刑法总体上是惩罚性的，虽然其中包含有'自首从轻'之类激励性的条款，但这些条款只占极小的比例，不足以改变刑法整体上的惩罚性。"⑦因此，刑法的主要目的是惩罚负外部性极大的危害社会的行为，进言之，刑法与经济法有显著的区别，它是典型的惩

---

① 睡虎地秦墓竹简整理小组：《睡虎地秦墓竹简》，文物出版社1978年版，第154页。
② 《元典章·刑部·强窃盗贼通例》。
③ 即"对于自首的犯罪分子，可以从轻或者减轻处罚。其中，犯罪较轻的，可以免除处罚。"
④ 即"犯罪分子有揭发他人犯罪行为，查证属实的，或者提供重要线索，从而得以侦破其他案件等立功表现的，可以从轻或者减轻处罚；有重大立功表现的，可以减轻或者免除处罚。犯罪后自首又有重大立功表现的，应当减轻或者免除处罚。"
⑤ 即"被判处管制、拘役、有期徒刑、无期徒刑的犯罪分子，在执行期间，如果认真遵守监规，接受教育改造，确有悔改表现的，或者有立功表现的，可以减刑；有重大立功表现之一的，应当减刑。"
⑥ 付子堂：《法律的行为激励功能论析》，《法律科学》1999年第6期。
⑦ 倪正茂：《激励法学探析》，上海社会科学院出版社2012年版，第79—80页。

罚(戒)法,而非激励法。① 激励正外部性行为不是刑法的主要目的。

(2)基于刑法的规制客体视角的分析。刑法的规制客体主要是刑事犯罪行为,因此,即使前文提及诸如对"自首从轻"的行为激励,也是在惩罚刑事犯罪行为基础上的激励。因此,这里的激励客体不是本书所讲的一般意义上的经济法所提及的激励客体,而属于特殊的激励客体,因为这些行为已经受到《刑法》的否定性评价。

(3)基于刑法激励的正外部性视角的分析。刑法激励的正外部性相当少,能够算上的主要是对中止犯、自首犯、有立功表现的几类犯罪分子进行减免责任方面的行为激励。这些"正外部性行为"严格来说不是一般经济法意义上的正外部性行为,因为这些行为存在一个前提,那就是已经触犯《刑法》。因此,刑法对"正外部性行为"激励的观点可能存在争议。

(四) 正外部性的民法、行政法、刑法激励进路的效果评价

1. 正外部性民法、行政法、刑法激励进路效果评价的依据

如果从广义的激励来看,其实无论哪个部门法都具有一定的激励功能。关于法律的功能,正如前文已述,即使其具有的惩罚功能也是一种激励,只不过是一种"反激励"或"负激励"。但是如果从这种广义上去探讨法律的激励问题,未免太过宽泛。因此,本书并不打算对这种广义上法律激励功能进行探讨。另外,还有一种关于法律激励功能的认识,本书称其为中义上的法律激励功能,即只要是法律大部分都具有的激励功能。这种解释主要是基于心理学、管理学的解释,认为只要有激励动机的法律,无论其激励目标是什么,都属于激励法律,如民法这个法律部门中《物权法》的相关规定、刑法这个法律部门中有关"自首犯""中止犯"的相关规定。而本书所要研究的法律的激励功能,强调法律所要激励的是那些具有明显正外部性,为他人和社会做出了重要贡献的行为。因此,其范围与前二者相比较相对小一些。质言之,本书所讨论的是狭义上的激励法律及其激励功能。综上所述,本书这里对部门法在激励效果方面的差异进行比较的基本依据是仅考虑正外部性的存在与否以及正外部性的大与小、多与少。

2. 正外部性民法、行政法、刑法激励进路效果评价的结论

基于以上讨论的正外部性的民法、行政法、刑法激励进路效果评价依据,本书认为,一方面,无论是从理论基础、价值取向还是基本原则,以及具体的法律制度上进行比较,民法、行政法、刑法在激励正外部性方面稍显不

---

① 尹振国:《刑法激励制度研究》,西南政法大学 2017 年博士学位论文,第 2 页。

足,这也是由每个法律部门所担负的职责各异所决定的。相反,经济法作为国家干预经济的基本法律形式,其担负的职责明显具有社会公益性和社会整体性,因此与正外部性激励相契合。另一方面,国家在干预经济过程中,会使用到许多干预工具,包括财政、税收和金融工具等。这些干预工具本身就具有激励的属性。适用于激励的最基本的法律制度如财政税收法律制度属于经济法最核心的法律制度之一,因此,经济法在激励正外部性方面具有先天的优势,并且事实上产生了良好的效果,不断推动着经济社会的高质量发展,而其他部门法并不掌握这些干预工具。本书以下内容将紧密结合经济法的特殊性,系统诠释经济法在激励正外部性方面的特殊优势、尚存问题以及解决之道。

三、正外部性经济法激励进路的独特属性

(一) 正外部性经济法激励进路的优势

1.基于经济法起源于克服市场失灵的分析

市场失灵是经济法产生的逻辑起点之一。市场失灵的具体表现很多,其中之一便是外部性,正外部性当然也是市场失灵的表现之一。经济法的产生对于激励正外部性这种市场失灵也就具有独特的意义。因此,"从总体上看,经济法的产生,其重要前提是市场经济的充分发展,以及需由新兴部门法加以解决的市场失灵等问题的存在。"①也正如金泽良雄所言,经济法是为弥补由市民法所遗留下来的法律空白状态而制定的法律。② 因为此时的市场失灵依靠民法是不能得到解决的。另外,一般认为,只有民法、行政法由于自身的局限导致了社会关系调整上法律缺位的时候,经济法才有可能作为弥补法律空缺的新形态产生。我们说市场经济的运行离不开民法,但民法只为现代市场提供一般规则及市场活动的行为规范,对正外部性的激励有其局限性。因此,诸如正外部性这类市场失灵需要经济法来进行激励,这也为经济法的产生提供了空间。需要说明的是,虽然正、负外部性都属于市场失灵,但是正外部性与负外部性失灵的原因并不相同:如果说负外部性是基于市场主体的"经济人"本性使然,那么正外部性则是基于市场主体的"道德人"本性使然。对

① 张守文:《经济法理论的重构》,人民出版社 2004 年版,第 233 页。
② [日]金泽良雄:《经济法概论》,满达人译,中国法制出版社 2005 年版,第 24 页。

于负外部性需要经济法进行抑制,对于正外部性则需要经济法进行激励。

前面提到过,民法可以基于其设置的权利和义务规则和确立的责任规则、基本原则激励正外部性。但是,民法所激励的正外部性主要是基于个人本位而非社会本位思想。如即使是拾金不昧、无因管理相关制度对正外部性行为的激励主要也是基于对个体之间正外部性行为的激励。而作为经济宪法的《反垄断法》所倡导的基本价值,并不是直接保护个体竞争者,而是宏观层面的竞争本身或者说是竞争秩序,民法对此就显得无能为力。同理,经济法可以通过对化工厂利益结构的改变,促使其做出有利于社会的正外部性行为。因此,对带来正外部性的个人或企业所导致的市场失灵,依靠市场主体自身去解决很有难度,甚至没有可能性。经济法授权政府采取财政补贴、减免税收等国家干预措施,缩小私人收益与社会收益之差的绝对值,使"道德人"的私人收益低于社会收益的部分得到补偿,从而使私人收益不断接近社会收益以实现激励目标。因此,在克服市场失灵,尤其是本书重点研究的激励正外部性方面,经济法有其独特属性和优势功能。我们也可以认为,经济法设立激励相关制度是对市场失灵中正外部性的克服。经济法克服市场失灵的激励体现在激励方式上,主要包括后文述及的增加收益型激励、减少成本型激励等方面。

2. 基于经济法是特殊权利确认法的分析

经济法是特殊的权利确认法,其可以通过确权实现对正外部性的激励。经济法的确权是在国家权力的作用下,通过倾斜性地配置权利与义务而实现,如对那些供给正外部性的"道德人",确认其获得补偿和奖励的权利,包括确认诸如"获奖权""补偿权"等等。其中的"补偿权"类似于《消费者权益保护法》规定的求偿权,但又不同于求偿权,因为赋权的原因各异:求偿权的赋予是因为消费者受到了生产者或经营者的具有负外部性意义上的"侵权"(此即一般意义上的侵权),而"补偿权"的赋予是因为其作为正外部性的供体受到了该正外部性受体的"侵权"(此为非一般意义上的侵权)。同时,这更与民法的确权性质不同,民法的确权是基于权利与义务对等原则,在意思自治和契约自由的基础上平等的确认各方主体的权利与义务。经济法的确权与民法的确权迥异,这是由经济法激励正外部性的独特优势功能所决定的,也是经济法需要克服市场失灵所决定的。经济法之所以能够实现对权利与义务的重新分配,完全缘于国家(权力)的存在,缘于国家是能够合法运用强制力的唯一组织。如它能够合法地对消费者或劳动者赋予更多的权利(实际上是后文述及的赋予权利型激励)而对生产者、销售者或用人单位施加更多的义务。经济法的确权激励体现在激励方式上,主要包括后文述及的减免义务型激励、减免责任型激励和特殊资格型激励等方面。而这一切是民法规范所不具备的,虽然现在专利法和商标法一般被归类于民法体系,实际上其经济法属性也很明显。

3. 基于经济法是特殊利益调整法的分析

前文已述,学者付子堂认为,对法律功能形态或运行机制的研究主要应放在行为激励和利益调整上。而经济法是特殊利益调整法,其可以直接改变市场主体的利益结构从而激励正外部性。"经济人"是市场经济下人性的最恰当表述,对自身利益最大化的追求是因为"经济人"具有"自私基因"的本性。而法律不应该彻底改变人的基于"自私基因"的这种本性,因为对"经济人"偏好结构的根本性改变是不可能的。相反,"道德人"的存在使得正外部性可以普遍存在。但是,经济法不能对这些普遍存在的正外部性"熟视无睹"。其必须考虑到,从长远来看,如果不对这些正外部性进行激励,正外部性的供给也可能会逐渐出现不足即不可持续的情形。举个例子,在专利法产生之前,科技人员的创造发明、实用新型和外观设计并不拥有专利权,他们要么予以公开,要么一个人悄悄地干,因此产生不了巨大的社会经济效益。通过国家的干预,赋予他们专利权则可以在为他们自己带来可观的个人微观效益的基础上为整个社会带来巨大的宏观效益,由此,专利法也就应运而生。因此,经济法可以通过权利与义务的恰当配置,直接改变正外部性供给主体的利益结构以达到干预的目的,从而实现正外部性行为社会效益和个体效益的最大化。因为"鼓励促进已成为经济法调整的一种很重要手段"。[①] "道德人"一般不会进行成本——收益的核算,而"经济人"则相反。对此,经济法可以通过改变"道德人"和"经济人"行为的成本构成或利益归属抑或使二者同时得以改变,让"经济人"增加成本减少收益,让"道德人"减少成本增加收益。即在政府的干预下,通过利益调整,从而使"道德人"得到他应该得到的补偿和奖励。也可以认为,此时是让"经济人"增加道德性,让"道德人"增加经济性,从而实现实质上的公平与正义。正如,在经济法中,国家既对惩罚又对奖励做出了规定,并且均占有重要的地位。这是经济法的特征之一……奖惩制度是经济法的一项重要制度。[②] 经济法的特殊利益调整激励体现在激励方式上,主要包括后文述及的增加收益型激励、减少成本型激励、特殊待遇型激励和特殊荣誉型激励等方面。

① 张守文:《论促进型经济法》,《重庆大学学报(社会科学版)》2008 年第 5 期。
② 杨紫烜、徐杰:《经济法学》,北京大学出版社 2001 年版,第 33 页。

4.基于经济法对权利与义务进行倾斜性配置的分析

权利与义务是法律规范的核心内容,一个行为标准之所以被称为法律规范,就在于它授予人们一定权利或者给人们设定某种义务。① 正外部性的产生与权利义务的配置不合理相关。这里的权利非常广泛,包括了产权,如"缺乏效率的产权制度安排一定会造成私人收益或成本与社会收益或成本的极不一致"②,这样就会产生外部性。这里的产权"在经济学上是指拥有财产的主体的一种行为性权利,法学意义上的产权是反映与所有权相关的各种权利的总和,是制约人们行使所有权及与之相关的其它权利的一种规则"③,因此它是一种权利束。易言之,本书认为,这里的产权也属于权利的范围。

民法主张意思自治,在初始配置权利的基础上,充分肯定和保障权利的自由交换即"私法自治"。这样很可能造成权利与义务的实质性失衡,不仅不利于对正外部性的激励,反而可能"逼迫"相关主体不得不供给更多的正外部性。正如"以市场失灵为参照,民法催生和增强市场失灵,经济法则矫正市场失灵。"④民法是授权之法,法人制度、物权法、合同法都是从不同角度对权利和义务的初始配置。而作为国家干预经济的基本法律形式的经济法则是通过对权利与义务的重新配置,以提高遭受负外部性和供给正外部性的群体的能力。正如阿玛蒂亚·森所言:"判断一个社会是否公正,应该看它是否平等地给每个人完成某些活动的能力。"⑤因此,可以将民法看作是对市场经济中权利与义务的初始配置,而将经济法看作是因市场失灵而对权利与义务的重新配置。

在市场体制中,初次干预(配置权利与义务)是市场运行的前提,但市场在运行过程中可能导致失灵,而微观的市场失灵的本质在于利益的失衡(包括导致正外部性的产生),所以需要再次干预以平衡利益(使正外部性得以补偿实现激励目标)……。合同法是……附随着私权确认的初次干预,而消费者权益保护法……是通过运用公权对经营者权利的限制和义务的施加以保护弱者,这是一种限权性的干预,是公权对已有私权的直接介

---

① 张文显:《法理学》,法律出版社 1997 年版,第 11 页。
② 张军:《现代产权经济学》,上海三联书店,上海人民出版社 1994 版,第 60 页。
③ 何承金、唐志红:《论人力资本产权》,《四川大学学报(哲学社会科学版)》2000 年第 3 期。
④ 王继军、张钧:《对加入 WTO 后中国经济法功能的再认识——兼论经济法与民商法的关系》,《法学家》2001 年第 6 期。
⑤ A Martya Sen,*Choice Welfare and Measuremant*,Oxford Blackwell Co,1982,P. 26.

入,属于再次干预。① 消费者权益保护法旨在解决追求形式公平的合同法
在某些地位严重不对等的交易双方之间适用时出现的消极后果问题,如强
制性要求经营者提供优势信息以尽可能地使交易双方拥有相当的交易信息
量,从而保障交易公平。更直接的例子是,如农民承包荒沙地植树造林的合
同对双方权利与义务进行了初始配置。但当植树造林产生了巨大社会效益
时,正外部性就产生了,此时就需要进行权利与义务的重新配置以激励其中
的正外部性。因为植树造林者已经具有"道德人"的特点了。如果此时再
按照当初的合同支付对价就不利于对社会公益行为进行鼓励。因此,初次
干预的结果可能产生正外部性,再次干预则需要激励此类正外部性。这一
点与奖励制度中对应奖行为(包括部分正外部性行为)进行奖励有些相似。
换言之,奖励制度的设立就是对授奖者和受奖者之间的权利与义务关系进
行重新配置从而规范相关主体的行为。

　　尤其需要强调的是,经济法的权利与义务重新配置具有其独特性,那就
是权利与义务的倾斜性配置,即对供给了正外部性的权利弱势主体配置以应
得的权利以实现激励。也如前文所述,当植树造林产生了巨大社会效应时,
植树造林者在承包合同中享有的权利已经不足以"弥补"其超出承包合同中
规定的义务,出现了权利与义务的严重失衡,从而成为权利的弱势主体。这
就需要对承包合同进行审视,根据需要在新签订时适时调整其中的权利和义
务以实现激励目标。再如《消费者权益保护法》给消费者赋予了九项权利,给
经营者施加了十一项义务。② "虽然二者的权利与义务不平等,但这种分配
完全符合实质正义原则。"③因为消费者是弱者,需要通过赋予权利的方式
进行激励。正如金泽良雄所说,消费者权利与其说是权利,不如说是"作为
弱者的消费者回复失地的一种手段。"④总之,通过权利与义务的倾斜性配
置可以激励正外部性。在后文述及的正外部性经济法激励的八种方式中,

① 参见应飞虎、王莉萍:《经济法与民法视野中的干预——对民法与经济法的关系及经济法
　　体系的研究》,《现代法学》2002年第4期。
② 这里还要提及的是,除了生产者基本责任即确保"产品质量安全"以外,现今学界主张生
　　产者还应该有"延伸意义上的责任"。学者程信和认为此种延伸责任应归入扩展了的法
　　律义务,是生产过程中保证产品质量及推行清洁生产等责任的扩展,本质上属于一种特定
　　的经济责任,即基于节约资源、保护环境这一类具有社会公共利益性质而由国家施加影响
　　的、同时又兼具某些商事交易性质的责任。其内容包括:披露相关信息;提供销售后服务;
　　按照法定要求及合同约定回收、处置和循环利用;环境损害赔偿等。参见程信和:《论循环
　　经济发展中的生产者责任》,《中山大学学报(社会科学版)》2007年第4期。本书认为,这
　　里的延伸责任制度也是为了应对外部性日益增多而设立的。
③ 李昌麒:《经济法理念研究》,法律出版社2009年版,第276页。
④ [日]金泽良雄:《消费者政策的意义及其观点》,《法学家》增刊第13辑,第27页。

都存在权利与义务的倾斜性配置的情形,尤其是赋予权利型激励、减免义务型激励、减免责任型激励以及特殊资格型激励都是典型的通过倾斜性配置权利与义务来实现对正外部性的激励。

5.基于经济法凸显社会本位观的分析

民法的个人本位观旨在保证个人独立,赋予个人自由,保护私人财产。但这种个人本位一旦发展到极致便可能成为利己主义,而相关主体可能为了个人利益不惜牺牲他人利益和社会利益。这就可能导致社会中的弱者只能充当正外部性供体。当这种进化论式的思维在文明社会极度膨胀的时候就应该用法律来保护弱者所应该拥有的基本生存空间,从而对社会公共利益进行维护,即需要强调以社会本位观为根本理念。庞德指出,"社会公共利益是社会公众在文明社会生活中并基于这种生活的地位而提出的各种要求、需要或愿望。"①经济法激励的正外部性行为绝不仅仅是为了满足个体利益,而是为社会整体做出了积极贡献的行为。无论是后文述及八种激励方式中的哪一种,其最终进行激励的就是那些能够凸显社会本位理念的正外部性行为。因此,经济法激励的行为具有特殊性,其必然属于"道德人"的正外部性行为,其也不同于刑法中对自首、犯罪中止行为的激励。下面具体从经济法的制度体系来分析:

在经济法主体制度中,如《中小企业促进法》(2017)第 14 条规定了对中小金融机构的支持力度,第 34 条规定了鼓励中小企业参与产业关键共性技术研究开发和利用财政资金设立的科研项目实施。此乃经济法对中小企业进行干预,旨在维护社会公共利益以激励其正外部性。在市场秩序规制法律制度中,则通过赋予倾斜性权利进行激励,如《消费者权益保护法》(2013)第 55 条规定的"三倍赔偿"制度,再如《反垄断法》(2008)第 45 条规定的承诺制度②。在宏观经济调控法律制度中,如《企业所得税法》(2018)第 26 条规定了免税的四种收入,第 27 条规定了可以免征、减征企业所得税的五种所得,第 28 条规定了两档优惠税率,第 29 条规定了民族自治地方自治机关一定的税收减征或免征权,第 30 条规定了可以加计扣除的两项支出,第 31 条规定了可以按一定比例抵扣应纳税所得额的主体类型和经营项目等等则属于具体的税收激励类型。③ 总之,以上的诸条规定,无不体

---

① [美]罗斯科·庞德:《通过法律的社会控制》,沈宗灵译,商务印书馆 1994 版,第 37 页。

② 即"对反垄断执法机构调查的涉嫌垄断行为,被调查的经营者承诺在反垄断执法机构认可的期限内采取具体措施消除该行为后果的,反垄断执法机构可以决定中止调查……经营者履行承诺的,反垄断执法机构可以决定终止调查。"

③ 参见叶姗:《企业所得税税收优惠的法律分析》,《江西财经大学学报》2008 年第 1 期。

现出正外部性经济法激励中对社会本位观的追求和"落地"。质言之,经济法追求维护社会公共利益的过程也就是不断激励正外部性的过程。从以上分析可以看出,经济法凸显社会本位理念的激励体现在激励方式上,主要包括后文述及的赋予权利型激励、增加收益型激励、减少成本型激励、特殊待遇型激励和特殊荣誉型激励等方面。

6. 基于正外部性事前激励和事后救济的分析

前面已经提到,民法的某些制度在一定限度内能够激励正外部性。如民法可以基于设定的权利和义务规则、责任规则以及确立的系列基本原则激励正外部性。但是,民法对正外部性的激励重点是在事后救济。而根据侵权法的基本原理,如果要对正外部性进行事后救济,必须满足的条件有:一是正外部性的供体必须确定;二是正外部性的存在必须明显;三是正外部性受体获得的利益必须达到一定程度(即属于法律意义上的正外部性);四是正外部性的供体愿意主动起诉等等。但事实上,这些前提条件全部满足面临很多制度障碍。因此,正外部性激励的事后救济方法弊端凸显。

学者王莉萍认为,"相对于经济法构建交易前公平交易环境的制度设计,这种制度(《合同法》上的无效合同和可撤销合同制度)的成本很高,并且其对不公平交易的减少或消除是间接的,其功能也不在于对不公平交易的预防……对由实质不公平导致的不公平交易问题,更应该考虑一种事前的预防机制,在这种机制之下,不公平交易的数量会大大减少。"①柯武刚也指出,处理冲突有两种方法,其中之一就是,"依靠限制任意行为和降低冲突可能性的规则,以一般性预防的方式限制个人的绝对自由(放纵)……在这些场合,制度有助于防止冲突。"②学者李昌麒在 2006 年 12 月 15 日的"经济法理论专题研究"课堂讨论中也指出,"经济法对市场失灵的克服,不仅仅是消极地对已经产生的市场失灵进行克服,同时还要积极地对那些按照市场经济规律可能出现的市场失灵进行主动干预……这里我要强调的是,在克服市场失灵上,政府应当运用'公权之手',一方面要在事前采取有效措施尽量减少市场失灵可能造成的危害结果;另一方面又要在事后采取有效措施消除因市场失灵而造成的对利益者的损害。"这里笔者重点分析其中关于正外部性激励中"事前预防"的问题。

经济法对正外部性的事前预防(这里等同于事前激励)方面有突出体

① 王莉萍:《经济法如何保障交易公平——从功能视角研究市场规制法》,《法商研究》2003 年第 2 期。

② [德]柯武刚、史漫飞:《制度经济学:社会秩序与公共政策》,韩朝华译,商务印书馆 2000 年版,第 146 页。

现。在减少成本型激励方式中,我国《企业所得税法》运用了税收优惠手段以起到激励的作用。如对高新、节能节水、环保企业加大税收优惠。其中对环保贡献大的企业,则给予更多税收优惠,比如允许企业对符合一定条件的环保捐赠在所得税前全额扣除。从外部性经济法克服的角度看,这些都是激励正外部性行为的制度构建,并且这里激励的正外部性行为体现得尤其充分。学者徐孟洲也指出,因为任何事后救济都是有成本的,特别是社会成本,而且有时是非常大的。所以从社会效率的角度看,通过管理、监督、引导、指导来确定法律关系,使违法行为少发生或不发生,其效率显然比单纯的事后救济要高得多。因此,在调整社会关系时,需突破传统框架的约束,把"治愈已然"和"防患于未然"有机结合起来。①如将后文述及的八种激励方式进行明确规定,必将对相关主体的正外部性行为设定预期从而产生激励作用。在事后救济方面,则可以通过构建新型公益经济诉讼机制解决正外部性经济法激励纠纷,具体内容详见后文,此处不赘。

以上六个层面的分析都多多少少涉及到在正外部性激励方面经济法与民法相比较的独特优势、正外部性经济法激励时的权利、义务和责任的配置方式、供给正外部性的"道德人"的特点等等。但是,他们也各有侧重,其中第一点侧重从正外部性产生和经济法激励的逻辑起点视角的分析,第二、三、四点侧重于正外部性经济法激励的"抓手"视角的分析,第五点侧重于正外部性经济法激励目标视角的分析,第六点侧重于正外部性经济法激励时间视角的分析。

(二)正外部性经济法激励进路的选择

经济法对正外部性的激励进路要产生预期效果,也必须考虑如下前提条件或基本因素并且需要作出恰当选择,这也是由经济法激励正外部性的独特属性所决定的。

1. 从正外部性的激励前提角度分析

正外部性的供体或其他效仿者可以通过调整自己的行为来增加正外部性的供给,即正外部性还有改进的余地,否则只是一种补偿,那么法律激励就没有更大的价值。下面举两个例子进行说明。

---

① 他认为这种方法体现了"经济法的系统调整思想"。他举例说,如《产品质量法》,既包括了产品责任法,又包括了产品质量管理法,旨在通过加强质量管理,把产品质量纠纷消灭在萌芽状态,而不是局限于产品质量纠纷发生后的权利救济,从而突出体现了经济法的系统调整思想。参见徐孟洲:《经济法理论对法学基础理论的几点创新》,《法学论坛》2008年第3期。

（1）养猪场正外部性激励可能失效的例子。养猪场的经济活动给邻近的稻田带来了肥力，使农夫大量增产。① 此时如果进行激励可能不会有效。具体来看，如果养猪人的生产规模既定，养猪场的生产能力和产出就已经固定，养猪人所关注的是它自身的经济活动，甚至养猪人对供给正外部性毫不在意或者说不在其决策之中，那么即使其得到激励，也不可能增加养猪的规模从而提供更多的肥料（正外部性），因为肥料毕竟是养猪人的副产品。此时，与正外部性收益是否得到激励就没有任何关系。在这种情况下，经济法如果进行激励就可能失效，因为其已经没有改进余地。前文已述，此类正外部性也并非供给者主动之决策和追求，因此也就没有激励的必要。易言之，这类正外部性属于市场主体基于经济行为产生的非主动追求的正外部性，因此不需要法律的激励。

（2）食品安全有奖举报正外部性激励有效的例子。近年来，一些因食用假冒伪劣产品造成的消费者人身损害，甚至致残、致死事件层出不穷，典型的如"三鹿奶粉"事件、"双汇瘦肉精"事件等。因此建立健全食品安全卫生保障机制迫在眉睫。但是非法食品生产商本身的运动性和隐蔽性，食品卫生监督等部门不可能完全及时地查处所有的不法行为。因此强化社会监督，鼓励公众参与，及时发现涉及食品安全卫生的违法行为就具有重要意义，而出台有奖举报制度便是有效手段之一。有奖举报制度的设立目的实际上就是通过法律制度赋予相关主体举报权利并授予特殊荣誉权（包括物质奖励和精神奖励）等形式激励人们共同参与食品安全保障行动。因此涉及到的激励方式包括后文述及的赋予权利型激励和特殊荣誉型激励等。此时，食品安全举报行为尚未发生，举报这种正外部性行为有发生的可能，因此，进行激励就很有必要。需要强调的是，有奖举报虽然可能是基于经济利益刺激而产生，但是因为其巨大的社会效应，理应得到法律的激励。

2. 从正外部性的激励方法角度分析

经济法的激励进路中方法适当对于正外部性的供体能够形成有效的激励，并且能够降低成本从而让激励对象提供更多的正外部性，否则激励的效果也不好。下面举两个例子进行说明。

（1）粮食补贴制度激励正外部性方法不当可能失效的例子。粮食补贴政策是典型的针对粮食种植正外部性行为的激励措施，其重要意义不言自明。但是如果具体的激励措施实施不当，可能出现对正外部性供体激励失效的情形。如粮食直接补贴可能会导致粮食的市场价格大大降低，导致政

---

① 黄少安：《产权经济学导论》，山东人民出版社1995年版，第215页。

府针对粮食生产者的"直接补贴"政策在一定程度上失效或大打折扣。特别是在政府"直接补贴"力度小于市场粮食价格下降幅度时,粮食生产者基于成本——收益的比较很可能在第二年选择不再种植生产粮食,这样就有可能反而造成事实上粮食产量的减少。

(2)《企业所得税法》对企业自主创新激励方法有效的例子。《企业所得税法》从税率优惠、费用扣除、投资抵免、加速折旧等方面做出制度性的安排,旨在针对科技创新活动的全过程,给企业带来一种全程激励,将企业各自的经济努力变成个体收益率接近社会收益率的活动,为企业成为科技创新的领军力量和最大受益者创造激励环境。① 尤其是对企业在研发费用等支出方面,税收所体现的激励效果更为充分。如我国实行的企业研发费用加计扣除制度中规定扣除比例为50%且不断提高,这在全球看来已经很高了。此时企业在成本降低的情况下,会致力于研发能力的提高,进而增强核心竞争能力。因此,这些都是为了激励正外部性而进行的激励方法正确的制度构建。从激励方式上看,这属于后文述及的减少成本型激励。

3. 从正外部性的激励需求角度分析

经济法激励正外部性带来的是供给改善,但是也必须考虑社会需求。如果正外部性供体的供给增加,但受益者所代表的社会需求却相应地减少,这表明经济法激励的正外部性偏离了方向。下面举两个例子进行说明。

(1)农村公共产品供给激励错位可能失效的例子。农村公共产品供给是典型的正外部性表现。地方政府可能出于对政绩的追求,在农村公共产品供给中偏重"锦上添花"类别的公共项目,如水利设施建设、农村电网改造、交通道路建设等,而对一些"雪中送炭"类别的项目如科技推广、社会保障、环境治理等不够重视。这样,一方面农民真正需要的公共产品供给不足;另一方面不需要的公共产品却供给过剩,出现公共产品投入偏离农民需求,导致结构失衡的问题。此时就是对不需要的公共产品过度供给的情形。

(2)私人植树造林正外部性供给激励缺位或不足的例子。我国《宪法》(2018)第 26 条规定,国家组织和鼓励植树造林,保护林木。部分农民承包荒沙地进行植树造林取得了巨大的成果,给社会带来巨大的社会效益,也即是供给了巨大的正外部性。但是因为激励法律制度的缺失,他们付出了汗水,成本却收不回来,这显然违背了公平和正义。这里存在一个关于正外部

---

① 参见崔秀花:《简论新的企业所得税法对提高自主创新能力的激励作用》,《价格月刊》2008 年第 5 期。

性激励的法律供给不足问题。另外,因为这种正外部性的需求巨大,从保证持续供给的角度看也必须进行激励。而现行的制度无助于矫正农业的正外部性影响。这就为针对该正外部性影响的制度创新产生了需求,提供了机会。因而必须创建适于正外部性问题解决的国家补偿法律制度。① 易言之,此时就必须对社会需要的正外部性供给进行补位并充分激励。在具体激励方式上可以灵活运用后文述及的一种或多种进行激励。

4. 从正外部性的激励效益角度分析

因为法律资源的使用是有代价的,因此,如果激励的成本太高,或者激励的效益较小,此时,激励也是不现实的。下面举两个例子进行说明。

(1)正外部性激励的成本很高,激励的效率可能很低。如我国粮食直补管理体制运行不畅可能导致效率偏低。原因在于:一是由于粮食直补涉及的部门包括财政、农业、粮食、民政和银行等,导致粮食直补运行成本高且时滞长。二是由于部门本位主义、保护主义和寻租等问题,导致粮食直补资金流失严重而效率低下。三是由于农民数量庞大,过高的交易成本降低了补贴资金的运行效率。因此还必须进行相关制度的变革,从而降低激励成本以提高激励效率。

(2)正外部性激励的效益较小,激励的价值可能不大。对正外部性进行法律激励的重要前提是,至少通过激励可以恢复正外部性供给主体失去的一部分权益,从而起到"补偿"的作用,然后再考虑更高阶目标——激励正外部性的持续供给。因此,在某些情况下,权益受损就成为激励的重要前提。故而,对那些实施的正外部性效益并不是很大,范围也较小,对自己权益无损的正外部性,就没有运用法律激励的必要。以"养花人"提供的正外部性为例,养花人基于陶冶自己性情的目的在园内养植鲜花,恰巧邻人分享了花香、花景,由此产生了正外部性。很明显,一般来说,养花人不会因为有邻人的分享而减少了养花给自己所带来的享受,也不会因为邻人的出现而减损了自己的任何权益。因此,在这种情况下,激励也就没有必要。即使激励,效率也可能并不高,因为养花人养花的目的不一定是基于公益目的而纯粹是个人爱好。

总之,经济法在对正外部性进行激励的过程中,也可能面临激励失灵的问题。原因可能有:正外部性是经济行为的副产品、政府激励方法运用不当、激励的公共产品供给偏离需求目标以及激励效率较低、效益较小等。因此,要做好正外部性经济法激励的进路选择,就必须紧紧围绕正外部性经济

---

① 参见黄河、李永宁:《关于西部退耕还林还草工程可持续性推进问题的几点思考——基于相关现实案例分析》,《理论导刊》2004 年第 2 期。

法激励的基本原则与价值目标而进行充分的考量,以使进路选择契合经济法激励独有的基本原则与价值目标。

(三) 正外部性经济法激励进路的限度

1. 正外部性经济法激励进路存在限度的原因

经济法作为法律制度,在对正外部性进行激励时,也就表明市场失灵需要政府进行干预,也就表明市场自身此时的无能为力。

(1)基于正外部性经济法激励的物质基础视角分析。经济法对正外部性激励的物质基础,必须依据正外部性的影响程度和作用大小而定,这就决定了经济法激励有其限度。如果某一产品的正外部性影响范围很广,效益非常巨大,如属于防风防沙林种植等涉及生态保护的关键基础设施,那么政府应该进入市场生产提供或代理购买提供该种产品,实施全面的经济法律激励制度以保证充分供给;如果某一产品的正外部性不是很大,但是仍有激励的必要,政府应确定好补贴的程度并采取财政支持的方法,如制定按产值补贴和按面积补贴的相关制度进行激励即可。其实这与负外部性可以划分层次并由不同的社会规范去调整的道理是一样的。但是,当正外部性的社会效益非常巨大,经济法囿于现有物质基础的条件,再怎么激励都不能达到供给主体个人成本和个人收益的均衡时,经济法激励进路的局限性就出现了。该问题在后文将继续进行讨论。

(2)基于正外部性经济法激励的目标效益视角分析。为了提高激励的效益,经济法激励正外部性可采用诸多手段,如可以通过制定经济法律进行激励:具体如可以通过制定金融法予以融资支持,制定税法予以税收减免优惠,通过制定科技进步法予以综合鼓励,制定政府采购法采取优先采购等举措增强对正外部性供给的激励①。在经济法律缺失的情况下,可以由政府制定具有经济法律意义的经济政策进行激励:如"通过作出并实施一定的制度安排,对提供生态或环境正外部性的主体进行补偿。"②如可以对退耕还林采取提供技术指导与配套服务、信贷支持等经济政策对农民退耕还林予以激励。③ 但是,经济法激励手段也有其限度,因为这些手段的使用也必须考虑成本和收益,即也必须考量激励的效益。亦即当收益不敷成本,激励

---

① 胡元聪:《经济法的激励功能与外部性解决分析》,《社会科学论坛(学术研究卷)》2009 年第 10 期。
② 李昌麒主编:《经济法学》,法律出版社 2007 年版,第 142 页。
③ 胡元聪:《经济法的激励功能与外部性解决分析》,《社会科学论坛(学术研究卷)》2009 年第 10 期。

的效益低下时也不应该采用。此时,也表明正外部性经济法激励进路的局限性开始显现。

总之,这里主要是从宏观层面,即正外部性经济法激励的物质基础和目标效益视角对其限度进行的分析。实际上,正外部性经济法激励的局限还体现在微观层面,包括具体的激励方式上,本书将在第五章进行分析。

2. 正外部性经济法激励进路存在限度的表现

如果过分夸大经济法对正外部性的激励功能,难免陷入正外部性唯经济法激励的泥潭而不能自拔。因为在某些情况下经济法也可能会产生前文已述的激励失效的问题。在这些情况下,经济法就没有必要进行激励,具体包括但不限于:

(1)市场能够解决的正外部性激励问题经济法没必要激励

经济法在正外部性激励方面还应与市场携手,因为市场在资源配置中起决定性作用。在对正外部性激励过程中,市场能起作用的地方,应该让市场机制尽量发挥作用。一方面,在存在双向正外部性的情况下,正外部性的"生产短缺"问题将由市场自动起作用予以解决。以前文所述果园和蜜蜂经典的案例进行分析,对养蜂者而言,任何明确产权的方法都无法使他向果园主索要"传花粉增产费";同样,对果园主而言,任何明确产权的方法都无法使他向养蜂者索要"花粉费"及"环境费"。这就如同前文提到的张五常对"蜜蜂的神话"的纠正。因为从博弈均衡看,双方都乐意从对方"侵入"中互相获得外部收益,都没有动力去向对方讨价还价。并且,市场竞争也会使养蜂者把养蜂规模扩充到最佳效益的程度。在此条件下,"科斯市场"取得了成功。① 如在市场机制下,企业为了生存会不断增强自身的竞争力。而且更为关键的是,基于"自私基因"的"经济人"趋利本性,企业注定会进行自己的研发活动。此时市场机制已经发挥作用,政府干预的理由并不充分。当然,为了"更好发挥政府作用",在恰当时候也是可以进行激励的,如我国实施的"减税降费"政策即是。

(2)道德能够解决的正外部性激励问题经济法没必要激励

道德作为一种社会规范,在一定程度上可以起到激励正外部性的作用。同时还可以节约法律资源,减少交易成本。如果某一主体供给的正外部性影响的范围有限或正外部性较小,处于非法律意义和法律意义的边缘时,政府则只须采取宣传教育、表扬等间接性的倡导性激励措施,而不需要运用法

---

① 王万山、谢六英:《正外部性激励优化的经济分析》,《江西农业大学学报(社会科学版)》2007年第2期。

律来激励,否则会造成法律资源的浪费,法律成本的增加。易言之,部分正外部性的激励仍然可以运用道德手段,如倡导的"播种文明,收获温馨""带走垃圾,留下美丽""绿色家园,从我做起""礼让一小步,文明一大步"等等,就是通过道德规范来规范人们的行为。事实上他们在一定程度上起到了积极的作用。再如古语说,"己所不欲,勿施于人""勿以善小而不为",也是通过一些心理良知性的劝导措施,鼓励大家多实施正外部性行为。当然,随着社会的发展,此类正外部性逐渐发展并稳定为法律意义上的正外部性或其效益明显增大到一定程度时,则需要经济法进行跟进并直接进行激励。

(3)其他部门法能够解决的正外部性激励问题经济法没必要激励

对不同类型的正外部性可以选择不同的激励途径与激励制度,因为民法与行政法都仍然具有一定的激励功能。具体来看:一是可以选择民事法律法规进行激励,如对拾金不昧,无因管理等相关行为的激励;二是可以选择行政法律法规进行激励。① 如可指示把供给正外部性和受外部性影响的双方厂商联合起来,使正外部性"内在化";对有机农业等生态保护型经济活动,可以采取环境认证、绿色标志等信誉授予、行政准入的措施进行激励。行政法还可以通过行政奖励对为社会作出重大贡献的单位和个人,给予物质或精神鼓励,其目的在于表彰和鼓励先进,鞭策和推动后进,调动和激发人们的积极性和创造性。此时,经济法没必要进行激励。

(4)基于政府职责产生的正外部性经济法没必要激励

学者王冬认为,基于政府的正外部性分为两种情形:基于政府直接行为产生的正外部性,如提供公共产品;基于政府间接行为产生的正外部性,如政府以政策形式要求在其行政区划内实行"光彩工程"。② 前文已经指出,部分正外部性的供给本身就是政府的宪法义务,或是政府的职责所在。因此,其供给正外部性理所当然。因为"税收是国家提供公共产品的代价",政府提供公共产品则是其在获得税收后应当履行的宪法义务或职责所在。因此,也就没有激励的必要。基于政府间接行为产生的正外部性,似乎存在着一定的补偿问题。但是,补偿的具体内容是在正外部性的提供者实施行为之前就已经确定,在法律性质上更类似于行政合同的范畴而非国家干预的范围。若在正外部性产生后再次对其进行财政补贴、税收优惠等激励,则明显有违法理。当然,如果产生的正外部性十分巨大,如大面积的植树造林

---

① 胡元聪:《经济法的激励功能与外部性解决分析》,《社会科学论坛(学术研究卷)》2009 年第 10 期。
② 王冬:《法学视域下正外部性激励问题考辨》,《西南民族大学学报(人文社会科学版)》2008 年第 11 期。

则可以考虑另行激励。

（5）经济法可能出现激励失灵的地方经济法没必要激励

经济法虽然在激励市场正外部性"供给短缺"失灵上有优势，但经济法激励过程中也会出现新的外部性，我们称之为经济法的外部性（正外部性和负外部性）。如果出现负外部性则表明激励失灵。经济法的外部性具体可以分为经济法制定的外部性和经济法实施的外部性，即经济法的制定与实施，常出现对他人产生额外成本或收益的情形。① 从法律的视角看，就是权利与义务的不当配置。因此，在经济法激励可能失灵的地方就必须充分引入市场机制，以两者的互补和制衡来增加供给的经济效率，实现正外部性激励的最大化产出。

本章重点比较了民法、行政法、刑法等部门法在激励正外部性方面的进路及其局限性并分析得出了正外部性的经济法激励具有独特属性的结论。下面来讨论正外部性经济法激励的理论基础、基本原则和价值目标等基本理论问题。

---

① 郑鹏程：《论经济法制定与实施的外部性及其内在化》，《中国法学》2003 年第 5 期。

第三章　正外部性经济法激励的理论基础、基本原则及价值目标

一、正外部性经济法激励的理论基础

除了阐述多个部门法激励正外部性的不同效果和经济法在其中的独特属性之外,还需要从多学科视域对正外性经济法激励的理论基础进行深入阐释。

（一）政治学基础

正外部性的经济法激励和权利义务的合理配置密切相关,而公正合理的权利的实现又离不开权力的保障①。并且,部分正外部性的产生是因为存在政府失灵(如公共产品供给不足),因此,通过经济法规范政府干预权力,是激励正外部性以确保社会公正的根本途径。

社会契约理论认为,在国家成立之前,社会是一种没有法律和公共权威的状态。因为没有诸如法律的强制和激励,人们在行动上也就没有足够的约束和鼓励。在此种情况下,从激励正外部性角度来讲,激励性的法律是缺位的(当然这里并不否定道德的存在),因此正外部性的供给是不足的。质言之,因为公共权威激励的缺失,所以即使人们在生活中为社会做出了贡献,也没有法律给予激励和补偿,最终可能导致正外部性的供给严重不足。

后来,所有人共同缔结了一份契约,放弃他们的全部或部分政治权利,将其让渡给主权者形成公共权力并服从这种公共权力。这样,国家就诞生了。霍布斯也认为,"我承认这个人或这个集体,并放弃我管理自己的权利,把它授予这个人或这个国家,但条件是你也把自己的权利拿出来授予他,并以同样的方式承认他的一切行为。这一点办到之后,像这样统一在一个人格之中的一群人就称为国家。"②易言之,国家的构建过程即社会契约

---

① 胡元聪:《经济法解决外部性的理论基础》,《经济法论坛》,群众出版社 2011 年版,第 27 页。

② [法]霍布斯:《利维坦》,黎思复等译,商务印书馆 1997 年版,第 131—132 页。

缔结的过程①。因此，国家也必须通过强制力量分配人民应该享有的权利并保障其实现，当然也应当包括对正外部性的激励即让人民获得被激励的权利。社会契约理论核心是权力（从国家层面来说）的"授予"，或者说权利（从人民层面来说）的让渡，亦即国家的权力来自于人民的权利。卢梭的"社会契约论"一开始就定位于权力或权威的约定，"正因为任何人对自己的同类都没有任何天然的权威，既然强权并不能产生任何权利，于是便只剩下约定才可以成为人间一切合法权威的基础。"②易言之，人民通过让渡一部分政治权利可以获得其他相应的权利。

经济学中常被提及的"灯塔"例子也比较典型。灯塔作为公共产品本来应该由国家供给，但是在国家供给之前，私人主动供给了灯塔。由于太多的"搭便车"行为使得灯塔的日常维护存在诸多困难，最后还是只能由国家来接手或者皇家赋予私营灯塔产权所有人专有权从而实现对他的激励。在这个例子中，实际上也存在着从无契约到有契约的过程。无论这个契约是什么性质，都离不开国家的积极干预，这就构成了经济法激励产生的逻辑基础。因此，从正外部性的产生理路看，正外部性的产生原因之一就是政府应当履行自己的职责而没有完全履行，即按照社会契约理论来讲就是违背了社会契约。因为除了让渡政治权利，人民还会让渡财产权利。如国家基于税收（人民让渡财产所有权）有向人民提供公共产品的职责，包括植树造林、提供救助等，或者在私人进行植树造林、提供救助后给予补偿或激励（实质上也是国家亲自供给公共产品或者补偿、激励公共产品供给者）。这也是人民通过让渡一部分财产权利可以获得其他相应权利的体现。但是，如果因现实社会中政府基于各种原因没有完全履行应该履行的职责导致出现了政府失灵，而正外部性供给主体履行了本该由政府履行的职责，此时政府就应该通过各种方式对其进行激励。

总之，正外部性的产生缘于权利没有被赋予（如获得生态补偿权利），或权利没有界定清楚（如公共自然资源权利不清）引发的利益不平衡。国家有职责分配相应权利并保障其实现，国家也有职责赋予权利或界定权利，以实现对正外部性的激励③，而这些权利与义务的配置可以由经济法来完成。诚如米尔顿·弗里德曼主张的，"政府应该维护法律和秩序，界定产

---

①　胡元聪：《经济法解决外部性的理论基础》，《经济法论坛》，群众出版社 2011 年版，第 26 页。

②　[法]卢梭：《社会契约论》，何兆武译，商务印书馆 2003 年版，第 10 页。

③　胡元聪：《经济法解决外部性的理论基础》，《经济法论坛》，群众出版社 2011 年版，第 27 页。

权,充当我们修改产权和其他经济博弈规则的工具……克服各种被公认为十分重要因而须对其实施政府干预的邻域效应(neighborhood effects)……。"①这里的邻域效应也应当包括正外部性。质言之,正外部性的经济法激励需要"社会契约"得到很好的履行,尤其是政府界定、分配和赋予那些提供了正外部性的主体相应权利的职责得到良好履行,从而恢复正外部性供体权利与义务的平衡。这样,作为追求弱者权利保护的经济法在激励正外部性方面就有了政治学基础。

(二) 经济学基础

学者李昌麒认为,经济法是国家干预经济的基本法律形式。经济法在其产生根源、价值理念、基本原则等方面都具有深厚的经济学基础。因此,经济法激励正外部性的理论基础也必然可以从经济学的视角进行分析。

马克思指出,"人们奋斗和争取的一切,都同他们的利益有关。"②因此,在自发的市场秩序条件下,基于蕴含"自私基因"的理性"经济人"追求成本最小化和利润最大化的假设,会出现正外部性供给不足的情形,它使得"看不见的手"的效率特性被破坏,由此出现了市场失灵。因此迫切需要政府运用"看得见的手"即制度机制来进行弥补。弥补的方法有很多,本书语境下的弥补方法就是通过构建经济法律制度对正外部性进行激励。利他性道德行为(正外部性行为——笔者注)的实施者更多的是付出,而没有得到相应的收益,存在成本与收益不平衡之情形。③ 正如萨缪尔森所说,"市场既无心脏,也无头脑,它没有良心,也不会思考,没有什么顾及,所以要通过政府制定政策,纠正某些由市场带来的经济缺陷"。④ 福利经济学、凯恩斯主义经济学理论都主张政府干预经济活动即对政府激励正外部性提出了需求。这样,政府激励正外部性的法律表现形式的经济法就成为因应市场失灵需求而产生的制度供给形式。然而,从现实情况看,这种供给的速度比较慢,供给数量比较少,供给质量比较低。因此需要积极构建经济法律制度从

---

① neighborhood effects 为外部效应的一种,它指在地理空间上相邻、相接的外部效应,故译为"邻域效应"——译者注。参见[德]柯武刚、史漫飞:《制度经济学:社会秩序与公共政策》,韩朝华译,商务印书馆 2000 年版,第 375 页。

② 《马克思恩格斯全集》(第 1 卷),人民出版社 1972 年版,第 82 页。

③ 王方玉:《利他性道德行为的法律激励——基于富勒的两种道德观念》,《河北法学》2013年第 5 期。

④ [美]保罗·萨缪尔森、威廉·诺德豪斯:《经济学》,中国发展出版社 1992 年版,第 78 页。转引自王晋:《第三部门:市场与政府的非零和产物——兼论我国第三部门的现状及发展趋势》,《政治学研究》2004 年第 3 期。

而提高资源的利用效率。从这个角度看,旨在对正外部性进行激励的、实现政府干预的制度供给也就顺理成章了。

关于政府如何激励正外部性,这里借用斯蒂格利茨的观点来说明。他认为,"政府的显著特征是政府在纠正市场失灵(当然包括正外部性——笔者注)方面具有某些明显优势。"①具体包括其拥有征税权、禁止权、处罚权以及交易成本低(组织费用低、不存在"搭便车"、收集信息多)等。这四大优势中,尤其第一项和第四项都非常有利于激励正外部性。在此基础上,斯蒂格利茨提出了"非分散化基本定理",即没有政府干预就不能实现市场的有效配置。也就是说,在激励正外部性方面,政府的作用不可或缺而且非它莫属。这与在资源配置中"更好发挥政府作用"思想是契合的。

另外,激励正外部性的经济法是作为区别于市场自发秩序的外在规则②而存在,而由政府来颁布和实施外在规则有许多优越性:其一,关于激励的外在规则更易于被认识,从而节约信息成本,正外部性供体更容易预判自己提供正外部性的良好后果;其二,市场秩序以可靠的契约承诺为基础,政府作为第三方可以使契约承诺具有可信性,从而节约信任成本;其三,政府行动有助于促进具有双向正外部性的相关主体之间的合作,并使得这种合作具有可靠的后盾,从而节约执行成本;其四,在某些情况下,政府实施规则可以获得规模经济从而节约经济成本。稳定的政府本身就为激励正外部性提供了一种信用和保障,从而为市场秩序的形成创造了条件和环境。③

农民承包荒沙地植树造林之后守着"绿色银行"取不出钱来的法律难题表明,生态补偿问题从本质上说就是对其植树造林正外部性应该如何激励的问题。众所周知,关于外部性的克服,传统法律更多的关注负外部性的解决,而对于正外部性的激励很少被纳入传统法律的框架之内。所以,现行的法律制度在某种程度上无助于实现激励正外部性的目标,这就对针对正外部性激励有独特优势功能的经济法创新产生了需求。

总之,从法经济学视角看,正外部性是其供体权利与义务的不平衡、成本与收益的不均衡。因此对正外部性进行激励要求正外部性供体被激励权

① [美]约瑟夫·斯蒂格利茨:《政府的经济角色:政府为什么干预经济》,郑秉文译,中国物资出版社1998年版,第74页。
② 外在规则都是一些正式的规则,这些规则大多是由政府颁布,并且需要政府来强制实施,需要一个专门机构来实行有组织的惩罚。这也是为什么在人类历史上,外在规则比内在规则出现较晚的原因。参见方福前:《政府与市场秩序的形成》,《经济理论与经济管理》2004年第7期。
③ 参见方福前:《政府与市场秩序的形成》,《经济理论与经济管理》2004年第7期。

利得到行使和相关利益得到实现。而在资源稀缺性的社会条件之下,只有被激励权利的行使、利益的实现才能解决正外部性带来的权利冲突、利益分配问题。易言之,正外部性是市场失灵的重要表现,此时资源配置并未达到最优,因此必须要进行激励以实现权利与义务的平衡和成本与收益的均衡。而在寻求市场方法无法解决的时候,必然对法律制度产生需求。经济法是国家干预经济的基本法律形式,正好具有赋予权利、界定权利和利益分配、利益平衡的功能。因此,基于市场局限性导致正外部性的市场失灵而对经济法产生需求是经济法激励正外部性的经济学基础。

(三) 社会学基础

马克思认为"人的本质不是单个人所固有的抽象物,在其现实性上,它是一切社会关系的总和。"①与其他法律部门相比较,经济法反映现实社会关系的范围更广、敏感度更高。② 因为"经济问题与社会问题往往交织,经济法的社会性很突出。为关注人类的生存和发展、促进社会的和谐和进步,经济法与社会学走到了一起。"③经济法激励正外部性的社会学基础主要在于但并不局限于社会共生与社会合作理论。

农民承包荒沙地后在植树造林过程中,其正外部性的产生契合了社会共生与社会合作理论。共生是不同人密切生活在一起,共生也是人的基本存在方式。社会共生现象是一种存在,因此社会共生理论研究方法的最基本准则是将社会共生现象当作客观事物来看待,同时必须将社会共生现象看作社会本身具有的现象。正如萨维尼所说:"并不存在完全独立的孤立的人。相反,任何可以被视为独立的人,从另外一个角度看,总是一个大的整体单位的成员。"④社会共生与社会合作理论有异曲同工之妙,要实现社会共生,就离不开社会的合作。社会共生理论认为,人与人之间的平等是共生的前提,人与人之间既有互斥性更有互补性,建立在确保民众权利和优化民众生存状况基础之上的社会发展能够使社会共生关系得到确立。⑤ 这里的"互补性"即是强调基于正外部性的互惠共益。因此,社会必须合作,并且现代社会基于社会分工而形成的人与人的合作越来越紧密。从社会共生

---

① 《马克思恩格斯全集》(第3卷),人民出版社1960年版,第34页。
② 刘普生:《论经济法的回应性》,《法商研究》1999年第2期。
③ 程信和:《论经济法的理论基础》,《厦门大学学报(哲学社会科学版)》2008年第3期。
④ [奥]卡尔·门格尔:《经济学方法论探究》,姚中秋译,新星出版社2007年版,第75页。
⑤ 岳天明:《社会运行规范化与西北民族社会的和谐》,《新疆大学学报(人文社会科学版)》2005年第6期。

理论和社会合作理论出发,社会各个领域中应该存在和谐共生、和谐合作的关系,相互之间的关系应该是一种双向正外部性的关系,即"我为人人,人人为我"的社会关系。"因为人在本性上是社会的、共同的存在,这句话意味着人完全不能过个别的、分散的、孤立的生活,不能没有自己所属的某种共同体或集团。"①庞德就认为,人具有双重本性,一方面是"扩张性或自我主张"的利己本能;另一方面是相互合作的"社会本能"②。这里,相互合作的"社会本能"实际上就是要求相互实施正外部性行为。从这个意义上来说,在植树造林中做出巨大贡献者基于供给了巨大的正外部性的原因就应该被给予激励,从而实现社会共生和社会合作的理念,实现人与人之间的真正平等,权利与义务的平等。而这种双向的正外部性离不开经济法通过后文述及的八种激励方式的努力促成。

但是,由于市场经济是竞争经济,所以"竞争共生""合作共赢"成为现代人在市场经济背景下行动的基本逻辑,也是在市场规律(看不见的手)作用下,"理性人"为获取效益最大化所必须保持的常见的行动态势。正如在马克斯·韦伯看来,他把这种行动称之为目的——手段合理性行动,哈贝马斯简称为"工具理性行动"。对韦伯来说,在(竞争)行动中,理性的作用在于从客观、事实性的层面上对各种可资利用资源(手段)的有效性做可行性的评估,然后实施相应的行为以达到预期的目标。因此,双向的正外部性还不够多,反而单向的正外部性并不少见。而这种单向的正外部性恰恰更需要经济法的激励从而矫正权利与义务的失衡并最终实现社会的公平与正义。

一方面,我们既要消除我国社会中存在的负外部性;另一方面,更要通过经济法激励更多的正外部性,如对做出巨大贡献的植树造林行为进行激励。这就必须坚持人与人之间的共生理念,使正外部性供体的权利和相应的利益得到法律的保障。经济法作为社会公共利益维护之法,作为以社会为本位之法,必然能够在正外部性激励中基于维护社会公共利益而发挥其特有的激励功能,成为正外部性激励的人与人共生合作、人与自然共生"合作"的优势法则。易言之,经济法是经济与社会、政治国家与市民社会、政府与市场,宏观调控与自由竞争、宏观经济调控法与市场秩序规制法、公法与私法等共生关系下的社会强势群体与弱势群体间的共生法则。③ 因此,

---

① ［日］尾关周二:《共生的理想:现代交往与共生、共同的思想》,卞崇道等译,中央编译出版社 1996 年版,第 132 页。

② ［美］罗斯科·庞德:《通过法律的社会控制》,沈宗灵译,商务印书馆 1984 年版,第 80 页。

③ 参见李永成:《经济法人本主义论》,法律出版社 2006 年版,第 73 页。

这就为经济法激励正外部性提供了社会学基础。

（四）伦理学基础

一个人的某种行为如果得到了法律的肯定或者说积极评价则意味着实现了他个人被尊重、被肯定的需要。这也促使他以这种积极行为作为自我实现的指南，且其也是外在需求的内在化，从而成为一种道德自律。从伦理学角度看，正外部性也是一个道德问题，因为它实质上是"道德人"私人收益和社会收益的不相等，明显带有一种损己利人（当然这里的损己是相对的）的倾向[1]。它使一些人可以逃避和推托责任带来的成本，即当使用者使用成本时，他可以不承担或不完全承担责任，而且这种成本在总产出的范围内与使用者的收益并不是相互对立的关系，而是一种非规范，甚至是同比增减的关系，这就会导致付出与收益的不对等和不公平[2]，因此需要具有强制性意义的经济法进行矫正。

农民在承包荒沙地植树造林中，其个体收益小于社会收益情形所带来的正外部性是社会道德所提倡的，但是，也需要具有强制性意义的经济法进行激励。正如"政府通过法律进行激励，换取利他性道德行为具有利益平衡的作用。"[3]否则一方面会导致正外部性供给不足；另一方面也违反公平正义法则。下面主要从利他主义理论继续对之进行探讨。

人性中除了利己的一面之外，还有利他的一面。而利他的一面恰恰是正外部性产生的伦理根源。法语"利他主义"（Altruisme）一词，由奥古斯特·孔德于1830—1840年间首先用来表示对他人福利的献身精神，尤其是作为一种行为准则，它和善行、无私等概念有密切联系。利他行为有助于保证人种和基因的生存，因此，包括社会生物学在内的许多领域的社会科学家对它深感兴趣，如贝克尔、科勒德等。其中更多的经济学家专心于利他主义对经济成果的意义，特别是对资源配置和收入分配的意义，如亚当·斯密、波斯纳等。

而对于"利他主义的来源为何"则有不同的认识，当代实践伦理学最重要的哲学家之一的辛格企图从生物学的角度证明人类的自然利他倾向。然

---

① 胡元聪:《经济法解决外部性的理论基础》,《经济法论坛》,群众出版社2011年版,第35页。

② 庞永红:《"外部性"问题与"科斯定理"的伦理追问》,《道德与文明》2006年第5期。

③ 王方玉:《利他性道德行为的法律激励——基于富勒的两种道德观念》,《河北法学》2013年第5期。

而,霍布斯认为其只是自私行为的伪装。休谟则认为是由于同情感的作用。① 而行为经济学中的互惠理论认为,经济个体的互惠行为通过实施报答的形式而使对方利益最大化,这种报答形式的完成往往以降低或损害自我利益的结局而呈现。② 因此,互惠理论认为利他主义来源于综合性的意识。不过,无论利他主义来源于何,它都支撑起各个时代制度的道德基础③,其也是正外部性产生的理论根源之一,是对利己主义进行的修正④。实践证明,最好的修正是通过法律的手段,即把利他的道德、伦理法律化,在法律上进行倡导,对利己主义则进行抑制。霍尔巴赫也指出,"任何社会的第一个法则就是规定人人都要互相帮助,都要享受生活乐趣,都要互利互惠⑤(即本书所指的实施双向正外部性行为)。这个法则要求,每个人的幸福,不是别的什么,而是他自己献给其他社会成员的幸福所得到的报酬……每个人对别人负有义务,这是由共同利益和共同需要而联合起来的,有同样本性的人们的双方义务。"⑥

　　要倡导利他主义,鼓励更多的人在植树造林中做出巨大贡献,就需要通过经济法对此类正外部性行为进行有效激励,这便对法律的变革提出了新的要求。正如"人性虽殊,趋利则同,向上、向善,大有可图,故人需要激励类法"⑦。因此,随着社会的发展,部分伦理逐渐进入法律调整的领域,哈贝马斯把这种现象叫做社会伦理进入法律领域。⑧ 这意味着对于正外部性的激励也应该实现从依靠道德到依靠法律的转变。在现代社会中,社会伦理进入法律领域除了表现在私法之中⑨,同时随着私法公法化,也表现在经济法这一新兴法律部门中。如企业社会责任伦理和公平交易伦理、可持续发

① [英]休谟:《人性论》,关文运译,商务印书馆 1980 年版,第 620 页。

② Gary, Bolton, Axel, Ockenfels. "A theoryof Equity, Reciprocity, and Competition." *The American Economic Review*, 2000(3):pp. 90-111.

③ Bolton, Gary E.& Ockenfels, Axel, "ERC:A Theory of Equity, Reciprocity, and Competition." *American Economic Review*, American Economic Association, 90(1)2000:166-193.

④ 胡元聪:《经济法解决外部性的理论基础》,《经济法论坛》,群众出版社 2011 年版,第 37 页。

⑤ Bolton, Gary E.& Ockenfels, Axel, "ERC:A Theory of Equity, Reciprocity, and Competition." *American Economic Review*, American Economic Association, 90(1)2000:166-193.

⑥ [法]霍尔巴赫:《自然政治论》,陈太先、睦茂译,商务印书馆 1994 年版,第 18—19 页。

⑦ 倪正茂:《激励法学要言》,《东方法学》2009 年第 1 期。

⑧ [德]哈贝马斯:《在事实与规范之间》,童世骏译,生活·读书·新知三联书店 2003 年版,第 475—496 页。

⑨ 如民法的诚实信用原则源于民法之外的道德。参见易军:《民法基本原则的意义脉络》,《法学研究》2018 年第 6 期。

展伦理、经济行政伦理和公平分配伦理这样一些理念无不是现代社会中的伦理观念在经济法中的体现。这意味着此类正外部性已经走出伦理学视野而进入经济法视野。进一步说,这些在现代社会才得以产生的全新伦理观念对于型构经济法发挥了最直接的推动作用,经济法就是这些伦理观念最直观的反映。① 因此,这就为经济法激励正外部性提供了伦理学基础。

(五) 法理学基础

经济法作为通过倾斜性配置权利与义务以追求实质正义的干预经济的基本法律形式,其激励正外部性也有坚实的法理学基础。这里主要从三个方面进行分析:

一是从权利与义务平衡的视角分析。法律是以权利和义务为内容的社会规范,而正外部性必然也涉及到权利和义务的内容。根据法学视域下正外部性的定义,正外部性不仅是一个过程而且是这样的一种结果状态,是经济主体之间权利与义务的不对等,以至于利益失衡的状态。具体来说,正外部性表现为一个经济主体在行使其权利时将其可由自己行使的权利主动或被动"让渡"给他人且没有施加任何义务。因此,正外部性和权利义务的关系非常密切。具体来看,正外部性就是经济主体履行的义务数量(包括存量和增量)超过了其应该享有的权利数量(包括存量和增量)。正如"一般而言,只有那些超过义务范畴且对他人、集体、国家和社会有较大贡献的行为才能成为奖励的对象。"②如做出巨大贡献的承包荒沙地的农民们在植树造林行为实施过程中,从他们签订的治沙承包合同来看,他们履行的义务数量大大超过了其应该享有的权利数量。这就需要赋予其更多的新型权利即获得被激励的权利,才能实现新的权利与义务的平衡。因此,从权利与义务平衡的角度讲,必须对其新型权利给予保障以进行激励。一方面,其可以矫正失衡的权利与义务以恢复公平正义;另一方面,其可以产生激励,保障此类正外部性的持续性供给。也就是说,对于正外部性的激励是可以而且应当纳入法律的调整范围的。对于经济法而言,其追求实质公平,这一点区别于民法的形式公平。因此,经济法要实现实质公平必然要对失衡的权利与义务关系进行矫正,对强势和弱势双方倾斜性、差别性地配置权利与义务。由于部分正外部性的产生恰恰导致了权利弱势一方的产生,使得弱势一方的利益难以得到实现。因此,正外部性产生于权利与义务失衡,从而需要法

---

① 黄茂钦:《论经济法的道德性》,《现代法学》2007 年第 1 期。
② 李肖:《奖励性规范法律问题研究》,中国政法大学 2010 年硕士学位论文,第 5 页。

律的矫正,而经济法作为倾斜性保护弱势群体的法律具有激励正外部性的优势功能。

　　二是从法律规范的分类视角分析。法律规范可分为义务性规范、禁止性规范和授权性规范。这里的授权性规范对应于激励型规范,学者孙国华也认为,奖励性规范实质上是授权性规范的一种。前文已述,正外部性的实质表现为供给主体的权利缺失,导致相关利益得不到真正实现。因此,对正外部性供给主体的激励实质上可以通过赋予与其超量履行义务相对应的新型权利来实现,如承包荒沙地进行植树造林并做出巨大贡献者可以而且应当获得被激励的权利,企业的公益捐赠可以而且应当获得享受税收优惠的权利。就经济法而言,主要是通过两类规范实现对正外部性的激励。一是经济法在授权性规范中,通过对正外部性供体授予一些权利如获得补偿权利、税收优惠权利等来实现对其正外部性的激励。二是经济法在义务性规范中,通过对正外部性供体减免一些义务如提供担保义务、举证义务以及告知义务等来实现对正外部性的激励,具体内容将在后文详述。

　　三是从法律后果的原理视角分析。法律后果"包括肯定式的法律后果和否定式的法律后果。前者表现为法律上的权利或奖励,即法律承认这种行为合法有效并加以保护;后者表现为法律上的责任或制裁,即从法律上不予承认并加以撤销或制裁"[①]。因此,对于正外部性的激励实际上是法律上的一种肯定式的法律后果。具体表现为通过赋予权利、减免义务、减免责任、增加收益、减少成本、赋予特殊资格以及给予特殊的待遇和荣誉等予以实现。如对在植树造林中做出巨大贡献的正外部性行为就应该给予这些肯定性的法律后果评价。就经济法而言,前文已述,经济法可以通过授予权利实现对正外部性的激励,也可以通过物质或精神奖励实现对正外部性的激励。更重要的是,经济法还可以通过加重对侵权者的惩罚力度(如双倍赔偿、三倍赔偿、十倍赔偿等),来实现对正外部性的激励。其实质是,要利用"受害者"所拥有的易于发现违法行为的信息优势,促使其提起诉讼,不仅使其胜诉后的诉讼成本得到补偿,还需要使其收益大于成本。这对"受害者"来说才能起到激励他们积极进行维权的作用。这意味着,这种责任中部分是补偿,部分是对其有益社会行为的报

---

　　① 邹瑜、顾明:《法学大辞典》,中国政法大学出版社1991年版,第1040页。

偿和激励。因而,在经济法上称之为"激励性报偿"更为确切。① 另外,经济法还可以通过其他具有激励属性的肯定性的法律后果评价进行激励。

总之,作为市场失灵的正外部性是普遍存在的,为了解决这种市场失灵,矫正失衡的权利与义务关系,使得正外部性供体的利益真正达致平衡,就迫切需要经济法的激励,而经济法激励正外部性也有其坚实的理论基础,当然亦有具体的法律法规体现。

二、正外部性经济法激励的基本原则

除了坚持法学视野下正外部性的激励原则之外,还需要在经济法视域下结合经济法的特有属性对正外部性经济法激励的基本原则进行阐释。

(一) 资源优化配置原则

正外部性的经济法激励必须贯彻资源优化配置原则。资源优化配置原则是经济法的基本原则之一②,学者李昌麒甚至将此原则列为经济法八大基本原则之首,他认为"寻求资源的优化配置,是经济法首先追求的目标。"③主张资源优化配置是经济法基本原则的还有学者刘水林,他认为,经济法的基本原则包括资源配置的帕累托有效(最优)原则、分配中的交叉公平原则。④

在正外部性存在的情况下,资源配置没有达到最优状态。此时,社会从私人经济活动中所得到的额外利益,并未转移到该经济主体手中。在此情况下,从社会福利的角度看,该经济主体对资源的使用不足⑤。正如"只要存在外部性,资源配置就不是有效的。"⑥这里的外部性当然也包括正外部性。

---

① 刘水林:《论民法的"惩罚性赔偿"与经济法的"激励性报偿"》,《上海财经大学学报(哲学社会科学版)》2009 年第 4 期。
② 当然也有持不同意见者,如学者鲁篱就认为,资源优化配置是指资源在生产和再生产各个环节上最有效的流动和利用,其并未反映权利义务运作之要求或特点,严格讲,将之作为一项法律原则纳入经济法范畴,难谓允当。参见鲁篱:《经济法基本原则新论》,《现代法学》2000 年第 5 期。
③ 李昌麒:《经济法学》,法律出版社 2007 年版,第 84 页。
④ 刘水林:《经济法基本原则的经济学及法哲学解释》,《法商研究》1998 年第 5 期。
⑤ 李长健等:《完善我国农业生态补偿法律制度——以建设环境友好型社会为契机》,《吉首大学学报(社会科学版)》2009 年第 4 期。
⑥ [美]约瑟夫·斯蒂格利茨:《政府经济学》,曾强等译,春秋出版社 1988 年版,第 206 页。

　　以一个正外部性的例子为证。一个经营"农家乐"的私人山庄所有者以出售门票、提供休闲服务获得收入。该山庄除获得直接的经济报酬外,在绿化、美化和净化周边环境方面具有明显的正外部性。所以,该山庄的私人费用高于社会费用。在追求最大化利润原则指导下,该企业将减少服务产出,使私人费用接近理论上的社会费用。也就是说,该企业的最佳产出低于社会考虑的最佳产出。显然,该企业的产出减少,资源投入不足。这一例子也反映了对社会有益的企业可能存在投入不足或数量太少的事实。同理,对一个行业部门来说,如果各企业都存在不同程度的正外部性现象,将导致整个行业投入的资源太少,产出偏低,使得整个社会将偏离资源最佳配置状态。此时乃是存在正外部性的市场失灵。

　　总之,在市场经济条件下,正外部性的存在必然不利于社会资源的有效配置,从而不利于社会福利的最大化。因为,完全竞争条件下的资源配置将偏离帕累托最优状态。具体而言,从经济学角度看,在社会成本等于私人成本时,其产品的价格也就等于社会成本,这样才符合有效配置资源的要求。但是,由于正外部性的存在,整个社会的经济资源不可能达到资源配置的最优状态,从而导致资源配置失灵,最终影响经济效率。从社会学角度看,"社会资源(这里主要指经济利益、政治权利、职业声望、生活质量、知识技能等)的不同配置,导致人们在社会地位上表现出巨大的差异性。"[1]从法学角度看,社会资源的不同配置,又会产生新的不平等,即产生新的正外部性,犹如"马太效应"一般。因此,只有解决了正外部性的时候,完全竞争的市场才能实现资源的最优配置或达到均衡。[2] 所以,在市场经济条件下,需要由外部的制度机制介入经济生活,努力使正外部性内在化,从而使经济生活进入正常的轨道。换个角度思考,资源配置的不公平也就意味着正外部性的产生(这里不谈及负外部性),因此经济法通过贯彻资源优化配置原则就可以解决资源配置不公平带来的正外部性问题。

　　在现代社会中,社会经济的发展从根本上说要取决于资源配置的状态,这就决定了市场经济调节机制的核心是资源配置机制。资源的配置不仅是一个经济问题,而且也是一个法律问题,是法律重点规范的问题之一。因为,植根于经济生活中的法律不仅具有维系社会正义的使命,而且还有实现

①　李永成:《经济法人本主义论》,法律出版社 2006 年版,前言。
②　参见刘笑平、雷定安:《论外部性理论的内涵及意义》,《西北师大学报(社会科学版)》2002年第 3 期。

配置资源的功能。① 学者侯一平就认为,国家荣誉制度有利于矫正市场配置资源出现的不公正现象。② 很显然,国家荣誉制度属于激励型制度。西方经济法产生于自由资本主义发展过程中,其旨在解决市场配置资源中产生的其本身无法克服的缺陷。学者符启林基于经济法功能的视角也认为,经济法的基础功能应当是调节资源配置的方式。他还进一步指出,人们制定经济法的目的就是为了实现资源的有效配置,是为了谋求国民经济的持续、快速、健康发展以及社会整体经济利益的价值实现。③ 这里,符启林指出了经济法与资源优化配置的密切关系。即经济法是通过一系列经济法律法规的制定和实施解决资源配置的低效率问题,从而实现资源的优化配置,也实现对其中正外部性的激励。反过来,通过对正外部性的激励,确保其可持续性供给,又进一步实现了资源的优化配置,如此便达到良性循环状态,继而可以推动经济的高质量发展。这也充分体现了在资源配置中"更好发挥政府作用"思想在激励正外部性方面的贯彻和落实。

(二) 国家适度干预原则

正外部性的经济法激励必须贯彻国家适度干预原则。适度干预是指国家在经济自主和国家统制的边界条件或临界点上所作的一种介入状态。④ 学者李昌麒甚至将此原则称为体现经济法本质特征的原则。所谓"适度",包括干预范围和干预手段的适度。从静态考虑,就是国家要确立国家干预经济的范围,宜于用法律的方法作出规定,即干预法定;从动态考虑,就是国家通过法律赋予政府在特定的时候和特定的情况下,运用行政的办法确立国家干预经济的范围的权力,即依法干预。

随着正外部性的产生,此时的市场失灵需要国家的适度干预。在此情况下,国家如果不进行适度干预,仍然"熟视无睹",那么一方面肯定是违背了公平正义的原则,另一方面也是政府失职的表现。因为前文已述,此时政府有责任进行适度干预。

以一个正外部性的例子为证。企业捐赠行为是一个典型的正外部性行为。我国《企业所得税法》将公益捐赠免税比例提高到了 12%。超过 12%

---

① 参见周晓唯:《法律的经济功能——要素资源配置的法经济学分析》,《西安电子科技大学学报(社会科学版)》2001 年第 4 期。
② 侯一平:《建立"国家荣誉法"》,《前进论坛》2013 年第 4 期。
③ 参见符启林、刘亚莉:《经济法的基础功能及对中国二元结构的调整》,《政法论丛》2005 年第 6 期。
④ 李昌麒:《经济法学》,法律出版社 2008 年版,第 79 页。

的部分,2017 年的规定是可以结转扣除但不得超过 3 年。同时,只有通过政府公益部门的间接捐赠才能享受税前扣除优惠。另外,单位自产的物资用于捐赠,应视同销售处理,需要缴纳流转税。在个人捐赠行为中,如果通过境内的社会团体、国家机关向教育和其他社会公益事业以及遭受严重自然灾害地区、山区的捐赠(即间接捐赠),未超过纳税义务人申报的应纳税所得额 30%的部分,可以从其应纳税所得额中扣除。如果未通过间接捐赠而是进行直接捐赠则无法享受抵扣优惠。从法律上讲,国家在没有能力进行救助的情况下,个人和企业捐助产生了巨大的社会效益,但是税收的优惠激励力度却太小,也表明国家干预的适度方面还做得不够好,明显不利于实现公平正义从而导致个人或企业与社会之间的成本与收益不对等。此时就必须贯彻国家适度干预原则进行相关激励。而首先需要做的是实现干预的法定和依法干预,并且这里的"法"必须以对正外部性的激励为初衷。

　　易言之,在市场经济条件下,正外部性的存在必然需要借助国家的适度干预实现对其进行激励的目的。因为,只有这样才能实现真正的公平与正义。从伦理角度看,企业的捐助行为是道德的行为,是值得鼓励和提倡的行为。但是我们必须注意到,企业的捐助在给社会带来巨大的社会效益的同时,他们自己却要承担其中的损失,包括税收和一些不能列支的成本。企业实际上是在"损己利人",企业应该得到它应该得到的补偿和激励。由此也就需要国家的适度干预。从法律角度看,权利和义务是统一的,企业在捐助过程中担负了巨大的义务,为需要救助的人带来了希望,为他们的生存与发展创造了有利的环境条件。履行义务是为了更好地享受权利,因此需要赋予企业应该享有的被激励的权利。所以,在市场经济条件下,需要国家的适度干预来介入正外部性行为,从而实现对正外部性的法律激励。在现代社会中,社会经济的发展从根本上说要实现公平与正义,这就决定了市场经济调节机制的核心是按照等价有偿的价值规律运行。如果市场机制不能实现等价有偿就必须通过制度机制来弥补,这也对贯彻国家适度干预原则的经济法提出了需求。反过来讲,国家干预也不是全面的、强制性的干预,而是适度的、谦抑性的干预,从而可以避免干预的失灵,最终实现市场适度自由和政府适度干预二者之间的良性平衡。这也就需要给市场充分的运行空间,亦即"充分发挥市场在资源配置中的决定性作用和更好发挥政府作用"。因此,正外部性带来的问题是一个法律问题,而经济法则可以通过贯彻国家适度干预原则对正外部性进行激励。同时,国家适度干预原则还体现在对前述的激励大小适度原则、激励事项合理原则的贯彻方面。

（三）社会本位原则

正外部性的经济法激励必须贯彻社会本位原则。社会本位原则要求社会公共利益至上。在经济法的视域下，该原则是对经济法干预经济生活范围的厘定或者说是对经济法干预基本出发点的锚定。经济法以保护社会公共利益作为自己的基本出发点，即强调社会本位。它要求个人和国家必须服从社会的需要，个人必须作出利益上的让步，只要这种让步合乎社会的正义。这里的社会本位是相对于民法的个人本位和行政法的国家本位来讲的。

在正外部性存在的条件下，虽然社会公共利益出现了增量，但是其是以经济主体的个人义务大于社会义务，个人权利小于社会权利为前提的。尤其是，这种正外部性不是小范围而是大范围的正外部性，不是社会效益较小而是社会效益较大的正外部性的时候，社会义务与个人义务、社会权利与个人权利之差的绝对值也就更大。因此其完全符合经济法追求的社会本位。在此情况下，国家必须坚持维护社会公共利益，对这些供给社会公共利益的正外部性进行激励，否则不利于社会公平正义的实现，也有碍于构建美好社会和人类命运共同体。

以一个正外部性的例子为证。牛玉琴按照承包合同进行植树造林，根据相关法律规定，她确实也得到了一定的补偿。但是，植树造林带来的效益是巨大的社会效益。此时的社会效益远远大于她个人得到的个人效益。这里的社会效益可以归类于社会公共利益。因此，她的植树造林行为具有明显的正外部性，而这种正外部性属于社会公共利益的范畴。按照经济学的解释，植树造林的私人费用高于社会费用，在追求最大利润原则指导下，本应该逐渐减少植树造林行为，使私人费用接近理论上的社会费用。也就是说，植树造林的最佳产出可能低于社会考虑的最佳产出。显然，按照这种解释，牛玉琴植树造林的产出会减少，资源投入会不足。但是她并没有成为经济学上的"经济人"而追求成本的最小化和利益的最大化。恰恰相反的是，她一直没有放弃自己的事业。她种植的 11 万亩林子价值已愈几千万，生态效益中体现的社会公共利益更是不可估量。从法律上讲，国家应该给予合理的激励。牛玉琴本人也迫切地希望，国家应出台一项法律，让那些为了社会公益而去种树的人得到适当的补偿。[1] 在这里，对于这些已经不再是"经

---

[1]　黄河、李永宁：《关于西部退耕还林还草工程可持续性推进问题的几点思考——基于相关现实案例分析》，《理论导刊》2004 年第 2 期。

济人"而是追求社会公益的"道德人"的行为就不应该仍然采用针对"经济人"的法律手段进行调控,而必须得采用其他针对"道德人"的法律手段进行调控。因为此时他们实施的正外部性行为不再是追求个人私益的"逐私利"性质,而是追求社会公益的"逐公益"性质,其是通过伦理规范在进行自我激励。显然,此时运用"经济人"假设进行解释是行不通的,否则便是对他们供给正外部性行为的误读甚至亵渎。

从伦理道德角度看,牛玉琴的行为是值得鼓励和提倡的正外部性行为。但是,我们必须注意到,牛玉琴在给社会带来巨大的社会效益,为了追求社会公共利益的同时,她自己的生活、自己的债务也需要被社会所关心和考虑。因此,从法律上讲,权利和义务是统一的,对于牛玉琴在植树造林过程中担负的巨大义务应该被赋予相应的被激励的新型权利。只有这样,经济法追求社会公共利益的基本原则才得以切实地实现。同时,经济法的社会本位不应该仅仅追求社会公共利益的共同创造,也必须考虑社会公共利益的共同分享。在考虑社会本位所追求的社会公共利益创造和分享之外,还必须考虑相应的社会公共代价的控制和分摊。因此,对有利于社会公共利益的正外部性行为的激励,当然也必须考虑社会公共代价的控制和分摊,即对于植树造林带来的代价也就必须进行社会性的公开分摊而不能由其独自性的默默承担。这样我们就不难理解为什么经济法激励正外部性必须贯彻社会本位原则。

(四) 可持续发展原则

正外部性的经济法激励必须贯彻可持续发展原则。既满足当代人的需要,又不对后代人满足其需要的能力构成危害的发展是可持续发展的权威定义。其核心要义在于正确处理人与自然及人与人之间的关系,要求人们在作出每一个行为选择时,不仅要考虑到本代人之间的利益平衡,同时要考虑到代际人之间利益的平衡。[①] 一般认为,可持续发展原则是经济法的终极目标原则。[②]

正外部性的存在会影响到可持续发展原则的落实,因为此时经济主体的私人成本大于社会成本,私人收益小于社会收益。尤其是,这种正外部性不仅是代内正外部性还是代际正外部性,例如植树造林、知识传承、教育延

---

① 李昌麒:《经济法学》,法律出版社 2008 年版,第 84 页。

② 参见吕忠梅、陈虹:《论经济法的工具性价值与目的性价值》,《法商研究》2000 年第 6 期;邱彦、刘成伟:《经济法基本原则层次论》,《政法论丛》2002 年第 1 期;胡元聪:《经济法基本原则层次论》,《山东社会科学》2005 年第 9 期。

续以及科技创新等。在此背景下,国家必须坚持可持续的科学发展观,在贯彻创新、协调、绿色、开放、共享的新发展理念的基础上对这些正外部性进行激励,否则不利于社会的进步、国家的发展和文明的延续。

再以前述正外部性的例子为证。牛玉琴按照承包合同进行植树造林带来的正外部性具有巨大的社会效益,此时的社会效益远远大于她的个人效益。正因为她的植树造林行为的正外部性不仅是代内的也是代际的,完全符合可持续发展原则,故其应该是经济法的激励客体。按照经济学的解释,市场主体以逐利为导向不一定追求可持续发展原则,但是她的植树造林行为背离了最大化利润原则而符合可持续发展原则。她把植树造林当作自己的终身事业,没有按照经济学规律去实施自己的行为。而她也为可持续发展付出了自己的代价,她自己的生活不仅异常俭朴,而且还负债百万元。从法律上讲,国家应该给予合理的激励,从而实现治沙事业的可持续发展。

牛玉琴的行为是国家和社会鼓励和提倡的道德行为,但是,我们必须注意到,她在为可持续发展原则付出巨大个人代价,带来巨大社会效益的同时,她付出的私人成本也需要被社会予以分担。她这种行为实际上是在损己利人,所以应该得到她应该得到的补偿。履行义务是为了更好地享受权利,因此她获得被激励的权利还需法律的赋予。易言之,在市场经济条件下,正外部性的存在必然需要国家贯彻新发展理念,构建相关法律制度加以激励。因为,只有这样才能真正地实现可持续发展的目标。从可持续发展的短期目标来看,对于治沙英雄的法律激励必将为他们创造一个治沙的良好法律环境,从而为他们专心治沙提供有效的制度保障。植树造林行为的正外部性不仅是代内的也是代际的,对于代际的正外部性的激励需要未来进行制度创新,但至少对代内正外部性应该及时提供激励。从可持续发展的长期目标来看,对于治沙英雄的法律激励必将为今后更多人创造一个治沙的良好法律环境,为更多的人专心治沙提供长效的激励制度保障,也将为治沙所带来的代际正外部性提供充分的激励。

三、正外部性经济法激励的价值目标

虽然对法的价值概念的科学界定是"法律科学所不能回避的"①,但是在法学视野下,"法的价值"的界定并没有完全统一。一般认为,法的价值

---

① [美]罗斯科·庞德:《通过法律的社会控制》,沈宗灵译,商务印书馆1984年版,第55页。

以法与人的关系作为基础,法的价值归结为"法对人的需要的满足"。① 法的价值体系包括了法的各种价值目标,如秩序、安全、效益、公平、自由、正义、人权等,它指导着法的具体功能和作用的实现。经济法在激励正外部性时需要价值的指引,以便评价激励的结果和事实,并权衡、解决各种利益冲突从而实现公平和正义。本书认为,经济法激励正外部性的价值取向主要包括但不限于公平、效益、人权、正义四个方面。

（一）公 平 价 值

在法学视野下谈公平,从静态的一般维度看包括水平公平、垂直公平;从过程维度看包括起点公平、交易公平以及结果公平;从历史维度看包括代际公平与可行能力公平;从空间维度看包括地域公平与产业公平。公平还是一种关系,具有客观性、主观性、相对性的特征。② 如果说负外部性是实施者对公平的一种对自己有利的、对社会有害的破坏,那么,正外部性实际上是供给者对公平的一种对自己不利的、对社会有益③的"破坏"。需要特别说明的是,正外部性所带来的"对公平的破坏"与一般而言的"对公平的破坏"有所区别。因为正外部性存在情况下的"对公平的破坏"实际上是正外部性供给者实施的,是一种消极的"破坏",是一种"损己利人"的行为,因此需要经济法进行激励以纠正被"破坏"了的公平。总之,无论是积极的破坏还是消极的"破坏"行为,都需要经济法对其进行矫正。

经济法从现实中的不平等出发进而追求实质上的平等,主张社会资源按照罗尔斯式平等进行分配,即根据人的具体情况作具体分配,对不同人以不同对待。④ 具体来说,国家强调对社会财富的再分配和对社会上供给了正外部性的人给予一定的激励,实现基于全社会利益的更高层次上的平等。这就是我们所说的经济法视域下的结果平等和垂直公平。

德萨米指出,"两个人之间可以在能力上存在不平等,但是却并不能由

---

① 如可以参见卓泽渊:《法的价值论》,法律出版社 1999 年版,第 10 页;孙国华:《法理学教程》,中国人民大学出版社 1994 年版,第 94 页;乔克裕、黎晓平:《法律价值论》,中国政法大学出版社 1991 年版,第 40 页。

② 参见刘水林:《经济法基本范畴的整体主义解释》,厦门大学出版社 2006 年版,第 73 页。

③ 我们可以这样理解:正外部性是供给主体"破坏"了存量的权利与义务关系(如植树造林承包合同规定的权义关系),负担了大大超过合同规定的义务,从而对增量权利(如被激励权)的供给提出了要求,这样通过权利与义务的不断重新平衡就能使现有社会走向更加公平正义的社会。

④ 参见苏永钦:《经济法的挑战》,清华大学出版社 2005 年版,第 1—2 页。

此得出结论说,他们可以在权利上不平等。"①正外部性的产生原因之一是供给主体义务的超量履行而相关权利的明显缺失。因此,相关主体积极供给了正外部性,但是由于法律制度的缺位,对应的相关权利缺失,使得正外部性供体遭受了或易于遭受"侵权"而需要经济法进行特别保护,如界定、分配或赋予更多的权利,减少其承担的义务,从而激励正外部性以实现实质公平。

如各国的产品质量法或消费者权益保护法规定,如果销售者在销售中存在欺诈,消费者有权以商品价格的两倍向销售者提出赔偿。这里赋予消费者两倍索赔权利实际上就是对消费者的激励,通过这种激励来实现对不良销售者的惩罚。② 这里明显就涉及到后文述及的赋予权利型激励问题。从形式上看,在生产者、销售者和消费者之间,他们的权利与义务是不平等的。但是,这恰恰是进行权利与义务的倾斜性配置之原因所在。因为生产者有责任生产出质量合格的商品,生产者和销售者有坚守诚实信用的义务,他们也具有较多的专业知识,而处于信息优势的一方。相反,消费者属于信息弱势一方而处于弱者地位。可见,经济法体现了对弱者进行保护的实质公平。③ 正如新的法律思想——国家的义务或许在于有规律的干预各种力量的自由放任,从而保护经济上的弱者的思想——对旧的法律思想的完全突破仅仅在新生的法律领域才会实现,如经济法、社会法等领域。④

再如,经济法追求的是社会财富的公平分享,在正外部性不断供给的情况下,正外部性供体也有权享受自己带来的社会财富从而实现实质公平。正如彼德·斯坦等人认为,社会公平是"每个社会成员……有权不仅享受其他成员提供的个人生活需要,而且有权享受每一个人都想得到而实际上确实对人类福利有益的一切好处和机会。"⑤

仍以牛玉琴植树造林为例。她坚持植树造林,给整个社会带来了巨大的正外部性,是做出巨大贡献的社会功臣。事实上,她也获得了不少荣誉,包括全国劳动模范、全国十大绿化标兵、全国"十大农民女状元"、全国"三八"绿色奖章等称号,受到中央领导同志多次接见。但是,虽然受到精神激

---

① ［法］泰·德萨米:《公有法典》,黄建华、姜亚洲译,商务印书馆1996年版,第27页。

② 参见谢晓尧:《惩罚性赔偿:一个激励的观点》,《学术研究》2004年第6期。

③ 参见赖达清、李文军:《论经济法的公平价值》,《南京社会科学》2002年第3期。

④ 参见［德］拉德布鲁赫(G·Radbruch):《法学导论》,米健、朱林译,中国大百科全书出版社1997年版,第68页。

⑤ ［英］彼德·斯坦、约翰·香德:《西方社会的法律价值》,王献平译,中国法制出版社2004年版,第98页。

励,却面临法律激励的难题。2002年1月,我国开始实施的《防沙治沙法》禁止砍伐生态林。因此,牛玉琴所种之树一棵也动不得,因种树已经欠下的贷款偿还却成为难题。由于激励法律的缺失,她虽然供给了巨大的正外部性,却不能得到应有的激励,甚至应有的补偿。此时,承包合同所体现的形式公平已经跟不上经济法追求的实质公平的需要,如果继续按照承包合同进行补偿无异于刻舟求剑,显然违背公平正义原则,不利于社会的可持续发展。

经济法则具有激励正外部性的天然优势功能,对因正外部性致使市场主体意外遭受重大损失的,国家可以通过补贴、救助、贴息、减贷或减免税费等利益分配机制进行调控,实现社会财富的重新分配。因此,经济法的利益分配功能不仅体现在分配成果公平方面,还体现在分配代价公平方面。并且还可以通过分配成果实现对代价的公平分配,通过分配代价实现对成果的公平分配。质言之,实质公平对于正义的意义正如哈贝马斯所认为的,正是实质公平扩大了现代社会中正义的领域,即追求实质公平的经济法更有利于正外部性问题的解决从而实现分配正义。

(二) 效 益 价 值

从长远来看,正外部性的存在实际上是因为个人效益难以最大化从而最终可能影响到社会效益的最大化,因此需要经济法对正外部性供体进行激励以在实现个人效益最大化基础上实现社会效益的持续最大化。效益是指减去投入后的有效产出。经济效益包括微观经济效益和宏观经济效益。[①] 法律效益价值与法的秩序、自由、公平和正义等价值相比,具有现实性的特征。法律效益作为现实的法律价值之追求目标,总是与某种评价相关联,尤其是个人效益价值和社会效益价值,而其中社会效益价值更是重中之重。

社会中的权利与义务总体来讲具有对等性,法律激励就体现了法律在规范利他性道德行为时所追求的公正价值,最终实现社会的总体互惠。[②] 而这种总体互惠实质上也是一种巨大的社会效益价值的体现。在对正外部性的激励过程中,经济法的社会效益价值体现得非常明显。因为在激励过程中,需要激励的往往是具有巨大社会效益的正外部性。根据前文所述,这

---

① 李昌麒:《经济法学》,法律出版社2007年版,第82页。
② 王方玉:《利他性道德行为的法律激励——基于富勒的两种道德观念》,《河北法学》2013年第5期。

些正外部性也是具有法律意义的正外部性,需要法律进行激励。

让我们先分析保护知识产权的相关法律,其被制定的初衷就是激励正外部性以缓解因模仿或剽窃而导致发明者创新动力不足的局面。具体方式是赋予创新发明者的垄断权或专有权,而赋予权利的终极目的是激励创新和加速人类知识发现,激励的对象不仅仅是当期的发明者,更重要的是后继的创新者,从而在制度上避免正外部性对创新者利润的"蚕食"。① 因为创新产生的社会效益是巨大的,当然这种社会效益是以确保和保护发明者一定的个人效益为前提的。如果没有法律赋予其专有权,必然会打击后继者创新的积极性从而不利于科技创新和社会进步。

再如牛玉琴植树造林产生的社会效益也是巨大的,但是因为激励或保护性法律的供给不足,当事人根本得不到应有的激励。30 余年来,她带领家人治理荒沙产生的巨大社会效益难以估量。当地政府比照当时"退耕还林"标准,每亩地给她补助了 10 元钱,这些补助带来的个人效益相比其巨大的付出和巨大社会效益显然是九牛一毛。因此国家应该尽快出台对正外部性进行激励的法律,让那些为了社会公益而去种树的人得到适当的激励。如果我们的法律对这种正外部性"漠不关心"而不进行激励,那么又怎么会有更多的人来供给这些具有巨大社会效益的正外部性呢?

再例如个人和企业的社会公益捐赠,其产生的社会效益也是巨大的,经济法可以通过完善税收优惠制度给予充分的激励。我国《公益事业捐赠法》(1999)第 24 条和第 25 条规定对两类主体进行激励。② 另外《个人所得税法》和《企业所得税法》也有相关捐赠方面的税收优惠。但从具体的实践效果方面看,这些规定所给予的税收优惠对捐赠方的激励还不充分,因为准予扣除而免税的部分还有诸多限制条件。

现实中的经济法虽然在很多方面离激励目标还有较大差距,但是这并不能动摇经济法激励正外部性以实现效益价值的基本理念。正如"对于授奖者而言,之所以付出奖励成本(尤其是物质奖励成本),他绝不仅满足对获奖者个体行为的肯定和奖励……更大程度上是想通过奖励行为刺激社会公众对获奖行为的认同和赞赏心理的产生,并使社会公众在认同和赞赏心理的支配下也主动积极地从事获奖行为。"③这里也强调了授奖所追求的社

---

① 参见贾丽红:《外部性理论研究——中国环境规制与知识产权保护制度的分析》,人民出版社 2007 年版,第 282 页。

② 即公司和其他企业依照本法将财产捐赠用于公益事业,依照法律、行政法规的规定享受企业所得税方面的优惠。如果是自然人和个体工商户则享受个人所得税方面的优惠。

③ 尹亚明:《奖励问题的法学思考》,《政法论坛》1997 年第 4 期。

会效益。经济法将政府内化于市场之内,为解决市场失灵问题提供了更为广阔的空间。① 因此,较之民法主要追求个人效益的特性,追求社会效益价值的经济法更有利于激励正外部性。具体来讲,经济法激励是基于正外部性供体供给的巨大社会效益而提升其个人效益,从而缩小个人效益和社会效益之差的绝对值,在此基础上实现经济法追求的社会效益价值目标。

(三) 人 权 价 值

如果不对正外部性供体进行激励则会出现侵犯供给主体人权的情形。因此,需要经济法进行激励以保护正外部性供体的人权。这也涉及到正外部性激励从伦理道德范畴向法律权利范畴的转变问题。因为获得激励应当是国家依法赋予相对人的一项法定权利,即符合条件的公民均有权要求给予激励。易言之,获得激励的权利是一项增量型的新型人权,而依法或者依承诺给予激励则是正外部性受体的义务或政府的职责。如果正外部性受体或政府不履行(包括不完全履行)或者拖延履行自己在法律上的义务或职责,都可能会侵犯相对人的人权。易言之,如果正外部性的存在而不被激励则会影响到其供体人权的实现,如专利权等缺失必然影响到专利权人人权的实现从而不利于创新。因此需要经济法进行激励以保障正外部性供体的存量和增量人权。

格劳秀斯认为对财产的占有是人的一种普遍权利,是由自然法的理性要求派生出来的;斯宾诺莎强调"天赋之权即使由于自愿也是不能割弃的"②;霍布斯发展了"天赋人权"③的理论;洛克认为"人类天生都是自由平等和独立的……任何人都不得侵害他人的生命、健康、自由或财产"④;卢梭则使"天赋人权"理论不断更新。一般来讲,法律人权包括人身权、政治权、经济权;以主体为标准还可区分为个体人权、集体人权与民族人权。⑤ 消费者权利即属集体人权之类⑥,其他如妇女儿童权益、老年人权益、残疾人权

① 邓纲:《侵权之诉还是政府干预——经济法与民法视野中的外部性矫正问题》,《现代法学》2001 年第 1 期。

② [荷]斯宾诺莎:《神学政治论》,温锡增译,商务印书馆 1963 年版,第 16 页。

③ 参见[英]霍布斯:《利维坦》,黎思复等译,商务印书馆 1997 年版,第十四章。

④ [英]洛克:《政府论》(下),叶启芳、瞿菊农译,商务印书馆 1964 年版,第 136 页。

⑤ 李步云:《论人权的三种存在形态》,《当代人权》,中国社会科学出版社 1992 年版,第 1 页。

⑥ 关于"消费者权利属于人权"的观点还可以参见管斌:《论消费者权利的人权维度——兼评〈中华人民共和国消费者权益保护法〉的相关规定》,《法商研究》2008 年第 5 期。

益、未成年人权益等皆属之。正外部性的产生是其供给主体获得被激励的新型增量权利的缺失,使其应有的利益得不到当然的实现,从而成为权利上的弱势群体。之所以正外部性供体也可以归属于此类弱势群体,是因为其获得被激励的权利诉求存在制度障碍。所以,人权理念更应该作为社会弱势群体保护的价值基础。[①] 以维护和保障人权的真正实现为己任的经济法由此应运而生,因为经济法的宗旨就是……保障基本人权和公共利益……,进而实现整个经济与社会的协调运行和良性发展[②]。这就为正外部性供体获得被激励权提供了保障。经济法意义上的经济人权观念是国家第一次真正的参与并从法律意义上对各种市场主体经济权利和经济利益进行调整、平衡与保障[③]时所持有的观念。很显然,这种观念有利于激励正外部性。

有学者指出,获取奖励理应是一项法定权利。无论何种奖励规范,对授奖主体、获奖主体和第三人都具有法律约束力……获奖主体对依法可得的奖励有请求权和受领权,对既得的奖励利益有支配权[④]。我国正外部性相关法律激励机制还存在激励主体不清晰、激励目的不明确等问题。因为他们还没有完全意识到,获得被激励其实是正外部性供体应该享有的一项权利。按照相关理论,法律奖励属于第二性权利。对于所有权、债权、继承权等第一性权利,任何履行了法定义务的社会主体都有资格享有;而对于获得奖励等第二性权利,则只有那些在履行法定义务基础上又做出贡献的社会主体才有资格享有。[⑤] 这里要说明的是,激励需要被激励权利的赋予。由于社会主体对第二性权利渴求的基础是该主体愿意超法律义务地付出成本和代价,因此,立法者不仅没有理由去禁锢这种渴求,而且还应当为引导这种渴求的正确实现设定相应的法律规范[⑥],从而赋予增量的新型人权以实现激励目标。易言之,诸如牛玉琴植树造林的行为理应获得法律上的肯定性评价,获得法律赋予的被激励的权利。进一步说,正外部性的供体需要的是得到回报、补偿甚至奖赏等激励性质的权利。而这些权利的缺失则意味着正外部性没有得到激励。当法律设计了相应的激励机制,人们实施利他性道德行为(即正外部性行为——笔者注)时,可以有相应的权利期待。[⑦]

① 李永成:《经济法人本主义论》,法律出版社 2006 年版,第 79 页。
② 张守文:《经济法学》,北京大学出版社 2014 年版,第 36 页。
③ 李占荣:《论政治文明与经济法——一种基于理念的解释》,《河北法学》2006 年第 9 期。
④ 王全兴:《经济法律奖励原理初探》,《中南政法学院学报》1998 年第 3 期。
⑤ 尹亚明:《奖励问题的法学思考》,《政法论坛》(中国政法大学学报)1997 年第 4 期。
⑥ 尹亚明:《奖励问题的法学思考》,《政法论坛》(中国政法大学学报)1997 年第 4 期。
⑦ 王方玉:《利他性道德行为的法律激励——基于富勒的两种道德观念》,《河北法学》2013 年第 5 期。

因此,经济法必然要对这些第二性权利加以保障,从而确保获得被激励的增量的新型人权的实现。

(四) 正 义 价 值

正外部性的存在可以被认为是其供体对正义的不自觉的有益的"伤害",因此需要经济法进行激励以实现正外部性供体需要的和应有的正义。① 易言之,给予正外部性供给主体的法律激励是实现正义的必有之义。

一方面,对正义的一般追求根源于人类自私的本性和利益的纷争,即负外部性的普遍存在。另一方面,对正义的更高追求则是根源于人类利他的表现,即正外部性的普遍存在。因为负外部性是实施了破坏正义的行为因而必须恢复应有的正义,而正外部性是供给了维护正义的行为因而必须创造更佳的正义。法律应该对正外部性进行充分的激励而不是"无动于衷"。需要强调的是,法律不赋予正外部性供体被激励的权利不等同于正外部性供体主动放弃自己被激励的权利。前者是法律不完善导致而后者有法律依据,前者违反正义原则而后者合乎法律规范。正如休谟所言:"人类本性的自私和有限的宽容,以及自然资源的贫乏,才产生了关于正义与非正义的法则。"②对社会公正理论的真正建构,则始于启蒙时代的自然法思想家们如霍布斯、洛克、康德等。他们的社会理论思想因对"自然状态"的不同假设而大相径庭,但在通过契约来建构社会这一点上却是一致的,可以被称为契约论。卢梭的一段话可以概括之,即"要寻找出一种结合的形式,使它能以全部共同的力量来卫护和保障每个结合者的人身和财富,并且由于这一结合而使得每一个与全体相结合的个人又不过是在服从其本人,并且仍然像以往一样的自由。"③这就让我们联想到罗尔斯的正义论。

而按照罗尔斯的说法,所谓社会正义就是公民衡量一个社会是否合意的标准,这意味着:一方面,社会公正是一个社会得以维系的先决条件;另一方面,社会公正因此也涉及公民对自身所处社会环境的心理感知和判断。因此,罗尔斯明确,在他的正义论中,正义的对象是社会的基本结构——即

---

① 我们可以这样理解,正义必然会与时俱进,正义一定会伴随着权利与义务的此消彼涨和绝对平衡。但此消彼涨是常态而绝对平衡是异态,因为绝对平衡是短暂的。正外部性的益处在于国家需要对存量和增量的权利和义务配置情况不断进行调整,从而使正义变得更加正义。即当正义脱离旧的权利义务均衡,达到更高水平的权利义务均衡,社会发生正义状态的跃迁。

② [英]休谟:《人性论》,关文运译,商务印书馆1980年版,第536页。

③ [法]卢梭:《社会契约论》,何兆武译,商务印书馆2003年版,第19页。

用来分配公民的基本权利和义务、划分由社会合作产生的利益和负担的主要规则和制度。这里当然应该包括对于正外部性供体激励的制度和规则。罗尔斯还论证,人们将选择这样一个一般的正义观:所有的社会基本价值(或者说基本善)——自由和机会、收入和财富及自尊的基础——都要平等地分配,除非对其中一种或所有价值的一种不平等分配合乎每一个人的利益。由此派生出来两个正义原则:第一个原则是平等自由的原则;第二个原则是机会的公正平等原则和差别原则的结合。在本文语境之下,要实现这两个原则,就必须通过制定规则来激励现实生活中的正外部性,从而实现新型的矫正正义和结果正义。一方面,分配正义和正义分配相辅相成,前者表明分配的结果应该体现正义,因此需要通过激励正外部性,即矫正失衡的正义得以实现;后者表明正义应该被合理分配,因此需要通过激励正外部性,即重新配置权利和义务得以实现。另一方面,罗尔斯讲得非常明确,既要分配权利又要分配义务,既要划分利益又要划分负担,因此笔者认为,分配正义既包括财富的分配正义,也包括代价的分配正义①。前者表明分配的对象是财富,后者表明分配的对象是代价。如果从经济法激励正外部性的视角来看,无论是财富的分配还是代价的分配,都可以通过激励正外部性得以实现。因为实现了财富的分配正义也就意味着实现了代价的分配正义,反之,实现了代价的分配正义也就意味着实现了财富的分配正义。二者相辅相成,相得益彰。例如,对植树造林巨大正外部性的激励可以通过分配植树造林的代价而实现分配正义。

经济法作为追求实质正义之法,是在实现社会分配正义、激励正外部性方面比较优越的法律制度。如其可以通过《个人所得税法》《企业所得税法》《中小企业促进法》有选择性地采取扶持、鼓励等措施,来调整优势产业与弱势产业、传统产业与新兴产业、大企业和中小企业间公平生存与发展的权利,②从而实现社会的分配正义。

在分析了正外部性经济法激励的理论基础、价值目标及基本原则之后,下面有必要继续分析正外部性经济法激励的逻辑机理并"展示"其古今中外的立法图景,即通过梳理从而让我们感受到激励型经济法律的真实存在。

---

① 胡元聪、税梦娇:《科技风险下分配正义新构造的财税法变革》,《湖北社会科学》2019年第12期。

② 江帆:《经济法实质正义及其实现机制》,《环球法律评论》2007年第6期。

第四章 正外部性经济法激励的逻辑理路与立法图景

一、正外部性经济法激励的逻辑理路

（一）基于经济法激励功能视角的分析

经济法的功能很多,其中激励功能是其重要且具有独特性的功能。当然激励功能也是所有法律具有的基本功能之一。学者付子堂指出,法律对个体行为的激励功能,就是通过法律激发个体合法行为的发生,使个体受到鼓励去做出法律所要求和期望的行为,最终实现法律所设定的整个社会关系的模式系统的要求,取得预期的法律效果,造成理想的法律秩序。① 法律激励功能是所有法学学科尤其是经济法学科,甚至与法律交叉的其他学科研究的重要主题之一,这一点从前文的文献综述中可以看出。

1. 正外部性的普遍存在需要经济法的激励

前文已述,现实生活中的正外部性普遍存在着,我们实际上就生活在充满正外部性的社会之中,其具体包括但不限于农业种植②、植树造林、环境美化、防洪工程、科研教育等等。在正外部性供给中,由于供体的生产收益中有一部分"溢出",并"发散"为社会效益,导致其私人收益低于社会收益。面对正外部性问题,不同学科的学者们都在探索解决之道。在如何使正外部性内部化方面,传统的经济学学者有着不同的看法,其中具有代表性的是以庇古为代表的政府税费规制法(即庇古津贴方法)和以科斯为代表的通过重新界定和分配产权的市场解决法(即科斯市场方法)。但是,前文已述,由于经济层面的正外部性是一种"自愿"的捐献,即供给主体生产经营决策以主产品为利润目标,而对于第三方公益品,供给主体知道或不知道,都没有计划"出卖",因为交易成本太大。所以,这种友善的生产或消费活动所产生的正外部性并非都能通过市场机制得以内化,正如栽花者不能把"美"强卖给"无意"的观花者。所以,这种单向的正外部性行为不存在因"侵权"而产生事后交易的

① 付子堂:《法律的行为激励功能论析》,《法律科学》1999年第6期。
② 胡元聪:《农业正外部性解决的经济法分析》,《调研世界》2009年第5期。

问题,很难用明确产权或互相协商的"市场"方法解决。因此,在这里"科斯市场"并非有效。而对于道德层面和法律层面的正外部性,科斯的市场方法更是无能为力,这就对法律提出了要求。前文已述,针对正外部性问题,法学学者也提出了具体的解决对策,但是基于不同部门法的价值取向、本位思想和基本原则,他们在解决正外部性问题(即激励正外部性)方面各有优势和局限。而其中经济法在此方面的独特属性尤其是其中的优势功能表现得相当明显,因此正外部性对经济法就有了更多的激励期待。

2. 正外部性对经济法激励功能提出了新的要求

用新制度经济学分析方法研究外部性取得重大进展的代表人物是诺斯,他从正外部性方面扩展了科斯的外部性理论。诺斯开创性地对没有专利保护的发明、所有权残缺下的西班牙羊主团从地主处的受益等实例进行了经典的正外部性(诺斯外部性)问题分析。对正外部性,诺斯认为,必须在制度上做出安排和确定所有权,以便造成一种激励,将个人的经济努力变成私人收益率接近社会收益率的活动。而这种对个人行为产生"激励相容"①的有效制度②就包括了法律但是不限于法律。因此,可以说,外部性是市场这种成本——收益对称的激励机制无法解决的……因而政府的干预(包括法律——笔者注)是必然的,③即需要建立一种新型的激励机制如经济法律制度来激励正外部性。易言之,个体活动的正外部性对法律激励提出了需求,激励的目的是把个体行为的正外部性内部化,即通过规则的强制,使社会收益转化为正外部性供体的私人收益从而缩小社会收益与私人收益之差的绝对值,使得正外部性的供给主体对自己的行为享受到应得到的对等权益,从而通过个体的最优选择实现社会最优。学者张维迎认为,个体行为的外部性构成政府干预、法律存在的依据。④ 这里张维迎强调了法

---

① Hurmicz(1972 年)提出了激励相容(incentive compatibility)的概念,机制设计理论才得到广泛的运用。激励相容的概念是指在市场经济中,每个人都是理性的个体,有其自利的一面,如果能设计出一种机制使得人们在追求自身利益的同时,也能实现集体利益最大化的目标,那么这一机制就是激励相容的。但 Hurmicz(1972 年)认为在参与约束条件下,不可能存在能够产生帕累托最优结果的激励相容机制。直到机制设计理论中显示原理的出现,认为一个社会选择规则如果能够被一个特定机制的博弈均衡实现,那么它就是激励相容的,能通过一个直接机制(directmechanism)实现。参见朱琪、陈乐优:《资源优化配置的机制设计理论及其应用——2007 年度诺贝尔经济学奖的评价》,《学术研究》2008 年第 3 期。

② 王万山、谢六英:《正外部性激励优化的经济分析》,《江西农业大学学报(社会科学版)》2007 年第 2 期。

③ 宋农村、胡继超:《经济学视域下的道德教育属性与功能》,《徐州工程学院学报(社会科学版)》2007 年 3 期。

④ 参见张维迎:《信息、信任与法律》,生活·读书·新知三联书店 2003 年版,第 83 页。

律激励正外部性的必要性,因为科斯定理实现的要求往往难以达到而给法律进行激励留出了空间。但是,前文所述,不同的部门法在解决正外部性问题方面的功能和效果相差太远,因此,有些部门法并非正外部性法律激励的最佳选择。然而,激励功能属于经济法中体现最为充分的功能,其对正外部性的激励也最为得力,因为其可以运用多种不同的激励方式,表现为后文述及的具体的多种激励类型进行激励。这样,实际上正外部性对经济法的激励功能提出了新的要求,即需要充分利用经济法的激励功能并合理运用多种激励方式来对正外部性问题进行解决。本书即是对这种新的要求的回应,这与在资源配置中"更好发挥政府作用"的思想也是契合的。

3. 经济法的激励功能可以充分激励正外部性

激励既包括对人的行为动机的激发,也包括对人的行为动机的抑制。激励的本质潜藏在行为反应的发生过程之中,由此引申,经济法激励就是作为行为规范和体现正义精神的法律对符合立法意志行为的驱动以及对违背立法意志行为的抑制。这样,法律激励就分为正激励和反激励。① 换言之,经济法既能矫治行为的负面,又能弘扬行为的正面。经济法反激励体现了法律中禁止、否定的惩罚特质,旨在威慑和遏止不法行为,这也是任何法律传统的常规功能。在传统观念中,法律最主要的功能表现为惩罚和威慑,正如弗里德曼所言:"法学研究总的来说对奖赏注意不多""法律制度似乎使用惩罚比奖赏多。从某种意义上说,惩罚似乎更有效。"②譬如我国当前刑法、民法、经济法中的具体条文主要体现法律的惩罚、威慑功能。从历史角度看,在中国古代,法即刑,法治即刑治,因此法律的惩罚功能得到充分展示和发挥。然而,法律的激励功能却没有得到应有的重视,正如"在所有部门法中,刑事法较行政法、民事法的异化③是最为突出的。因此,刑事法的历史发展中,刑事激励法曾一度严重萎缩。"④但从总的看,今天的法律制裁性功能"式微",指导性和鼓励性功能日益凸现。⑤ 本书主要探讨经济法的正

---

① 申来津:《法律与行为选择:法律激励及其发生机制》,《法学杂志》2006年第4期。

② [美]劳伦斯·M·弗里德曼:《法律制度:从社会科学角度观察》,李琼英等译,中国政法大学出版社1994年版,第97页。

③ 这里的异化是指激励功能被抑制发挥作用。

④ 倪正茂:《激励法学要言》,《东方法学》2009年第1期。

⑤ 这可以从两个方面来进行说明:一是相关研究文献越来越多,可以参见本书的文献综述部分;二是可以从现有立法中看出来。这些激励性的法律既可以整部法律的形式出现,也可以个别条款的形式表现为存在于这样那样的别的法律之中;它可以是国家制定的法律法规,也可以是民间法;它可以冠名为"××奖励法",也可不冠以诸如此类的名义,仅起对人们的特定行为实施法律激励作用即可。如此等等。参见倪正茂:《激励法学要言》,《东方法学》2009年第1期。

激励,即经济法对正外部性行为的激励。一般来说,正激励鼓励的是正外部性行为,反激励抑制的是负外部性行为。而过度地追求限禁型法律规范对市场进行规制,会使市场主体丧失主观能动性,从而降低市场运行的效率。除了坚持"法不禁止即可为"之外,充分发挥经济法的激励功能正好可以提高市场主体的积极性,从而增强市场创新活力。正外部性的存在表明对社会需要的良好行为的激励还显得不足,这两者都会使资源配置偏离帕累托最优点,从而导致资源配置的低效率。[①] 经济法正激励体现法律中认同、肯定的鼓励特质,旨在激发合法动机。如无论是中国古代的鼓励农耕、按军功授爵行赏、国家给予厚赏等等法律法规,还是今天对高新、节能节水、环保企业的税收优惠、对植树造林和退耕还林的生态补偿等等法律法规都体现了经济法性质的正激励。而在具体的激励方式上,后文会述及八种激励方式。如果这些激励方式能得到合理的运用,必将充分地激励正外部性。总之,国家可以通过具有"强制力"的经济法规则或规范,实现"非强制性"的法律激励,调整整个社会人们的行为,实现个人利益与社会利益的和谐一致。[②]

(二) 基于经济法赏罚关系视角的分析

1. 经济法激励功能与经济法惩罚功能同等重要

关于法律的激励功能与惩罚功能二者之间的关系,不同学者有不同的观点。主要表现为:其一,法律以惩罚功能为主,以激励功能为辅。这种观点由于在"斗争法理学"思想桎梏下过分强调阶级属性,因此一般都认为早期法律主要是以惩罚为主。由此,"法即刑""法即罚"的观点长时间占主流地位。虽然历代法律思想家都强调在社会治理中要"赏罚并用",但是,在他们看来谁主谁次似乎毫无悬念、毋庸置喙。其二,法律激励功能与惩罚功能同等重要。法国的伏尔泰就曾经肯定了我国古代法律的激励功能。他说,中国"是唯一设置奖金表彰德行的国家"[③],他还指出,"在别的国家,法律用以治罪,而在中国,其作用更大,用以褒奖善行。"[④]学者倪正茂则提出了自己的独到观点并在其著作《激励法学探析》一书中进行了系统的论述。他甚至提出"中国历史上最早出现的法律规范,是激励性法律规范"[⑤]的观点。其依据是《尚

① 李昌麒、应飞虎:《论经济法的独立性——基于对市场失灵最佳克服的视角》,《山西大学学报(哲学社会科学版)》2001 年第 3 期。

② 参见丰霏:《法律激励的理想形态》,《法制与社会发展》2011 年第 1 期。

③ [法]伏尔泰:《哲学辞典》(上册),王燕生译,商务印书馆 1991 年版,第 330 页。

④ [法]伏尔泰:《风俗论》(上册),梁守锵译,商务印书馆 1995 年版,第 217 页。

⑤ 倪正茂:《激励法学探析》,上海社会科学院出版社 2012 年版,第 36 页。

书·甘誓》中夏启发兵攻打有扈氏发布的军令"用命,赏于祖;弗用命,戮于社。予则孥戮汝。"①这里倪正茂强调了激励性规范应当受到重视,认为过度强调"法律无情"是错误的。因此,受此观点影响,本书也认为,经济法的激励功能与经济法的惩罚功能同等重要,他们都是法律控制社会行为的重要方式。而从具体的法律条文来看,经济法中激励性法条数量所占比例相比其他部门法而言要高得多,具体比例数据将在第五章进行详细梳爬。

2. 经济法由重惩罚功能向重激励功能转换

随着社会的发展,经济法的激励功能越来越受到学者的重视,立法规范方面也体现得越来越多,部分学者称其为"促进型"经济法。换句话说,同样是社会行为控制方式,在通过法律进行惩罚还是进行激励的选择上值得考究,如到底是规定"见死不救罪"还是规定"见义勇为奖"? 有些时候后者似乎更为合理与科学。在现实生活中,正如有学者指出,"……越来越注意对生产力行为的激励措施,大量具有奖励、表彰之类法律后果的规范被制定出来。"②"宪、礼、法、刑中都可能有赏的规定,对于这些规定可以分为两类:一类是实体性的规定,一类是程序性规定。"③学者倪正茂甚至指出,"专利法的诞生,是激励法发展史上的一个里程碑,因为此前的激励法都只是掺杂在其他法律中,专利法则是作为整体性的激励法出现……有朝一日,惩戒法将退居次要地位,而激励法在法律体系中占主要地位。"④这里接着倪正茂的话讲,事实上,除了专利法以外,经济法中甚至还出现了以"奖励""鼓励""促进""激励"为标题关键词的规范性文件。按照倪正茂的观点这就是激励法由"自为"阶段向"自觉"阶段的转换。因此,可以预判,在未来社会中激励正外部性的法律的数量会越来越多,越来越重要。有学者还指出,"事实上,法律制度是一个历史性概念,其在使用惩罚与奖赏、抑制与激励方面不可能一成不变。研究表明,人类社会越是向前发展,法律制度使用奖励的频率就会愈多。"⑤这一点在经济法中体现得尤其明显。

3. 经济法中惩罚性规范向激励性规范转换

除了经济法由重惩罚功能向重激励功能的转换,不断增加标题中含有"激励"有关关键词的激励性规范文件、激励性章节、激励性法条以外,还有一个事实是,逐渐出现了由之前的惩罚性规范向激励性规范转变的现象。如明

---

① 《尚书·甘誓》。

② 沈宗灵:《法理学研究》,上海人民出版社 1990 年版,第 208—209 页。

③ 刘大生:《法律层次论》,天津人民出版社 1993 年版,第 104 页。

④ 倪正茂:《激励法学探析》,上海社会科学院出版社 2012 年版,第 32 页。

⑤ 参见傅红伟:《行政奖励研究》,北京大学出版社 2003 年版,第 6 页。

代不仅承袭了前次历代以法激励垦荒、事农的法律传统,而且有"改刑为屯"的规范创造,其意义在于开创了用激励法取代惩戒法之先河,开创了法律调节手段变通运用的先例,得到又惩戒又激励的双重效果。[1] 这里以我国《人口与计划生育法》为例来进行说明,笔者发现其中部分条文发生了显著的变化。曾经以惩罚超生为主的惩罚性规范,逐渐被按照国家计划生育者的奖励性规范所取代,如可参见《变"处罚为主"为"奖惩并举"》的相关报道[2]。还有,曾经被列为禁区的"小规模纳税人开具增值税专用发票"事宜,后来却逐渐扩大试点范围至住宿业、鉴证咨询业、建筑业、工业、信息传输、软件和信息技术服务业、租赁和商务服务业、科学研究和技术服务业、居民服务、修理和其他服务业等多个行业,然后进一步扩展至所有行业,也即鼓励他们自愿使用增值税发票管理系统自行开具。以上例子表明,法律的惩罚功能与激励功能并不是非此即彼、泾渭分明以及水火不容、方枘圆凿的关系。在适当的条件下根据需要它们可以携手甚至变通转换以实现激励目的。

(三) 基于经济法责任规则视角的分析

1. 经济法责任规则的功能

有关法律激励正外部性的思想,卡拉布雷西和麦拉米德在他们的经典论文里做过比较详细的分析[3]。其体现的观点是,可以通过责任规则来解决外部性问题。下面从正外部性的激励视角来具体考量责任规则的功能。正外部性是一个经济主体在行使其权利时将其可由自己行使的权利主动或被动"让渡"给他人且没有施加任何义务。正如学者魏建与黄少安认为,正外部性的存在提高了社会收益,尽管这种提高可能是非自愿的,因为其以供体承担相关义务和责任为前提(当然也有自愿的),但它是一种帕累托改进,符合效率原则。社会的进步在很大程度上要归功于正外部性,如技术进步、公共产品供给等都是促进社会进步的主要因素。因此要改变正外部性产品供给不足的状况,就要对它的供给主体进行激励。[4] 在激励方法上,责任规则可担此任。

从责任规则的视角看,传统上私法的激励性规则较少,如仅有针对无因管理及见义勇为等少数规定。这里用法经济学方法进行分析,即当某人的

---

① 参见倪正茂:《激励法学探析》,上海社会科学院出版社 2012 年版,第 616 页。
② 王淑军:《变"处罚为主"为"奖惩并举"》,《人民日报》2005 年 6 月 10 日。
③ 即他们假定社会业已分配了产权,并把这叫做对资源的"权力",然后建议在出现外部性的地方,法院应以双方在解决争端中合作的能力为基础选择损失赔偿或者禁令。
④ 魏建、黄少安:《经济外部性与法律》,《中国经济问题》1998 年第 4 期。

行为给他人及社会带来额外收益时,法律可以将这些行为的正外部性内部化,以产生对此行为的足够激励,保证有益行为的供应量。① 学者张维迎也认为,激励的目的是把个体行为的外部性内部化,通过规则的强制,迫使产生外部性的个体将社会成本和社会收益转化为私人成本和私人收益……可以把激励机制理解为责任规则。法律实际上是一种责任规则。② 除此之外,前文已述,在民事诉讼法中的举证责任倒置规则也是通过在双方当事人之间合理配置举证责任的具有激励功能的责任规则。

经济法责任规则的激励功能目前主要体现在后文述及的减免责任型激励,即具体表现为事前减免责任进行激励和事后减免责任进行激励方面,在此不赘。在经济法中,责任规则还体现在对政府规定激励责任方面。以经济法奖励③为例,不少经济法规范均有奖励条款,如《消费者权益保护法》(2013)第 6 条第 2 款规定:"国家鼓励、支持一切组织和个人对损害消费者合法权益的行为进行社会监督。"《反不正当竞争法》(2017)第 5 条规定:"国家鼓励、支持和保护一切组织和个人对不正当竞争行为进行社会监督。"《产品质量法》(2018)第 6 条规定:"……对产品质量管理先进和产品质量达到国际先进水平、成绩显著的单位和个人,给予奖励。"《税收征收管理法》(2015)第 13 条规定:"……税务机关应当按照规定对检举人给予奖励。"不过,有学者认为,"这些条款不具有可操作性,大多流于形式规定。"④其根本原因在于激励主体激励责任规则的缺失。这也说明我国法律对于正外部性激励的法治化还没有给予足够重视。⑤ 不过,从长远来看,经济法

---

① 廖建求、姜孝贤:《法律责任二元对称之法经济学分析》,湖北省法学会法经济学研究会 2007 年年会暨第三届学术研讨会,2007 年 12 月 15 日,第 12 页。

② 张维迎:《信息、信任与法律》,生活·读书·新知三联书店 2003 年版,第 83 页。

③ 学者张守文提出"经济法褒奖"一词,他认为,经济法褒奖是由于积极的履行经济法上的义务,而受到经济法的褒扬与奖励。参见张守文:《经济法概论》,北京大学出版社 2005 年版,第 115 页。

④ 陈乃新:《经济法理性论纲——以剩余价值法权化为中心》,中国检察出版社 2004 年版,第 127 页。

⑤ 关于这个问题,学者张守文有相关研究,他认为,"从调整目的、调整手段、调整功能的角度,可以把经济法规范分为两类:一类以鼓励和促进为目的,称为'励进型'或'促进型'经济法;另一类以限制和禁止为目的,称为'限禁型'经济法。"他还指出,"所谓促进型经济法,乃是旨在通过法定的鼓励性手段来促进经济社会发展的经济法规范的总称。"他还认为"对于旨在'促进'的经济法规范研究则相对较少,因此,促进型经济法更值得重视和研究""在未来,学界尚须研究如何通过经济法制度的完善来促进经济和社会的发展。故此,促进型经济法定会成为未来研究的重要领域。"参见张守文:《论促进型经济法》,《重庆大学学报》(社会科学版)2008 年第 5 期。另外,学者叶姗也有相关研究,参见叶姗:《促进稳定发展的法律类型化之比较研究》,《现代法学》2009 年第 2 期。

责任规则的完善是迟早的事。

2. 经济法责任规则的拓补

体现激励功能的经济法责任规则除表现在前述几个方面之外,其自身也在不断进行理论创新。进一步说,法律是配置权利、义务和责任的特殊社会规范,因此其发挥作用也离不开权利、义务和责任的合理配置。而激励正外部性的难点是当事人之间缺乏法定的权利义务关系,更缺乏奖励性的责任规则。所以可以运用转化法,将没有权利义务关系的两个主体(正外部性的供体和受体)运用一定的技术手段使其产生一定的权利义务关系,其实质是将两个没有权利义务关系的正外部性供体和受体转化为具有一定权利义务关系的供体和受体,并应用一般的法律原则加以解决,实现正外部性的法律解。[①] 总之,这里的转化旨在恢复正外部性供体与受体之间利益的平衡。

例如,对于受益主体不明确的正外部性,其有效的解决方式是公权力干预。即将没有法律上权利、义务和责任关系的两个正外部性主体(包括供体和受体)通过公权力干预形成具有一定权利、义务和责任关系的两个主体,从而使正外部性问题得以解决。具体来看,可以通过立法明确规定受体需要向供体支付一定补偿费,使得双方的权利义务法定化,从而使正外部性从一种无权利义务关系转化为一种法律上的权利义务关系,最终使正外部性得以激励。这实际上是对受体施加补偿责任。举个例子,河流上游某地区实施的退耕还林政策,在改善本地区自然环境的同时,也使下游地区获益便是典型的区间单向正外部性。这时,国家可以通过立法进行激励——制定退耕还林区际间补偿办法,其中可以设定补偿责任规则,由下游地区向退耕还林地区支付法律规定的区际补偿费。还有我国实施的工业反哺农业的政策,则是规定工业对农业的补偿责任。其实质就是产业之间正外部性问题解决的例子。因为长期以来,我国农业产业为工业产业供给了大量的正外部性。总之,以上的责任规则可以为正外部性供体提供激励。

二、正外部性经济法激励的立法图景

古今中外激励正外部性的经济法客观存在且并不少见,只是没有受到足够的重视而已。下面基于古今中外的历史长河视野和国别空间视角对核心的激励型经济法律法规进行梳理和类型化考察。通过梳理和考察,我们

---

① 参见梁高峰、李录堂:《正外部性问题法律解浅议》,《甘肃理论学刊》2007年第4期。

可以看到一幅古今中外激励正外部性的经济法立法(包括分散立法和专门立法)图景。

(一)国外正外部性经济法激励的核心立法溯源与近况

1. 国外正外部性经济法激励的核心立法溯源

历史上国外激励正外部性的经济法相关规范体现在诸多方面,包括但不限于以下内容:

(1)手工业生产激励方面

古代雅典的梭伦立法主要目的和内容之一是促进经济发展,其中包括促进手工业生产的发展。如为奖励外邦手工艺人移居雅典,有规定城邦须为工艺师开辟特别居住区,规定外邦手工匠人来雅典定居传艺可特批授予公民权的相关立法。[①] 这些规定为古代雅典的繁荣奠定了基础,这也是典型的通过给予特殊待遇进行激励。

(2)农业生产激励方面

世界文明起源于四大流域,农业生产是古代文明国家存在的重要基础。古印度孔雀王朝阿育王颁布的《十四敕》的内容之一即是奖励栽培草药、植树造林、凿井引泉等。古罗马时期颁布的《曼奇亚法》规定,凡是自愿在元首田庄和公有田庄的处女地上播种或种植者皆可自由行事,只要占有者耕种土地,他们就一直是这块土地的持有者,按法律规定的条件享有宅地权,而不需要有专门的契约。[②] 很显然,这是通过赋予权利进行激励的典型。

(3)捐赠施舍激励方面

个人的捐赠施舍属于财富的再次分配,与经济法激励也密切相关。《古兰经》(公元609—632年)多次强调:"我将赦宥你们的种种罪过,我要善报好人""凡你们为自己而行的善,你们将在真主那里发现其报酬""如果你们公开地施舍,这是很好的;如果你们秘密地施济贫民,这对于你们是更好的""你们施舍的任何美物,你们将享受完全的报酬""各人要享受自己所行善功的奖赏,要遭遇自己所做罪恶的惩罚""如果人有一丝毫善功,他要加倍地酬劳他,并且以他那里的重大的报酬赏赐他"。[③] 这些可以归为给予特殊待遇进行激励的典型。

---

① 转引自陈盛清:《外国法制史》,北京大学出版社1982年版,第39页。

② 杨共乐:《罗马社会经济研究》,北京师范大学出版社2010年版,第52页。

③ 参见由嵘等:《外国法制史参考资料汇编》,北京大学出版社2004年版,第221—242页。

（4）战争激励方面

古代要发展经济,离不开土地、马匹、奴隶等劳动资料和劳动力。因此激励战争也就意味着激励发展经济。《古兰经》(公元 609—632 年)强调,"谁为主道而战,以致杀身成仁,或杀敌致果,我将赏赐谁重大的报酬""真主确已用乐园换取信士们的生命和财产。他们为真主而战斗;他们或杀敌致果,或杀身成仁……谁比真主更能践约呢? 你们要为自己所缔结的契约而高兴。那正是伟大的成功。"①这些可归为特殊荣誉型激励。《英国大宪章》第 29 条规定,"……该监军保安官奉命出征时,则在从军期内,得免除守卫之责。"②这是典型的通过减免义务进行的激励。

（5）社会治理激励方面

古代经济的发展也离不开良好的社会环境。公元前 15 世纪中叶,在被称为"古埃及的拿破仑"的图特摩斯三世时期已经产生了成文法典。可考的诸石雕像及铭文的成文法典中有一份训令说:"在审理案件时应当是公道的,不偏私,使当事人双方都能满意地离开法官……不在出身低下的人面前偏袒显贵者,并奖励受害人给恶人以报复。"③《西撒克逊国王伊尼法典》(公元 688—694 年)规定:"找到被偷并被隐藏的食物者,如果他敢于,就可以宣誓说,这是属于他的;追踪的人可得报告者的奖金。"④古代雅典伯里克利时期的宪法性法律中实行了公职津贴制度,甚至对于全体公民参加文艺体育盛会都发放津贴。⑤ 这些都是通过增加收益进行激励的典型。

（6）科技创新激励方面

科技创新是经济发展的重要推动力。专利法的起源可以追溯到 13 世纪,当时英国出现特许令状,由英王颁布诏书对新近发明或者新引进技术授予一定期限的垄断权。具体讲,即英王亨利三世 1236 年授予一市民以制作各色布 15 年的垄断权。这实际上是封建特权的一种形式,并非现代意义上的专利。1474 年,威尼斯城邦共和国元老院颁布了世界上第一部具有近代特征的专利法。1476 年 2 月 20 日即批准了第一件有记载的专利。威尼斯便成为第一个建立专利制度的国家。1624 年,英国颁布的《垄断法案》取代特许令状制度,其便成为世界上第一部具有现代意义的专利法。德国法学家柯勒曾称之为"发明人权利的大宪章"。这些都是典型的通过赋予权利

---

① 参见由嵘等:《外国法制史参考资料汇编》,北京大学出版社 2004 年版,第 238 页。
② 参见由嵘等:《外国法制史参考资料汇编》,北京大学出版社 2004 年版,第 260 页。
③ 参见由嵘等:《外国法制史》,北京大学出版社 1992 年版,第 7 页。
④ 参见由嵘等:《外国法制史参考资料汇编》,北京大学出版社 2004 年版,第 165 页。
⑤ 参见倪正茂:《激励法学探析》,上海社会科学院出版社 2012 年版,第 12 页。

进行的激励。

（7）商业贸易发展激励方面

早在公元前六世纪古希腊梭伦立法时期就鼓励商业发展，如规定除自给有余的橄榄油外，禁止任何农副产品出口，目的是为了保证城市居民粮食供应。而经济作物橄榄油在自给有余的情况下则奖励出口。英国都铎王朝一贯执行重商主义政策，保护工商业，奖励航海事业；亨利四世奖励推广新农作物等，对工商业也实行奖励和保护政策。法国从弗朗索瓦一世（1515-1547 年在位）到路易十四都重视发展大型贸易而激励开发水陆交通。在开凿了卢瓦尔河与塞纳河支流洛安河之间的运河之后，沟通地中海和大西洋的朗格多克运河在 1681 年也得以竣工。这些激励主要是通过增加收益和减免义务来实现的。

2. 国外正外部性经济法激励的核心立法近况

国外激励正外部性的经济法相关立法，18 世纪以来主要集中在环境与资源保护、科技创新、区域经济协调发展等方面。

（1）环境与资源保护立法方面

1990 年 10 月美国国会通过的《污染预防法》规定，联邦基金用于支持国家项目，资助额为所需资金的 50%。同时，管理者每个财政年度有 800 万美元的财政拨款的权限用于资助减排项目。① 日本《环境基本法》有关于环境经济资助激励的规定。法国从 1980 年起设立了无污染工厂的奥斯卡奖金，奖励在采用无废工艺方面做出成绩的企业。② 这些主要是通过增加收益、减免义务进行的激励。

（2）科技创新立法方面

激励法律规范适用于科技创新方面非常典型和普遍。为了激励科技创新，西方国家先后出台了专利法。英国于 1624 年率先建立了鼓励创新和技术发明的专利制度，美国（1790）、法国（1791）、西班牙（1820）、日本（1826）、德国（1877）等工业国家也陆续制定了专利法。1790 年美国颁行专利法时，林肯指出其是"为天才之火浇上利益之油"。③ 20 世纪中叶，美

---

① 即国家应当采取必要的措施，促使那些从事能够增加环境负荷之活动或能形成污染之原因活动的人，降低环境负荷，防治环境污染的发生，并在考虑其经济状况的基础上实行必要而适当的经济资助。参见孙佑海、张蕾等：《中国循环经济法论》，科学出版社 2008 年版，第 213 页。

② 吕承华：《借鉴国际经验对我国清洁生产的思考》，《经济前沿》2004 年第 5 期。

③ 激励正外部性的法律带来的效果是：自 1800 年至 1900 年，100 年间美国国内的年专利申请数，从 40 件跃增到 4.6 万件。电灯、电报、电话以及飞机等对人类生活发生了重大影响的发明，都是在美国专利法的激励下诞生的。

国以科技法大力激励科技进步,如先后颁布了《国家自然科学基金会法》(1950)、《技术创新法》(1980)、《中小企业技术创新促进法》(1982)、《国家合作研究法案》(1984)、《联邦政府技术转移法》(1986)、《技术转移商业化法案》(2000)、《国家创新法》(2005)等。国会两党议员联合提出的《国家创新法》议案,设立了总统"创新加速鼓励基金计划"、永久减免研究开发税收、鼓励开发技术创新热点等十大激励措施,以求建立美国的科技创新体系。① 这些立法对美国的科技与经济发展起到了巨大的激励作用。

其他国家也纷纷仿效美国。联邦德国在联邦和州层面设立的科技奖励就有 20 多项。英国、日本也有政府科技奖,如英国有"女王技术成就奖""女王环境成就奖",日本有"科学技术功劳者奖"。② 南非政府设立的科技奖励约有 10 余种,分全国性奖与专业性奖两类,其中比较有影响的是国家研究发展基金会(FRD)主席奖与国家标准局(SABS)的设计奖。③ 加拿大制定了"奖励科技研究发展计划",旨在通过税收优惠办法激励企业从事科技研究、促进经济发展。④ 这些主要是通过赋予权利、减免义务及给予特殊荣誉进行的激励。

(3)鼓励地区经济发展立法

放眼世界历史长河,人类文明起源于四大河流,产生了四大文明古国,然后再逐渐辐射发展而遍布全球。对一个国家而言,往往也是先从核心区域向非核心区域发展。因此,投资开发新兴落后地区是很多国家都走过的路。美国在开发落后地区过程中以法律支持区域开发为特色。一方面,为保障"西进运动"的推进,政府从 1785 年开始出台了相关法律,包括《地价递减法》(1854)、《宅地法》(1862)、《鼓励西部草原植树法案》(1873)、《沙漠土地法》(1877)等。而在开发南部"阳光地带"时,政府颁布《麻梭浅滩与田纳西河流域开发法》(1933)、《土地再开发法》(1961)、《公共工程和经济开发法》(1965)、《阿巴拉契亚区域开发法》(1965)等系列法律,使得美国区域发展中具有了制度化和规范化的激励机制和保障体系。⑤

---

① 参见中国国际科技合作协会:《2005 年世界科学技术发展综述(若干特点)(上)》,《海峡科技与产业》2006 年第 2 期。

② 黄灿宏、王凌坤:《国外政府科技奖励的基本情况及特点》,《科学学研究》1999 年第 1 期。

③ 史明浩:《南非政府设立的科技奖励情况》,《中国科技奖励》1999 年第 3 期。

④ [加]吕文峰:《以税务奖励政策促进科技发展的探讨——加拿大经验的介析及对中国的相关建议》,《贵州财经学院学报》2000 年第 4 期。

⑤ 中国人民银行研究局:《中国人民银行金融研究重点课题获奖报告》,中国金融出版社 2004 年版。转引自李阳:《西部地区农村金融深化中的政府行为研究》,兰州大学 2009 年博士学位论文,第 93 页。

日本 1950 年制定的《北海道开发法》是"二战"后第一部区域开发性质的基本法律。此外,还有如 1961 年的《促进低开发地区工业开发法》和《振兴产炭地区临时措施法》及 1962 年的《促进新产业都市建设法》等全国范围的区域开发法律。马其顿共和国于 1994 年颁布的《鼓励不发达地区经济发展法》①、罗马尼亚于 1997 年颁布的《罗马尼亚共和国鼓励国外投资法(草案)》②、德国宪法《联邦基本法》、前西德 1959 年制定的《关于共同任务——区域经济结构改善——的法律》等都属于此类激励法。这些主要是通过增加收益、减免义务进行的激励。

(二)中国正外部性经济法激励的核心立法溯源及现状

1.中国正外部性经济法激励的核心立法溯源

周至明清,奖赏之法,连绵不绝。而关于激励的观点也层出不穷。吕不韦言:"故善教者,不以赏罚而教成,教成而赏罚弗能禁。用赏罚不当亦然"。③ 韩非子也言:"赏罚者,利器也……以功致赏而不念慈惠之赐。"④较早使用经济法相关的激励是在战争、政绩、生产以及社会治理等方面,后来使用的范围日益扩大。

(1)战争激励方面

一是战前激励。根据学者倪正茂的观点,中国历史上最早出现的内含激励型法律规范的是夏禹的儿子夏启发兵攻打有扈氏时发布的军令:"用命,赏于祖;弗用命,戮于社。予则孥戮汝。"⑤并且,夏朝的法是"先禄而后威,先赏而后罚。"无独有偶,取夏而代之的商汤,在发动灭夏的战争时,也发布了大致相同的军令:"……尔尚辅予一人,致天之罚,予其大赉汝。尔无不信,朕不食言,尔不从誓言,予则孥戮汝,罔有攸赦。"⑥这里的"赏于祖"和"予其大赉汝"都是激励型规定。这些可以看作是激励型规范的萌芽和肇生。后来,晋国赵商在公元前 493 年发动的战争誓师大会也曾宣布"克敌者,上大夫受县,下大夫受郡,士田十万,庶人工商遂,人臣隶圉免。"⑦这些主要是通过给予物质和精神奖励及特殊身份待遇进行的激励。

---

① 参见:http://www.mls.gov.mk.
② 参见:http://www.kinsellalaw.com.
③ 张双棣等:《吕氏春秋译注》,吉林文史出版杜 1986 年版,第 403—404 页。
④ 陈奇猷:《韩非子集释》,上海人民出版社 1974 年版,第 577 页。
⑤ 《尚书·甘誓》。
⑥ 《尚书·汤誓》。
⑦ 《左传·哀公二年》。

二是战后激励。战国时期"商鞅变法"时《军爵律》专门规定按军功授爵行赏的办法即"各以率受上爵"。商鞅强调，"是以明君之使其臣也，用必出于其劳，赏必加于其功。功赏明，则民竞于功。为国而能使其民尽力以竞于功，则兵必强矣。"①这些主要是通过增加收益、给予特殊荣誉进行的激励。

三是平时训练激励。战国时期"李悝变法"时提出了"选贤任能，赏罚分明"的国策，包括"中试则复其户，利其田宅"②。这里的"复其户"就是免除赋税的意思。这些主要是通过增加收益、减少成本和给予特殊荣誉进行的激励。

（2）政绩激励方面

一是赏赐物质激励。有文献显示，约公元前3000年，夏禹治水时，禹就为治水有功者"锡土、姓"，即赏赐土地及姓氏以示降服部落取得了同宗地位。③大禹治水成功后，舜帝赐予"玄圭"（一种黑色的玉器，上尖下方，古代用以赏赐建立特殊功绩的人——笔者注），后来又禅位于大禹。这可能是我国有关奖励的最早记载。④这些主要是通过给予物质和精神奖励、赋予特殊资格进行的激励。

二是赏赐女子激励。商代甲骨文中记载："庚戌口贞炀（赐）多女（汝）有贝朋。"⑤西周金文也显示，商代还存在赏赐臣妾的情况⑥。大致是对有功之臣赐予女子以多繁育后代的意思。唐代李世民一次赏赐的奴婢甚至多到70人。⑦这些都说明赏赐"女"的普遍存在。这些主要是通过给予"物质"奖励和给予特殊待遇进行的激励。

三是职位擢升激励。如在治理都鄙的八则中："四曰禄位，以驭其士"⑧"七曰刑赏，以驭其威"⑨。在管理群臣的"八柄"中，前"五柄"⑩都是行赏的，即对有功有能的人，授以爵禄，赐予奖赏，置于高位，给以生养。周朝有

---

① 《商君书·错法》。
② 《荀子·议兵》。
③ 参见刘正权：《大禹治水与中国传统行政法起源之研究》，载霍存福等主编《中国法律传统与法律精神》，山东人民出版社2010年版，第113—120页。
④ 参见姚昆仑：《中国科学技术奖励制度研究》，中国科学技术大学2007年博士学位论文，第288页。
⑤ 郭沫若：《甲骨文合集》，中华书局1978年版，第1438页。
⑥ 参见张永山：《试析"锡多女贝朋"》，《古文字研究》（第十六辑），中华书局1989年版，第29—35页。
⑦ 戴小宝：《李世民的人才激励问题研究——以古代正激励机制为范畴的溯及和考察》，南昌大学2007年硕士学位论文，第29页。
⑧ 四则是对有贤行学识的学士禄赏爵位。
⑨ 七则是有罪则刑之，有功则赏之，昭示法律的权威。
⑩ 即一曰爵，以驭其贵；二曰禄，以驭其富；三曰予，以驭其幸；四曰置，以驭其行；五曰生，以驭其福。

专门掌握赏功赐地的官员叫司勋,司勋掌六乡赏地之法,以等其功。功勋的等级有六。① 齐桓公与诸侯国订立盟约规定"尊贤育才,以彰有德"②。尤其是宋代,"诸监司被受劝农手诏,每岁春秋检举行下所属,遇巡历所至,检察知州县令劝农之勤惰,岁终较其尤著者,为优劣等(如未至岁终替移者,牒后官通计)。限次年正月终保奏(知州各一员,所部五十县以上者,县令各二员。五十县以下者,各一员,或无不听阙)。罢任到阙日,具任内已保奏优劣之人以问。"③元朝时期,元廷制定了"减资升转"的奖励办法。④ 明朝时期,"有司官员开垦数多,即行分别奖荐超擢……每年终核实具奏,以凭奖励。"⑤这些主要是通过给予特殊待遇进行的激励。

(3)生产激励方面

一是通过减税激励农业生产。早在夏朝,"此时亦什一税(收总产量十分之一的税)。据什一而得为九等差者,人功有强弱,收获有多少。传以荆州田第八赋第三,为人功修也;雍州田第一赋第六,为人功少也。"⑥夏朝夏禹提出"其田上中,其赋中中"⑦,合理划分税赋等级,起到了激励农业生产的作用。汉初景帝二年诏"令民半出田租,三十而税一也"⑧,从而以较低税率征税激励农业生产。这些主要是通过减少成本进行的激励。

二是激励手工业生产。春秋管仲建议齐桓公奖励盐铁业者,如"今齐有渠展之盐,请君伐菹薪,煮沸火水为盐,正而积之。"桓公曰:"诺。"⑨还有在冶铁方面有"与民量其重,计其赢,民得其七,君得其三"⑩的规定。这些主要是通过增加收益、减少成本进行的激励。

三是激励开垦耕织。"商鞅变法"时,其"废井田、开阡陌",以立法形式鼓励农耕,旨在实现追求社会大发展的目标。《垦草令》鼓励农民开垦荒地;《奖励耕织法令》规定:"缪力本业,耕织致粟帛多者复其身。事末利及怠而贫者,举以为收孥。"⑪这里的"复起身"就是免除徭役。"李悝变法"

---

① 即"王功(指辅佐王业)曰勋""国功(指保卫国家)曰功""民功(指有功于民)曰庸""治功(指实行法治)曰力""事功(指勤劳政务)曰劳""战功曰多"。

② 《孟子·告子下》。

③ 《庆元条法事类》卷四十九《考课令》。

④ 《元典章·吏部·盐官勾减资》。

⑤ 《明神宗实录》卷三十四。

⑥ 《禹贡》孔颖达疏。

⑦ 《禹贡》孔颖达疏。

⑧ 《汉书·食货志》。

⑨ 《管子·轻重》。

⑩ 《管子·地数》。

⑪ 《史记·商君列传》。

时,鼓励自由开垦土地,提倡在一块土地上杂种各种粮食作物,并要求农户在住宅周围栽树种桑,充分利用空闲地扩大农户农副业生产,施行"增产者赏,减产者罚"制度。唐代李世民下《耕耤诏》,亲往田间躬耕示范,以励民农,诏曰"二十一日亲祭先农,耤於千亩之甸。"①这些主要是通过增加收益、减免义务进行的激励。

四是激励牛羊畜牧。牛作为秦国当时主要的生产"工具"和生活资料具有重要地位。为了鼓励养好和用好牛,秦国实行季评年考,成绩优秀的,赏赐;成绩低劣的,处罚。"秦简"《厩苑律》规定:"以四月、七月、十月、正月肤(胪,评比)田牛。卒岁,以正月大课之。最(优秀),赐田啬夫壶酒束脯(干肉)……;殿(低劣)者,谇(申斥)田啬夫,罚冗皂者二月"②。这些主要是通过增加收益、减免义务进行的激励。

五是激励水利修缮。宋代的王安石在农业法制改革中,对于私人出钱兴建水利的,按其功利大小酬奖。据资料显示,"自1070年至1076年的六七年间,遂掀起了百年来所未有的兴建农田水利的高潮。"③这主要是通过增加收益进行的激励。

六是激励经济作物生产。如洪武元年定例:"桑麻科征之额,麻亩科八两,木棉亩四两,栽桑者,四年以后有成,始征其租。"④洪武二十七年(公元1394年)又令各地农民"若有余力开地植棉,率蠲其税"。⑤总之,这些激励生产措施的目的是为了达致韩非子主张的"使民以力得富",⑥其主要是通过减少成本进行的激励。

(4)国家社会治理激励方面

一是激励揭发犯罪。为抑制犯罪,鼓励告奸,对告发他人犯罪者,国家给予厚赏。如宋代鼓励告发而悬赏,宋太宗淳化元年八月,曾下诏"募告者,赏之。"⑦元朝时期,"凡伪造盐引者皆斩,籍其家产,付告人充赏。"⑧这主要是通过给予物质和精神奖励进行的激励。

二是激励直言兴谏。汉文帝二年五月颁布的《除诽谤法诏》云:"古之

①　《全唐文》卷5《耕耤诏》第58页。

②　李国兰:《从睡虎地秦简看秦国的控制制度》,《重庆理工大学学报(社会科学版)》2010年第1期。

③　漆侠:《王安石变法》,上海人民出版社1959年版,第127页。

④　《大明会典·户部四·农桑》。

⑤　《洪武实录》卷二百三十二。

⑥　陈奇猷:《韩非子集释》,上海人民出版社1974年版,第577页。

⑦　《宋史·太宗二》。

⑧　《元典章·户部·课程·盐课》。

治天下,朝有进善之旌,诽谤之木,所以通治道而来谏者也。今法有诽谤妖言之罪,是使群臣不敢尽情,而上无由闻过失也。将何以来远方之贤良? 其除之。"①皇帝之诏书即为法律,《除诽谤法诏》即为除诽谤法之法。此法之施行,当然会激励人们直言兴谏,显然具有激励作用。② 这主要是通过减免责任进行的激励。

三是激励见义勇为。唐代对见义勇为实施金钱奖励的正式法令规定"诸纠捉盗贼者,所征倍赃,皆赏纠捉之人。家贫无财可征及依法不合征倍赃者,并计得正赃,准五分与二分,赏纠捉人。若正赃费尽者,官出一分,以赏捉人。即官人非因检校而别纠捉,并共盗及知情主人首告者,亦依赏例"。③ 这主要是通过给予特殊荣誉进行的激励。

四是激励拾金不昧。如《尚书·费誓》载:"马牛其风,臣妾逋逃,无敢越逐,祗复之,我商赉汝。"这里是强调拾得他人的牛马等要送还,而送还会得到奖赏。这主要是通过给予物质奖励进行的激励。

(5)科技创新激励方面

唐代的中国,经济和文化臻于世界的高峰。这与当时及以前重视对科技的奖赏激励不无关系。自唐以后,科技发展日益缓慢,而至清代,一落千丈,为列强所侵略瓜分,这也与忽视对科技进步的奖赏激励有关。后来,太平天国以《资政新篇》为纲领对中国进行近代化改造,效仿西方国家的专利制度对技术发明和工商业投资采取鼓励和保护措施。《资政新篇》里第一次用文字形式将专利制度的轮廓予以表述。之后的"洋务运动"中,在郑观应等人的推动下,清政府于1882年由光绪皇帝批准了我国近代史上的第一件专利,即郑观应等人创造的机器织布工艺。再后来,光绪皇帝于1898年颁布《振兴工艺给奖章程》,首次以法律的形式明确保护和奖励创造发明。1912年,中华民国工商部制定了《奖励工艺品暂行章程》,1923年还对其进行了修订。1928年,国民政府颁布了《奖励工业品暂行条例》,1932年又颁布了《奖励工业技术暂行条例》并作了两次修订。1944年,国民政府公布了有史以来第一部专利法。这些主要是通过赋予权利、增加收益进行的激励。

(6)商业发展激励方面

三国时期曹魏政权颁行的《庚戌令》曰:"关津所以通商旅,池苑所以御

---

① 《汉书·文帝纪》。

② 倪正茂:《激励法学要言》,《东方法学》2009年第1期。

③ [日]仁井田升:《唐令拾遗·捕亡令第二十八》,转引自郑显文:《中国古代关于见义勇为的立法》,《中外法学》1999年第6期。

灾荒,设禁重税,非所以便民;其除池篽之禁,轻关津之税,皆复什一。"①
这项规定一改过去"重农抑商"政策,显然是通过减少成本激励商旅之
人积极从事商贸活动。清朝光绪皇帝为急迫发展商业,在1903年《奖
励公司章程》中作出了激励性规定②。随后,在1906年的《奖给商勋章
程》也作出了激励性规定③。这些主要是通过给予特殊荣誉进行的
激励。

(7)民族工业发展激励方面

1911年,70余项经济法规得以出台,其中内容大多体现为扶持与奖励
经济、科技、教育发展的导向,包括《公司条例》《商人通例》《所得税条例》
《关于振兴实业奖励办法》等④。1912年国民临时政府颁行了《暂行工艺品
奖励章程》。另外,孙中山先生等制定过《航业奖励条例》《垦辟蒙荒奖励办
法》等⑤;1934年南京国民政府为鼓励国人勇于技术创新,发展我国民族工
业,实业部特颁布了《工业奖励法》对工业进行奖励。1947年施行的《中华
民国宪法》第145条的规定⑥从宪法的高度制定了奖励性规范,为奖励性规
范立法的体系化提供了一个初始框架。另外,中国台湾地区为配合高速铁
路建设、鼓励民间参与而制定了"奖励民间参与交通建设条例"及配套的
"民间机构参与交通建设免纳营利事业所得税办法""奖励民间参与交通建
设使用公有土地租金优惠办法"等⑦。这些主要是通过增加收益、减免义务
进行的激励。

(8)人才激励方面

经济的发展离不开人才。曹操曾颁布《求贤令》曰"若必廉士而后可
用,则齐桓其何以霸世……唯才是举,吾得而用之。"⑧宋代欧阳修亦云"用
人之际,革去旧例而唯材是择。"⑨李世民的《赏渡辽战功诏》中"授以勋级,
本据有功。若不优异,无繇劝奖。今讨高丽。其从驾爰及水陆诸军。战阵

---

① 《管子·轻重乙》。
② 凡能集股五十万元至五千万元经营工商业的,分别奖以议员或商部头等顾问官等职,加七
　品至头品顶戴。商人已有职衔的,可移奖弟子侄;合股经营的,亦可分别给奖。
③ 凡能制造新式武器或将中国原有工艺美术翻新花样,精工制造的,奖以六品至二品顶戴,
　五等至一等商勋。
④ 倪正茂:《激励法学探析》,上海社会科学院出版社2012年版,第7页。
⑤ 徐建生:《论民国初年经济政策的扶植与奖励导向》,《近代史研究》1999年第1期。
⑥ "国家对于国民生产事业及对外贸易应奖励、指导及保护。"
⑦ 荣朝和、王国样:《〈奖励民间参与交通建设条例〉评介》,《铁道经济研究》1999年第4期。
⑧ 《三国志》卷1《魏书一·武帝纪第一》,第32页。
⑨ 欧阳修:《文忠集》卷118《论契丹侵地界状》四库本。

有功者,并特听从高品上累加。"①这些都体现了对人才的激励。贞观时期还将俸禄供给与考绩制度相结合,实行奖优政策,如"凡考,中上以上,每进一等,加禄一季。"②1933 年为巩固和扩大革命根据地,川陕苏维埃政府曾制定《专门人才暂行条例》③,激励专门人才来苏区参加革命事业。此外,革命政权还构造了包含优待权、优先购买权、分地优先权等新型的激励型规范,在当时负有盛名的是《优待红军家属礼拜六条例》。西北军区政治部还特地制定了优待红军家属的奖励条例。④ 这些主要是通过减免义务、赋予特殊资格进行的激励。

2. 中国正外部性经济法激励的核心立法现状

新中国成立后我国关于正外部性经济法激励的相关立法包括但不限于环境与资源保护、科技创新、区域经济协调发展等方面。

(1)环境与资源保护方面

如我国《水法》(2016)第 11 条规定对成绩显著的单位和个人给予奖励。⑤《节约能源法》(2018)第 25 条规定对节能工作取得成绩的集体、个人给予奖励;《循环经济促进法》(2018)第 48 条规定对在循环经济发展中做出突出贡献的集体和个人给予表彰和奖励⑥;《清洁生产促进法》(2018)第 30 条规定国家建立清洁生产表彰奖励制度,对在清洁生产工作中做出显著成绩的单位和个人,由人民政府给予表彰和奖励;等等。这些激励内容并不具体,需要其他相关制度进行落实。

(2)科技创新方面

中华人民共和国成立前夕,《中国人民政治协商会议共同纲领》第 43

---

① 《唐会要》卷八十一。

② 《新唐书》卷 46《百官一》,第 1192 页。

③ 《专门人才暂行条例》第 6 条规定:"在苏维埃政府服务之专门家,忠实工作三年以上者,得享有公民权。"第 9、10 条规定:"专门人才之家属来苏区居住者,苏维埃政府当予以生活上一切之优待。""各种在苏区服务之专门人才,其子女得入苏维埃学校肄业,并享受免费之优待。"

④ 即①红军家属可以分得好土地,并有优先权;②红军家属的土地由当地苏维埃负责实行代耕;③红军家属购买物品,苏维埃商店贱价优待,并有优先购买之权;④红军家属生产、生活上的问题当地苏维埃负责解决,并享受优待;⑤红军家属往前方去看望其参加红军的亲人,完全享受各机关和红军饭店食宿的优待。参见张希坡:《革命根据地法制史》,法律出版社 1994 年版,第 199 页。

⑤ 即"在开发、利用、节约、保护、管理水资源和防治水害等方面成绩显著的单位和个人,由人民政府给予奖励。"

⑥ 即"县级以上人民政府及其有关部门应当对在循环经济管理、科学技术研究、产品开发、示范和推广工作中做出显著成绩的单位和个人给予表彰和奖励。企业事业单位应当对在循环经济发展中做出突出贡献的集体和个人给予表彰和奖励。"

条明确规定:"努力发展自然科学……奖励科学的发现和发明。"紧接着,
1950 年 8 月公布了《政务院关于奖励有关生产的发明、技术改进及合理化
建议的决定》和《保障发明权与专利暂行条例》等等。后来还制定了《技术
改进奖励条例》《自然科学奖励条例》《科技进步奖励条例》《合理化建议和
技术改进奖励条例》《技术成果转化法》《专利法》《国家高新技术产业开发
区税收政策的规定》等系列激励科技创新的法律规范。《宪法》(2018)第
20 条更是规定,国家奖励科学研究成果和技术发明创造①。这些激励内容
相对明确具体一些,可操作性强一些。

(3)科技教育方面

我国《宪法》(2018)第 19 条第 4 款规定国家鼓励依照法律规定举办各
种教育事业。② 宪法的这些规定是激励规范体系中的"母法",也为立法者
指明了奖励立法的方向和基本框架。③ 当然,宪法作为根本法,主要是从顶
层设计上规定一些宏观倡导型条款,没有涉及到后文述及的赋予权利型激
励等八种具体激励方式。另外,《教育法》《高等教育法》也有不少涉及激励
的规定。

(4)区域经济协调发展④层面

区域经济发展法属于经济法律体系中宏观经济调控法部分的内容。这
方面的法律法规比较分散,层次也比较低。宏观方面主要体现为:区域经济
发展计划制度、区域经济发展财政制度、区域经济发展金融制度、区域经济
发展投资和开发制度、区域经济发展贸易制度、区域经济发展市场制度、区
域经济发展劳动力制度等。以上内容在后文述及的八种激励方式上都有
体现。

总之,无论是从理论还是实践视角看,古今中外的确存在诸多用以激励
正外部性的经济法律规范,并且通过后文述及的八种激励方式发挥了重要
的作用。但是随着社会的发展,对激励正外部性的法律的需求与日俱增,加

---

①　即"国家发展自然科学和社会科学事业,普及科学和技术知识,奖励科学研究成果和技术
　　发明创造。"
②　即"国家鼓励集体经济组织、国家企业事业组织和其他社会力量依照法律规定举办各种教
　　育事业。"
③　李友根:《法律奖励论》,《法学研究》1995 年第 4 期。
④　学者汪习根指出,区域发展权法律激励机制有三大意义:第一,有助于社会主体最大限度
　　调动自身内在发展动力,并使其有益于外部社会;第二,有助于区域协调发展价值导向的
　　规范化;第三,有助于激发全社会的活力,使全体社会全面、协调、可持续的和谐发展。参
　　见汪习根、滕锐:《论区域发展权法律激励机制的构建》,《中南民族大学学报(人文社会科
　　学版)》2011 年第 2 期。

上我国当前正外部性经济法激励的核心要素的法治化程度还不够高,因此,今后还需要不断进行健全。

(三) 国际公约、条约、协定中正外部性经济法激励的立法样态

国际公约、条约、协定中,经济法相关激励主要涉及到环境与资源保护合作、高新科技合作以及国际贸易合作等方面。

(1)环境与资源保护合作方面

具体包括 1972 年发表的《人类环境宣言》,丹麦、芬兰、瑞典、挪威于1974 年订立的《环境保护公约》以及东欧、西欧 33 个国家于 1979 年制定的《防止大气污染公约》等。还有如《关于长程越界大气污染公约》(1979)、《臭氧层保护公约》(1985)、《关于消耗臭氧层物质的蒙特利尔议定书》(1987)、《气候变化框架公约》(1992)、《跨界水道和国际湖泊的保护和利用赫尔辛基公约》(1992)、《生物多样性公约》(1992)等等,这些都包括一些鼓励各缔约国自行或合作采取环境与资源保护方面的激励措施。

(2)高新科技合作方面

具体包括《保护工业产权巴黎公约》(1883)、《建立世界知识产权组织公约》(1967)、《关于各国探索和利用包括月球和其他天体在内外层空间活动的原则公约》(1967)等。这些公约中均有相关的激励型规定。另外,世界性的科技奖有十余种,包括诺贝尔奖、菲尔兹奖、沃尔夫奖、克雷夫特奖等,这些都对高新技术的发展及其全球合作起到了激励作用。

(3)国际贸易合作方面

如《世界贸易组织法》鼓励世界各国共同参与全球经济贸易。其具体包括:一是世界贸易组织的基本法。其中《建立世界贸易组织的协定》是世界贸易组织的基本法,其规定了 WTO 的宗旨和原则、活动范围、职能、组织结构、成员制度、法律地位、决策机制、协定修改等。二是世界贸易组织的货物贸易法律制度,具体包括世界贸易组织的服务贸易法律制度、世界贸易组织的与贸易有关的知识产权法律制度、世界贸易组织争端解决机制的法律制度等系列制度。另外,我国目前已经与许多国家签订了《关于鼓励和相互保护投资协定》,以鼓励缔约另一方及其公民来华进行投资。

需要说明的是,基于国际公约、条约和协定的特殊性,因此其激励方式多为宏观倡导型内容。

（四）中国正外部性经济法激励的 40 年（1979—2018）
　　立法梳爬与规律总结

正外部性的经济法激励问题并不是臆想的问题，也不是伪命题。在立法方面，我们能够看到激励性内容在诸多法律法规中有实实在在的体现。通过对中国 40 年来的经济法进行立法梳爬，还可以发现其中的一些规律，从而可以为相关制度的完善提供理论依据和现实基础。

1. 中国正外部性经济法激励的 40 年（1979—2018）立法梳爬（见表 4-1）

表 4-1

法律通过年份	法律通过数量（排除已经失效的；单位：件）	含有"激励"性内容①的法律数量（单位：件）	其中经济法②的数量（单位：件，用C表示）	含有"激励"性内容的经济法（单位：件；用D表示）	含有"激励"性内容的经济法③及其具体体现	含有以上三种"激励"性内容的法律占整个经济法数量的百分比（D/C）
1979 年	7	2	1	1	1.《中外合资经营企业法》第 7（2、3）④、9（3）、10（2）条。	100%
1980 年	4	1	1	1	1.《个人所得税法》第 4 条。	100%
1981 年	1	0	0	0	—	0%
1982 年	8	3	1	0	1.《海洋环境保护法》（无）。	0%
1983 年	4	0	1	0	1.《统计法》（无）。	0%
1984 年	6	6	3	3	1.《森林法》第 5（2）、6、7、10 条。2.《药品管理法》第 3（2）、21（1）条。3.《水污染防治法》第 5 条。	100%

---

① 即文本标题含有"激励"性关键词、文本含有"激励"性章节、含有"激励"性法条。

② 这里的经济法范畴取广义。

③ 在北大法宝的"效力级别"栏目下有"法律""有关法律问题的决定""条约批准""法律解释""工作答复""工作文件""任免"等，此处统计时只保留了"法律"。

④ 第 7（2、3）条表示第 7 条第 2、3 款，下同。

法律通过年份	法律通过数量(排除已经失效的;单位:件)	含有"激励"性内容的法律数量(单位:件)	其中经济法的数量(单位:件;用C表示)	含有"激励"性内容的经济法数量(单位:件;用D表示)	含有"激励"性内容的经济法及其具体体现	含有以上三种"激励"性内容法律数量占整个经济法数量的百分比(D/C)
1985 年	4	2	3	2	1.《草原法》第9(1、2)、17条。 2.《会计法》第4(2)条。 3.《计量法》(无)。	66.6%
1986 年	13	6	5	5	1.《土地管理法》第4条。 2.《外资企业法》第17条。 3.《义务教育法》第9(3)、12、13、14条。 4.《矿产资源法》第4(2)、7、8、34条。 5.《渔业法》第4、5、9、14、15条。	100%
1987 年	4	3	2	2	1.《大气污染防治法》第5、8条。 2.《海关法》第58条。	100%
1988 年	10	10	6	6	1.《土地管理法》(1988年修正)第7、38(1)、41(3)条。 2.《标准化法》第4、6(2)、14条。 3.《野生动物保护法》第4、5、17条。 4.《全民所有制工业企业法》第43、48条。 5.《中外合作经营企业法》第4、21条。 6.《水法》第8、16(2)、17(1)条。	100%

续表

法律通过年份	法律通过数量（排除已经失效的；单位：件）	含有"激励"性内容的法律数量（单位：件）	其中经济法的数量（单位：件；用C表示）	含有"激励"性内容的经济法数量（单位：件；用D表示）	含有"激励"性内容的经济法及其具体体现	含有以上三种"激励"性内容法律数量占整个经济法数量的百分比（D/C）
1989年	7	2	1	1	1.《环境保护法》第5、6、8条。	100%
1990年	10	5	2	2	1.《铁路法》第9、24（1）条。2.《中外合资经营企业法》第9（3）、10（2）条。	100%
1991年	9	3	2	1	1.《水土保持法》第10、11、12、23条。2.《烟草专卖法》（无）。	50%
1992年	10	5	2	1	1.《税收征收管理法》第7条。2.《工会法》（无）。	50%
1993年	15	14	12	11	1.《会计法》第4（2）条。2.《个人所得税法》（1993年修正）第4、5条。3.《消费者权益保护法》第6(2)、49条。4.《教师法》第15条；第六章"待遇"第27—31条；第七章"奖励"第33—34条。5.《红十字会法》第5、21、23条。6.《反不正当竞争法》第4(1)条。	91.6%

法律通过年份	法律通过数量（排除已经失效的；单位：件）	含有"激励"性内容的法律数量（单位：件）	其中经济法的数量（单位：件；用C表示）	含有"激励"性内容的经济法数量（单位：件；用D表示）	含有"激励"性内容的经济法及其具体体现	含有以上三种"激励"性内容法律数量占整个经济法数量的百分比（D/C）
1993年	15	14	12	11	7.《农业法》第9、15、20、21、27、28、31、36、37、38、39（1）、40、41（1）条；第五章"农业投入"第42—47条；第六章"农业科技与农业教育"第48—63条。 8.《农业技术推广法》第5、6、8、10（2）、13（3）、15（2）、16、21（2、3）、22（3）、23（1、2）条。 9.《科学技术进步法》第3、5、6（2）、9、10、16、18、19（3）、21、26、33、35、38、43、46、47、48、49条；第八章"科学技术奖励"第52—56条。 10.《产品质量法》第6、10条。 11.《公司法》第23条。 12.《注册会计师法》（无）。	91.6%
1994年	12	7	8	5	1.《母婴保健法》第5、6条。 2.《城市房地产管理法》第28条。 3.《劳动法》第6、10（2）、67、75条。 4.《对外贸易法》第4（2）条。 5.《台湾同胞投资保护法》第4、5、6、13条。	62.5%

续表

法律通过年份	法律通过数量（排除已经失效的；单位：件）	含有"激励"性内容的法律数量（单位：件）	其中经济法的数量（单位：件；用 C 表示）	含有"激励"性内容的经济法数量（单位：件；用 D 表示）	含有"激励"性内容的经济法及其具体体现	含有以上三种"激励"性内容法律数量占整个经济法数量的百分比（D/C）
1994 年	12	7	8	5	6.《广告法》(无)。 7.《审计法》(无)。 8.《预算法》(无)。	62.5%
1995 年	17	13	10	8	1.《电力法》第 3、5(2)、9、47、48 条。 2.《固体废物污染环境防治法》第 4、5、7、8、9、18 条。 3.《大气污染防治法》(1995 年修正)第 5、8(2)、27(2)、38(1)条。 4.《保险法》第 149 条。 5.《商业银行法》第 36 条。 6.《教育法》第 11(2)、13、19(3)、25(2)、41、46、52、53、58、60、62、64、65、66、67 条。 7.《税收征收管理法》(1995 年修正)第 7 条。 8.《民用航空法》第4条。 9.《票据法》(无)。 10.《人民银行法》(无)。	80%
1996 年	19	12	10	9	1.《乡镇企业法》第 6、15、19、20、23、24、25 条。 2.《环境噪声污染防治法》第 7、8、9 条。 3.《老年人权益保障法》第 5、24、31(2)、33、35(3)、41 条。	90%

续表

法律通过年份	法律通过数量(排除已经失效的;单位:件)	含有"激励"性内容的法律数量(单位:件)	其中经济法的数量(单位:件;用C表示)	含有"激励"性内容的经济法数量(单位:件;用D表示)	含有"激励"性内容的经济法及其具体体现	含有以上三种"激励"性内容法律数量占整个经济法数量的百分比(D/C)
1996年	19	12	10	9	4.《矿产资源法》(1996年修正)第8、9、35条。 5.《煤炭法》第9(1)、17(1)、29(3)、34(2)、35条。 6.《统计法》(1996年修正)第6(2)条。 7.《水污染防治法》(1996年修订)第5条。 8.《促进科技成果转化法》第7、12、13、14(1)、19(1)条;第三章"保障措施"第21—25条;第29、30条。 9.《职业教育法》第9、10、19(2)、21(2)、26、27(1、2)、30、32(2)、34、35条。 10.《拍卖法》(无)。	90%
1997年	11	10	6	5	1.《价格法》第38条。 2.《献血法》第6(3)、16(2)、17条。 3.《建筑法》第4条。 4.《节约能源法》第4(3)、6、5、11、23、32、33、34、35、39条。 5.《公路法》第4(1)、10、19、21条。 6.《合伙企业法》(1997年修正)(无)。	83.3%

法律通过年份	法律通过数量（排除已经失效的；单位:件）	含有"激励"性内容的法律数量（单位:件）	其中经济法的数量（单位:件;用C表示）	含有"激励"性内容的经济法数量（单位:件;用D表示）	含有"激励"性内容的经济法及其具体体现	含有以上三种"激励"性内容法律数量占整个经济法数量的百分比（D/C）
1998年	10	7	4	4	1.《证券法》第44条。 2.《高等教育法》第6(2)、12、35(2)、55、56(2)、59(2)、60、63条。 3.《土地管理法》(1998年修订)第6、7、38、41条。 4.《森林法》(1998年修正)第6、8、12条。	100%
1999年	16	9	8	6	1.《海洋环境保护法》(1999年修订)第4、28(1)条。 2.《会计法》(1999年修正)第6条。 3.《个人所得税法》(1999年修正)第4、5条。 4.《公益事业捐赠法》第8条;第四章"优惠措施"第24—27条。 5.《公路法》(1999年修正)第4(2)、10、19、21(1、2)条。 6.《公司法》(1999年修正)第23条。 7.《招标投标法》(无)。 8.《个人独资企业法》(无)。	75%
2000年	13	11	7	7	1.《中外合作经营企业法》(2000年修正)第4、20条。 2.《外资企业法》(2000年修正)第3、17条。	100%

法律通过年份	法律通过数量（排除已经失效的；单位:件）	含有"激励"性内容的法律数量（单位:件）	其中经济法的数量（单位:件;用 C 表示）	含有"激励"性内容的经济法数量（单位:件;用 D 表示）	含有"激励"性内容的经济法及其具体体现	含有以上三种"激励"性内容法律数量占整个经济法数量的百分比（D/C）
2000 年	13	11	7	7	3.《产品质量法》（2000 年修正）第 6、10 条。 4.《种子法》第 4、5、6、11(2)、12、13、28 条。 5.《大气污染防治法》（2000 年修订）第 5、8(2)、9、26、30(3)、34、45 条。 6.《海关法》（2000 年修正）第 13(3)条。 7.《渔业法》（2000 年修正）第 4、5、10、16、21 条。	100%
2001 年	18	15	6	5	1.《药品管理法》(2001 年修订)第 3、4 条。 2.《防沙治沙法》第 8、24、25(3)条;第五章"保障措施"第 32—36 条。 3.《税收征收管理法》（2001 年修订）第 13 条。 4.《信托法》第 61 条。 5.《中外合资经营企业法》(2001 年修正)第 8(2、3)、10(2)、11(2)条。 6.《工会法》(2001 年修正)(无)。	83.3%
2002 年	16	15	11	11	1.《草原法》(2002 年修订)第 6、7、26、27、28、29(1)、48(2)条。	100%

法律通过年份	法律通过数量（排除已经失效的；单位:件）	含有"激励"性内容的法律数量（单位:件）	其中经济法的数量（单位:件;用 C 表示）	含有"激励"性内容的经济法数量（单位:件;用 D 表示）	含有"激励"性内容的经济法及其具体体现	含有以上三种"激励"性内容法律数量占整个经济法数量的百分比（D/C）
2002 年	16	15	11	11	2.《民办教育促进法》第 6、43 条;第七章"扶持与奖励"第 44—52 条。 3.《农业法》(2002 年修订)第 8、11、13、18、19、20、23、27、28、30、32、33、35 条;第六章"农业投入与农业保护"第 37—46 条;第七章"农业科技教育"第 48—56 条;第 84、85、86 条。 4.《环境影响评价法》第 5、6(1)条。 5.《保险法》(2002 年修正)第 155 条。 6.《农村土地承包法》第 8（2）、27（4）、43 条。 7.《科学技术普及法》第 5、9、15 条;第四章"保障措施"第 23—27 条;第 29 条。 8.《水法》(2002 年修正)第 6、10、11、24、26、27、52 条。 9.《中小企业促进法》第二章"资金支持"第 10—21 条;第三章"创业扶持"第 22—28 条;第四章"技术创新"第 29—31 条;第五章"市场开拓"第 32—37 条;第六章"社会服务"第 38—41 条。	100%

法律通过年份	法律通过数量（排除已经失效的；单位:件）	含有"激励"性内容的法律数量（单位:件）	其中经济法的数量（单位:件;用 C 表示）	含有"激励"性内容的经济法数量（单位:件;用 D 表示）	含有"激励"性内容的经济法及其具体体现	含有以上三种"激励"性内容法律数量占整个经济法数量的百分比（D/C）
2002 年	16	15	11	11	10.《清洁生产促进法》第 4、6、7、10、16(2)条;第四章"鼓励措施"第 32—36 条。11.《政府采购法》第 9 条。	100%
2003 年	11	5	6	3	1.《商业银行法》(2003 年修正)第 36 条。2.《放射性污染防治法》第 4、6、7 条。3.《港口法》第 5、29 条。4.《银行业监督管理法》(无)。5.《证券投资基金法》(无)。6.《人民银行法》(2003 年修正)(无)。	50%
2004 年	18	12	13	11	1.《固体废物污染环境防治法》(2004 年修订)第 3(3)、6、7、8、9、19(1)、84(3)条。2.《公路法》(2004 年修正)第 4(2)、10、19、21(1、2)条。3.《证券法》(2004 年修正)第 44 条。4.《野生动物保护法》(2004 年修正)第 4、5、17 条。5.《渔业法》(2004 年修正)第 4、5、10、16、21 条。	84.6%

续表

法律通过年份	法律通过数量（排除已经失效的；单位:件）	含有"激励"性内容的法律数量（单位:件）	其中经济法的数量（单位:件；用 C 表示）	含有"激励"性内容的经济法数量（单位:件；用 D 表示）	含有"激励"性内容的经济法及其具体体现	含有以上三种"激励"性内容法律数量占整个经济法数量的百分比（D/C）
2004 年	18	12	13	11	6.《种子法》（2004 年修正）第 4、5、6、11（2）、12、13、28 条。 7.《土地管理法》（2004 年修正）第 6、7、38（1）、41（3）条。 8.《传染病防治法》（2004 年修订）第 8、9、11 条。 9.《农业机械化促进法》第 3、10、17、19、21、22 条;第六章"扶持措施"第 26 — 29 条。 10.《对外贸易法》（2004 年修订）第 4 条;第九章"对外贸易促进"第 51—59 条。 11.《公司法》（2004 年修正）第 23 条。 12.《拍卖法》（2004 年修订）（无）。 13.《票据法》（无）。	84.6%
2005 年	11	9	5	5	1.《公司法》（2005 年修订）第 26 条。 2.《个人所得税法》（2005 年修正）第 4、5 条。 3.《证券法》（2005 年修订）第 51 条。 4.《畜牧法》第 3、9（2）、31（3）、36、38、47 条。	100%

法律通过年份	法律通过数量（排除已经失效的；单位：件）	含有"激励"性内容的法律数量（单位：件）	其中经济法的数量（单位：件；用 C 表示）	含有"激励"性内容的经济法数量（单位：件；用 D 表示）	含有"激励"性内容的经济法及其具体体现	含有以上三种"激励"性内容法律数量占整个经济法数量的百分比（D/C）
2005 年	11	9	5	5	5.《可再生能源法》第3（3）、13（1）、15、16（1,3）、17、18、19、20、21、22、23 条；第六章"经济激励与监督措施"第24—26条。	100%
2006 年	13	6	6	2	1.《农民专业合作社法》第 8 条；第七章"扶持政策"第 49—52 条。2.《农产品质量安全法》第 8、24（3）、38 条。3.《合伙企业法》（2006 年修正）（无）。4.《企业破产法》（无）。5.《银行业监督管理法》（2006 年修正）（无）。6.《审计法》（2006 年修订）（无）。	33.3%
2007 年	19	14	9	9	1.《科学技术进步法》（2007 年修订）第 3、4（2）、5（2）、6、7（1）、9、15、16、17、18、21、22、23、24、25、27、31（2）、32、33、34、35、36、37、38、39、47、48、49、50、51、52、53、54、56 条；第六章"保障措施"第59—66条。	100%

法律通过年份	法律通过数量（排除已经失效的；单位:件）	含有"激励"性内容的法律数量（单位:件）	其中经济法的数量（单位:件;用 C 表示）	含有"激励"性内容的经济法数量（单位:件;用 D 表示）	含有"激励"性内容的经济法及其具体体现	含有以上三种"激励"性内容法律数量占整个经济法数量的百分比（D/C）
2007 年	19	14	9	9	2.《节约能源法》（2007 年修订）第 7（3）、8（1）、9（1）、13（3）、22、23、25、31、40、43、45（1）、51、59 条；第五章"激励措施"第60—67 条。 3.《反垄断法》第 45、46 条。 4.《城市房地产管理法》（2007 年修正）第29 条。 5.《就业促进法》第 7条;第二章"政策支持"第 11—24 条;第 33、36、38、44、46、47、49、50、54（2）、57(1)条。 6.《个人所得税法》（2007 年修正）①第 4、5 条。 7.《劳动合同法》第79 条。 8.《企业所得税法》第9 条;第四章"税收优惠"第 25、26 条。 9.《城乡规划法》第10 条。	100%
2008 年	7	6	2	1	1.《循环经济促进法》第 7、10（2、3）、11、20（4）、21（1）、23（2）、24（1）、29（3）、34、37(1)条,第五章"激励措施"第42—48 条。	50%

---

① 虽然 2007 年该法修正了 2 次，但是此处仍然只计算 1 次。

法律通过年份	法律通过数量（排除已经失效的；单位:件）	含有"激励"性内容的法律数量（单位:件）	其中经济法的数量（单位:件；用C表示）	含有"激励"性内容的经济法数量（单位:件；用D表示）	含有"激励"性内容的经济法及其具体体现	含有以上三种"激励"性内容法律数量占整个经济法数量的百分比（D/C）
2008年	7	6	2	1	2.《企业国有资产法》（无）。	50%
2009年	59	45	25	22	1.《农村土地承包法》（2009年修正）第8（2）、43条。 2.《统计法》（2009年修订）第8条。 3.《保险法》（2009年修订）第186条。 4.《食品安全法》第8（1）、9、25、30、33（1）条。 5.《海岛保护法》第7条。 6.《铁路法》（2009年修正）第9、24、36条。 7.《城市房地产管理法》（2009年修正）第29条。 8.《渔业法》（2009年修正）第4、5、10、16、21条。 9.《民用航空法》（2009年修正）第4条。 10.《电力法》（2009年修正）第3、5（2）、9、47、48条。 11.《矿产资源法》（2009年修正）第8、9、35条。 12.《煤炭法》（2009年修正）第9、29、34、35条。	88%

法律通过年份	法律通过数量（排除已经失效的；单位:件）	含有"激励"性内容的法律数量（单位:件）	其中经济法的数量（单位:件;用 C 表示）	含有"激励"性内容的经济法数量（单位:件;用 D 表示）	含有"激励"性内容的经济法及其具体体现	含有以上三种"激励"性内容法律数量占整个经济法数量的百分比（D/C）
2009 年	59	45	25	22	13.《野生动物保护法》(2009 年修正)第 4、5、17 条。 14.《消费者权益保护法》(2009 年修正)第 6(2)、49 条。 15.《草原法》(2009 年修正)第 6、7、26、27、28、29(1)、48(2)条。 16.《全民所有制工业企业法》(2009 修正)第 43、48 条。 17.《农业法》(2009 年修正)第 8、11、13、18、19、20、23、27、28、30、32、33、35 条;第六章"农业投入与农业保护"第 37—46 条;第七章"农业科技教育"第 48、49、50、51、52、53、54、55、56 条;第 84、85、86 条。 18.《水法》(2009 年修正)第 6、10、11、24、26、27、52 条。 19.《公路法》(2009 年修正)第 4(2)、10、19、21(1、2)条。 20.《产品质量法》(2009 年修正)第 6、10 条。	88%

法律通过年份	法律通过数量（排除已经失效的；单位:件）	含有"激励"性内容的法律数量（单位:件）	其中经济法的数量（单位:件；用 C 表示）	含有"激励"性内容的经济法数量（单位:件；用 D 表示）	含有"激励"性内容的经济法及其具体体现	含有以上三种"激励"性内容法律数量占整个经济法数量的百分比（D/C）
2009 年	59	45	25	22	21.《水土保持法》（2009 年修正）第 10、11、12 条。 22.《森林法》（2009 年修正）第 6、8、12 条。 23.《农村土地承包经营纠纷调解仲裁法》（无）。 24.《烟草专卖法》（2009 年修正）（无）。 25.《计量法》（2009 年修正）（无）。	88%
2010 年	12	9	1	1	1.《水土保持法》（2010 年修订）第 7、9、33、34、39 条。	100%
2011 年	11	9	4	4	1.《车船税法》第 3、4、5 条。 2.《煤炭法》（2011 年修正）第 9（1）、17、34（2）、35、44 条。 3.《建筑法》（2011 年修正）第 4 条。 4.《个人所得税法》（2011 年修正）第 4、5 条。	100%

续表

法律通过年份	法律通过数量（排除已经失效的；单位:件）	含有"激励"性内容的法律数量（单位:件）	其中经济法的数量（单位:件；用 C 表示）	含有"激励"性内容的经济法数量（单位:件；用 D 表示）	含有"激励"性内容的经济法及其具体体现	含有以上三种"激励"性内容法律数量占整个经济法数量的百分比（D/C）
2012 年	19	12	4	3	1.《清洁生产促进法》（2012 年修正）第 9、31、33 条。 2.《农业技术推广法》（2012 年修正）第 3、5、6、8、10（2）、11、14（3）、15（1、2）、17、18、22（1、2）、23（3）、24（1）、25、26 条;第四章"农业技术推广的保障措施"第 28 — 33 条。 3.《农业法》（2012 年修正）第 9、15、20、21、27、28、31、36、37、38、39（1）、40、41（1）条;第五章"农业投入"第 42—47 条;第六章"农业科技与农业教育"第 48—63 条。 4.《证券投资基金法》（2012 修订）（无）。	75%
2013 年	23	19	13	11	1.《草原法》（2013 年修正）第 6、7、26、27、28、29、48 条。 2.《海关法》（2013 年修正）第 7、13 条。① 3.《税收征收管理法》（2013 年修正）第 13 条。 4.《消费者权益保护法》（2013 年修正）第 6、55 条。	

---

① 修订 2 次的,如果没有增加"激励"性内容的只统计 1 次。

续表

法律通过年份	法律通过数量（排除已经失效的；单位:件）	含有"激励"性内容的法律数量（单位:件）	其中经济法的数量（单位:件；用C表示）	含有"激励"性内容的经济法数量（单位:件；用D表示）	含有"激励"性内容的经济法及其具体体现	含有以上三种"激励"性内容法律数量占整个经济法数量的百分比（D/C）
2013年	23	19	13	11	5.《药品管理法》（2013年修正）第3、4条。 6.《渔业法》（2013年修正）第4、5、10、16、21条。 7.《种子法》（2013年修正）第4、6、11、28、40条。 8.《证券法》（2013年修正）第51条。 9.《煤炭法》（2013年修正）第9、17、20、24、29、30、39条。 10.《旅游法》第4、5、23、27条。 11.《公司法》（2013年修正）第26条。 12.《计量法》（2013年修正）（无）。 13.《烟草专卖法》（2013年修正）（无）。	84.6%
2014年	12	10	5	4	1.《保险法》（2014年修正）第186条。 2.《预算法》（2014年修正）第91条。 3.《证券法》（2014年修正）第51条。 4.《政府采购法》（2014年修正）第9、70条。 5.《注册会计师法》（2014年修正）（无）。	80%

续表

法律通过年份	法律通过数量（排除已经失效的；单位:件）	含有"激励"性内容的法律数量（单位:件）	其中经济法的数量（单位:件;用C表示）	含有"激励"性内容的经济法数量（单位:件;用D表示）	含有"激励"性内容的经济法及其具体体现	含有以上三种"激励"性内容法律数量占整个经济法数量的百分比（D/C）
2015年	42	33	18	14	1.《保险法》（2015年修正）第184条。 2.《城乡规划法》（2015年修正）第3、10条。 3.《畜牧法》（2015年修正）第3、9、13、18、31、35、36、37、38、46、47条。 4.《促进科技成果转化法》（2015年修正）第12、19、20、22、27、28、31、32条;第三章"保障措施"第33—39条。 5.《铁路法》（2015年修正）第9、24、36条。 6.《电力法》（2015年修正）第3、5、9、12、16、17、36、48条。 7.《民用航空法》（2015年修正）第4条。 8.《港口法》（2015年修正）第5、29条。 9.《广告法》（2015年修订）第74条。 10.《就业促进法》（2015年修正）第7条;第二章"政策支持"第12—24条;第33、36、38、44、46、47、49、50、54、57条。	77.7%

续表

法律通过年份	法律通过数量（排除已经失效的；单位:件）	含有"激励"性内容的法律数量（单位:件）	其中经济法的数量（单位:件;用 C 表示）	含有"激励"性内容的经济法数量（单位:件;用 D 表示）	含有"激励"性内容的经济法及其具体体现	含有以上三种"激励"性内容法律数量占整个经济法数量的百分比（D/C）
2015 年	42	33	18	14	11.《种子法》(2015 年修正)第 4、12、13、20、25、63、66、67、68 条。 12.《食品安全法》(2015 年修订)第 10、11、30、36、42、43、48 条。 13.《税收征收管理法》(2015 年修正)第 5 条。 14.《商业银行法》(2015 年修正)第 36 条。 15.《烟草专卖法》(2015 年修正)(无)。 16.《证券投资基金法》(2015 年修正)(无)。 17.《计量法》(2015 年修正)(无)。 18.《拍卖法》(2015 年修正)(无)。	77.7%

法律通过年份	法律通过数量(排除已经失效的;单位:件)	含有"激励"性内容的法律数量(单位:件)	其中经济法的数量(单位:件;用C表示)	含有"激励"性内容的经济法数量(单位:件;用D表示)	含有"激励"性内容的经济法及其具体体现	含有以上三种"激励"性内容法律数量占整个经济法数量的百分比(D/C)
2016年	34	31	13	12	1.《台湾同胞投资保护法》(2016年修正)第13条。 2.《外资企业法》(2016年修正)第3条。 3.《对外贸易法》(2016年修订)第4、44条;第九章"对外贸易促进"第51—59条。 4.《公路法》(2016年修正)第4、10、19、21、29、37条。 5.《海关法》(2016年修正)第7条。 6.《航道法》(2016年修正)第23条。 7.《旅游法》(2016年修正)第4、5、23、27条。 8.《煤炭法》(2016年修正)第9、17、20、24、29、30、39条。 9.《民用航空法》(2016年修正)第4条。 10.《中外合资经营企业法》(2016年修正)第10、11条。 11.《中外合作经营企业法》(2016年修正)第4条。	92.3%

法律通过年份	法律通过数量（排除已经失效的；单位:件）	含有"激励"性内容的法律数量（单位:件）	其中经济法的数量（单位:件;用C表示）	含有"激励"性内容的经济法数量（单位:件;用D表示）	含有"激励"性内容的经济法及其具体体现	含有以上三种"激励"性内容法律数量占整个经济法数量的百分比（D/C）
2016 年	34	31	13	12	12.《环境保护税法》第三章"税收减免"第12、13条;第24条。 13.《资产评估法》（无）。	92.3%
2017 年	36	26	15	12	1.《船舶吨税法》第3、9条。 2.《农民专业合作社法》（2017年修订）第10条;第八章"扶持政策"第64—67条。 3.《会计法》（2017年修正）第6条。 4.《港口法》（2017年修正）第5、29条。 5.《公路法》（2017年修正）第4、10、19、21、29、37条。 6.《民用航空法》（2017年修正）第4条。 7.《海关法》（2017年修正）第7、13条。 8.《标准化法》（2017年修订）第2(3)、7、8、9、18、21、27、31、35条。 9.《中外合作经营企业法》（2017年修正）第4条。 10.《反不正当竞争法》（2017年修订）第5(1)条。	80%

续表

法律通过年份	法律通过数量（排除已经失效的；单位：件）	含有"激励"性内容的法律数量（单位：件）	其中经济法的数量（单位：件；用C表示）	含有"激励"性内容的经济法数量（单位：件；用D表示）	含有"激励"性内容的经济法及其具体体现	含有以上三种"激励"性内容法律数量占整个经济法数量的百分比（D/C）
2017年	36	26	15	12	11.《中小企业促进法》(2017年修订)第二章"财税支持"第8—12条;第三章"融资促进"第13—23条;第四章"创业扶持"第24—31条;第五章"技术创新"第32—37条;第六章"市场开拓"第38—42条;第七章"社会服务"第43—49条;第八章"权益保障"第50—56条。12.《企业所得税法》(2017年修正）第4(2)、9条,第四章"税收优惠"第25—34条。13.《烟叶税法》(无)。14.《招标投标法》(2017年修正)(无)。15.《计量法》(2017年修正)(无)。	80%
2018年	48	40	19	18	1.《农村土地承包法》(2018年修正)第11(2)、27(3)条。2.《民用航空法》(2018年修正)第4条。3.《船舶吨税法》(2018年修正)第3、9条。	94.7%

法律通过年份	法律通过数量（排除已经失效的；单位：件）	含有"激励"性内容的法律数量（单位：件）	其中经济法的数量（单位：件；用 C 表示）	含有"激励"性内容的经济法数量（单位：件；用 D 表示）	含有"激励"性内容的经济法及其具体体现	含有以上三种"激励"性内容法律数量占整个经济法数量的百分比（D/C）
2018 年	48	40	19	18	4.《农业机械化促进法》（2018 年修正）第 3、10、17、19、21、22 条；第六章"扶持措施"第 26—29 条。 5.《农产品质量安全法》（2018 年修正）第 8、9、24（3）、38 条。 6.《环境保护税法》（2018 年修正）第三章"税收减免"第 12—13 条；第 24 条。 7.《电力法》（2018 年修正）第 3、5、9、12、16、17、47、48 条。 8.《企业所得税法》（2017 年修正）第 4（2）、9 条；第四章"税收优惠"第 25—34 条。 9.《港口法》（2018 年修正）第 5、29 条。 10.《产品质量法》（2018 年修正）第 6、10 条。 11.《预算法》（2018 年修正）第 91 条。 12.《个人所得税法》（2018 年修正）第 4、5 条。 13.《广告法》（2018 年修正）第 74 条。 14.《公司法》（2018 年修正）第 26 条。	94.7%

续表

法律通过年份	法律通过数量（排除已经失效的；单位:件）	含有"激励"性内容的法律数量（单位:件）	其中经济法的数量（单位:件；用 C 表示）	含有"激励"性内容的经济法数量（单位:件；用 D 表示）	含有"激励"性内容的经济法及其具体体现	含有以上三种"激励"性内容法律数量占整个经济法数量的百分比（D/C）
2018 年	48	40	19	18	15.《旅游法》（2018 年修正）第 4、5、23、27 条。 16.《产品质量法》（2018 年修正）第 6、10 条。 17.《食品安全法》（2018 年修正）第 10、11、30、36、42、43、48 条。 18.《车辆购置税法》第 9 条。 19.《计量法》（2018 年修正）（无）。	94.7%
合计	619	447	270	228		83.2%（平均比例）

2. 中国正外部性经济法激励的 40 年(1979—2018)立法规律总结

通过对上表中的数据和信息进行分析,笔者认为,在我国现有的经济法立法中,有关激励属性的内容有以下特点或规律:

(1)具有激励性内容的经济法比重非常高

笔者通过梳理发现,经济法规范中文本标题含有"激励"性关键词、文本含有"激励"性章节、含有"激励"性法条的数量比重非常高。仅以上表中列举的法律为例,1979—2018 年的 40 年中,我国通过(含修订和修正)的法律总数达到 619 件,其中经济法(含修订和修正)为 270 件,经济法的立法(含修订和修正)数量占到 43.6%。而在通过的经济法(含修订和修正)中,其中 228 件都或多或少涉及到激励性内容,其占整体通过的经济法总数的 83.2%。这些经济法规范或者标题含有"激励"性关键词,或者含有"激励"性专门章节,或者含有"激励"性法条。有如此高的比例,也从一个方面表明经济法规范整体的激励属性很强。

（2）部分经济法的激励性内容经历了从无到有

从梳理的数据和信息可见，部分经济法早先并不涉及激励性内容，但是在修订或修正过程中逐渐增加了具有激励属性的内容。如1982年通过的《海洋环境保护法》并不涉及到激励性内容，但是在1999年修订的时候增加了激励相关内容，即第4条关于检举和举报的规定①。同时，第28条第1款规定直接使用"鼓励"一词②。1983年通过的《统计法》并不涉及到激励性内容，但是在1996年修正时，在其第6条第2款中规定了揭发和检举奖励的具有激励属性的内容③。2009年修订的时候，又用第8条特别进行了规定。通过全面梳理，我们发现这种情形并不少见。

（3）部分经济法的激励性内容经历了从少到多

数据和信息还显示，部分经济法早先涉及激励性内容比较少，但是在修订或修正过程中逐渐增多，而且这种情形比较普遍。如1993通过的《农业技术推广法》涉及到激励性内容的有10个条款，即第5、6、8、10（2）、13（3）、15（2）、16、21（2，3）、22（3）、23（1，2）条。2012年修正的《农业技术推广法》涉及到激励性的条款明显增多，增加到21个条款，即第3、5、6、8、10（2）、11、14（3）、15（1，2）、17、18、22（1，2）、23（3）、24（1）、25、26条以及第四章"农业技术推广的保障措施"部分的第28、29、30、31、32、33条。这里特别需要强调的是，为了加大激励力度，该法还增加了一个专章——保障措施——对农业技术推广相关事项进行激励。这种情形还在《标准化法》《老年人权益保障法》等法律中有所体现。

（4）部分经济法的激励方式经历了从略到详

如2017年修订后的《中小企业促进法》一是由之前的7章扩展到10章，其中将原来的"资金支持"一章细分为"财税支持"和"融资促进"两章，增加"创新支持"和"权益保护"两章。二是由之前的45条增加到61条，其中在增加收益型激励和减少成本型激励方面从以前的粗略规定发展到现在的详细规定。如在增加收益型激励方面，新增第9条规定，"中小企业发展专项资金通过资助、购买服务、奖励等方式，重点用于支持中小企业公共服务体系和融资服务体系建设。"在减少成本型激励方面，新增第11条规定，"对符合条件的小型微型企业按照规定实行缓征、减征、免征企业所得税、

---

① 即"一切单位和个人都有保护海洋环境的义务，并有权对污染损害海洋环境的单位和个人，以及海洋环境监督管理人员的违法失职行为进行监督和检举。"

② 即"国家鼓励发展生态渔业建设，推广多种生态渔业生产方式，改善海洋生态状况。"

③ 即"统计工作应当接受社会公众的监督。任何单位和个人有权揭发、检举统计中弄虚作假等违法行为，对揭发、检举有功的单位和个人给予奖励。"

增值税等措施,简化税收征管程序。"新增第 12 条规定,"国家对小微型企业行政事业性收费实行减免优惠政策。"等等。

(5)部分经济法的激励方式发生了转变

《公司法》(1993、1999、2004)规定有限责任公司最低注册资本为人民币十万元。2005 年修正时,将最低注册资本改为人民币三万元。本书将以上的激励方式归类为后文述及的特殊资格型激励。但是在 2013 年《公司法》修正时,第 26 条直接取消了最低注册资本限额的规定,此时在激励方式上转变为后文述及的减免义务型激励,这里减免的是出资义务。不过这种激励方式转变的情形并不多见。

(6)部分经济法的激励力度经历了从小到大

《消费者权益保护法》(1993、2009)第 49 条规定了"双倍赔偿"制度,在 2013 年修正时,第 55 条将原法条中的"一倍"改为"三倍",并且增加了"增加赔偿的金额不足五百元的,为五百元"。可见,这表明其对受害消费者权益维护的激励力度大大加强。这一点明显区别于前述的通过增加法条数量来加大激励力度。不过,这种情形也比较少见,目前仅此一例。

本章在对具有激励属性的经济法宏观层面的立法情况进行梳理后,下面第五章将从微观的视角对其进行法律文本的类型化分析和激励方式的类型化分析,并对法律文本和激励方式二者之间的关联性进行深入探究。

第五章　正外部性经济法激励的
文本梳爬与方式剖释

一、正外部性经济法激励①文本的类型化及比较分析

（一）正外部性经济法激励文本的类型化

1. 制定标题中含有关键词"激励"等②的规范性法律文件以激励正外部性

在古代，用于激励的具有法律属性的词语除了直接用"赏"（"商"）③之外，还有"赍"④"锡"⑤"赐"⑥"受"⑦等。今天，法律中用于激励正外部性的词语主要包括"奖励""鼓励""促进""激励"等，其中部分体现为通过制定以"奖励""鼓励""促进""激励"等关键词为标题的规范性法律文件以激励正外部性。具体表现为：

（1）直接制定标题中含有关键词"奖励"的规范性法律文件

我国在 20 世纪初期，为了奖励工商，制定了不少此类规范性法律文件，如《奖励华商公司章程》（1903）、《奖给商勋章程》（1906）、《华商办理实业爵赏章程》（1907 年）、《改订奖励华商公司章程》（1907）等。

今天，我国此类"奖励"型规范虽然在狭义法律层面还是空白，但是在行政法规、部门规章以及地方性法规中却并不少见。根据北大法宝的数据

---

① 需要说明的是，有些法律法规实际上体现为环境与资源保护法激励、社会法激励、行政法激励等其他非经济法激励，本书在这里以最广义的经济法为梳理范围，包括曾经属于经济法或与经济法有交叉的行政法或民商法中的一部分内容。

② 如动词"奖励""鼓励""促进"等。笔者认为，标题中含有名词"勋章""荣誉"的也属于此类（如《国家勋章和国家荣誉称号法》）。

③ 如"用命赏于祖，弗用命戮于社。"（《甘誓》）；"丙午，王商戍嗣子贝廿朋。"（《戍嗣子鼎》）。

④ 如"尔尚辅予一人，致天之罚，予其大赍汝。"（《尚书·汤誓》）。

⑤ 如《易经》中《讼卦》："上九，或锡之鞶带，终朝三褫之。"《师卦》："九二，在师，中吉，无咎；王三锡命。"《晋卦》："康侯用锡马蕃庶，昼日三接。""诸侯即位，以禀命于王朝为正。新主若能觐周，得周王锡以黻冕车服，奉命为君，国人更有何说？"（《东周列国志》）。

⑥ 如"庚戌，……贞赐多女贝一朋。"（《殷墟书契后编》下八·五）。

⑦ 如"克敌者，上大夫受县，下大夫受郡，士田十万，庶人、工商遂，人臣、隶圉免。"（《左传》）。

和信息,统计结果显示,仍然有效的标题中含有关键词"奖励"的行政法规有 32 件,主要包括《合理化建议和技术改进奖励条例》(1986)、《教学成果奖励条例》(1994)、《国家科学技术奖励条例》(2013)等。另外,目前仍然有效的标题中含有关键词"奖励"的部门规章 505 件,其他规范的数量①详见表 5-1②:

表 5-1

规范性法律 文件库	规范性法律 文件	现行有效 (单位:件)	失效或被 修订/正等 (单位:件)	合计 (单位:件)	总计 (单位:件)
中央法规	行政法规	32	24	56	768
	司法解释	7	1	8	
	部门规章	505	149	654	
	党内法规	2	1	3	
	团体决定	15	0	15	
	行业规定	32	0	32	
大陆法规	地方性法规	41	27	68	9418
	地方政府规章	174	219	393	
	地方规范性文件	3846	662	4508	
	地方司法文件	7	0	7	
	地方工作文件	4377	43	4420	
	行政许可批复	22	0	22	
台湾地区规定	规定	243	0	243	243
澳门特区法规	法规	8	0	8	8

(2)直接制定标题中含有关键词"鼓励"的规范性法律文件

此类"鼓励"型规范虽然在狭义法律层面也还是空白,但是行政法规、部门规章以及地方性法规明显多于"奖励"类。根据北大法宝的数据和信息,统计结果显示,在行政法规层面仍然有效的有 20 余件,主要包括《国务院关于鼓励生产和使用国产先进技术产品若干问题的通知》

———————————

① 需要说明的是,部分仅仅为通知,此处没有进行剔除。
② 数据来源于北大法宝,下载于 2019 年 2 月 14 日。

（1991）、《国务院办公厅关于鼓励和引导民间投资健康发展重点工作分工的通知》（2010）、《国务院关于鼓励和引导民间投资健康发展的若干意见》（2010）等。另外，目前仍然有效的标题中含有关键词"鼓励"的部门规章168件，其他规范的数量①详见表5-2②：

表5-2

规范性法律文件库	规范性法律文件	现行有效（单位:件）	失效或被修订/正等（单位:件）	合计（单位:件）	总计（单位:件）
中央法规	行政法规	21	9	30	267
	部门规章	168	50	218	
	军事法规规章	1	0	1	
	党内法规	2	1	3	
	团体决定	15	0	15	
大陆法规	地方性法规	17	19	36	2777
	地方政府规章	82	128	210	
	地方规范性文件	1789	353	2142	
	地方工作文件	346	36	382	
	行政许可批复	7	0	7	
台湾地区规定	规定	9	0	9	9
澳门特区法规	法规	14	0	14	14

（3）直接制定标题中含有关键词"促进"的规范性法律文件

此类"促进"型规范在当前我国的狭义法律层面已经共有近20件（含修订和修正）。包括如《促进科技成果转化法》（1996）、《民办教育促进法》（2002）、《中小企业促进法》（2002）、《农业机械化促进法》（2004）、《就业促进法》（2007）、《循环经济促进法》（2008）、《清洁生产促进法》（2012）、《电影产业促进法》（2016）等。另外，根据北大法宝数据和信息，统计的结果是，目前仍然有效的标题中含有关键词"促进"的

---

① 需要说明的是，部分仅仅为通知，此处没有进行剔除。
② 数据来源于北大法宝，下载于2019年2月14日。

行政法规 155 件,其他规范的数量①详见表 5-3②:

表 5-3

规范性法律文件库	规范性法律文件	现行有效(单位:件)	失效或被修订/正等(单位:件)	合计(单位:件)	总计(单位:件)
中央法规	法律	17	9	26③	1384
	行政法规	155	12	167	
	司法解释	19	0	19	
	部门规章	930	140	1070	
	党内法规	22	0	22	
	团体决定	45	0	45	
	行业规定	33	2	35	
大陆法规	地方性法规	407	45	452	15449
	地方政府规章	73	128	201	
	地方规范性文件	9579	953	10532	
	地方司法文件	27	0	27	
	地方工作文件	4030	114	4144	
	行政许可批复	93	0	93	
台湾地区规定	规定	37	0	37	37
澳门特区法规	法规	50	0	50	50
香港特区法规	法规	1	0	1	1

(4)直接制定标题中含有关键词"激励"的规范性法律文件

此类"激励"型规范虽然在我国狭义法律上还是空白,但是在行政法规层面有《国务院关于建立完善守信联合激励和失信联合惩戒制度加快推进社会诚信建设的指导意见》(2016)、《国务院办公厅关于对落实有关政策措施成效较明显地区予以激励支持的通知》(2016)、《国务院办公厅关于对真抓实干成效明显地方进一步加大激励支持力度的通知》(2018)等 6 件。根据北大法宝

---

① 需要说明的是,部分仅仅为通知,此处没有进行剔除。
② 数据来源于北大法宝,下载于 2019 年 2 月 14 日。
③ 因为存在同一部法律不断修订或修正的情形,为统计方便,此处没有剔除重复情形。

的数据和信息统计,目前仍然有效的标题中含有关键词"激励"的部门规章有《财政部、国家发展改革委、科技部、劳动保障部关于企业实行自主创新激励分配制度的若干意见》(2006)、《中央科研设计企业实施中长期激励试行办法》(2007)、《中国银监会关于建立健全农村合作金融机构激励约束机制的指导意见》(2009)等59件。其他规范的数量①详见表5-4②:

表 5-4

规范性法律 文件库	规范性法律 文件	现行有效 (单位:件)	失效或被 修订/正等 (单位:件)	合计 (单位:件)	总计 (单位:件)
中央法规	行政法规	6	2	8	93
	部门规章	59	10	69	
	党内法规	1	0	1	
	行业规定	15	0	15	
大陆法规	地方政府规章	1	0	1	579
	地方规范性文件	354	33	387	
	地方司法文件	2	0	2	
	地方工作文件	188	0	188	
	行政许可批复	1	0	1	
台湾地区规定	法规	3	0	3	3

总之,通过对以上表格统计的数据和信息进行分析,本书的结论是,标题关键词中含有"促进"的规范性法律文件的特点有:一是效力最高,有近20件(含修订和修正)已经上升到狭义法律层面;二是数量最多,其中部门规章达1070件。国外在正外部性经济法激励方面的规范也是以"促进"作为标题关键词的居多,包括如日本《中小企业现代化促进法》(1963)、日本《农业机械化促进法》(2002)、韩国《农业机械化促进法》(1970)等。同时,我国港澳台地区在正外部性经济法激励方面的规范也是以"促进"作为标题关键词的居多,包括如《促进产业研究发展贷款办法》(2006)、《就业促进津贴实施办法》(2006)、《促进民间参与公共建设法施行细则》(2006)、《促进医疗服务业发展条例》(2006)等。当然,部分法律规范的标题中虽然没

---

① 需要说明的是,部分仅仅为通知,此处没有进行剔除。
② 数据来源于北大法宝,下载于2019年2月14日。

有这些关键词但并不意味着其就不具有激励的作用。如《专利法》《商标法》的颁行是激励法发展史上的一个里程碑,因为它们以整部激励法的形式出现,宣告了法律激励在法律形式上的一个伟大进步。[1]

2. 在规范性法律文件中设置专门章节激励正外部性

与上述规范性文件名称以"激励""奖励""鼓励""促进"等作为关键词不同的是,部分规范性法律文件中设置了以"激励"为目的的专门章节。因为涉及的法律规范太多,这里只是选择部分法律为例进行说明。其主要包括以下几种情形:

(1)以"奖励"作为专门章节标题关键词进行激励。具体见表5-5:

表5-5

法律名称(年份)	所在章节	章节名称	具体激励性法条
《教师法》(2009)	第七章	奖励	第33—34条
《人口与计划生育法》(2015)	第四章	奖励与社会保障	第23—29条
《民办教育促进法》(2018)	第七章	扶持与奖励	第45—52条
《科学技术进步法》(1993)	第八章[2]	科学技术奖励	第52—56条

(2)以"激励"作为专门章节标题关键词进行激励。具体见表5-6:

表5-6

法律名称(年份)	所在章节	章节名称	具体激励性法条
《节约能源法》(2018)	第五章	激励措施	第60—67条
《循环经济促进法》(2018)	第五章	激励措施	第42—48条
《可再生能源法》(2009)	第六章	经济激励与监督措施	第24—27条

(3)以"鼓励"作为专门章节标题关键词进行激励。具体见表5-7:

表5-7

法律名称(年份)	所在章节	章节名称	具体激励性法条
《清洁生产促进法》(2012)	第四章	鼓励措施	第30—34条

---

[1]　倪正茂:《激励法学探析》,上海社会科学院出版社2012年版,第23页。

[2]　2007年修订时该章被删除。

（4）以"待遇"作为专门章节标题关键词进行激励。具体见表5-8：

表 5-8

法律名称（年份）	所在章节	章节名称	具体激励性法条
《教师法》（2009）	第六章	待遇	第25—32条

（5）以"扶持""支持""优惠""促进"等作为专门章节标题关键词进行激励。具体见表5-9：

表 5-9

法律名称（年份）	所在章节	章节名称	具体激励性法条
《公益事业捐赠法》（1999）	第四章	优惠措施	第24—27条
《中小企业促进法》（2017）	第二章	财税支持	第8—12条
《中小企业促进法》（2017）	第四章	创业扶持	第24—31条
《农业机械化促进法》（2018）	第六章	扶持措施	第26—29条
《对外贸易法》（2016）	第九章	对外贸易促进	第51—59条
《就业促进法》（2015）	第二章	政策支持	第11—24条
《企业所得税法》（2018）	第四章	税收优惠	第25—36条

（6）以"保障"作为专门章节标题关键词进行激励。具体见表5-10：

表 5-10

法律名称（年份）	所在章节	章节名称	具体激励性法条
《促进科技成果转化法》（2015）	第三章	保障措施	第33—39条
《防沙治沙法》（2018）	第五章	保障措施	第32—37条
《科学技术普及法》（2002）	第四章	保障措施	第23—29条
《义务教育法》（2018）	第六章	经费保障	第42—50条

总之，通过分析以上表格的数据和信息，本书得出的结论是：通过设定专门章节进行激励的法律规范还是比较多的，尤其是直接用"奖励"来实现法律的激励功能的更为多见，当然也不仅限于此。

3. 在规范性法律文件中设置专门法条激励正外部性

与上述有专章进行激励不同的是,此处体现为,在规范性法律文件中设置含有"奖励""鼓励""促进""激励"词语的法条以激励正外部性。不过这里并不完全排除前两类法律法规。

(1)部分法律法规中设置含有"奖励"词语的法条

因为涉及到的法条太多,这里仅仅以宪法和部分法律为例进行说明。如《宪法》(2018)对"奖励"一词使用了两次,即第 20 条规定"奖励科学研究成果和技术发明创造";第 42 条规定"奖励劳动模范和先进工作者"。另外,《税收征收管理法》(2015)第 13 条规定"税务机关应当按照规定对检举人给予奖励";《产品质量法》(2018)第 6 条规定"……对产品质量管理先进和产品质量达到国际先进水平、成绩显著的单位和个人,给予奖励";《专利法》(2020)第 15 条规定"被授予专利权的单位应当对职务发明创造的发明人或者设计人给予奖励";《农业技术推广法》(2012)第 8 条规定"对在农业技术推广工作中做出贡献的单位和个人,给予奖励";《科学技术进步法》(2007)第 52 条规定"……对在科学技术进步活动中做出重要贡献的组织和个人给予奖励";《劳动合同法》(2012)第 79 条规定"县级以上人民政府劳动行政部门应当及时核实、处理,并对举报有功人员给予奖励";《森林法》(2009)第 12 条①规定"在植树造林、保护森林、森林管理以及林业科学研究等方面成绩显著的单位或者个人,由各级人民政府给予奖励";等等。

(2)部分法律法规中设置含有"鼓励"词语的法条

因为涉及到的法条太多,这里也仅仅以宪法和部分法律为例进行说明。如《宪法》(2018)对"鼓励"一词使用了七次,即第 8 条规定"鼓励、指导和帮助集体经济的发展";第 11 条规定"国家鼓励、支持和引导非公有制经济的发展";第 19 条规定"鼓励自学成才";"鼓励集体经济组织、国家企业事业组织和其他社会力量依照法律规定举办各种教育事业";第 21 条规定"鼓励和支持农村集体经济组织、国家企业事业组织和街道组织举办各种医疗卫生设施";第 26 条规定"国家组织和鼓励植树造林,保护林木";第 47 条规定"国家对于从事教育、科学、技术、文学、艺术和其他文化事业的公民的有益于人民的创造性工作,给以鼓励和帮助"。《食品安全法》(2009)对"鼓励"一词多次使用,包括第 8 条规定"国家鼓励社会团体、基层群众性自治组织开展食品安全法律、法规以及食品安全标准和知识的普及工作";第 9 条规定"国家鼓励和支持开展与食品安全有关的基础研究和应用研究,鼓

---

① 2019 年修订时改为第 13 条,内容稍有变化。

励和支持食品生产经营者为提高食品安全水平采用先进技术和先进管理规范";第 30 条规定"……鼓励食品摊贩进入集中交易市场、店铺等固定场所经营";等等。后来修订修正时又多次使用①。另外,《反不正当竞争法》(2017)第 5 条规定"国家鼓励、支持和保护一切组织和个人对不正当竞争行为进行社会监督";《消费者权益保护法》(2013)第 6 条规定"国家鼓励、支持一切组织和个人对损害消费者合法权益的行为进行社会监督";《科学技术进步法》(2007)第 5 条规定"国家鼓励机关、企业事业组织、社会团体和公民参与和支持科学技术进步活动";《农业技术推广法》(2012)第 22 条规定"国家鼓励和支持农业劳动者和农业生产经营组织参与农业技术推广";《森林法》(2009)②第 6 条规定"国家鼓励林业科学研究,推广林业先进技术,提高林业科学技术水平",第 8 条规定"鼓励植树造林、封山育林""鼓励开发、利用木材代用品";等等。

(3)部分法律法规中设置含有"激励"词语的条款

相对前面两类而言,此类法条相对少一些,这里仅仅以部分法律为例进行说明。如《科学技术进步法》(2007)第 7 条规定"国家制定和实施知识产权战略,……依法保护知识产权,激励自主创新";第 39 条规定"……完善激励约束机制";等等。

此外,部分法律法规中虽然没有使用"激励"等相关词语但是却存在具有激励功能的一些条款。这里主要涉及到后文述及的赋予权利型激励、减免义务型激励、减免责任型激励、增加收益型激励以及减少成本型激励等。具体法条在此不赘。

(二) 正外部性经济法激励文本的比较分析

1.激励术语用词有多有寡

用于激励目的的高频词语主要包括"奖励""鼓励""促进""激励"等,但是使用较多的还是"促进"这个词。这里以规范性法律文件名称中含有"激励"性术语为例。截至 2018 年底,标题名称中含有关键词"促进"的狭义法律居多,有近 20 件(含修订和修正),数量最多。因此,从这个意义上说,直接以"促进"作为标题关键词的激励型规范性法律文件的效力也是最高的。另外,以"促进"作为标题关键词的现行有效的部门规章 930 件,地方规范性文件 9579 件,与其他含有"奖励""鼓励""激励"的同层次规范性

---

① 2018 年修正后一共使用了十次,涉及到第 10、11、30、36、42、43、48 条。
② 2019 年修订时,"鼓励"一词使用了七次,涉及到第 31、44、50、62 条。

文件相比,数量也明显较多。前文已述,其实我国港、澳、台地区的激励型规范名称中多含有关键词"促进"。并且,国外在激励型法规中也是以关键词"促进"命名的居多。

2. 激励力度有大有小

从激励力度的视角来看,标题中含有"激励"相关关键词的专门规范性法律文件、含有"激励"相关专门章节和含有"激励"相关专门条款等三种情形的激励力度区别很大。一般来说,专门激励型规范性法律文件的激励力度明显大于专门章节的激励力度;而专门章节的激励力度明显大于专门条款的激励力度。从具体的法律激励客体视角来看,一般来说,专门激励型规范性法律文件都是对社会效益巨大的正外部性行为的激励,如《清洁生产促进法》对清洁生产相关正外部性行为的激励、《循环经济促进法》对发展循环经济相关正外部性行为的激励、《就业促进法》对实现就业相关正外部性行为的激励、《中小企业促进法》对中小企业发展相关正外部性行为的激励等等。在这些激励型规范性法律文件中,既有宏观倡导型的激励规定,更有非常具体的激励措施①,如财政资金保障、税收优惠保障以及金融支持保障等等。反之,如果一部法律仅仅设置几个专门激励性条款,并且还存在前文已述的激励性内容空洞化现象,那么,比较而言,其激励力度一般都比较小。其一般的表述模式为"国家鼓励××。"如《渔业法》(1986)第 14 条、《野生动物保护法》(1988)第 17 条、《残疾人保障法》(1990)第 7 条第 2 款等等。

3. 激励效果有优有劣

从激励效果视角来看,标题中含有"激励"相关关键词的专门规范性法律文件、含有"激励"相关专门章节和含有"激励"相关专门条款等三种情形的激励效果区别很大。一般来说,专门激励型规范性法律文件的激励效果明显优于专门章节的激励效果;而专门章节的激励效果明显优于专门条款的激励效果。从具体的法律法规激励客体视角来看,专门激励型规范性法律文件所要激励的都是社会发展中亟待支持鼓励的正外部性行为,由于这些法律具有明确的财政资金保障、税收优惠保障以及金融支持保障等条款,因此激励效果较好。② 反之,如果一部法律仅仅设置几个专门激励性条款,而且很多时候体现为诸如"人云亦云"的"法云亦云"情形,即大多数都是贯彻"拿来主义",从其他法律中"复制"而来,"粘贴"而至,就明显存在严重的同质化现象。如某些规范性法律文件中有诸如"国家鼓励××科学技术研

---

① 参见胡元聪:《我国法律激励的类型化分析》,《法商研究》2013 年第 4 期。
② 参见胡元聪:《我国法律激励的类型化分析》,《法商研究》2013 年第 4 期。

究,推广先进技术,提高××科学技术水平"的规定并且较为普遍,具体如《森林法》(1984)第5条第2款、《渔业法》(1986)第4条、《野生动物保护法》(1988)第4条、《传染病防治法》(2004)第8条第1款等等。如此这般,激励效果肯定会大打折扣,而且很多时候仅仅是一种宏观倡导,缺乏有效的可操作性措施,具体落实也比较难。

4. 激励基础有好有差

从激励基础来看,标题中含有"激励"相关关键词的专门规范性法律文件、含有"激励"相关专门章节和含有"激励"相关专门条款等三种情形的激励基础区别很大。一般来说,专门激励型规范性法律文件的激励基础明显好于专门章节的激励基础;而专门章节的激励基础又明显好于专门条款的激励基础。直接以激励术语作为法律规范的标题关键词或设定专章进行激励,其激励基础一般都比较扎实。这些激励的基础一般包括良好的物质基础如财政支持保障、税收优惠保障以及金融支持保障等。同时,这些激励基础要求一般都比较高,对激励所涉及到的实务部门的职责规定也比较详细,具有较强可操作性。① 另外,其一般都涉及到下文将要叙述的三大类型的激励模式,即权利、义务、责任分配方面,成本、收益配置方面,资格、待遇、荣誉赋予方面的激励。而如果仅仅只有一些激励性条款的话,在实施中难免因为远离激励所涉及到的实务部门,而导致可操作性比较差,同时主要体现为激励"诚意"不足的宏观倡导型激励。给人们的感觉是法律目前暂未想到要如何去实现,或条件还不具备,因此暂时也不可能实现法条所提出的激励目标。

二、正外部性经济法激励方式的类型化及比较分析

(一)正外部性经济法激励方式的类型化

学者丰霏认为,法律制度激励的主要方式包括:公平激励、期望激励、目标激励、强化激励和信息激励等。② 本书从法与经济学的研究视角认为,法律激励正外部性的功能主要通过以下三大类型八种方式来实现。总的来看,可以分为从权利义务责任方面、效益方面、资格待遇荣誉方面进行激励,具体则分为八种激励方式。一般来说,法律的激励方式会通过一些法条体

---

① 参见胡元聪:《我国法律激励的类型化分析》,《法商研究》2013年第4期。
② 丰霏:《法律制度的激励功能研究》,吉林大学2010年博士学位论文,第22页。

现出来。但是在法律法规中,也有这样一些法条,他们提及"鼓励"这个词,但是却没有具体的内容。因此,在对比较具体的激励方式进行分类之前,有必要先提及这部分法条,本书将这部分法条体现的激励称为"宏观倡导型激励"。宏观倡导型激励指那些没有具体操作性内容的激励方式,也就是说只是提及鼓励、奖励等词语,旨在倡导某种行为,但是不涉及具体操作规定的激励方式。因此,这些法条也是一些"务虚"的法条。从另一个方面来说,实现宏观倡导型激励目标的具体操作的条件可能还不成熟,包括立法条件、实施基础等。但是,随着时间的推移,当条件逐渐成熟时可能对其具体化,从而转化为可操作性的"务实"的法条。这从前文述及的激励法律规范的发展史中可窥见一斑。

1. 权利义务责任配置方面的激励

(1)赋予权利型激励

我国较早通过赋予权利进行激励的可算是"商鞅变法"中实行的"废井田,开阡陌"制度,其实际上是赋予相关主体土地私有及买卖的权利,从而激励私有制基础上的农业发展。《秦律·田律》规定开垦荒地、砍伐树木以及渔猎成果可以归为己有,实际上是通过赋予相关主体所有权(先占取得)的方式进行激励。

而从法律规范的基本属性来看,法律是惩恶扬善的社会规范,也是以权利和义务为内容的社会规范。在惩恶方面,即约束负外部性方面,很多时候是通过剥夺权利来实现的[1],如《公司法》(2018)第 211 条关于吊销营业执照的规定[2]。因此,相反,在扬善方面,即激励正外部性方面,则是通过赋予权利来实现的。在赋予权利方面主要包括但不限于:

第一,赋予社会特殊主体垄断性的专有权进行激励。有学者指出,人类具有追求权利与权力的欲望,因为权利与权力能带来明显的预期收益。即赋予权利与权力,能对相关主体起到有效的激励作用。这里主要讲赋予权利。对相关主体来讲,赋予权利意味着他能做法律所许可做的事情,而不会被他人干涉和被国家压制。[3] 具体包括:赋予专有权进行激励,如专利法对专利的保护、商标法对商标的保护、反不正当竞争法对商业秘密的保护。"如果私人为了某项发明而投入的私人成本超过了他可能得到的私人收

---

① 参见胡元聪:《我国法律激励的类型化分析》,《法商研究》2013 年第 4 期。

② 即"公司成立后无正当理由超过六个月未开业的,或者开业后自行停业连续六个月以上的,可以由公司登记机关吊销营业执照。"

③ 方纯:《法律的激励机制及其实现条件》,《广西民族学院学报(哲学社会科学版)》2006 年第 4 期。

益,……那么个人通常就没有动力从事有益的活动,虽然对社会来说这些活动可能有利。"①因此,赋予其专有权,就会对其进行激励。正如"……法律规范可以分为授权性规范、禁止性规范和命令性规范。奖励条款可以看作是授权性规范的一种"。② 即此时在权义模式设计上主要采取授权性规范来实现。为此,相关法律一般会在总则里或者第 1 条中开宗明义地指出立法目的,如《专利法》(2008)第 1 条的规定③。同时该法第七章"专利权的保护"部分对专利权的垄断进行的规定也是。另外,《商标法》(2019)第七章中也规定了"注册商标专用权的保护"。被赋予专有权必然会带来自己利益的增加,从而也会实现对正外部性的激励。此外,在反垄断法中,对于涉及到知识产权的也会给予豁免(可以理解为享有豁免权),因此,其也是一种激励。恰如有学者所言"知识产权通过对创新者赋权,解决的主要就是激励问题"。④

　　第二,赋予企业特殊主体(如企业高级管理人员和技术骨干)股票期权进行激励。股票期权指买方在交付了期权费后即取得在合约规定的到期日或到期日以前按协议价买入或卖出一定数量相关股票的权利。其是由持有者向公司购买未发行在外的流通股,即是直接从公司购买而非从二级市场购买而形成的权利。这是对员工进行激励的诸多方式之一,属于长期激励的范畴,从而有助于促进董事勤勉义务规则的实施。2005 年 12 月 31 日,中国证监会颁布了《上市公司股权激励管理办法(试行)》,推动了我国股票期权计划的发展。

　　第三,赋予一般权利进行激励。这种情形包括但不限于:一是赋予土地使用权。如我国《防沙治沙法》(2018)第 34 条规定了赋予不超过七十年的土地使用权进行激励⑤,这很明显体现了对防沙治沙正外部性行为的激励作用。二是赋予举报权利。如《循环经济促进法》(2018)第 10 条规定了公民对于浪费资源、破坏环境行为的举报权。⑥ 这里的举报行为即是具有正

---

① 周林彬:《法律经济学论纲》,北京大学出版社 1998 年版,第 130 页。

② 侯健:《也谈法律的激励功能》,《社会科学报》2005 年 8 月 25 日。

③ 即"为了保护专利权人的合法权益,鼓励发明创造,推动发明创造的应用,提高创新能力,促进科学技术进步和经济社会发展,制定本法。"2020 年修正时,本条内容未做改动。

④ 纪海龙:《数据的私法定位与保护》,《法学研究》2018 年第 6 期。

⑤ 即"使用已经沙化的国有土地从事治沙活动的,经县级以上人民政府依法批准,可以享有不超过七十年的土地使用权。……县级人民政府依法根据土地承包合同向治理者颁发土地使用权证书,保护集体所有沙化土地治理者的土地使用权。"

⑥ 即"公民有权举报浪费资源、破坏环境的行为,有权了解政府发展循环经济的信息并提出意见和建议。"

外部性属性的行为。

　　第四,通过对政府部门规定相关职责的方式增加相对应主体的相关权利从而进行激励。如《农业机械化促进法》(2018)第29条规定了地方各级人民政府和县级以上地方人民政府主管农业机械化工作的部门的职责①。《中小企业促进法》(2017)第24条规定了地方人民政府关于政策咨询和信息服务的职责。② 这些法律规定明确了政府的相关职责,明显对相对应主体的积极行为可以起到激励作用。

　　第五,通过加重对违法者的惩罚对弱势群体进行激励。和权利相对应的是义务和责任,而承担责任往往是通过实施惩罚来实现的。因此,加重一方的惩罚可以让另一方获得相应的补偿权利。有学者指出,"现代的惩罚性赔偿的主要功能是激励、报偿……,目的在于……对其付出的代价给以充分的报偿,激励个人充分利用其所掌握的信息提起诉讼,维护所有主体共生的社会经济秩序或环境,亦即维护社会整体利益。"③因此,通过加重对侵权者的惩罚,可以带来对受害者或其他非受害者的激励。即当惩罚性赔偿作为一种激励手段时,私人执法就具有公共产品的特征,它一方面能形成一种潜在的、实际的成本约束,有利于减少经营者的加害行为;另一方面这一执法行为的效果具有正的外部性,必须为其他更多的受害人或者潜在的受害人所共同分享。④ 如《消费者权益保护法》(2013)第55条规定的"三倍赔偿"制度⑤、《食品安全法》(2018)第96条规定的"十倍赔偿"制度⑥、《劳动合同法》(2012)第87条规定的"二倍赔偿"制度⑦等即有以上功能。总之,"惩罚性赔偿事实上具有'公益诉讼'的性质,惩罚性赔偿金在这种意义上可以视为对提起诉讼

---

① 即"地方各级人民政府应当……为农业机械化创造条件。县级以上地方人民政府主管农业机械化工作的部门应当……为农民和农业生产经营组织免费提供信息服务。"
② 即"县级以上地方人民政府及其有关部门应当　　为创业人员免费提供工商、财税、金融、环境保护、安全生产、劳动用工、社会保障等方面的法律政策咨询和公共信息服务。"
③ 刘水林:《论民法的"惩罚性赔偿"与经济法的"激励性报偿"》,《上海财经大学学报》2009年第4期。
④ 谢晓尧:《惩罚性赔偿:一个激励的观点》,《学术研究》2004年第6期。
⑤ 即"经营者提供商品或者服务有欺诈行为的,应当按照消费者的要求增加赔偿其受到的损失,增加赔偿的金额为消费者购买商品的价款或者接受服务的费用的三倍;增加赔偿的金额不足五百元的为五百元。"
⑥ 即"生产不符合食品安全标准的食品或者销售明知是不符合食品安全标准的食品,消费者除要求赔偿损失外,还可以向生产者或者销售者要求支付价款十倍的赔偿金。"
⑦ 即"用人单位违反本法规定解除或者终止劳动合同的,应当依照本法第47条规定的经济补偿标准的二倍向劳动者支付赔偿金。"

的消费者维护公共利益的一种奖励。"①通过对反垄断法中三倍赔偿责任在美国的演化和被欧盟最新接受的实证分析,以及对这一制度的功能、作用的规范分析,可以认为要激励受害人提起损害赔偿诉讼,克服单纯依靠公共机构实施的不足,应在我国反垄断法实施中引入这一制度。② 需要说明的是,《消费者权益保护法》(2013)改"双倍赔偿"为"三倍赔偿"也可以说明对受害消费者的激励力度加大了。

(2)减免义务③型激励

古代通过减免义务进行激励的例子早已有之,如前文已述的秦国在耕织奖励方面就有规定"戮力本业,耕织致粟帛多者复其身,事末利及怠而贫者,举以为收孥。"④这里的"复起身"就是免除徭役从而起到激励作用。还有洪武元年八月,朱元璋颁布诏令"州郡人民,因兵乱逃避他方,田产已归于有力之家,其耕垦成熟者,听为己业;若还乡复业者,有司于旁近荒田内如数给与耕种。"对于其它荒地,则允许人民自由垦辟,所有权归开垦者,并且免服徭役三年。⑤ 洪武二十八年又诏曰:"令山东、河南开荒田地,永不起科。"⑥等等。

法律是以权利和义务为内容的社会规范,法律在配置权利和义务时,如果是对双方平等保护,那么也会平等地配置权利和义务⑦,民商法在这方面体现得比较明显。如果为了激励某一方,就会减轻其义务上的负担;⑧如果为了惩罚某一方,就会加重其义务上的负担,如《消费者权益保护法》对经营者施加的义务明显多于其享受的权利⑨、《劳动合同法》对用人单位施加的义务明显多于其享受的权利⑩等等。这种情形在经济法中体现得也比较充分,因为经济法是以不平等求得平等,以现实中的形式不公平求得实质公平。因此,如果为了激励法律关系的

---

① 金福海:《惩罚性赔偿制度研究》,法律出版社 2008 年版,第 150 页。

② 参见李国海:《反垄断法损害赔偿制度比较研究》,《法商研究》2004 年第 6 期。

③ 减免义务不一定是激励,可能是其他原因。如古代塞尔维·图里阿的改革规定:"把所有其余拥有财产少于十二个半那的,人数超过上面所举诸级的公民,编在一个森都利亚里,他们免服兵役和免缴捐税。"参见由嵘等:《外国法制史参考资料汇编》,北京大学出版社 2004 年版,第 125 页。

④ 《史记》卷 68《商君列传》。

⑤ 《明太祖实录》卷三十四。

⑥ 《明会典·户部四·田土》。

⑦ 参见胡元聪:《我国法律激励的类型化分析》,《法商研究》2013 年第 4 期。

⑧ 胡元聪:《包容性增长理念下经济法治的反思与回应》,《法学论坛》2015 年第 3 期。

⑨ 《消费者权益保护法》具体规定了经营者的十一项义务和消费者的九项权利。

⑩ 《劳动合同法》主要是规定劳动者的权利和用人单位的义务。

某一方,就会通过减免其义务来实现。具体来讲,其主要包括但不限于:

第一,减免提供担保义务进行激励①。如《劳动争议调解仲裁法》(2007)第44条规定,劳动者申请先予执行的,可以不提供担保。《商业银行法》(2015)第36条也有免除担保义务的规定②。很明显,《劳动争议调解仲裁法》规定的免除提供担保的义务有利于激励劳动者维护自己的权利。《商业银行法》规定的对资信良好借款人免除提供担保的义务,也是为了对其"资信良好"进行激励并产生示范效应。

第二,减免告知义务进行激励。《劳动合同法》(2012)第38条规定,用人单位有特定行为③的,劳动者可以立即解除劳动合同,不需事先告知用人单位。这里也是通过免除被侵权的劳动者的告知义务,激励其及时脱身以维护自己的权利。这种维护权利的行为有利于打击违法的用人单位,而支持协助此类打击行为也是应该激励的具有正外部性的行为。

第三,减免举证义务进行激励。举证责任倒置的规定有利于激励当事人行使诉权从而实现社会的公平正义。如《关于民事诉讼证据的若干规定》(2019)第10条规定的几种无需举证证明情形④也起到了激励作用。根据最新的《最高人民法院关于审理劳动争议案件适用法律若干问题的解释(一)》(2020)第44条的规定,因用人单位作出的特殊决定⑤而发生的劳动争议,用人单位负举证责任⑥。这里减免义务的目的主要在于从公平角度出发保护劳动者的权益,从而加重用人单位应承担的义务和责任。

---

① 参见胡元聪:《我国法律激励的类型化分析》,《法商研究》2013年第4期。
② 即"经商业银行审查、评估,确认借款人资信良好,确能偿还贷款的,可以不提供担保。"
③ 包括:以暴力、威胁或者非法限制人身自由的手段强迫劳动者劳动的,或者用人单位违章指挥、强令冒险作业危及劳动者人身安全的。
④ 具体包括下列事实,当事人无需举证证明:(一)自然规律以及定理、定律;(二)众所周知的事实;(三)根据法律规定推定的事实;(四)根据已知的事实和日常生活经验法则推定出的另一事实;(五)已为仲裁机构的生效裁决所确认的事实;(六)已为人民法院发生法律效力的裁判所确认的基本事实;(七)已为有效公证文书所证明的事实。前款第二项至第五项事实,当事人有相反证据足以反驳的除外;第六项、第七项事实,当事人有相反证据足以推翻的除外。
⑤ 包括:开除、除名、辞退、解除劳动合同、减少劳动报酬、计算劳动者工作年限等。
⑥ 胡元聪:《我国法律激励的类型化分析》,《法商研究》2013年第4期。

（3）减免责任①型激励

归责原则是责任立法的指导方针。归责必须遵循以下法律原则：一是责任法定原则；二是因果联系原则；三是责任相称原则；四是责任自负原则。从法学视角看，惩罚可以通过施加责任或者加重责任来实现；相反，激励可以通过免除责任或者减轻责任来实现。减免责任型激励多见于《刑法》之中，其中我国古代的"八议"制度就具有典型的减免责任型激励属性。"八议"最早源于西周的"八辟"，在曹魏的《新律》中首次入律。所谓"八议"②是指法律规定的八种人犯罪，由皇帝根据其身份及具体情况减免刑罚的制度。

减免责任型激励在经济法中也不少见，如在美国的商业判断规则中，规定了董事和高管人员的行为在符合商业判断的前提下豁免对商业风险承担责任。其旨在以"免除当事人责任"激励当事人积极实施商业决策而没有特别的顾虑③。就我国而言，减免责任型激励主要包括但不限于：

第一，在事前减免责任进行激励④。为鼓励、促使涉嫌垄断行为的经营者主动承认垄断行为，从而降低执法成本，我国《反垄断法》（2008）第45条规定了具有激励性质的经营者承诺制度。⑤ 这种激励的目的在于保证事前承诺的可置信性，保证承诺从确定到履行的整个阶段都处于最优状态，而不是仅仅在事后提供一种矫正机制。⑥

第二，在事后减免责任进行激励⑦。《科学技术进步法》（2007）第56

---

① 这里的减免责任并不是指责任本身规定的有区别，如古代社会男女不平等，因此对父母有同样违法行为时被施加责任就有所区别。如"苏美尔"亲属法第一条规定：倘子告其父云："尔非吾父"，则应髡彼之发，加之以奴隶之标记并卖之以易银。第二条规定：倘子告其母云："尔非吾母"，则应髡彼之鬓，并逐出公社，逐之于家庭经济之外。参见由嵘等：《外国法制史参考资料汇编》，北京大学出版社2004年版，第5页。从这两条规定可以看出，父亲地位高于母亲地位。这里并不是本书所指的减免责任的情形。还有，减免责任是基于其他原因考虑，如《法国刑法典》（1810年）第64条规定："如被告实施犯罪时，有精神病或受不可抗拒之胁迫者，既不构成重罪亦不构成轻罪"。参见由嵘等：《外国法制史参考资料汇编》，北京大学出版社2004年版，第326页。这种减免责任也不是本书讨论的情形。

② 这八种情况是：议亲、议故、议贤、议能、议功、议贵、议勤、议宾。

③ 董淳锷：《从惩罚到激励：公司法实施机制探微》，《北方法学》2014年第5期。

④ 胡元聪：《我国法律激励的类型化分析》，《法商研究》2013年第4期。

⑤ 即"……被调查的经营者承诺在反垄断执法机构认可的期限内采取具体措施消除该行为后果的，反垄断执法机构可以决定中止调查。……经营者履行承诺的，反垄断执法机构可以决定终止调查。"

⑥ 盛杰民、焦海涛：《反垄断法承诺制度的执行难题与激励》，《清华法学》2009年第2期。

⑦ 胡元聪：《我国法律激励的类型化分析》，《法商研究》2013年第4期。

条规定了给予科技人员宽容的内容。① 这种制度通过"宽容"科技工作者的失败或不成功来激励科学技术人员进行积极地试错和自由探索,此乃宽容型激励。另外,《反垄断法》(2008)第46条规定了宽恕制度。② 这里的"宽恕制度"则是通过事后减轻责任的方式激励卡特尔成员积极主动向反垄断执法机构报告达成的垄断协议等事项以便能有效查明、打击卡特尔行为,此乃宽恕型激励。③ 再如《刑法》(2020)第24条关于中止犯激励的相关规定④、第67条关于自首激励的相关规定⑤、第68条关于立功激励的相关规定⑥以及第78条关于立功激励的相关规定⑦等等,都涉及事后减免或减轻责任的情形。当然,正如前文所述,这里刑法的激励客体是否属于正外部性行为可能存在争议。

2. 成本收益分配方面的激励

(1)增加收益型激励

在古代,可以作为增加收益型激励的"物"包括最早具有货币职能的通货、不动产和动产等,如商朝的"贝"⑧、周朝的"疆土"⑨以及战利品⑩,还有春秋时期的"赢"⑪、西晋时期的"谷"⑫等。今天已经发展到包括比特币、以太币及央行发行的法定数字货币(数字人民币)等。

从法律后果的内容看,无论何种奖励,对于获奖主体来说,都意味着特定利益的增加,并且这种添加利益为获奖主体所专有,不在获奖主体既得和可得的其他利益之列。⑬ 因此,从经济学角度看,惩罚实际上就是增加相关

---

① 即"国家鼓励科学技术人员自由探索、勇于承担风险。原始记录能够证明承担探索性强、风险高的科学技术研究开发项目的科学技术人员已经履行了勤勉尽责义务仍不能完成该项目的,给予宽容。"

② 即"经营者主动向反垄断执法机构报告达成垄断协议的有关情况并提供重要证据的,反垄断执法机构可以酌情减轻或者免除对该经营者的处罚。"

③ 参见金善明:《反垄断执行中的宽恕政策评估》,《重庆社会科学》2009年第1期。

④ 即"对于中止犯,没有造成损害的,应当免除处罚;造成损害的,应当减轻处罚。"

⑤ 即"对于自首的犯罪分子,可以从轻或者减轻处罚。其中,犯罪较轻的,可以免除处罚。"

⑥ 即"犯罪分子有揭发他人犯罪行为,查证属实的,或者提供重要线索,从而得以侦破其他案件等立功表现的,可以从轻或者减轻处罚;有重大立功表现的,可以减轻或者免除处罚。犯罪后自首又有重大立功表现的,应当减轻或者免除处罚。"

⑦ 即"被判处管制、拘役、有期徒刑、无期徒刑的犯罪分子,在执行期间,如果认真遵守监规,接受教育改造,确有悔改表现的,或者有立功表现的,可以减刑;有重大立功表现之一的,应当减刑。"

⑧ 如"丙午,王商(赏)戍嗣子贝廿朋。"(《戍嗣子鼎》)。

⑨ 如"令(命)女盂……省先王其受民受疆土。"(《大盂鼎》)。

⑩ 如"大兽公之,小禽私之。"(《周礼·夏官·大司马》)。

⑪ 如"量其重,计其赢,民得其七,君得其三。"(《管子·轻重乙》)。

⑫ 如"蜜工收蜜十斛,有能增煎二升者,赏谷十斛。"(《太平御览》卷857引《晋令》)。

⑬ 王全兴:《经济法律奖励原理初探》,《中南政法学院学报》1998年第3期。

主体的成本,减小其收益;相反,激励实际上是增加相关主体收益,减小其成本。如在处罚经济法违法方面的重要措施包括罚款、支付赔偿金等,《食品安全法》(2018)第184条规定的十倍赔偿制度①即是。为了激励正外部性,一般采用增加收益型激励的相关法律条款。这里的"增加收益"作广义的理解,其包括但不限于:

第一,直接规定获得相应经济利益进行激励。如《种子法》(2015)第25条规定,"……对经过人工培育的或者发现的野生植物加以开发的植物品种……授予植物新品种权,保护植物新品种权所有人的合法权益……选育的品种得到推广应用的,育种者依法获得相应的经济利益。"这里直接提到育种者可以依法"获得相应的经济利益"即是增加其相关收益进行激励的典型例子。

第二,通过设立各类基金、提供专项资金、增加财政经费投入等进行激励②。如《科学技术进步法》(2007)第16条规定,国家设立自然科学基金、科技型中小企业创新基金以及其他基金资助科技活动等;《民办教育促进法》(2018)第45条规定,"……设立专项资金,……奖励和表彰有突出贡献的集体和个人";《农业机械化促进法》(2018)第26条规定,"中央和地方……科技开发资金应当对农业机械工业的技术创新给予支持";《中小企业促进法》(2017)第8条规定,"中央财政预算应当设立中小企业科目,安排扶持中小企业发展专项资金";等等。

第三,提供优惠贷款、融资便利、担保融资方便等进行激励。《中小企业促进法》(2017)第14条规定,"……鼓励和引导金融机构加大对小型微型企业的信贷支持,改善小型微型企业融资环境。"第16条规定,"……国家政策性金融机构应当在其业务经营范围内,采取多种形式,为中小企业提供金融服务。"第20条规定,"中小企业以应收账款申请担保融资时,其应收账款的付款方,应当及时确认债权债务关系,支持中小企业融资。"等等。

(2)减少成本型激励

汉孝景二年间的诏书曰"令民半出田租,三十而税一也。"③其旨在激励农民的生产积极性。前文已述,从经济学角度看,惩罚实际上就是增加相关主体的成本,减小其收益,而激励实际上是增加其收益,减小其成本。④ 因

① 即"……生产不符合食品安全标准的食品或者销售明知是不符合食品安全标准的食品,消费者除要求赔偿损失外,还可以向生产者或者销售者要求支付价款十倍的赔偿金。"
② 胡元聪:《我国法律激励的类型化分析》,《法商研究》2013年第4期。
③ 《汉书·食货志》。
④ 胡元聪:《我国法律激励的类型化分析》,《法商研究》2013年第4期。

此,增加其成本可以看作是惩罚;相反,减小其成本就是激励。我国近几年来推行的减税降费政策就是这种激励的典型表现。在现有法律法规中,通过减少成本进行的激励并不少见。具体包括但不限于:

第一,通过税收减免进行激励。税收减免在激励正外部性的经济法中作为鼓励、扶持、推动的主要工具发挥着重要作用,其是促进措施中较为常见且效果很好的一种。绝大多数激励型经济法规都规定了此类措施,具体来讲:其一是笼统的规定税收优惠激励。如《中小企业促进法》(2017)第21条规定在税收政策上支持和鼓励中小企业①;《农业机械化促进法》(2018)第26条有关于激励农业机械化的规定②;《民办教育促进法》(2018)第47条规定,民办学校享受国家规定的税收优惠政策;《企业所得税法》(2018)第27条也有关于可以免征、减征企业所得税规定。③ 这一类税收优惠的规定比较宏观,具体操作需要依赖其他规定进行细化。其二是具体的规定税收优惠激励。具体来看:一是通过降低税率进行激励,如《企业所得税法》(2018)第28条中关于国家重点扶持的高新技术企业减按15%的税率征收企业所得税的规定。二是通过增加扣除进行激励,如《企业所得税法》(2018)第9条中关于企业发生的公益性捐赠支出扣除的规定④;《清洁生产促进法》(2012)第34条中关于企业用于清洁生产审核和培训的费用可以列入企业经营成本的规定。三是通过加速折旧进行激励,如《企业所得税法》(2018)第32条中关于加速折旧的规定。⑤ 四是通过税额抵免进行激励,如《企业所得税法》(2018)第34条中关于税额抵免的规定⑥。五是通过税款返还进行激励,如2008年修订的《增值税暂行条例》第25条规定,对出口时已缴纳的税款返还给企业。这一类税收优惠的规定比较具体,操作性很强。

第二,通过费用减免进行激励。如《就业促进法》(2015)第17条规定

① 即"国家实行有利于小型微型企业发展的税收政策,……。"
② 即"国家采取措施,鼓励和支持农业机械生产者增加新产品、新技术、新工艺的研究开发投入,并对农业机械的科研开发和制造实施税收优惠政策。"
③ 即"(三)从事符合条件的环境保护、节能节水项目的所得;(四)符合条件的技术转让所得。"
④ 即"企业发生的公益性捐赠支出,在年度利润总额12%以内的部分,准予在计算应纳税所得额时扣除。"
⑤ 即"企业的固定资产由于技术进步等原因,确需加速折旧的,可以缩短折旧年限或者采取加速折旧的方法。"
⑥ 即"企业购置用于环境保护、节能节水、安全生产等专用设备的投资额,可以按一定比例实行税额抵免。"

对有关企业、人员依法给予税收优惠①；第 18 条又规定，对上述第 17 条第 4 项、第 5 项规定的人员，有关部门应当在经营场地等方面给予照顾，免除行政事业性收费。另外《人口与计划生育法》（2015）第 21 条规定，实行计划生育的育龄夫妻免费享受国家规定的基本项目的计划生育技术服务。近年来的减税降费政策中的"降费"部分则是"取消或停征行政事业性收费"。这些就是通过减免收费来激励制造业和小微企业等实体经济发展相关的正外部性。

3. 资格待遇荣誉赋予方面的激励

（1）特殊资格型激励

对于处罚的方式来说，法律责任中包括剥夺相关主体资格的情形。如在刑罚中有"资格刑"，在行政处罚中有"资格罚"，经济法责任中惩罚比较严重的也当数剥夺相关主体的某种资格。如《产品质量法》（2018）第 57 条规定，产品质量检验机构、认证机构出具的检验结果或者证明不实，造成重大损失的，撤销其检验资格、认证资格。反之，对于正外部性激励的诸多方式中，其中之一是可以通过赋予相关主体某种特殊资格来实现。这里的赋予特殊资格不等同于前述的赋予特殊权利（后文详述）。一般来讲，法律对不同的经济主体参与某些经济事务都设置了准入条件（一定程度上具有资格门槛的意义），而准入条件的高低不同也就意味着进入的难易程度不同。② 在某些情况下，国家为了激励某种正外部性，就会降低准入条件。这里降低准入条件的情形包括但不限于：

第一，通过法律的修改降低准入条件进行激励。这种降低准入条件的激励主要表现为根据社会的发展变化进行特殊的激励。如《公司法》（1993，1999，2004）第 23 条规定，有限责任公司最低注册资本为人民币十万元。《公司法》（2005）第 26 条规定，有限责任公司注册资本的最低限额为人民币三万元，并不要求一次性缴足。此次修订的原因在于，2005 年之前的《公司法》对有限责任公司的最低注册资本额规定数额过高，抑制了资本特别是民间资本活跃的投资需求，不符合一些行业的实际需要，在某种程度上束缚了经济的发展，不利于激励公司解决就业问题等方面的正外部性。同时，要求注册资本一次性全部缴足，一些投资较大、投资回报周期较长的生产建设项目难以做到，并且项目开始注册时就缴清资本也容易造成资金的闲置。而 2005 年的

①　具体包括：一是吸纳符合国家规定条件的失业人员达到规定要求的企业；二是失业人员创办的中小企业；三是安置残疾人员达到规定比例或者集中使用残疾人的企业；四是从事个体经营的符合国家规定条件的失业人员；五是从事个体经营的残疾人；六是国务院规定给予税收优惠的其他企业、人员。

②　胡元聪：《我国法律激励的类型化分析》，《法商研究》2013 年第 4 期。

修订,是在市场准入和市场主体资格领域实施激励性规制,从而增加竞争主体的数量,起到促进竞争的作用①。2013 年《公司法》修正时,第 26 条直接取消了三万元的注册资本最低限额的规定,激励的力度更大了。也可以认为,其激励方式已由特殊资格型激励转变为减免义务型激励。

第二,针对特殊区域、特殊对象降低准入条件进行激励。这种激励也是根据我国中西部地区经济发展落后,城乡经济发展水平差异比较大的现实情况而设置的一种较为特殊的激励措施,旨在鼓励中西部经济发展落后地区积极进行脱贫攻坚的经济建设,实现全面小康的积极行为。正如习近平总书记 2020 年10 月 17 日在第七个国家扶贫日讲话中指出的"要激发贫困地区贫苦人口的内生动力,激励有劳动能力的低收入人口勤劳致富"。② 再如《商业银行法》(2015)第 13 条规定了对不同地区银行要求不同的注册资本,从而实现对落后地区经济发展的激励③。另外,《村镇银行管理暂行规定》也有类似的规定④。

第三,通过鼓励某些特殊主体参与某些特殊活动实现激励。如《中小企业促进法》(2017)第 25 条规定,"高等学校毕业生、退役军人和失业人员、残疾人员等创办小型微型企业。按照国家规定享受税收优惠和收费减免。"这些激励性规定旨在促进中小企业的发展,因为中小企业在促进就业方面起到了积极的作用。再如《循环经济促进法》(2018)第 11 条规定激励行业协会、中介机构、学会和其他社会组织在循环经济发展中发挥技术指导和服务作用等。⑤

(2)特殊待遇型激励

在日常的经济活动中,为了激励正外部性,一些特殊主体会得到国家的"偏爱",受到法律的"照顾",给予特殊的待遇。具体来看,这些特殊待遇包括但不限于:

第一,给予特殊的工资、福利待遇进行激励。如《科学技术进步法》(2017)第 49 条规定,"……提高科学技术人员的工资和福利待遇;对有突

---

① 王首杰:《激励性规制:市场准入的策略?——对"专车"规制的一种理论回应》,《法学评论》2017 年第 3 期。

② 新华社评论员:《全力打好脱贫攻坚收官之战——写在第七个国家扶贫日》,《新华每日电讯》2020 年 10 月 18 日。

③ 即"设立全国性商业银行的注册资本最低限额为十亿元人民币。设立城市商业银行的注册资本最低限额为一亿元人民币,设立农村商业银行的注册资本最低限额为五千万元人民币。"

④ 即"在县(市)设立的村镇银行,其注册资本不得低于 300 万元人民币,在乡(镇)设立的村镇银行,其注册资本不得低于 100 万元人民币。"

⑤ 即"国家鼓励和支持行业协会在循环经济发展中发挥技术指导和服务作用。……国家鼓励和支持中介机构、学会和其他社会组织开展循环经济宣传、技术推广和咨询服务,促进循环经济发展。"

出贡献的科学技术人员给予优厚待遇。"这里的"突出贡献"则明显具有巨大的正外部性。

第二,给予特殊的生活、身份待遇进行激励。这类型激励在古代就普遍存在,如战国时期规定,"有军功者,各以率受上爵"①。唐代规定,有技能者,其身份虽为官奴婢,但待遇毕竟比无技能者要优裕,而且达到一定年龄(60岁及70岁),可以享受的待遇有:"一免为番户,再免为杂户,三免为良人,皆因赦宥所及则免之。"②这样就可以改变奴婢身份,从而激励他们努力提高工艺③。《科学技术进步法》(2007)第54条规定,外国的杰出科学技术人员到中国从事科学技术研究开发工作的……可以依法优先获得在华永久居留权。可见这也是类似的特殊待遇型激励。这里的"特殊的身份待遇"除了自然人的身份之外,还包括法人的身份。如环境标志制度就是环境奖励制度的一种特殊形式,企业质量体系认证制度就是企业奖励制度的一种特殊形式。这些实质上是对法人给予特殊的身份和待遇。

第三,给予特殊的晋升、级别待遇进行激励。这一点在行政奖励中有不少的明确规定。如《深圳经济特区改革创新促进条例》(2006)第31条规定,对改革创新工作作出突出贡献的,该突出贡献应当作为其晋升职务、级别的重要依据。2019年修正时,此条款未做改动,仍在适用。

(3)特殊荣誉型激励

为了实现惩罚目的,在刑法中曾经有"侮辱刑"。相反,在某些情况下,为了实现激励目的,一些特殊主体会被授予正面的、特殊的"荣誉"。党的十八大报告强调"建立国家荣誉制度",为此,2015年我国出台了《国家勋章和国家荣誉称号法》以褒奖在中国特色社会主义建设中作出突出贡献的杰出人士。本书这里的特殊荣誉是指奖励,即给予激励对象物质和精神的奖励。物质方面的奖励包括奖金或者各种实物奖品,精神方面的奖励包括各类荣誉,如授予"劳动模范""巾帼标兵"等荣誉称号,还有通报表扬、通令嘉奖、记功,同时发给奖状、荣誉证书、奖章等。从类型化的视角来看,这些荣誉一方面是通过给予精神奖励进行激励,另一方面是通过给予物质奖励进行激励或者二者兼有。

第一,通过给予精神奖励进行激励。这种激励也被称为符号型激励④。

---

① 《史记·商君列传》。
② 《梁溪漫志·官户杂户》。
③ 胡元聪:《我国法律激励的类型化分析》,《法商研究》2013年第4期。
④ 指以授予某种具有象征意义的符号,对社会成员的行为方式和价值观念给予认可、赞赏等作为激励手段,主要用于满足社会成员的精神需要。

早期的奖励一般是采用物质奖励与精神奖励相结合而以精神奖励为主的形式。邓小平同志就主张坚持精神鼓励为主,物质鼓励为辅的方针①。《科学技术进步法》(1993)第53条规定,国家对为科学技术事业发展做出杰出贡献的公民,依法授予国家荣誉称号(2007年修订时该条被删除)。但是,因为时代原因,物质奖励明显偏少。如早期国家自然科学奖、发明奖、科技进步奖等国家级大奖,最高奖金也不过2万元。在国家公务员奖励规定中,对授予荣誉称号的人员,其奖金标准一般"不超过本人年基本工资的40%"。所以,早期的奖励主要是精神奖励为主,只有少量的增加收益型激励措施得以适用。

第二,通过给予物质奖励进行激励。这种激励也被称为功利型激励②。我国早期基于经济发展水平较低一般都是通过精神性激励替代其他类型的激励。由于纯粹精神奖励有很大的局限性,所以以精神奖励为主的激励形式逐渐得以改变,即从以精神奖励为主的激励形式转变为精神奖励和物质奖励相结合的激励形式。实际上,这种转变也有其相应的理论基础、物质条件和现实需求。从正外部性的法律激励来看,正外部性是权利与义务的失衡,因此对其激励是为了纠正这种失衡从而实现正义,而正义的实现不仅仅应该只体现在精神性方面还应该体现在物质性方面,尤其是今天所处的时代已经不再是物质匮乏的时代。因此,正义的理论内涵和实现方式也应该做到与时偕行。莱曼·W·波特在其著作《激励与工作行为》中认为,许多早期和当代的激励理论都在某种程度上起源于哲学上的享乐主义(享乐主义也被译为功利主义)。因此,随着国家经济实力与人民生活水平的逐步提高,加大各种奖励的物质比重也就成为自然而然的事情。现实中,直接的物质奖励法规也越来越多,如2004年《吉林省见义勇为人员奖励和保护条例》第10条规定:"对见义勇为人员应当给予下列奖励:(一)授予荣誉称号;(二)颁发奖金;(三)其他奖励。"2011年上海市《关于进一步加强本市食品安全举报奖励工作的实施意见》首次明确,举报食品安全违法人员、违法事实或者提供违法案件线索的举报人,一经查实,将按涉及案件货值金额的1%—5%给予一次性奖励,举报奖励的单项奖金最低不低于500元。③可见,物质奖励这种激励形式日益受到重视。

尤其值得提及的是,现在一些物质奖励的重点在于将其与获奖人某些特定的工作及相关物质待遇相挂钩。具体来看,当事人获奖后,物质待遇包

---

① 《邓小平文选》(第二卷),人民出版社1994年版,第102页。
② 指以实物形式的给予作为激励手段,主要用来满足社会成员的物质需要。
③ 喻林宏:《食品安全有奖举报日趋完善缺常态化》,《中国食品安全报》2011年10月13日。

括:一是提高职务工资档次;二是提高退休金百分比;三是可破格晋升职务
(这里属于特殊待遇型激励)等。也就是说,将奖励与个人工作及相关物质待
遇挂钩之后,因一次获奖而获得的物质奖励演变成了终身制,即能够换来某
种终身的物质享受。此时,奖励带来的激励已经具有增加收益型激励的属性
了。当然,其激励力度也增大了,激励效果也增强了,激励效益也提高了。

(二) 正外部性经济法激励方式的相互比较分析

八种类型的激励方式的划分不一定十分科学。其划分的基本依据各有
不同,但总体上可归纳为三类,分别来看:其一,第一大类即前三种激励方式
的划分依据。该具体划分依据是:法律以权利、义务和责任为重要内容,因此
法律激励必然会通过对相关主体的权利、义务和责任进行适当配置来实现。
其二,第二大类即第四和第五种激励方式的划分依据。该具体划分依据是:
法律激励离不开权利、义务和责任,但是很多时候具体体现为使激励对象经
济收益的增加或者经济成本的减少,尤其是经济法中的此类规定非常普遍。
其三,第三大类即第六、七、八种激励方式处在第一大类和第二大类之间。他
们之间有交叉但又不完全等同。因此,第一大类是从法学视角的划分,第二
大类是从经济学视角的划分,第三大类二者兼而有之。如果按照增量型激
励①和减量型激励②的标准来划分,那么,赋予权利型激励、增加收益型激励
和特殊资格待遇荣誉型激励可以归入增量型激励类型之中;而减免义务型
激励、减免责任型激励、减少成本型激励可以归入减量型激励类型之中。

1. 正外部性经济法激励方式的相互比较

(1)赋予权利型激励和特殊资格型激励的比较

赋予权利型激励和特殊资格型激励都属于增量型激励。赋予权利型激
励主要针对的是一般的普通主体(其中部分属于特殊主体),而特殊资格型
激励往往针对的是一些特殊的激励对象而需要赋予特殊的资格,这些特殊
的激励对象主要是指那些相对来说明显处于弱势地位的主体③,如消费者、
劳动者、农民等弱势群体,西部地区、农村地区等经济落后区域,以及中小企
业等。因此特殊资格型激励中也有赋予权利,即倾斜性配置权利的情形,
但是与标准的赋予权利型激励有所区别。因为赋予权利型激励所赋予的
权利大部分并不是基于激励对象的弱势地位而进行权利的倾斜性配置,

---

① 增量型激励是指通过增加权利、收益、荣誉及资格等实现激励目的的激励类型。
② 减量型激励是指通过减少义务、成本、责任等实现激励目的的激励类型。
③ 胡元聪:《我国法律激励的类型化分析》,《法商研究》2013 年第 4 期。

恰恰相反,其中一部分是基于激励对象(如属于专利权、著作权人等)的特殊贡献而进行权利的倾斜性配置。同时,两种类型的激励方式都不需要国家和政府直接的财政资助。

(2)赋予权利型激励和增加收益型激励的比较

赋予权利型激励和增加收益型激励都属于增量型激励。前文已述,赋予权利能够增加收益,如赋予专利的垄断权,意味着专利权人能够获得一定程度的收益。学者倪正茂指出,"如果说授予专利权、著作权等'软权力'(实际上是权利——笔者注)可以使被授予者获得巨大利益的话,那么,授予'硬权力'即某种行政权力等(如古代之封侯拜爵),得此权力者所能得到的利益,更是无法计算了。"①这里,倪正茂实际上强调了赋予权利型激励能带来收益。进一步说,这两种类型的激励有着密切的关系,即赋予权利型激励中大部分最终会通过增加激励对象的经济收益来实现。但是赋予权利型激励和增加收益型激励也有区别,即赋予权利型激励并不意味着激励对象已经实际获得经济收益,其只是被提供了获得经济收益的可能性或者说保障。因此,赋予权利型激励实际上是间接地增加收益型激励,而增加收益型激励是更为直接的激励方式。同时,增加收益型激励一般都需要国家直接的财政资助。

(3)赋予权利型激励与减免义务型激励的比较

法律是以权利与义务为内容的社会行为规范,法律在调整社会关系的时候,必然会用到"权利"和"义务"元素。具体来看,主要有四种情形:增加权利、减少权利、增加义务、减少义务。这里我们容易明白,减少权利和增加义务具有惩罚性质;反之,增加权利和减少义务就具有激励性质。只是前者属于增量型激励,后者属于减量型激励。因此,这样来看,赋予权利型激励比较直接,让激励对象直接感受得到;而减免义务型激励则比较间接,但是仍然能让激励对象感受得到,只是没那么直接而已。学者傅红伟在《行政奖励研究》中也区别了"赋予权利的激励"和"减免义务的激励"。但是学者倪正茂提出了他自己的看法,他认为,"减免义务实际上也可看作获得了较少履行义务的权利。例如,美国政府规定对企业研究开发支出减免20%的税收,既可以看作是义务的减免,也可以看作是减免税收的权利。……不如不将'减免义务的奖励'单列一项,而与赋予权利合在一起加以论述。"②这也表明,两种激励方式有相通之处。但是笔者认为,毕竟两种方式的作用机理不一样,因此作详细的区分也并非没有必要,因此本书在阐述中将二者进行了区分。

---

① 倪正茂:《激励法学探析》,上海社会科学院出版社2012年版,第251页。
② 倪正茂:《激励法学探析》,上海社会科学院出版社2012年版,第252页。

（4）减免义务型激励和减少成本型激励的比较

减免义务型激励和减少成本型激励都属于减量型激励。减免义务型激励与减少成本型激励的最大区别在于，对激励对象来说，减免或减少的具体内容是否具有直接经济性，也就是说，减免义务型激励不涉及到直接经济利益的问题，如减免提供担保义务、举证义务、告知义务等。但是减少成本型激励会直接影响激励对象的经济利益，即通过减少激励对象的经济支出如税收，从而减少成本支出。当然减免担保义务、举证义务、告知义务等也可能带来激励对象经济支出的减少，但其是间接的。因此，减免义务型激励与减少成本型激励相比较，后者的激励更为直接。

（5）特殊资格型激励和特殊待遇型激励的比较

特殊资格型激励和特殊待遇型激励都属于增量型激励。前文已述，特殊资格型激励往往是针对一些特殊的激励对象而给予特殊型的倾斜性的权利，这些特殊的激励对象主要是指那些处于明显弱势地位的主体，如消费者、劳动者、农民等且激励是间接的。而特殊待遇型激励如特殊的工资、福利待遇，特殊的生活、身份待遇以及特殊的晋升、级别待遇都是非常直接的。这些对激励对象来说，并不是基于其自身的特殊弱势属性而进行的激励，而是基于他们为国家和社会做出了巨大的贡献。同时，特殊待遇型激励一般需要国家的财政支持。

（6）增加收益型激励和特殊荣誉型激励的比较

增加收益型激励和特殊荣誉型激励都属于增量型激励。增加收益型激励和特殊荣誉型激励的共同点是都需要国家的财政资助，如特殊荣誉型激励中的物质奖励就需要不少的财力支持。但是二者的区别也是明显的，如增加收益型激励的范围要比特殊荣誉型激励的范围广泛得多，而特殊荣誉型激励一般只是对那些做出"重大贡献""突出贡献"的正外部性巨大的行为的相关主体进行激励，如《国家勋章和国家荣誉称号法》（2015）规定的范围包括经济、社会、国防、外交、教育、科技、文化、卫生、体育等各领域各行业①。比较而言，增加收益型激励的范围还广泛得多，而且并不一定要求做出"重大贡献""突出贡献"。还有，特殊荣誉型激励一般都是行政法激励的内容，而增加收益型激励一般都是经济法激励的重要内容。

2. 正外部性经济法激励方式的部门法比较

（1）赋予权利型激励、减免义务型激励和减免责任型激励方面的部门法比较

---

① 参见《国家勋章和国家荣誉称号法》（2015）第 4 条。

经济法首先是法律,所以与其他部门法一样,必然会对权利、义务和责任进行配置,从而实现对社会行为规范的调整。但是,在正外部性的激励方面,经济法主要是通过赋予权利、减免义务和减免责任进行激励,因此在这方面也与其他部门法稍有区别,如在授予权利方面,经济法是授权法,即既授权(经济职权)国家适度干预社会经济,也授权(经济权利)经济主体遵循市场规律自由发展。这种赋予权利,尤其是赋予市场主体的权利是经济法激励正外部性的主要方面。同时,因为民法是确权法,所以能够起到一定的激励正外部性作用,但是二者仍有区别。另外,在这方面,行政法和刑法的作用较小。如在减免义务方面,经济法通过税收减免,能够起到非常好的激励正外部性的作用,在这一点上,民法、行政法和刑法起到的作用较小。但是在减免责任方面,主要体现为刑法的激励方式,经济法、民法、行政法方面作用相对比较小。

(2)增加收益型激励和减少成本型激励方面的部门法比较

经济法是国家适度干预经济的基本法律形式。因此,经济法经常会使用到如财政、税收、金融等经济干预工具,而这些经济干预工具显然也可以作为激励工具,能够直接起到激励相关主体供给正外部性的作用。即其明显体现在通过增加收益和减少成本从而实现对正外部性的激励。这也是经济法具有激励功能上的独特优势的具体体现之一。在这方面,民法、行政法和刑法的作用就相对小一些,因为它们并不掌握和使用这些经济干预工具。

(3)特殊资格型激励和特殊待遇型激励方面的部门法比较

经济法是抑强扶弱之法,因此,特殊资格型激励恰恰就是基于相关主体的弱势地位属性的前提,在经济法上给予其特殊的照顾。在这里主要体现为扶弱,如进行倾斜性的权利与义务的配置从而实现对正外部性的激励目的。当然,在特殊待遇型激励方面,主要根据相关主体在科技创新等方面的贡献而进行特别的激励。这与经济法坚持社会本位的基本原则,追求社会公共利益直接相关,在这方面,民法、行政法和刑法的作用非常小。

(4)特殊荣誉型激励方面的部门法比较

这里比较突出的是体现在行政法的行政奖励方面。因为只有国家和政府授予的荣誉才具有高级别的"荣誉性"也才能对正外部性产生巨大的激励作用。当然,除政府以外,其他主体,如国际组织、社会团体等也可以进行荣誉的授予。因此在特殊荣誉型激励方面,主要是经济法和行政法为之。民法、刑法在此类激励方式方面的作用很小。

总之,各类型的激励方式在不同的部门法中有不同的体现,下面以经济

法、民法、行政法和刑法为例进行比较,具体见表 5-11:

表 5-11

激励方式	经济法	民法	行政法	刑法
赋予权利型激励	有	有①	有	无
减免义务型激励	有	无	无	无
减免责任型激励	有	有	无	有②
增加收益型激励	有	有	有③	无
减少成本型激励	有	无	无	无
特殊资格型激励	有	无	无	无
特殊待遇型激励	有	无	有④	无
特殊荣誉型激励	有	无	有⑤	无

3. 正外部性经济法激励方式的实施条件比较

(1)从对激励资金的需求角度分析

第一,增加收益型激励、特殊待遇型激励和特殊荣誉型激励明显需要激励资金的供给。如增加收益型激励需要国家和地方政府提供专项财政资金、补助资金、基金、贷款等。同时,特殊待遇型激励和特殊荣誉型激励中,如果涉及到提高福利待遇或者进行物质奖励,也必须要有相应财政资金作为基础。因此,增加收益型激励、特殊待遇型激励和特殊荣誉型激励对直接的物质基础要求较高。第二,减少成本型激励虽然不需要国家直接提供资金,但是也需要国家有一定的财力作为支撑以保证税费减免的顺利实现。这一点也可以从近年来我国逐步实施且力度日益增大的减税降费政策方案中得出如此结论,即减税降费需要国家的财力保障。⑥ 第三,其他如赋予权利型激励、减免义务型激励和减免责任型激励一般不需要直接的国家财力作为支持。当然,间接的国家财力也是必需的,因为立法过程也需要财力的保障。

(2)从激励立法的成本角度分析

第一,赋予权利型激励的相关立法花费的社会时间和社会费用较多。因

---

① 如民法中赋予"先占取得"权利进行激励。
② 如刑法中关于对"自首"激励的相关规定。
③ 如行政法中行政奖励之物质奖励。
④ 如行政法中行政奖励之职务晋升激励。
⑤ 如行政法中行政奖励之给予某种荣誉激励。
⑥ 胡元聪:《减税降费需要系统落实保障》,《社会科学报》2019 年 5 月 9 日。

为确定哪些应该通过赋予权利来实现对正外部性的激励并不是一件简单的事情,其不像特殊待遇型激励和特殊荣誉型激励所涉及到的问题那样相对简单一些,因为赋予权利型激励往往牵涉太多的问题,涉及的条款较多。因此,一旦立法,影响深远,正如"物质型激励、精神性激励是针对具体事项的,有其即时性,并且往往是相当短暂的;授权性激励却大多为历时性的,一般都历时甚长。"①故而,其耗费的社会时间和社会费用最多,从而导致立法周期较长。第二,减免义务型激励和减免责任型激励的相关规定一般涉及面窄,条款并不多,因此花费的社会时间和社会费用相对较少。第三,增加收益型激励和减少成本型激励的相关规定相对比较简单,通过检索相关法条发现相关规定基本类似,因此社会时间和社会费用的花费相对较低。第四,特殊资格型激励、特殊待遇型激励和特殊荣誉型激励的相关立法在当前比较混乱。这实际上表明其还有很多不完善之处,也表明此类激励法规统一立法的难度也较大,因此具体实施过程也比较长一些,相关成本也要高一些。

(三) 正外部性经济法激励方式的局限及克服

正外部性经济法激励方式的局限及其克服主要体现在两个方面:一是指经济法可以使用的前述八种具体的激励方式在激励正外部性方面的局限及其克服;二是指经济法作为一种社会规范对于合理选择和运用所有激励方式激励正外部性方面的局限及其克服。

1. 正外部性经济法激励方式的局限

(1)基于经济法合理运用八种激励方式视角的分析

第一,赋予权利型激励、减免义务型激励和减免责任型激励的限度。赋予权利、减免义务、减免责任固然能够对正外部性供体产生激励,但是也有其缺陷与不足。因为经济法在赋予权利、减免义务、减免责任时必须做到适度,即在赋予权利时也必须保持权利、义务和责任的平衡。如在对专利保护、商标保护、商业秘密保护以实现对正外部性的激励时就要做到适度,不能将专有垄断权绝对化,否则也会带来新的权利与义务的不平衡,从而不利于科技的创新和社会的进步。如专利权本身的确是一种合法的垄断,但这种垄断在专利许可过程中如果被滥用,超过了《专利法》允许的界限,则将演变成专利权滥用,从而违反《反垄断法》。如经济法在加重对违法者的惩罚来实现反激励时也不能惩罚过重,否则会导致侵权者负担过重以及可能带来受害者的滥诉问题。再如经济法在减轻和免除正外部性供体的义务和

---

① 倪正茂:《激励法学探析》,上海社会科学院出版社2012年版,第251—252页。

责任时也必须做到适度,否则也会带来权利和义务的过度倾斜,从而矫枉过正,违背公平与正义法则。

第二,增加收益型激励、减少成本型激励的限度。无论是增加收益还是减少成本,都涉及到物质激励的问题。容易出现的问题是:一是经济法的物质激励过多容易导致激励对象过度依赖。因此物质激励不能太过频繁,应该有选择、有重点地实施。否则当正外部性供体供给了正外部性,首先可能想到的就是等着被激励,而不愿意考虑工作如何进一步精益求精,这反而会对激发工作创新能力产生阻力,与实施激励措施的原意背道而驰。二是经济法的物质激励过高容易导致激励对象过度追求。奖励适当与否,决定着它的激励作用能否发挥以及发挥的程度如何。如果物质激励过高,就可能造成激励对象纯粹为了追求得到物质激励,甚至采用不正当手段获取该激励。因为一旦得到该激励,后半生就可以完全不用奋斗就生活得很好。因此,物质激励本身也具有社会分配的属性,如果这种分配方式超过一定的限度,就可能会带来新的不公平问题。三是经济法的物质激励过广容易导致激励对象丧失热情。物质激励应该有其适当的范围,而不能进行普遍激励。如果激励过度泛滥,激励成为普遍现象,最终走向了平均主义,反而会打击正外部性供给主体的积极性。这样会导致在建立起经济法激励制度后,不但没有起到预期的激励效果,反而可能降低供体的奋斗动力。同时,物质激励过多、过高及过广也会给激励主体带来经济压力,欧阳修说"赏罚不滥行"①就是这个道理。

第三,赋予特殊资格型、特殊待遇型和特殊荣誉型激励的限度。赋予特殊资格型、特殊待遇型和特殊荣誉型激励虽然涉及到一定的物质激励,但是最主要还是属于身份型激励,其主要通过提高正外部性供体的"形象"进行激励。虽然身份型激励可以起到激励正外部性的作用,但是也有其缺点和不足。一是因为其属于身份型激励,重在通过提高激励对象的身份地位或形象来实现激励。因此,对于那些不重视自己身份地位或形象的激励对象就不能起到很好的作用;二是因为这些都属于身份型激励,与物质激励相比,其作用明显要弱得多,尤其是在市场经济条件下,人们看重物质激励高于精神激励的时候就非常明显。同时,特殊待遇型激励和特殊荣誉型激励中的物质奖励对国家财政的依赖性也很大。

(2)基于各种激励方式的经济法合理选择及运用视角的分析

第一,经济法仅仅是社会规范的一种,因而其激励效果有限。法律规范与伦理道德一样,是一种社会行为规范,而且法律规范也仅仅是所有社会行

_____

① 欧阳修:《准诏言事上书》。

为规范中的一种。而对社会行为的规范不能仅仅依靠经济法来实现。因此,经济法的功能也并不是万能的,任何法律规范功能的发挥都有其局限,当然,其激励功能也是一样。其他部门法都可以根据其自身实际合理运用八种激励方式中的一种或多种,甚至采取其他激励方式实现激励目标。本书只是强调经济法激励正外部性方面的优势功能,但没有否定其他法律的激励功能。有些正外部性除了经济法激励以外,也可以或者必须使用其他部门法以及伦理道德、经济刺激方式进行激励。因此,经济法必须恪守"本份"不缺位,同时,选择适合自己的激励方式而不能越位和错位。

第二,经济法的激励功能仅仅是其所有功能中的一种,因而其激励效果有限。经济法有很多种功能,包括强制功能、教育功能、指引功能、评价功能、激励功能等。正外部性仅仅依靠经济法激励功能中可以使用的八种激励方式不一定能够达到理想的激励效果,因此也具有一定局限性。易言之,该八种激励方式涉及到的权利、义务、责任、成本、收益、资格、待遇和荣誉"元素",也可以用于强制功能、教育功能、指引功能和评价功能之中。因此,在某些情况下,这些功能也可能实现对正外部性的激励。有些时候也必须使用经济法的强制功能进行"负激励"。如为了实现循环经济生产方式,《循环经济促进法》就同时使用了法律激励功能和强制功能。

第三,八种激励方式综合运用尚有不足,因而其激励效果有限。当前我国存在的主要问题还体现在激励方式的运用比较单一方面。前文已述,目前我国经济法涉及到的激励方式主要体现为三大类共八个方面的激励方式。具体包括前文已述的赋予权利型激励、减免义务型激励、减免责任型激励、增加收益型激励、减少成本型激励、特殊资格型激励、特殊待遇型激励和特殊荣誉型激励等。但是,一方面,上述各类型的激励方式并未全面充分得以运用,即有些运用多,有些运用少。当前运用较多的主要体现在各类激励型的优惠制度实施方面(即增加收益型激励和减少成本型激励)。另一方面,在各类优惠制度中,较为重要并且出现较多的是财政扶持(如财政补贴,专项转移支付)、税收优惠(如税收减免、税收抵扣)、金融支持(如低息贷款、无息贷款)、竞争优惠(如适用除外)、产业优惠(如投资鼓励、产业扶持)等等。但是,现实生活中,由于相关部门对激励重视还不够,很多时候激励方式的运用方面还体现为单一使用而未允分综合使用的情形,甚至出现长期用诸如特殊荣誉型激励中的精神性奖励代替其他类型的激励的现象。

第四,八种激励方式动态调整机制还未构建,因而其激励效果有限。也就是说,我国当前还没有形成相对灵活并对激励方式进行动态调整的激励机制。从激励方式的历史和发展进程来看,激励方式在逐渐增多,最终形成目前三大类共八个方面的激励方式。换句话说,激励方式在不断完善,但是在具体的法律制度实施中,往往沿着"惯性"的方向"前进"或基于路径依赖,长期仍使用原有的激励方式,而只有少部分的法规实现了激励方式的更新(参见前文表2-6和表2-7)。在具体法律制度方面,主要体现为:如我国《企业所得税法》中存在有关对高新、环保、节能节水型企业的税收优惠,对于企业间接捐赠的税收优惠等减少成本型激励方式。在《反垄断法》中也有关于"承诺制度"和"宽恕制度",以及《消费者权益保护法》中的"三倍赔偿"制度等减免责任型激励、赋予权利型激励方式。但是,总的来看,激励的内容过窄,在很多时候,较为常用的仍然是特殊荣誉型激励加其他类型激励,还没有构建起对激励方式进行适时动态调整的激励机制。因此,为了充分实现激励目标,激励方式的综合运用和动态调整机制也还需要进行创新。尤其是我国已经走出物质匮乏时代,动态调整并综合运用多种类型激励方式的条件已经逐渐成熟。因此需要适时构建激励方式动态调整机制以适应社会发展之需。

第五,经济法激励方式的实施也需要成本并受制于经济发展水平,因而其激励效果有限。经济法是一种社会行为规范,属于上层建筑,其作用的发挥必然要受到经济基础的制约。因此,从应然角度讲,经济法激励功能应该得到充分发挥,但是经济法作为社会行为规范,其制定与实施是需要成本的。如赋予权利型激励就可能需要提供增量的新型权利,这就必然需要进行调研、论证和立法。并且,法律越是完善需要的成本越高。再如增加收益型激励、减小成本型激励、特殊待遇型激励等也需要雄厚的财政基础。因此,从实然角度讲,经济法激励方式的选用也受制于当前的经济发展水平。这样来看,由于经济发展水平的限制,经济法各种激励方式的作用发挥也就有其局限性。反过来讲,经济法也只能根据当时的经济发展水平合理选择合适的激励方式。

2. 正外部性经济法激励方式局限的克服

(1)基于经济法合理运用八种激励方式视角的分析

第一,赋予权利型激励、减免义务型激励、减免责任型激励局限性的克服。赋予权利型激励、减免义务型激励和减免责任型激励中的任何一种,都涉及到实现权利和义务的实质平衡。这里再以专利法为例进行分析。专利法是在专利权人的垄断利益与社会公共利益之间进行利益衡量、选择和整合以实现一种动态平衡的制度安排。这种平衡机制的关键是实现专利权人的个人微观利益和社会宏观利益之间的平衡。这里的社会宏观利益实际上代表着专利发明正外部性所带来的社会公共利益。专利权人在获得专利许可时附加各类限制(实质上是对其权利和义务多少的调整)等,往往属专利权内容的应有之义。一方面,禁止专利许可中的一切限制难免会危害到许可人的利益,也不利于整个社会的技术进步。因此,许可的限制程度不能过高;另一方面,"当限制减少了竞争或构成不公正交易或歧视时,反垄断法不能轻易判其违法并予以禁止。不过,当专利权行使所附加的限制'不合理'地损害了竞争时,仍然有受反垄断法谴责的危险。"①因此,根据专利法的激励理论,专利权是"更广泛的保护利益平衡的事情",一方面是发明者在控制和利用他们发明中的利益;另一方面是社会在思想自由流动、信息和商业等方面的竞争性利益之间的困难的平衡②,而这种平衡要求在运用激励方式方面避免走向两个极端而必须做到允执其中。同时,不仅涉及到存量的权利与义务的平衡,还涉及到增量的权利与义务的平衡,以及存量和增量的权利与义务的综合平衡。

　　第二,增加收益型激励、减少成本型激励局限性的克服。基于增加收益和减少成本都涉及敏感的物质激励问题,因此建议:一是科学确定激励范围。经济法要褒奖和鼓励的,都只限于特定范围内的正外部性行为。即只有实施了法定的激励范围之内的正外部性行为,才能获得相应的激励。经济法律法规中既定的激励范围有两种界定形式:一种是概括式的激励范围,即概括地规定激励所涉范围的界限,而哪些种类法律应当列入可以由激励主体依法确定;另一种是列举式的激励范围,即把若干种具体的正外部性行为列入激励范围。应当列入而未能列举的其他行为,仍须由激励主体依法确定。二是科学确定激励标准。为了克服物质激励的平均主义,应当按照正外部性供给主体的成绩大小,给予不同等级的物质激励。衡量激励适当标准,应当确保激励等级与正外部性行为的社会效益价值大小相适应。同时,要做到激励适度。因此,经济法应当对同类属于激励的正外部性行为规定不同的激励等级,甚至给各类激励等级限定相应的条件。立法者要规定激励的上限和底线,尤其是立法者有必要用法律形式限制物质奖励的最高额度,否则,奖励不仅丧失了鼓励功能,而且会促使行为人一劳永逸、不思进取。③ 三是物质激励与精神激励相结合。有学者指出,激励体系应当科学合理,物质激励与精神激励应相辅而行,不可偏执一端。④ 人们实施正外部性行为的积极性、主动性和创造性,都属于精神范畴,既受精神力量所支配,

---

① 曹士兵:《反垄断法研究》,法律出版社1996年版,第80页。
② Sony Corp.of Am.v.Universal City Studies,Inc.,464 U.S.at 417,429(1984).
③ 尹亚明:《奖励问题的法学思考》,《政法论坛》1997年第4期。
④ 雷兴虎、刘观来:《激励机制视野下我国农业合作社治理结构之立法完善》,《法学评论》2011年第4期。

又为物质力量所制约。因此,经济法激励必须兼有激发这种积极性、主动性和创造性的精神力量和物质力量。因为纯粹的精神力量不足以起到充分的激励作用,故而必须在强调精神奖励为主的同时,做到精神奖励与物质奖励并用而且精神奖励与物质奖励相互配合。

第三,赋予特殊资格型、特殊待遇型和特殊荣誉型激励局限性的克服。赋予特殊资格型、特殊待遇型和特殊荣誉型激励整体来看都涉及身份型激励。因此,一是在实施身份型激励的时候要进行选择,对那些重视身份或形象地位的激励对象可以实施以实现激励目标。但是,对于那些不重视自己身份地位或形象的激励对象就没必要实施,此时,最好选择其他类型的激励方式如工资福利待遇和物质奖励等;二是因为这几类激励方式主要属于身份型激励,最好与物质激励方式相互配合使用,这样效果才会大大增强。

(2)基于各种激励方式的经济法合理选择及运用视角的分析

第一,综合运用多种法律多种规范多种激励方式进行激励。正外部性首先是一种行为,因此对其激励除了经济法可以采用的八种激励方式之外还可以由多个部门法采用合适的激励方式进行实施,甚至还可以采用其他非法律的各类社会行为规范进行激励。可以将经济法的八种激励方式与其他部门法激励、伦理道德激励、经济刺激等综合使用来激励正外部性行为,诸如通过树立模范、激励主体以身作则等方式进行激励。树立模范手段是通过树立楷模去影响他人,从而调动一切积极性的一种激励法。古人把它作为一种重要手段,去激奋、引导广大臣民。即"古之王者……并建圣哲……引之表仪"[1]。隋文帝曾对侍臣说:"我树房恭懿为吏楷,岂止为一州而已,当今天下模范之,卿等宜师学也。"[2]激励主体的以身作则需要领导者有良好的修养与作风。孔子指出:"其身正,不令而行;其身不正,虽令不行。"[3]说明管理者如果做好自我管理,也就可以更好地管理和激励他人。

第二,综合运用经济法激励功能与惩罚功能激励正外部性。前文已述,对于负外部性,需要经济法通过惩罚措施进行抑制;而对于正外部性,则需要经济法通过激励规范进行鼓励。从法律功能的角度讲,经济法具有惩罚与激励的功能。该两项功能是法律的相反相成的功能。[4] 而我们当前过多地看重其惩罚功能,一定程度上忽视了其激励功能。事实上,社会的和谐发展,不仅仅是惩罚和抑制,还需要更多地发挥法律的激励功能,如

---

① 《左传·文公六年》。

② 《隋书·房恭懿传》。

③ 《论语·子路》。

④ 胡元聪:《包容性增长理念下经济法治的反思与回应》,《法学论坛》2015年第3期。

通过赋予权利型激励、减免义务型激励、减免责任型激励、增加收益型激励、减少成本型激励、特殊资格型激励、特殊待遇型激励以及特殊荣誉型激励等等实现激励的目标。反过来，我们在激励正外部性的时候，也不能忽视激励功能与惩罚功能的配合使用。正如前文所述，惩罚功能具有"反作用力"，可以激励正外部性。更为重要的是，本书第四章已经论及惩罚功能可以向激励功能转换、惩罚规范也可以向激励规范转换。而能够转换的原因在于经济法规范可以对权利、义务、责任、成本、收益、资格、待遇和荣誉等激励相关"元素"进行不同的配置。这一点，经济法可以适时合理利用。

　　第三，根据社会效益大小决定综合运用八种类型的激励方式。前文已述，我国目前在激励方式的使用上往往过于单一，起不到良好的激励作用。虽然目前我国经济法涉及到的激励方式主要有八种，但是很多时候都是仅使用这几种激励方式中的一种。如对于在植树造林中做出巨大贡献所带来巨大的正外部性，当前常用的激励方式是增加收益型激励，如给予适当的补贴，发放适当奖金等，以及特殊荣誉型激励，如颁发荣誉证书、授予特殊荣誉称号等。笔者建议，可以将这些激励方式进行调整，根据所需要激励的正外部性的社会效益的大小决定综合运用不同的激励方式，甚至为了达到激励效果，可以综合运用几种激励方式进行激励。如对于大面积植树造林所带来的社会效益非常巨大的正外部性，则可以综合运用赋予权利型激励、减免义务型激励、增加收益型激励、减少成本型激励、减免责任型激励、特殊待遇型激励和特殊荣誉型激励等等进行激励。学者倪正茂主张，进行激励组合的选择是一门艺术。他认为激励组合选择是指在激励"投入"不变的情况下，通过不同的组合方式，使其产生最佳的激励效果。他认为可以实现公开激励与非公开激励的组合，物质激励与非物质激励的组合，持续激励与非持续激励的组合，从而达到最佳的激励效果。① 这些都体现了综合运用多种激励方式的观点。

　　第四，建立八种激励方式适时动态调整机制实现激励目标。例如对于在植树造林中做出巨大贡献所带来的巨大的正外部性，当前常用的激励方式是增加收益型激励和特殊荣誉型激励。但事实证明，针对这一类具有巨大社会效益的正外部性，仅仅运用这些激励方式还达不到应有的激励效果，不能实现植树造林成本的补偿和激励。因此，为了实现在植树造林方面正外部性的激励目标，可以综合运用赋予权利型激励、减免义务型激励、增加收益型激励、减少成本型激励、减免责任型激励等等方式并根据需要进行适时动态调整。其中最重要的是至少使植树造林者收回其植树成本并有一定

---

① 倪正茂:《激励法学探析》，上海社会科学院出版社2012年版，第522页。

的盈利,否则不利于激励更多的人参与植树造林这项事业。故此可以考虑物质型激励与精神型激励相结合,增量型激励与减量型激励相结合,有形激励与无形激励相结合。而且,除了动态调整激励方式,还可以动态调整激励方式内的激励力度,从而达到更佳的激励效果。

第五,发展经济以为经济法充分合理运用激励方式提供更好的经济基础。通过发展经济,不断增强法律这种上层建筑的坚实经济基础,也可以为经济法激励方式的充分合理运用提供条件。如赋予权利型激励、减免责任型激励、赋予资格型激励一般不会直接涉及到国家财政投入的问题,但是增加收益型激励和减少成本型激励等离不开国家的财政支持,以及国家能够承受的减税降费"损失"(即国家财政实力增强能够让税于民)。因此,经济法的激励方式的充分合理运用不能仅仅停留在赋予权利型激励、减免责任型激励、特殊待遇型激励以及特殊荣誉型激励的表面,还必须重视其激励经济基础的夯实。只有经济基础夯实了,才可以更加充分合理地运用八种激励方式从而更好地实现激励目标,不断地提高激励效益。

三、正外部性经济法激励文本与激励方式的关联考察

(一)标题中含有关键词"激励"等的规范性文件与激励方式的关联考察

这里仅以标题含有关键词"促进"的法律为例进行考察。除去前文已述的八种特殊类型的激励方式以外,还有一种"务虚"的激励方式是"宏观倡导型激励",亦即没有说明具体激励措施,只是提及"鼓励""奖励"等词,旨在倡导某种行为而已。下面仅以《循环经济促进法》(2018)、《清洁生产促进法》(2012)、《农业机械化促进法》(2018)为例进行考察,具体见表5-12:

表 5-12

法律名称及条款总数	激励方式	具体条款
《循环经济促进法》(2018)(除去第五章"激励措施"部分共14条涉及到激励内容)①	宏观倡导型激励	第7条、第10条、第11条、第20条、第21条、第23条、第24条、第27条、第29条、第34条、第35条、第37条
	赋予权利型激励	第10条、第11条

① 第五章"激励措施"(第42条—第48条共7条)在后文单独考察。

续表

法律名称及条款总数	激励方式	具体条款
《清洁生产促进法》(2012)(除去第四章"鼓励措施"部分共6条涉及到激励内容)①	宏观倡导型激励	第4条、第7条、第10条、第16条
	赋予权利型激励	第6条
	增加收益型激励	第16条
《农业机械化促进法》(2018)(除去第六章"扶持措施"部分共13条涉及到激励内容)②	宏观倡导型激励	第1条、第3条、第4条、第5条、第8条、第9条、第10条、第16条、第17条、第19条、第21条
	赋予权利型激励	第22条、第23条

（二）设置专门激励章节与激励方式的关联考察

这里仅以部分设置有"激励"相关专门章节的法律为例进行考察。

1. 以"奖励"作为专章标题关键词激励正外部性时与激励方式的关联考察

下面以《人口与计划生育法》(2015)和《民办教育促进法》(2018)为例进行考察,见表5-13:

表5-13

法律名称、章节数及名称	具体条款	激励方式
《人口与计划生育法》(2015)第十章"奖励与社会保障"(第23—29条共7条)	第23条	宏观倡导型激励
	第24条	赋予权利型激励
	第25条	特殊待遇型激励
	第26条	特殊待遇型激励
	第27条	特殊荣誉型激励
	第28条	增加收益型激励、减少成本型激励
	第29条	具体落实条款

---

① 第四章"鼓励措施"(第30条—第34条共5条)在后文单独考察。
② 第六章"扶持措施"(第26条—第29条共4条)在后文单独考察。

续表

法律名称、章节数及名称	具体条款	激励方式
《民办教育促进法》（2018）第七章"扶持与奖励"（第44—52条共9条）	第44条	增加收益型激励
	第45条	增加收益型激励
	第46条	减少成本型激励
	第47条	增加收益型激励、减少成本型激励
	第48条	增加收益型激励
	第49条	增加收益型激励
	第50条	特殊资格型激励
	第51条	增加收益型激励
	第52条	宏观倡导型激励

可见，设置关键词含有"奖励"的专门激励章节进行激励都会涉及到多种激励方式，但是因为有不同的激励需求，所以激励方式并不完全相同。其中特殊待遇型激励、特殊荣誉型激励较多，同时，宏观倡导型激励的存在也多为常态。

2. 以"激励"作为专章标题关键词激励正外部性时与激励方式的关联考察

下面以《可再生能源法》（2009）、《节约能源法》（2018）和《循环经济促进法》（2018）为例进行考察，见表5-14：

表5-14

法律名称、章节数及名称	具体条款	激励方式
《可再生能源法》（2009）第六章"经济激励与监督措施"（第24—27条共4条）	第24条	增加收益型激励
	第25条	增加收益型激励
	第26条	减少成本型激励
	第27条	赋予权利型激励
《节约能源法》（2018）第五章"激励措施"（第60—67条共8条）	第60条	增加收益型激励
	第61条	减少成本型激励、增加收益型激励
	第62条	减少成本型激励
	第63条	减少成本型激励

续表

法律名称、 章节数及名称	具体条款	激励方式
《节约能源法》(2018) 第五章"激励措施" (第60—67条共8条)	第64条	赋予权利型激励
	第65条	增加收益型激励
	第66条	增加收益型激励
	第67条	宏观倡导型激励
《循环经济促进法》 (2018)第五章"激励 措施"(第42—48条 共7条)	第42条	增加收益型激励
	第43条	增加收益型激励
	第44条	减少成本型激励
	第45条	增加收益型激励
	第46条	增加收益型激励
	第47条	赋予权利型激励
	第48条	宏观倡导型激励

可见以"激励"作为专章标题关键词进行的激励也会涉及到多种激励方式,但是因为有不同的激励需求,所以激励方式表现各异,但增加收益型激励、减少成本型激励较多,同时,宏观倡导型激励也普遍存在。

3.以"鼓励"作为专章标题关键词激励正外部性时与激励方式的关联考察

下面以《清洁生产促进法》(2012)为例进行考察,见表5-15:

表5-15

法律名称、 章节数及名称	具体条款	激励方式
《清洁生产促进法》 (2012)第四章"鼓励 措施"(第30—34条 共5条)	第30条	宏观倡导型激励
	第31条	增加收益型激励
	第32条	增加收益型激励
	第33条	减少成本型激励
	第34条	减少成本型激励

可见,以"鼓励"作为专章标题关键词进行的激励也会涉及到多种激励

方式,其与上一激励类型基本相似,也包括了宏观倡导型激励。

4.以"扶持""支持""保障""优惠"等作为专章标题关键词激励正外部性时与激励方式的关联考察

下面以《中小企业促进法》(2017)、《就业促进法》(2015)、《农业机械化促进法》(2018)、《促进科技成果转化法》(2015)、《防沙治沙法》(2018)、《科学技术普及法》(2002)和《企业所得税法》(2018)为例进行考察,见表5-16:

表5-16

法律名称、章节数及名称	具体条款	激励方式
《中小企业促进法》(2017)第二章"财税支持"(第8—12条共5条)	第8—12条	增加收益型激励、减少成本型激励
《中小企业促进法》(2017)第四章"创业扶持"(第24—31条共8条)	第24条	赋予权利型激励
	第25条	特殊资格型激励
	第26条	减少成本型激励
	第27条	减小成本激励
	第28条	赋予权利型激励
	第29条	赋予权利型激励
	第30条	赋予权利型激励
	第31条	减免义务型激励
《就业促进法》(2015)第二章"政策支持"(第11—24条共14条)	第11条	赋予权利型激励
	第12条	特殊资格型激励
	第13条	赋予权利型激励
	第14条	赋予权利型激励
	第15条	增加收益型激励
	第16条	赋予权利型激励
	第17条	减少成本型激励
	第18条	特殊资格型激励、减少成本型激励

续表

法律名称、 章节数及名称	具体条款	激励方式
《就业促进法》(2015) 第二章"政策支持" (第11—24条共14 条)	第19条	增加收益型激励
	第20条	赋予权利型激励
	第21条	赋予权利型激励
	第22条	赋予权利型激励
	第23条	赋予权利型激励
	第24条	赋予权利型激励
《农业机械化促进法》 (2018)第六章"扶持 措施"(第26—29条 共4条)	第26条	减少成本型激励、增加收益型激励
	第27条	增加收益型激励
	第28条	减少成本型激励
	第29条	赋予权利型激励
《促进科技成果转化 法》(2015)第三章"保 障措施"(第33—39 条共7条)	第33条	增加收益型激励
	第34条	减少成本型激励
	第35条	增加收益型激励
	第36条	增加收益型激励
	第37条	赋予权利型激励
	第38条	增加收益型激励
	第39条	增加收益型激励
《防沙治沙法》(2018) 第五章"保障措施" (第32—37条共6条)	第32条	增加收益型激励
	第33条	增加收益型激励、减少成本型激励
	第34条	赋予权利型激励
	第35条	增加收益型激励
	第36条	增加收益型激励、减少成本型激励
	第37条	赋予权利型激励
《科学技术普及法》 (2002)第四章"保障 措施"(第23—29条 共7条)	第23条	增加收益型激励
	第24条	赋予权利型激励、增加收益型激励
	第25条	减少成本型激励
	第26条	增加收益型激励
	第27条	增加收益型激励
	第28条	赋予权利型激励
	第29条	宏观倡导型激励

续表

法律名称、章节数及名称	具体条款	激励方式
《企业所得税法》(2018)第四章"税收优惠"(第25—36条共12条)	第25—36条	减少成本型激励

可见,以"扶持""支持""保障""优惠"等为专章标题关键词的激励与前述相关激励大同小异,特殊的区别在于通过对政府部门规定相关职责的方式增加相对应主体的相关权利从而实现激励的情形比较多。

(三)设置专门激励法条与激励方式的关联考察

在各类分散的激励法条中(即排除前面提及的两种情形),很少有直接涉及到具体的前文已述的八种激励方式,一般都是属于"宏观倡导型激励"。具体来看:

1.《宪法》层面的考察

古人云:"赏善罚奸,国之宪法",可见激励在中国古代法中的重要地位。今天,在我国《宪法》中,有不少条款属于经济法的法律渊源之一,因此也有必要进行考察。我国《宪法》(2018)条文中七次使用"鼓励"一词(即第8条、第11条、第19条、第21条、第26条、第47条)、两次使用"奖励"一词(即第20条、第42条)。但是,因为宪法是根本法,是最高指导性的法律等,这些法条都没有具体规定如何进行激励,没有涉及到前文已述的八种激励方式。因此,这些法条均可以归类为宏观倡导型激励。

2.其他法律法规层面的考察

(1)部分法律法规设置有包含"奖励"词语的一些法条。如前文已述的《税收征收管理法》(2015)第13条①、《产品质量法》(2018)第6条②、《农

---

① 即,任何单位和个人都有权检举违反税收法律、行政法规的行为。收到检举的机关和负责查处的机关应当为检举人保密。税务机关应当按照规定对检举人给予奖励。

② 即,国家鼓励推行科学的质量管理方法,采用先进的科学技术,鼓励企业产品质量达到并且超过行业标准、国家标准和国际标准。对产品质量管理先进和产品质量达到国际先进水平、成绩显著的单位和个人,给予奖励。

业技术推广法》(2012)第 8 条①、《科学技术进步法》(2007)第 15 条②、《劳动合同法》(2012)第 79 条③、《森林法》(2019)第 13 条等,但是都未规定具体的激励方式。

(2)部分法律法规设置有包含"鼓励"词语的一些法条。如《食品安全法》(2018)使用了十次"鼓励",即第 10 条、第 11 条、第 30 条、第 36 条、第 42 条、第 43 条及第 48 条;其它如《反不正当竞争法》(2017)第 1 条、第 5条;《消费者权益保护法》(2013)第 6 条;《森林法》(2019)第 11 条、第 12条;等等,这些同样都未规定具体的激励方式。

(3)部分法律法规设置有包含"激励"词语的一些法条。如《科学技术进步法》(2007)第 7 条、第 39 条等,这些也都未规定具体的激励方式。

(4)部分法律法规中还有一些并不含有"激励"类词语但是却具有激励作用的法条。其主要是指前文已述的赋予权利型激励、减免义务型激励、减免责任型激励、增加收益型激励以及减少成本型激励之条款。具体条文在此不赘。

总之,以上前三类可以说是空有"奖励""鼓励""激励"其名,但少其实,还是只能归为宏观倡导型激励一类,也就是说激励内容比较空洞。而最后一类是无"激励"其名,但有其实,因为其激励方式明确具体。因此,我国激励型的法律条文中,有待于进行完善的主要就是带有激励性词语,但是又缺乏具体的激励方式的法律条文。

在从宏观层面和微观层面分析了正外部性经济法激励的立法和文本之后,有必要进一步分析讨论正外部性经济法激励良性运行需要的核心要素以及这些核心要素的问题检视和优化路径。

---

① 即,对在农业技术推广工作中做出贡献的单位和个人,给予奖励。
② 即,国家建立科学技术奖励制度,对在科学技术进步活动中做出重要贡献的组织和个人给予奖励。具体办法由国务院规定。国家鼓励国内外的组织或者个人设立科学技术奖项,对科学技术进步给予奖励。
③ 即,任何组织或者个人对违反本法的行为都有权举报,县级以上人民政府劳动行政部门应当及时核实、处理,并对举报有功人员给予奖励。

第六章　正外部性经济法激励
运行中的核心要素

　　法律激励功能的发挥必须有健全的法律实施机制,这是法律激励的必要条件。[①] 本书所讲的激励是一种法律行为,并且是一种特别的法律行为。而经济法激励要良性运行至少应该包括激励主体、激励目的、激励客体、激励对象、激励标准、激励程序、激励方式、激励资金、激励效益、激励责任等核心要素。为更好地实现正外部性经济法激励目标,就需要考察正外部性经济法激励的几大核心要素,检视其存在的问题并提出优化路径。

一、正外部性经济法激励运行中核心要素的类型化

　　我们所期待的正外部性经济法激励的良性运行离不开如下几大核心要素。这几大核心要素构成一个有机整体,下面对其进行类型化分析。因为激励方式的相关内容在前文已经多有论述,此处不赘。

(一) 激 励 主 体

　　关于什么是激励主体[②],学者倪正茂称之为“激励方”,他所认为的激励方也是广义上的。他认为,激励方可以是具体的自然人、法人、行政机关、政府和社会团体,也可以是抽象主体如“国家”“社会”等,如诺贝尔奖是自然人诺贝尔以其遗嘱设立的,至于诺贝尔奖委员会只是执行机构而已。行政机关、企业、基金会也可设奖。这些都是具体的激励方。关于这些激励主体,我们从类型化的视角来看,其具体包括:

　　1. 行政机关作为激励主体

　　行政机关作为激励主体实施的激励行为主要包括但不限于以下几种情形:一是税务机关对于举报偷逃税款行为的奖励;二是地方政府对于招商引资居间行为的奖励;三是地方政府对于见义勇为行为的奖励;四是地方发改

<hr>

① 方纯:《法律的激励机制及其实现条件》,《广西民族学院学报(哲学社会科学版)》2006年
第4期。

② 激励主体是否包括个人? 拾金不昧应否得到补偿的争论? 参见周卫法:《拾金不昧者应否
获补偿?》,《劳动午报》2013年10月16日。

委对于价格违法举报行为的奖励;等等。这些都是行政奖励类激励,其激励的是具有正外部性的系列行为。以上情形在现实中有不少相关纠纷案例,尤其是行政机关作为激励主体不兑现奖励的案例并不少见①。

2. 企业作为激励主体

企业作为激励主体实施的激励行为主要包括但不限于以下几种情形:一是企业发布悬赏邀约并兑现奖励。此时,悬赏邀约对象可以是本单位职工,也可以是非本单位职工。后者的例子如汪成睦诉上海市生产资料服务公司奖励房屋使用权纠纷案②涉及的情形。二是企业进行物质奖励激励。这方面较多的是企业对于员工为企业做出了重大贡献的奖励,如研究成果奖励、招商引资奖励等。而在现实中,相关纠纷案例最多的还是职务技术成果奖励纠纷③。

3. 社会团体作为激励主体

社会团体作为激励主体的情形比较普遍。早在雅典宪法中就规定,议事会和军事基金管理员共同监督胜利神像的建造以及泛雅典娜赛会的奖赏。法国1793年《宪法》第55条规定,在法令的特别名称之下,包含立法议会的决议就包括"关于国民的褒奖"④的内容。基金会、行业协会的奖励也是。如我国《科学技术进步法》(1993)第56条⑤规定,国内、国外的组织或者个人可以设立科学技术奖励基金,奖励在科学技术进步活动中做出突出贡献的公民或者组织。还有如卡林加奖、爱因斯坦世界科学奖、沃尔夫奖、达尔文奖等都是专业协会组织设立的奖项。

4. 自然人作为激励主体

自然人作为激励主体主要包括但不限于以下几种情形:一是个人对悬赏广告的承诺兑现。悬赏广告古今中外都有,其中绝大部分都是民间的。《德国民法典》《法国民法典》以及其他许多国家的民法典在其"债编"中都有相当数量的条款对悬赏广告进行规制。这当然属于国家激励法的范畴,但因此也赋予了民间悬赏广告以法律约束力。我国《民法典》中已有关于悬赏广告的规定,因此一旦发生纠纷,法院会直接认可悬赏广告具有法律约束力。二是个人对拾金不昧、返还丢失财物的奖励。国外关于奖励拾金不

---

① 具体可参见第七章所述。

② 参见一审判决书:上海市杨浦区人民法院(90)杨法民字第2284号;二审判决书:上海市中级人民法院(92)沪中民上字第266号。

③ 具体可参见第七章所述。

④ 参见由嵘等:《外国法制史参考资料汇编》,北京大学出版社2004年版。

⑤ 2007年修订时,此条改为第15条,内容稍有改动。

昧早有完善的法学理论与法律规定。这里需要区分两个层次：一是指向管理成本的无因管理之债，这一概念与制度最早起源于罗马法中关于遗失物处理的相关规定。二是指向激励拾得人奖励性支付，比如《德国民法典》规定了拾得人拥有除政府设立专项基金用于奖励以外的报酬请求权，比例为5%或3%；日本《遗失物法》同时规定了拾得人的无因管理之债请求权和报酬请求权，比例设定为 5%—20%。① 需要说明的是，似乎悬赏广告和拾金不昧奖励并不具有社会效益。但其实还是有的，即可以激励悬赏广告对象和拾金不昧者主动实施发布者和遗失者所期望的正外部性行为，从而推动良好社会风气的形成。

5. 国家作为激励主体

一是《宪法》之规定"国家鼓励……"。如我国《宪法》(2018)条文中使用"鼓励"一词共计七次，使用"奖励"一词共计两次。其中激励主体之"国家"，并不是具体概念，而是抽象概念。笔者认为，虽然《宪法》规定得很多，但是都是宏观倡导型的条款，真正"兑现"还需要进行制度化。二是其他法律层面的"国家鼓励××"。如关于"国家鼓励××科学技术研究，推广先进技术，提高……科学技术水平。"具体如《森林法》(1984)第 5 条第 2 款、《草原法》(1985)第 9 条、《渔业法》(1986)第 4 条、《矿产资源法》(1986)第 7 条等等。需要说明的是，这里的"国家"是一个抽象概念，需要如立法主体、执法主体和司法主体来具体执行相关的激励措施。其中行政机关就是组织实施行政奖励的激励主体，立法机关就是专利法、商标法、著作权法等实施赋予权利型激励和赋予资格型激励的激励主体，司法机关发布悬赏广告就是针对见义勇为、举报犯罪行为和协助破案行为的激励主体。目前立法机关、行政机关和司法机关在激励正外部性方面的作用发挥上仍有不足并有较大提升空间。

（二）激 励 目 的

法律的激励功能也就是法律可以在掌握了被激励者的心理需要的情况下，设置一种激励因素，并通过一定的激励方法，来促使被激励者发挥主观能动性，积极供给正外部性，以此来实现法律激励的目的。这种能动激励是以主体的需要和愿望为出发点，以设置法律上的权利义务为表现形式，以此来实现法律的任务。如马斯洛的"需要层次理论"把人的需要分为生理需要、安全需要、爱的需要、尊重需要以及自我实现的需要五大层次。法律可

---

① 参见田飞龙：《情与法之间：广州立法奖励拾金不昧之评析》，《新快报》2012 年 2 月 18 日。

以以主体的需要为激励因素来设置权利义务,促使主体的正外部性行为符合社会利益的需要,从而实现个人利益与社会利益的完美结合,个体理性与集体理性的和谐统一,以达到社会最优的目的。法律激励与正外部性是什么关系?笔者认为,法律激励与正外部性之间的关系密切,呈现相辅相成的样态。

1.法律激励的目的之一是为了补偿并激励正外部性供给主体

前文已述,补偿也是经济学视域下解决正外部性的主要方法之一,如庇古津贴即是为了达到此目的而设置。管仲曰“……圣人设厚赏非侈也……薄赏则民不利……”①。正外部性行为是权利与义务失衡的行为,正外部性是权利与义务失衡的结果或状态,作为法律一定不能“袖手旁观”,必须站出来主持正义和公道,即对于正外部性的权利与义务失衡状态进行矫正。这种矫正一方面是基于对过去正外部性的补偿,另一方面也是对于未来正外部性行为的激励,因此,“授奖者在肯定行为人的行为时,无不希望行为人能继续实施受奖行为”②从而实现正外部性供给的可持续性。再如法人对职务发明行为的激励,自然人对拾金不昧行为的激励,社会团体对达到要求而实施的具体行为或做出成就行为的激励都具有补偿性质。这一点与经济法激励的公平价值、人权价值及正义价值相契合。

2.法律激励的目的之二是为了获得更多的正外部性

有了正外部性就必须进行激励,才能保证正外部性供给的广泛性、丰富性和持续性。这里似乎有一个“悖论”,供给主体供给了正外部性导致了市场失灵,权利与义务失去了平衡需要法律的激励以进行矫正,而激励的结果又产生了新的正外部性。这里可以用燃油发动机的例子进行说明:当发动机在打火之后,只有不断供油,才能持续运转。这里的持续供油则类似于激励,而发动机的持续运转则类似于良性社会的持续运转。需要强调的是,“更多的正外部性”可能来源于被激励主体的持续性供给,也可以是其他主体受到激励机制影响进行预判而开始积极供给正外部性。正外部性是社会需要的,因此,法律所要激励的目的是希望更多的供体来供给对社会有重大利益或贡献的行为和成果。韩非子曾说“厚赏则所欲之得也疾”,厚赏“非独赏功也,又劝一国”,是“报一人之功而劝境内之众也”③。如专利制度就是“国家”通过立法机关赋予垄断性的权利以强有力地激励专利权人去进

----

① 《管子·正世》。
② 尹亚明:《奖励问题的法学思考》,《政法论坛》1997年第4期。
③ 《韩非子·六反》。

一步发现新思想,创造新专利。① 其他学者也指出,"授奖主体通过对行为的赞许肯定以及对行为人给予鼓励,无疑会刺激包括行为人在内的社会公众心理,由此而影响包括行为人在内的社会公众行为,这正是奖励的功能所在。"②"通过奖励获奖行为可以刺激更多的社会主体参与到获奖行动中来。通过对获奖主体利益的程序性增加来激发其他社会主体以普遍地参与获奖行动。这就将个人的行为转化为一种社会性行动。"③从而形成"人人为我,我为人人"的良性循环发展的社会。这一点与经济法激励的效益价值和可持续发展原则相契合。

3. 法律激励的目的之三是为了节约资源及减小成本

严格地讲,地球上各类资源都是有限的,因此有利于资源节约的行为也是法律制度所鼓励的正外部性行为。资源的类别很多,包括但不限于司法资源和自然资源。这里提及的法律激励目的,一是指节约司法等制度执行资源,如检举和揭发违法犯罪行为就是代表"国家"的司法主体发动群众,以最小化的成本暴露犯罪嫌疑人的不法行为,相关制度包括食品安全有奖举报制度、腐败有奖举报制度、纳税相关有奖举报制度等等;二是指节约自然资源,如《清洁生产促进法》激励的清洁生产行为,《循环经济促进法》激励物质生产过程中资源的循环利用行为等,都是代表"国家"的立法主体为了确保人类与自然之间能贯彻命运共同体理念以减小发展成本而在法律中进行权利与义务规范的合理设置进行激励的行为。这一点与经济法激励的效益价值和资源优化配置原则相契合。

4. 法律激励的目的之四是为了鼓励多做贡献以增加收益或公益

法律激励的缘由是当事人做出的行为是维护和促进整个社会发展利益的,因此,法律激励是对社会增量利益的一种保护和鼓励。也就是说,奖励制度是对维护和促进社会增量利益的某一类行为的鼓励。如在科技创新方面,主要包括取得科学研究成果而作出突出贡献。正如"要使人们受到某种刺激的驱使去从事合乎社会需要的活动,则必须设计某种相应的制度措施,使个人的收益率与社会收益率接近相等。"④如植树造林行为会增加社会收益,属于增量利益,能够助力解决沙漠化问题。再如公益捐赠行为和义务献血行为都是国家通过立法机关用法律规范进行鼓励的

① 倪正茂:《激励法学探析》,上海社会科学院出版社2012年版,第55页。
② 尹亚明:《奖励问题的法学思考》,《政法论坛》1997年第4期。
③ 李肖:《奖励性规范法律问题研究》,中国政法大学2010年硕士学位论文,第5页。
④ 方纯:《法律的激励机制及其实现条件》,《广西民族学院学报(哲学社会科学版)》2006年第4期。

增加社会公益的正外部性行为。即使拾金不昧行为主体一般不会再拾到上一次失主的物品,亦很大程度上不会再有机会拾到他人物品,但是对其激励仍然可以起到激励他人的拾金不昧行为的作用。这一点与经济法激励的效益价值和社会本位原则也相契合。

总之,第一点强调法律激励时必须先对过去供给的正外部性进行补偿,这是法律激励的前提。如果补偿都不到位,何谈激励? 第二点强调在补偿的基础上进行法律激励以获得更多的正外部性。第三点是从减量的视角谈法律激励目的,第四点是从增量的视角谈法律激励目的。第三点和第四点是对"正外部性"的具体化。之所以要进行法律激励,是因为那些不仅履行了法定义务而且从事了立法者所希望但法律又未规定为义务的正外部性行为的主体的权利与义务呈现失衡的状态。对此,如学者李友根所言,也应当将奖励引入法律调整机制,形成保护、制裁和奖励三者相结合的体系,从正反两个方面、三种角度引导和促进社会主体朝着立法者预期和希望的方向发展。①

(三) 激 励 客 体

从法律关系上讲,激励法律关系的客体是鼓励、奖赏的正外部性行为,亦即激励客体应该是具有公益性、社会性②的特定行为,即"赏以劝善"中的"善"。③ 严格来讲,正外部性行为的结果则表现为正外部性,但本书很多时候没有对正外部性行为和正外部性二者做严格区分。因为激励对象是自然人、法人和其他组织,因此激励客体则应当是正外部性行为,但在表述时本书也常称作"激励正外部性"。激励法的立法应将立法目的是否具有公益性放在头等重要的位置④,即激励的应当是那些对社会进步有利的、造福人类的行为。具体包括但不限于:其一是激励的科技发明创造或促进科技进步的行为(一般是国家、社团、法人激励的正外部性行为);其二是激励的见义勇为及与各种违法违纪行为作斗争的行为(一般是国家激励的正外部性行为);其三是激励的在自然资源保护和合理利用等方面做出杰出贡献的行为(一般是国家、社团激励的正外部性行为);其四是激励的在文化、艺术、卫生、体育等事业中做出杰出贡献的行为(一般是国家、社团激励的正外部性行为);其五是激励的维护国家安全和社会公共利益的行

---

① 李友根:《法律奖励论》,《法学研究》1995 年第 4 期。

② 这里的"社会性"排除了那些受益者单一的行为。

③ 《资治通鉴·汉纪二十》。

④ 倪正茂:《激励法学要言》,《东方法学》2009 年第 1 期。

为(一般是国家、社团激励的正外部性行为);其六是激励的为维护世界和平做出杰出贡献的行为(一般是国家、社团激励的正外部性行为);其七是激励的在其他工作中对国家、社会做出杰出贡献的行为(一般是国家、社团激励的正外部性行为);其八是激励的拾金不昧、悬赏广告所希望的利于形成社会良好风气的行为(一般是法人、社团、自然人激励的正外部性行为)。我国《公务员奖励规定》(2020)第 5 条就具体规定了对公务员和公务员集体进行奖励的一些行为①。总之,这些正外部性行为具有特定性,包括"一是驱人向善、驱人向上的行为;二是某激励法所具体规定的行为。"②这些正外部性行为有如下一些特点:

1. 这些正外部性行为包括传统的非义务行为和新型的义务行为

第一种是传统的非义务行为,如个人或者企业的捐赠行为、私人植树造林行为等。正如"对于那些不仅履行了法定义务而且从事了立法者所希望但法律又未规定为义务的行为主体,不能仅用保护的方法予以调整"③,而应当予以奖励。也就是说,如果这些行为本来就是供给主体应该履行的义务,那么就不是本书所讲的正外部性行为,如商业银行进行信息披露本来就是其法定的义务。亦即"对于某些企业、单位或个人的履行法律义务行为,不应设奖,以保证奖励质量。"④第二种是法律关注的新型义务行为。随着社会的发展,国家对可持续发展理念的日益重视,曾经的法律不关注的行为会逐渐演变为法律关注的新型义务行为,如"清洁生产行为"就经历了这样的转变。《清洁生产促进法》第 1 条规定的立法目的⑤及第 6 条的具体规定⑥就是明证。也就是说,激励的正外部性行为应该是超出供给主体义务之范围,包括传统非义务行为和新型义务行为。这里有一个问题需要特别

---

① 第 5 条规定,公务员、公务员集体有下列情形之一的,给予奖励:(一)忠于职守,积极工作,勇于担当,工作实绩显著的;(二)遵守纪律,廉洁奉公,作风正派,办事公道,模范作用突出的;(三)在工作中有发明创造或者提出合理化建议,取得显著经济效益或者社会效益的;(四)为增进民族团结、维护社会稳定做出突出贡献的;(五)爱护公共财产,节约国家资财有突出成绩的;(六)防止或者消除事故有功,使国家和人民群众利益免受或者减少损失的;(七)在抢险、救灾等特定环境中做出贡献的;(八)同违法违纪行为作斗争有功绩的;(九)在对外交往中为国家争得荣誉和利益的;(十)有其他突出功绩的。

② 倪正茂:《激励法学探析》,上海社会科学院出版社 2012 年版,第 91 页。

③ 李友根:《法律奖励论》,《法学研究》1995 年第 4 期。

④ 施徐生:《关于行政奖励制度立法问题的思考》,《石油化工管理干部学院学报》2000 年第 3 期。

⑤ 即"为了促进清洁生产,提高资源利用效率,减少和避免污染物的产生,保护和改善环境,保障人体健康,促进经济与社会可持续发展。"

⑥ 即"国家鼓励开展有关清洁生产的科学研究、技术开发和国际合作,组织宣传、普及清洁生产知识,推广清洁生产技术。"

强调,还有很多曾经不是法律关注的行为会随着社会发展的需要而被法律确定为法律意义的新型义务行为如前述的"清洁生产行为"。易言之,这里的"清洁生产行为"从不具有法律意义的一般行为演变为具有法律意义的新型义务行为,也成为一种新型的正外部性行为。

2. 这些正外部性行为大部分涉及政府的职责

如政府基于其职责应该提供教育、交通、通讯等相关公共产品,应该大力举办慈善事业等。换句话说,本来应该由政府做的事情,由于政府财力有限等原因还不能充分做到。因此,现实生活中公共产品供给不足,其中部分属于市场失灵,部分属于政府失灵。同时,对正外部性的激励不足也属于政府失灵。易言之,如果市场主体积极供给公共产品,政府就应该给予激励,因为其是具有正外部性的行为如民间投资参与新基建等。还有比较特殊的如《清洁生产促进法》(2012)第4条规定了国家鼓励的清洁生产行为①和第5条规定了作为政府职责涉及的清洁生产行为②。很显然,这些规定直接将促进供给正外部性行为与政府职责挂钩。另外,《清洁生产促进法》(2012)第二章关于"清洁生产的推行"中主要涉及政府的职责③也属于此类。因此,这些正外部性行为的激励主体就体现为代表"国家"的立法机关和行政机关。

3. 这些正外部性行为中部分需要公众的参与

除了政府的主导作用之外,社会其他团体以及公众在这些领域的普遍参与亦相当的重要。因此,在可能的情况下,通过发动群众,加强社会力量的参与度,寻求政府有效干预与全民参与的有机配合与协调就非常必要,如《清洁生产促进法》(2012)第6条的相关规定④即是此种目的。再如2011年上海市出台的《关于进一步加强本市食品安全举报奖励工作的实施意见》首次明确,举报食品安全违法人员、违法事实或者提供违法案件线索的举报人,一经查实,将按涉及案件货值金额的百分之一至百分之五给予一次性奖励,举报奖励的单项奖金最低不低于500元。北京市2016年修订的《北京市食品药品违法行为举报奖励办法》规定,除了扩大奖励范围外,奖

① 即"国家鼓励和促进清洁生产。国务院和县级以上地方人民政府,应当将清洁生产纳入国民经济和社会发展计划以及环境保护、资源利用、产业发展、区域开发等规划。"
② 即"对负责清洁生产的政府主管部门以及环境保护、计划、科学技术、农业、建设、水利和质量技术监督等行政主管部门对清洁生产的有关职责作了规定。"
③ 李艳芳:《"促进型立法"研究》,《法学评论》2005年第3期。
④ 即"国家鼓励社会团体和公众参与清洁生产的宣传、教育、推广、实施及监督。"

励金额最高升至 30 万。① 这些规定均是为了激励公众参与。

以上正外部性行为的供给主体可能是基于"经济人"本性,为了追求更多的利益而实施的行为,也可能是为了获得尊重和肯定而实施的行为,还可能是纯粹为了公益而实施的行为。当然这些行为都是国家所喜闻乐见的正外部性行为,应该属于经济法的激励客体。

(四) 激 励 对 象

在法学研究领域,现有的理论一般将法律激励的对象归结为当事人或行为主体。尽管法学领域的激励理论没有特别明确指出激励对象,但是在具体的论述之中也都将当事人或行为主体作为法律激励的对象,本文统称为正外部性供给主体,主要有以下几类:

1. 广义上的法律行为主体

学者付子堂提出的"法律的行为激励功能"理论,从广义上将法律行为的主体作为法律激励的对象。而法律行为的主体又是非常广泛的,因此这里的激励对象就是最广义上的激励对象。这是从享有被激励的资格(有被激励的可能)角度来说的。这种最广义的激励对象范围比较模糊且并不具体。这类似于具有民事权利能力的人和具有民事行为能力的人之间的关系,即要成为真正的"激励对象",还需要看其具体行为是否达到相关标准和要求。

2. 中义上的特定法律行为主体

学者倪正茂提出的"激励法学"理论从激励法的概念出发,认为只有实施特定行为的"人"才是法律激励的对象,即激励的相对方。并且他认为这里的"人"是广义上的,既包括自然人,也包括法人和非法人社团。但是这里的"特定行为"限制了被激励主体的范围,因此其不可能是前述广义上的行为主体但也不是狭义上的行为主体,因为狭义上的行为主体范围更小。因此本文将其归类为中义上的法律行为主体。

3. 狭义上的特定法律行为主体

学者张维迎提出的"法律责任激励论"将在法律上负有一定作为或不作为义务的当事人当作法律激励的对象。这里的"在法律上负有一定作为或不作为义务的当事人"范围就小很多,因此可以归类为狭义上的激励对象(法律行为主体)。此种法律行为主体之"狭"体现在两个方面:一是须负有一定的法律义务;二是当事人不一定包括法人和非法人团体。

学者丰霏认为,法律制度激励的作用点是"自然人",笔者认为这实际上是

---

① 喻林宏:《食品安全有奖举报日趋完善缺常态化》,《中国食品安全报》2011 年 10 月 13 日。

强调激励最终的作用点,因为无论是法人还是其他组织,最终还是要指向"自然人"。笔者认为,本书所指的激励对象应该是广义上的法律行为主体,即包括自然人、法人或其他组织。① 但是,在本书的语境之下,也必须强调这里所要激励的是只有实施特定有益的正外部性行为的"自然人、法人或其他组织"。如果其包括所有人,同时,如果是指广义上的"人",其可能是要表明,此时的激励包括了正激励和负激励。但是,正如有学者指出,"激励法的论域限于'正激励'而不是'负激励',限于直接关乎激励的法而不及间接关乎激励的法。"②因此,本书没有研究负激励。本书所指的激励对象与学者付子堂所指的激励对象并不一致,前者所指激励对象的范围要小得多。同时,本书所指的激励对象主要是指在法律上负有一定作为或不作为义务的自然人、法人和其他组织,也包括前文所述的实施了传统非义务行为和新型义务行为的自然人、法人和其他组织。因此,三种观点都有其合理性,只是适用的语境不同而已。

　　还需要特别指出的是,本书所指的激励对象与管理学、经济学理论中所指的激励对象有所不同,原因在于本书所指的激励对象决定于两个因素:一是属于"经济法"上的激励对象。也就是说,其实施的正外部性行为属于经济法的激励客体。这里主要是强调需要排除非法律意义上的正外部性行为,即此类正外部性行为没必要纳入法律激励范畴,只需要软法或道德激励即可。同时,也排除了民法、刑法激励的正外部性行为。二是属于实施了法律意义上的正外部性的行为主体。也就是说,该主体所实施的行为具有社会意义和社会效益。这里排除了纯粹追求个人利益的一般行为的主体。总之,本书所指的激励对象并不是一般意义上的行为主体,而是需要经济法激励的,实施了法律意义的正外部性行为的主体。

　　从激励方式和激励对象的关联考察视角来看,部分激励方式是针对自然人而设,部分激励方式是针对法人和其他组织而设。具体来看,如赋予权利型激励中的赋予垄断性专有权进行激励、赋予企业特殊主体股票期权进行激励、赋予一般权利进行激励,减免义务型激励中的减免提供担保义务进行激励、减免告知义务进行激励、减免举证义务进行激励,特殊资格待遇荣誉型激励中的给予特殊的工资和福利待遇进行激励、给予特殊的生活和身份待遇进行激励、给予特殊的晋升和级别待遇进行激励,特殊荣誉型激励中

---

① 如《产品质量法》(2018)第 6 条规定,对产品质量管理先进和产品质量达到国际先进水平、成绩显著的单位和个人,给予奖励;《科学技术普及法》(2002)第 25 条第 2 款规定,科普组织开展科普活动,兴办科普事业,可以依法获得资助和捐赠。这些都体现了对自然人、法人或其他组织的激励。

② 倪正茂:《激励法学探析》,上海社会科学院出版社 2012 年版,第 80 页。

的通过精神奖励进行激励、通过物质奖励进行激励等都主要是针对自然人而设置。减免责任型激励中的事前减免责任进行激励、事后减免责任进行激励,增加收益型激励中设立各类基金、专项资金、进行经费补助、增加财政经费投入等进行激励以及提供优惠贷款、融资便利和资金担保等进行激励,减少成本型激励中的税收减免激励、费用减免激励,特殊资格型激励中的通过法律修改降低准入门槛进行激励、针对特殊区域和特殊对象降低准入门槛进行激励等都主要是针对法人和其他组织而设置。

(五) 激 励 标 准

1. 激励标准的界定

管子曰:"其赏罚之数必先明之。"①这强调了赏罚标准的重要性。标准是指衡量事物的准则。《文选·袁宏〈三国名臣序赞〉》载:"器范自然,标准无假。"吕延济注曰:"器量法度出於自然,为人标望准的,无所假借也。"《荀子·儒效》载:"(君子)行有防表",唐·杨倞注曰:"行有防表,谓有标准也。"我国的国家标准 GB/T3935.1—83 对"标准"的定义是:"标准是对重复性事物和概念所做的统一规定,它以科学、技术和实践经验的综合为基础,经过有关方面协商一致,由主管机构批准,以特定的形式发布,作为共同遵守的准则和依据"。据此类推,激励标准是衡量正外部性行为社会效益大小的一套准则,是对(重复性)正外部性行为的社会效益大小所做的统一规定,它也是以科学、技术和实践经验的综合为基础,经过讨论、量化并达成一致意见,由主管机构批准,以特定的形式发布,作为激励正外部性行为共同遵守的准则和依据。

2. 激励标准的分类

激励标准包括原则性标准和具体性标准。在原则性标准方面,总的来说就是指相关主体的行为达到经济法激励要求的、具有正外部性的、具有社会效益的公益性行为。从具体性标准来看,不同的激励主体所激励的行为标准也不一致。目前,行政机关作为激励主体,其激励标准相对完善一些。如在行政奖励方面的具体规定有:《公务员奖励规定》(2020)第 6 条规定②对公务员、公务员集体的奖励分为:嘉奖、记三等功、记二等功、记一等功、授

---

① 《管子·立政》。
② 即对公务员、公务员集体的奖励分为:嘉奖、记三等功、记二等功、记一等功、授予称号。(一)对表现突出的,给予嘉奖;(二)对做出较大贡献的,记三等功;(三)对做出重大贡献的,记二等功;(四)对做出杰出贡献的,记一等功;(五)对功绩卓著的,授予"人民满意的公务员""人民满意的公务员集体"等称号。

予荣誉称号等五种标准和类别,同时对这五种标准和类别提出了具体的不同的要求,如"表现突出""做出较大贡献""做出重大贡献""做出杰出贡献""功勋卓著"等具体情形。另外,《国家科学技术奖励条例》(2013)第9—12条也分别规定了国家自然科学奖①、国家技术发明奖②、国家科学技术进步奖③、国际科学技术合作奖④的具体标准。

还有,一些激励标准由社会团体制定。如诺贝尔奖的评选规则是:获奖人不受任何国籍、民族、意识形态和宗教信仰的影响,评选的第一标准是成就的大小。遵照诺贝尔遗嘱,设立由瑞典皇家科学院评定的物理学奖和化学奖、由瑞典皇家卡罗林医学院(卡罗林斯卡学院)评定的生理学或医学奖、由瑞典文学院评定的文学奖、由挪威议会选出的和平奖、委托瑞典皇家科学院评定的经济学奖。每个授奖单位设有一个由5人组成的诺贝尔委员会负责评选工作,该委员会三年一届。

法人作为激励主体时,其激励标准由单位根据国家相关法规自行制定并公布。自然人在悬赏广告奖励标准和对拾金不昧者进行奖励标准方面,则灵活性很大,具体标准可能因人因事而异,差别很大。

(六) 激 励 程 序

关于激励程序问题,宋朝王安石在《九变而赏罚可言》⑤中引用庄子的话强调了赏罚的具体程序,包括:先是"明(透彻了解)天",然后"明是非",

---

① 第9条规定,国家自然科学奖授予在基础研究和应用基础研究中阐明自然现象、特征和规律,做出重大科学发现的公民。前款所称重大科学发现,应当具备下列条件:(一)前人尚未发现或者尚未阐明;(二)具有重大科学价值;(三)得到国内外自然科学界公认。

② 第10条规定,国家技术发明奖授予运用科学技术知识做出产品、工艺、材料及其系统等重大技术发明的公民。前款所称重大技术发明,应当具备下列条件:(一)前人尚未发明或者尚未公开;(二)具有先进性和创造性;(三)经实施,创造显著经济效益或者社会效益。

③ 第11条规定,国家科学技术进步奖授予在应用推广先进科学技术成果,完成重大科学技术工程、计划、项目等方面,做出突出贡献的下列公民、组织:(一)在实施技术开发项目中,完成重大科学技术创新、科学技术成果转化,创造显著经济效益的;(二)在实施社会公益项目中,长期从事科学技术基础性工作和社会公益性科学技术事业,经过实践检验,创造显著社会效益的;(三)在实施国家安全项目中,为推进国防现代化建设、保障国家安全做出重大科学技术贡献的;(四)在实施重大工程项目中,保障工程达到国际先进水平的。前款第(四)项重大工程类项目的国家科学技术进步奖仅授予组织。

④ 第12条规定,中华人民共和国国际科学技术合作奖授予对中国科学技术事业做出重要贡献的下列外国人或者外国组织:(一)同中国的公民或者组织合作研究、开发,取得重大科学技术成果的;(二)向中国的公民或者组织传授先进科学技术、培养人才,成效特别显著的;(三)为促进中国与外国的国际科学技术交流与合作,做出重要贡献的。

⑤ 《王文公文集》卷二十八。

最后"行赏决罚"。其中"名原省"要有"三载考绩,五载一巡狩"的具体考核检查过程。王安石还指出,后世"忘原省,直信吾之是非,而加人以其赏罚",于是导致"天下始大乱"。① 可见古人早已指出了激励程序的重要性而且制定了具体可行的操作方法。根据我国现有的相关法律规定,如果是行政性质的奖励,国家对激励应依以下具体程序进行②,此程序可以作为正外部性经济法激励程序之重要参考:

1. 申请程序

国家层面的激励可以由正外部性供体申请,也可以由国家依职权主动进行,尤其是在正外部性效益巨大的情况下,应该由国家"出面"直接激励。不过,有时候由正外部性供体申请意义更为重大,理由在于:其一是获得激励是正外部性供体的一项权利,是一项新型的人权。由正外部性供体提出申请,可以督促其积极行使权利。当然,当事人也可以放弃。其二是国家作为激励的责任主体,激励费用支出带来的交易成本将是一笔很大的开支。若再将国家激励的提起作为国家或国家有关职能部门的职责,一方面可能会助长正外部性供体对国家的依赖性;另一方面也会加重国家的财政负担,当然特殊情况如正外部性效应巨大时除外。③ 在社会团体作为激励主体的情形中,部分就不需要主动申请,如诺贝尔奖都是实行推荐制,不接受毛遂自荐。

2. 审查程序

审查即国家有关部门对正外部性供体的奖励申请进行的审验查证。这种审查包括申请者资格的形式审查和激励范围、激励正外部性效益大小等的实质审查。形式审查较为简单,但是实质审查则需要经过专业的测量和评估,建议可由第三方专业测量评估机构来做以确保其更为公正和客观。经过审查合格的就作为国家激励的对象,纳入国家激励的范围,并可以进入下一步程序。如我国现有的《公务员奖励规定》(2020)第 7 条就具体规定了相关部门的审批权限。④

---

① 倪正茂:《激励法学探析》,上海社会科学院出版社 2012 年版,第 555 页。
② 王兴运:《"牛玉琴等人的法律难题"解析》,《河北法学》2005 年第 7 期。
③ 这类似于根据社会危害程度的大小决定承担民事责任、行政责任或刑事责任。
④ 第 7 条规定,给予公务员、公务员集体的奖励,经同级公务员主管部门或者市(地)级以上机关干部人事部门审核后,按照下列权限审批:嘉奖、记三等功,由县级以上党委和政府或者市(地)级以上机关批准。记二等功,由市(地)级以上党委和政府或者省级以上机关批准。记一等功,由省级以上党委和政府或者中央机关批准。经省委同意,副省级党委和政府可以对本地区公务员、公务员集体给予记一等功奖励。授予称号,由省级以上党委和政府批准。……由市(地)级以上机关审批的奖励,应当事先将奖励实施方案报同级公务员主管部门审核。

3. 奖励程序

对于审查合格的,由国家按照预先确定的奖励标准进行实际的、具体的奖励。如《公务员奖励规定》(2020)第 8 条具体规定了奖励程序。① 奖励方式可以根据正外部性社会效应的大小和价值程度,选择适用一种或多种激励方式。包括选择适用物质奖励或精神奖励,甚至可以是权利义务责任型激励、成本收益型激励或特殊资格待遇荣誉型激励的综合实施,即参照类似刑罚上的"数罪并罚"模式进行经济法激励的"数益并奖"。

4. 救济程序

没有救济就没有权利,迟到的正义非正义。当正外部性的供给主体在根据相关法规应该得到而没有得到激励时,怎样有效地表达自己的诉求,以及如何防止激励过程中的不当行为,法律应该有明确具体的程序性规定,以确保激励对象的合法权益及时得到救济和保障。有趣的是,在诺贝尔奖的组织评定程序中则没有救济程序(目前也没有相关纠纷的发生)。这也可能是其不接受毛遂自荐而实行推荐制的原因。但是,作为正外部性的经济法激励而言,这个程序必不可少。如果是法人或其他组织等其他激励主体,则由其他激励主体按照以上程序进行激励。但是也有例外,如果正外部性供给主体和受体是平等关系,则按照法定或约定程序进行,如悬赏广告,失主对拾金不昧的奖励程序就非常简单。如果出现纠纷,则需要诉讼程序,本书将在第七章进行阐述。

（七）激 励 资 金②

经济法激励正外部性一般都离不开激励的物质基础——包括但不限于各类"资金"③,它是确保激励机制顺利实施的物质保障,尤其是增加收益型激励更是需要足够的资金。当然赋予权利型激励、减少成本型激励、减免责任型激励对激励资金没有明显的特殊要求。正如前文已述,不同的激励方

① 第 8 条规定,给予公务员、公务员集体奖励,一般按下列程序进行:(一)公务员、公务员集体做出显著成绩和贡献需要奖励的,由所在机关(部门)在征求群众意见的基础上,提出奖励建议;(二)按照规定的奖励审批权限上报;(三)审核机关(部门)审核后,在一定范围内公示不少于 5 个工作日。如涉及国家秘密不宜公示的,按照有关规定予以不公示;(四)审批机关批准,并予以公布。《公务员奖励审批表》存入公务员本人干部人事档案;《公务员集体奖励审批表》存入获奖集体所在机关文书档案。
② 根据百度百科的解释,资金[fund;financial;resource]泛指资本,指用于发展国民经济的物资或货币。大辞海(在线)"语词卷"的解释为"国家为发展国民经济的物资和货币"。
③ 加引号的原因在于本文语境下的"资金"并非只指一般意义上的资金,还应该包括物资和货币。

式需要不同数量的激励资金。激励资金有很多分类,下面具体分析。

1. 根据是否有形,可以分为有形物和无形物

可以作为激励"资金"的有形"物"包括最早具有货币职能的通货如商朝的"贝"①,还有周朝的"疆土"②以及"战利品"③等。另外,古代的奴隶属于奴隶主的"物"并且常常作为激励之物。关于无形物,如权利,早在西周就有了。其中《大盂鼎》中周王对于盂的赏赐就包括允许其在自己氏族旗帜上画兽纹(贵族尊物)④。今天,有形物包括金钱,如奖金、工资福利、经济补助、基金等。无形"物"包括权利、资格、精神奖励、职位、晋升机会以及电子货币、数字货币等等。

2. 根据是否直接体现为金钱,可以分为直接激励物和间接激励物

直接激励物一般都是有形的,如金钱(电子货币、数字货币除外)、奖金、工资福利、经济补助、基金等。而间接激励物一般都是无形的,如姓氏(古代)⑤、权利、资格、精神奖励、职位、晋升机会、特殊身份等。

3. 根据实施方式的增减类型,可以分为增加型激励物和减少型激励物

如无形物包括权利、资格、荣誉、身份、地位,以及有形物包括奖金、津贴、工资福利、经济补助、基金等属于增加型激励物。而义务、责任、成本等属于减少型激励物,只能通过减少或免除来实现激励。

4. 根据是否体现为物质,可以分为物质型激励物和精神型激励物

其实大多数激励"资金"都是物质型激励物,包括奖金、工资福利、经济补助、基金等。至于权利、资格、职位、晋升机会等,虽然不具有直接的物质属性,但是其最终都会带来物质性的内容,所以笔者倾向于归入物质型激励物。精神型激励物的内容较少,包括精神奖励,如"先进个人""全国劳动模范"称号等⑥。

5. 根据是否有政府介入,可以分为政府介入型激励物和非政府介入型激励物

政府介入型激励物属于政府收支范围,包括财政支出和财政少收入

---

① 如"丙午,王商(赏)戍嗣子贝廿朋。"(《戍嗣子鼎》)。

② 如"令(命)女盂……省先王其受民受疆土。"(《大盂鼎》)。

③ 如"大兽公之,小禽私之。"(《周礼·夏官·大司马》)。

④ 参见倪正茂:《激励法学探析》,上海社会科学院出版社2012年版,第241页。

⑤ 用于激励的赐姓包括赐国姓、赐他姓,赐恶姓则用于惩罚。武则天时期赐过不少恶姓,在电视剧《神探狄仁杰(第二部)》中有相关例子。

⑥ 其实这些也会间接体现为财政资金。

（如减税降费）。非政府介入型激励物包括根据法律公平原则和市场等价原则，从其他受益人那里进行的"转移支付"。私人之间关于悬赏广告和拾金不昧的激励物政府也不会介入。

从激励主体的视角来看，国家作为激励主体时，通过立法机关赋予权利、减免义务、减免责任进行激励需要立法成本，而这也必然依赖于财政资金的支持。不仅通过行政机关进行增加收益，给予特殊工资和福利待遇、生活和身份待遇，给予物质奖励需要财政资金，而且通过司法机关实施的相关奖励也需要财政资金。另外，法人、社会团体和自然人作为激励主体时，也需要提供相关费用。

（八）激 励 效 益

1. 激励效益的涵义

激励效益是激励理论的一个重要内容。进行激励效益分析有助于深化对激励理论的认识以及提高激励效果。什么是激励效益？目前对此没有明确的相关定义。关于组织的激励效益定义，有学者认为其是指组织在实施一项激励后获得的有效产出与激励的直接投入之比。[1] 激励效益是激励中具有目标性的要素，因为激励目标的实现体现在激励效益的提高上。

从现有文献来看，激励效益多为管理学与经济学的研究对象，很少被纳入法学研究范畴。从激励效益的研究对象来看，主要集中于企业薪酬激励效益、企业奖金激励效益、公司股权激励效益等。这些研究中也很少直接涉及正外部性的法律激励效益问题。不过，比较而言，法律经济学对法律激励功能进行的相关研究，能够为本书语境下激励效益提供理论基础。有学者指出，人们在做出行为决策时，总是考虑成本与收益的关系，追求效益最大化。正如有学者所言，法律规范的作用在于对人们的活动施加不同的"价格"，从而改变这种活动的数量性质。[2] 这里的"活动"就包括本书所指的正外部性行为，其数量的增加必然带来社会效益和经济效益的提高。

从正外部性的法律激励效应来看，激励效益分为激励的经济效益和激励的社会效益。激励的经济效益是指，通过激励所取得的社会劳动节约，即以尽量少的激励资金耗费取得尽量多的激励成果，或者以同等的激励资金取得更多的激励成果。激励的社会效益是指，通过激励，包括但不限于在推

---

[1] 刘晓红、徐扬：《组织和个体激励效益合理最大化的规划模型》，《海南师范学院学报（自然科学版）》2002 年第 1 期。

[2] 侯健：《也谈法律的激励功能》，《社会科学报》2005 年 8 月 25 日。

动科学技术进步,提高国防能力保障国家和社会安全,保护自然资源或生态环境,改善人民物质文化生活及健康水平等方面所起的积极作用。

2. 激励效益与其他激励要素的关系

在正外部性的经济法激励中,激励效益与其他激励要素,如激励主体、激励目的、激励客体、激励对象、激励方式、激励资金、激励责任密切相关。具体来看,不同的激励主体所激励的正外部性行为的效益区别很大。如代表"国家"实施激励的立法机关、行政机关和司法机关所激励的正外部性行为的社会效益和经济效益一般都很大。例如赋予科技发明创造者的专利权进行激励所带来的社会效益和经济效益可以说无法估量,因为他可能具有推动人类社会进步,确保国家战略安全,保障人民身体健康的重要意义。这也是为什么各国注重科技创新的重要原因。今天我们已经迈入人工智能时代,人工智能相关的科技创新甚至具有国家战略意义。所以许多国家大力激励和支持发展人工智能并进行长远的规划和布局。2019 年 1 月 16 日,韩国发布《数据及人工智能发展规划》,宣布加大对 AI 的投资力度,力图使韩国在 2030 年成为全球数据及 AI 的领头羊。2 月 5 日,德国公布《德国国家工业战略 2030》并强调德国需要利用 AI 技术保住全球工业地位。2 月 11 日,美国发布《American AI Initiative》,即美利坚合众国人工智能倡议。其根本意图是将人工智能作为美国的优先产业进行发展。美国政府对此出台了诸多激励制度,其中包括扩大相关科研人员使用政府数据的权限等。这些都预示着人工智能宏图已在国家战略层面予以擘画,AI 潮流将奔腾向前,浸润万物。比较而言,自然人对拾金不昧行为激励的社会效益和经济效益则要小得多。

还有,部分社会效益和经济效益具有区域性,而部分社会效益和经济效益具有全球性。如诺贝尔奖就具有全球性,对获奖者没有国籍、民族、性别、意识形态和宗教信仰的限制。部分社会效益和经济效益具有代内性,部分社会效益和经济效益具有代际性,如对教育、环境生态方面正外部性的激励能确保社会效益和经济效益的代际传递。当然,激励效益还与激励"资金"有着密切关系,尤其是需要激励"资金"作为基础和保障的激励类型。一般说来,激励"资金"越充足,使用越科学,那么激励的社会效益和经济效益就越大。从激励责任的视角来看,一般说来,激励责任越是明确具体,激励的社会效益和经济效益也就越大。

（九）激 励 责 任

明确的激励责任是确保激励措施顺利实施并实现激励目标的重要保

障。如果没有明确的激励责任规定,在发生激励纠纷时就可能会使得激励对象失去救济依据和机会。激励责任包括激励主体的责任和激励对象的责任。比较而言,激励主体的责任重于激励对象的责任。这里主要谈及激励主体的激励责任。

1. 激励责任来源于激励契约

按照学者倪正茂的观点,激励具有形式上的激励契约性。所谓"激励契约性"是指:其一,激励法建立在激励契约的基础上,无激励契约便无激励法的实际功效;其二,激励法的实施按激励契约的法律要求展开;其三,激励法之违法行为,按契约违约责任处理。激励契约的特点在于:一方面是激励方的要约一般不得撤回,否则要赔偿激励相对方的损失;另一方面是激励相对方可以毁约而不受法律追究。如行政奖励决定一旦发布,一般不得"朝令夕改"而撤回;而行政相对人作为激励相对方,即使已经申请受奖,也可撤回其申请而不负法律责任。总之,从"激励契约性"涵义的第三点和激励契约的第一个特点可以得出"激励责任来源于激励契约"的结论。

再以一个具体的法条为例,如我国《反垄断法》(2008)第38条规定,对涉嫌垄断行为,任何单位和个人有权向反垄断执法机构举报。反垄断执法机构应当为举报人保密。这里的"关于反垄断执法机构应当为举报人保密"规定,可以被看作是激励契约,是反垄断执法机构与未来举报人之间的一种激励契约,其中的"应当"有彰显激励责任之意。因此,激励法之相关违法行为,应当按契约违约责任处理。也就是说,如果反垄断执法机构没有履行或履行好保密义务而使得举报人遭到侵权,就应当承担相应的法律责任。不过,笔者认为,激励责任还可以规定得更明确一些。

2. 激励责任是激励契约履行的保障

激励契约必须以激励责任作为基础否则其会成为一纸空文而致激励对象的权利难以得到相应的保障。激励契约也体现在行政机关作为激励主体实施的激励行为中,如其对于公务员激励的具体规范就具有契约性质,因此激励责任也比较清晰。目前,比较典型的还是代表"国家"作为激励主体的行政机关的行政行为方面的激励责任相关规定要完善一些。如《公务员奖励规定》(2008)第19条的激励责任方面的规定就比较完善。其激励责任包括"给予批评教育或者处分"和"依法追究刑事责任",但是,2020年修订时因故已经删除。另外,司法机关的悬赏公告,有奖举报的契约性质也很明显,激励责任相对也要明确一些。不过立法机关作为激励主体的契约性质就隐蔽得多,毕竟立法行为属于抽象行政行为,激励责任并不明确。至于社会团体、法人和自然人作为激励主体时,其激励责任就要弱得多。

另外,激励责任也还包括那些为了达到被激励目的而弄虚作假者应当承担的法律责任。虽然激励责任既包括激励主体的虚假行为应当承担的法律责任也包括激励对象的虚假行为应当承担的法律责任,但是其中激励主体的虚假行为而导致的激励责任更为重要一些。

二、正外部性经济法激励运行中核心要素的问题检视与优化路径

本部分主要针对正外部性经济法激励运行中的核心要素,包括激励主体、激励力度、激励标准、激励程序、激励资金、激励效益和激励责任等七个方面进行问题检视和优化路径分析。至于激励目的和激励客体因为存在的问题不太明显,此处不再分析。

(一) 激励主体方面的问题检视与优化路径

1.激励主体方面的问题检视

前文已述,对于正外部性的经济法激励,从激励主体来看,具体包括:一是行政机关作为激励主体;二是法人作为激励主体;三是自然人作为激励主体;四是社会团体作为激励主体;五是国家作为激励主体。其中自然人、法人、社会团体作为激励主体时相对容易明确。现存的其他问题包括:

(1)激励主体规定较为抽象模糊。尤其是宪法性的条款规定一般都不明确、不具体。激励方可以是具体的自然人、法人、行政机关、社会团体,也可以是抽象主体如"国家""社会"等。综合来看,前面四类作为激励主体是明确具体的,其有利于法律激励目标的真正实现。其中宪法之规定"国家鼓励……"中之"国家",并不是具体概念,而是抽象概念。笔者认为,虽然《宪法》规定得很多,但都是宏观倡导型的条款,实践中真正直接"兑现"却很难,还需要其他具体制度进一步规范和明确。另外,学者倪正茂认为,专利法之规定发明人可以申请专利,获得审查通过即享有专利权,这里授予专利权的是"社会",也是抽象概念,而在形式上授予专利权的"专利局"(特许厅)只不过是"社会"的执行机构罢了。笔者认为,这里的"专利局"(特许厅)虽然只是执行机构,但是其却真正解决了激励对象如遇激励相关纠纷可能求助无门的难题。

(2)激励主体规定为多个导致表面明确而实质上不明确。部分法律法规的激励条款中的主体规定为多个导致职责不具体而落实难。如《森林

法》(2009)第 12 条①规定,在植树造林、保护森林、森林管理以及林业科学研究等方面成绩显著的单位或者个人,由各级人民政府给予奖励;《渔业法》(2013)第 5 条规定,在增殖和保护渔业资源、发展渔业生产、进行渔业科学技术研究等方面成绩显著的单位和个人,由各级人民政府给予精神的或者物质的奖励;《循环经济促进法》(2018)第 48 条规定的激励主体是"县级以上人民政府及其有关部门、企事业单位"。可见,上述的"各级人民政府""县级以上人民政府及其有关部门、企事业单位"表面上明确,但事实上并不明确。因此,虽然法律法规中有"明确"规定,但是因为相应的责任主体实质上缺失,即到底由谁来给予奖励仍然存在问题。而这些都直接导致正外部性行为供体的权利难以真正实现。

(3)对激励主体疏于规定。如部分法律法规的激励条款中对激励主体缺乏规定导致激励主体"缺位"甚至"虚无"。如《产品质量法》(2018)第 6 条规定,对产品质量管理先进和产品质量达到国际先进水平、成绩显著的单位和个人给予奖励;《城市供水条例》(2018)第 8 条规定,对在城市供水工作中作出显著成绩的单位和个人给予奖励;《会计法》(2017)第 6 条规定,对认真执行本法,忠于职守,坚持原则,做出显著成绩的会计人员给予精神的或者物质的奖励;等等。如果说关于激励主体规定较为抽象模糊或规定为多个导致表面明确而实质上不明确问题,那么这里连最基本的激励主体也疏于规定,因此激励机制如何运行更将不得而知,相关的激励对象对激励也无可期待。

2. 激励主体方面的优化路径

明确激励主体非常重要,因为激励主体在激励法律关系中处于非常重要的地位,他一定程度上决定了所要激励的正外部性行为的重要程度。因此,在激励主体规定方面需要做到明确、具体和完整。同时,在确定激励主体时,必须至少注意以下两点:

(1)根据行为人所供给行为的效益性质确定明确的激励主体。如果行为人所实施的正外部性行为只是给某个个体带来效益②,就只具有个体效益性质,如无因管理。此时则由受益人直接给予激励即可而不必"兴师动众"。如果行为人所实施的行为只在单位内部具有效益,则由企业或法人在内部进行激励即可。如果行为人实施的行为具有社会效益,则可由社会团体进行激励或"国家"进行激励。而代表"国家"的又包括立法

---

① 2019 年修订时改为第 13 条,内容稍有变化。

② 需要说明的是,这里只是探讨具有法律性质而需要法律激励的正外部性。

机关、行政机关和司法机关。进一步讲，如果行为人所实施的行为只有部门效益或区域效益性质，比如在保护和合理利用自然资源等方面做出重大贡献的，则宜由地方政府职能部门（如土地管理部门）给予激励；如果行为人所实施的行为具有广泛的全国性的社会效益性质，比如在防治大气污染，保护和改善大气环境方面做出重大贡献的，则宜由人民政府直接给予较大的激励。至于应该由哪一级人民政府给予激励则需要根据效益的层次进行细分确定。

（2）根据行为人所供给行为的效益层次确定明确的激励主体。即根据正外部性行为效益的价值大小确定激励主体。这里主要体现在国家和社会团体作为激励主体方面。此处仅以代表"国家"的行政主体为例进行说明。如果行为人所实施的行为效益层次非常高，价值巨大，宜由中央人民政府或政府职能部门给予激励，如国家勋章和国家荣誉的授予。如果行为人所实施的行为效益层次很高，价值很大，则宜由省级人民政府或政府职能部门给予激励。如果行为人所实施的行为效益层次较高，价值较大，宜由县级人民政府或政府职能部门给予激励。正如有学者提出，立法者应当根据行为的效益层次和价值大小，在立法中确定不同的激励主体，以此弥补现有激励立法中所存在的激励主体不明的缺陷。① 因此，在确定人民政府的层级后，还需要确定由政府哪个具体部门进行具体操作执行激励事宜。

（二）激励力度方面的问题检视与优化路径

1. 激励力度方面的问题检视

我国当前激励机制运行的主要问题之一是激励力度较轻微。前文已述，我国经济法律法规可以运用的激励方式有八种。但是从激励力度来看，当前经济法的激励力度仍然过小。具体来讲：

（1）赋予权利型激励、减免义务型激励和减免责任型激励方面的激励力度问题。赋予权利型激励、减免义务型激励和减免责任型激励等需要立法机关通过立法实现，导致其时间长、速度慢，并且还受到其他诸多因素的影响，因此激励力度问题解决起来难度较大。

（2）增加收益型激励和减少成本型激励方面的激励力度问题。其一，增加收益型激励方面的局限。由于我国早些时候激励物质基础比较薄弱，以及对激励不太重视等各种原因，在增加收益型激励方面的激励力度还存

---

① 　参见尹亚明：《奖励问题的法学思考》，《政法论坛》1997 年第 4 期。

在诸多局限。如前文提及的承包荒沙地植树造林的农民面临退耕还林的补偿标准很低,补偿金额存在严重不足的问题,因此,根本达不到激励目的,难以实现既定的激励目标。此时,还特别需要国家提高重视程度,在财政预算方面对此多加考虑从而加大激励力度。其二,减少成本型激励方面局限。如在个人所得税方面,《个人所得税法实施条例》(2018)第19条规定,个人所得税法第6条第三款所称个人将其所得对教育事业和其他公益事业的捐赠,是指个人的间接捐赠,因为直接捐赠不会享受到税收优惠。捐赠额未超过纳税义务人申报的应纳税所得额30%的部分,可以从其应纳税所得额中扣除。即:

允许扣除的捐赠额=应纳税所得额×30%。

应纳个人所得税额=(应纳税所得额−允许扣除的捐赠额)×适用税率−速算扣除数

另外,对符合下列捐赠方式(即通过非营利性的社会团体和国家机关)的个人捐赠①,可以在缴纳个人所得税前全额扣除。这里实际上有一个30%的限制和间接捐赠的限制,这样的激励力度也不利于对个人捐赠进行激励。

(3)特殊资格型激励、特殊待遇型激励和特殊荣誉型激励方面的激励力度问题。我国目前在运用特殊资格型激励方式解决城乡差距、中西部差距问题方面,虽然取得较好成效,但是在激励力度加大方面还有较大的空间。在特殊待遇型激励和特殊荣誉型激励方面,还亟待国家根据经济发展水平和实现中华民族伟大复兴的"中国梦"的需要进一步加大激励力度,从而充分激发一切对社会发展有益的活力、动力和潜力。

2. 激励力度方面的优化路径

不断加大激励力度是我国实现激励目标的必由之路。激励力度因激励方式的不同而有所不同。因此,在不断加大激励力度的总原则之下,也应该基于不同的激励方式采用不同的激励力度优化方式。

---

① 这里是指,向福利性、非营利性的老年活动机构的捐赠、向教育事业的捐赠;向红十字事业的捐赠;向公益性青少年活动场所的捐赠;向中华健康快车基金会、孙冶方经济科学基金会、中华慈善总会、中国法律援助基金会、中华见义勇为基金会、宋庆龄基金会、中国福利会、中国残疾人福利基金会、中国扶贫基金会、中国煤矿尘肺病治疗基金会、中华环境保护基金会用于公益性、救济性的捐赠等。

（1）赋予权利型激励、减免义务型激励和减免责任型激励方面的激励力度优化。笔者建议，当只有通过赋予正外部性供给主体更多的权利，减免其更多义务以及减免其更多责任才能实现激励目的时，就应该赋予其更多的权利，减免其更多的义务以及责任。在此时需要充分进行权利与义务的倾斜性配置，在加大激励力度的基础上实现激励目的。同时，无论是法学理论专家学者，还是法学实务部门领导，都应当增强激励意识，看重激励效果，注重激励制度的研究和适用，因时制宜地进行增量和存量的权利、义务和责任的科学配置，以实现激励力度加大和激励效果更佳的目标。

（2）增加收益型激励、减少成本型激励方面的激励力度优化。其一，在增加收益型激励方面。如对于退耕还林的补偿，可以根据正外部性的大小确定具体标准，亦即补偿的多少决定于正外部性带来社会效益的大小，最终目标是通过采用合适的激励力度达到激励目的并产生更高的激励效益。其二，在减少成本型激励方面。如在个人所得税中对于个人间接捐赠和企业所得税中对于企业间接捐赠的激励力度太小，明显不利于激励间接捐赠行为。因此，建议加大激励力度，只要是真正为了公益事业的间接捐赠，就应该对个人捐赠和企业捐赠进行全额免税的激励。总之，不断加大激励力度，如对于增加收益型激励，就可以根据具体情况提高财政补偿标准；对于减少成本型激励，就可以根据具体情况提高税收优惠标准。

（3）特殊资格型激励、特殊待遇型激励和特殊荣誉型激励方面的激励力度优化。其一，特殊资格型激励主要是针对地区经济发展水平差异而赋予相关主体特殊资格。因此，根据我国当前的地区经济发展水平差距较大的现实，还特别需要赋予经济落后地区更多的特殊资格以加大激励力度。党的十九大报告也指出，国家要实施乡村振兴战略，加大对农村和中西部地区扶持力度，支持这些地区加快改革开放、增强发展能力并提高人民生活质量。2021 年是我国"十四五"规划开局之年，赋予落后地区特殊资格显得尤其重要。因为其可以强化以工补农、以城带乡，推动形成新型城乡关系，可以为实现 2035 年的远景目标提供助力。其二，在特殊待遇型和特殊荣誉型激励方面，尤其要加大对有助于实现中华民族伟大复兴的正外部性供给主体待遇和荣誉方面的激励力度。如给予为实现"中国梦"做出巨大贡献的科研工作者等更好的待遇和荣誉。

（三）激励标准方面的问题检视与优化路径

1. 激励标准方面的问题检视

标准不统一是当前正外部性经济法激励的重要问题所在，其根本原因在于激励的模糊性。正如有学者指出，由于受道家、儒家、佛教和禅学思想中所蕴涵的含糊哲学的影响，中国传统的激励具有模糊性，缺乏单一性和系统性。[1] 要解决激励的模糊性问题，就必须确立激励标准。激励标准是激励的依据，因此激励标准务必明确。唐代在官吏的考核方面，就有具体的标准如"四善"[2]与"二十七最"[3]。我国目前激励标准不统一的问题主要体现在：

（1）法规与法规之间激励标准不统一。目前，许多法律法规在规定给予激励对象激励时却没有明确规定激励的标准和条件，表现为标准不清、条件不明，这便可能导致有关激励主体或者推脱责任不予激励或者随意激励的情形。如《森林法》（2019）第13条、《产品质量法》（2018）第6条规定给予奖励的标准是"成绩显著"；《科学技术进步法》（2007）第15条规定给予奖励的条件是"重要贡献"，第49条规定给予优厚待遇的条件是有"突出贡献"；《防沙治沙法》（2018）第8条规定给予表彰和奖励的条件是"显著成绩"，给予重奖的条件是"突出贡献"；《国家勋章和国家荣誉称号法》（2015）第4条规定国家授予国家荣誉称号的对象是作出"重大贡献""享有崇高声誉"的杰出人士等等。那么何谓"成绩显著""显著成绩""突出贡献""重要贡献""重大贡献"没有进一步的解释和说明，显得模糊和混乱，更不谈它们之间的区别。由此便给激励机制的运行带来障碍，显然不利于正外部性的法律激励。

（2）地区与地区之间激励标准不统一。因为我国没有一部全国统一的奖励基本法，各种奖励规定分散、零乱，不协调、不配套，体系混乱。[4] 当然也就没有全国性的统一的激励标准。激励的相关事项完全由地方政府的重视程度或财力水平决定，因此激励标准的"空间性"非常强。以食品安全有奖

① 马振耀：《简论中国古代激励思想》，《周口师范学院学报》2005年第4期。
② 即"一曰德义有闻，二曰清慎明著，三曰公平可称，四曰恪勤匪懈。"
③ 一曰献可替否，拾遗补阙，为近侍之最；二曰铨衡人物，擢尽才良，为选司之最；八曰兵士调习，戎装充备，为督领之最；九曰推鞫得情，处断平允，为法官之最；十二曰训导有方，生徒充业，为学官之最；十三曰赏罚严明，攻战必用，为军将之最；十六曰访察精审，弹举必当，为纠正之最；等等。
④ 邱水平：《完善我国奖励法律制度之刍见》，《甘肃政法学院学报》1988年第2期。

举报制度为例,2011年上海市《关于进一步加强本市食品安全举报奖励工作的实施意见》首次明确上海市财政设立食品安全举报专项奖励奖金。① 北京市2016年修订《北京市食品药品违法行为举报奖励办法》,在扩大奖励范围的同时,奖励金额最高也升至30万。《湖南省食品安全有奖举报制度(试行)》规定对8种食品安全违法行为举报属实者,将给予奖励。每年拟设立300万元省级专项举报奖金,由省财政支付。甘肃省省委办公室2011年印发《甘肃省食品安全有奖举报办法(试行)》规定,举报线索查证属实的,按照线索和危害程度分别予以举报人500到5000元不等的奖励。为重大案件提供线索的,最高奖金可达2万元。在"三鹿奶粉"事件后,重庆市质监局专列100万元设立"有毒食品举报奖"鼓励市民举报食品生产中的违规行为。可见,各地一般按本地经济发展水平规定了奖励的金额,经济发达的地区奖励数额可能会较高,经济欠发达地区奖励数额则可能会较低。还有的以查获货值和涉案人员责任大小为标准确定奖励等级。资料还显示,在安徽省,因见义勇为牺牲者可获得超过47万元的奖励,而在浙江省,八成见义勇为英雄被遗忘而穷困潦倒。② 对于奖励等级的确定标准,理论界和实务界也同样有着不同的声音,期待之后的实践可以证明出哪一种标准更为合适。还有,如《税收征收管理法》(2015)第3条③关于税收优惠的笼统性规定也存在诸多问题。这种规定容易导致一些地方政府出现滥用行政职权(自由裁量权)而随意制定相关税收优惠政策以保护地方利益的情形,而这使得激励目标发生"漂移",离激励初衷相去甚远。

2. 激励标准方面的优化路径

要实现激励目的,统一激励标准尤其重要。诸葛亮就认为,"赏不可不平,罚不可不均"④。范仲淹也指出,"赏罚者,天子之衡鉴也。"⑤这些都表明激励标准统一的重要性。具体来说,我们必须做到:

(1)统一法规之间的激励标准。应当通过解决激励法规之间的龃龉和冲突,使激励标准协调和统一。包括:其一是法律法规在规定应当给予激励时,必须明确规定激励的标准,做到标准清晰、条件明确,从而有效杜

---

① 即"举报食品安全违法人员、违法事实或者提供违法案件线索的举报人,一经查实,将按涉及案件货值金额的百分之一至百分之五给予一次性奖励,举报奖励的单项奖金最低不低于500元。"
② 倪正茂:《激励法学探析》,上海社会科学院出版社2012年版,第66页。
③ 即"税收的开征、停征以及减税、免税、退税、补税,依照法律的规定执行"。
④ 《诸葛亮集》。
⑤ 《范文正公集·上执政书》。

绝有关激励主体或者推脱责任不予激励或者随意激励的情况发生。其二是将当前法律法规中的"成绩显著""显著成绩""突出贡献""重要贡献"做出进一步的解释和规定，以解决模糊和混乱问题。还要通过细化具体标准，凸显具体差别，以方便相关部门具体操作实施。其三是以实际正外部性的大小确定激励的标准。正如张居正的主张，"用进舍退，一以功实为准；毋徒眩于声名，毋尽拘于资格，毋摇之以毁誉，毋杂之以爱憎，毋以一事概其平生，毋以一眚掩其大节。"①从而有利于实现依据具体标准激励正外部性的目标。

（2）制定全国统一的激励标准。建议我国尽快出台一部全国统一的具有基本法性质的"中华人民共和国激励法"②以统一激励标准，体现激励分级原则。商鞅指出，"用兵之道，务在壹赏"③，这里的"壹赏"就是强调在奖赏之法面前人人平等，以追求统一奖赏的意思。然而我国当前没有统一的激励标准。由于激励所依据的是具有正外部性的行为，所以，衡量激励适当的标准，应当是激励等级与被激励行为的经济效益大小相适应。因此，可以借鉴刑罚中的"量刑原则"和环境保护税中的"量害原则"，在对正外部性激励时坚持"量益原则"，确保法律法规对同类应当激励的正外部性行为规定不同的激励等级，甚至给各类激励等级限定相应的条件，以便于激励主体根据被激励正外部性行为的社会效益大小依法选择适当的激励标准。

（3）允许设置差异性和特殊性的激励标准。要做到激励精准，实行差别激励是关键。制定适度差异化的激励制度也是解决形式公平实现实质公平的重要途径。由于我国的地区经济发展水平差异较大，各级地方政府可依据法律规定的权限制定本地区范围的奖励法规。同时可以适当允许各地按本地区经济发展水平规定差异性的奖励金额，如经济发达的地区奖励数额可以高一些，经济欠发达地区奖励数额则可以低一些。这样可以避免出现全国"一刀切"情形而违背实质公平的原则。另外，还可以以查获货值和涉案人员责任大小为标准确定具体的奖励等级。各个地区激励的轻重也可以由地方政府的财力水平决定，但是必须确保在相应幅度内而不得低于全国性激励标准，也不能超过必要的限度。同时，建议加强针对某一特定部门和领域，针对特定事迹的、单独的、特殊性的奖励立法④，如科技智能创新、

①　《张文忠公全集·奏疏一·陈六事疏》。
②　邱水平：《完善我国奖励法律制度之刍见》，《甘肃政法学院学报》1988年第2期。
③　《商君书·算地》。
④　参见邱水平：《完善我国奖励法律制度之刍见》，《甘肃政法学院学报》1988年第2期。

见义勇为、家风家教①方面的激励立法等。

（四）激励程序方面的问题检视与优化路径

1. 激励程序方面的问题检视

早在秦朝的《秦律杂抄》中,就规定有对牛畜牧养的官员进行考核的具体细节。包括每年评比四次,称为"课","课"而"最"即优胜者将得到擢升奖励。这里的"课"实际上是激励程序之一。前文已述,激励作为一种法律行为,应当遵循一定的法律程序,这不仅可以控制激励权力的恣意行使,还可以使激励的实施更具有可操作性,从而实现激励的最佳目标。由于目前我国的激励型立法多表现为立法者的自发性而并没有成为立法者的自觉行动,因此在激励程序方面存在如下问题:

（1）激励程序不明确。现有关于激励的诸多立法中,只有部分详细规定了激励的程序。而众多立法没有规定激励的具体程序,即使那些规定了激励程序的法规规章,程序规定得也比较简单,相关内容并不是很详细,往往缺乏可操作性而形同虚设。如我国《产品质量法》《消费者权益保护法》《反不正当竞争法》等诸多法律中虽对"奖励"进行了规定,但并无任何激励程序,更没有激励主体职责和救济措施等相关规定,其实施细则也没有涉及到相关救济条款。

（2）激励程序不统一。一方面,虽然部分法律规定了具体激励程序,但是彼此的程序差异却很大。另一方面,我国当前在激励方式运用上显得比较单一,对于常用的激励方式的激励程序并无完善的规范,而且没有全国统一的标准程序。如以特殊荣誉型激励为例,不但各个地方出台的激励措施中物质奖励的标准不统一,而且具体的激励程序也是千差万别。有的是政府主动发起奖励,有的则需要正外部性供体的主动申请。由此导致相同的正外部性有的能够获得奖励,有的不能得到奖励。

（3）激励程序不合理。虽然部分法规规定了具体激励程序,但是存在激励程序不合理的情形。如《检举纳税人税收违法行为奖励暂行办法》（2007）规定的"评选程序标准"就存在重大缺陷。其具体申领程序如下:

——税务机关对检举的税收违法行为经立案查实处理并依法将税款或者罚款收缴入库;

---

① 笔者认为,教育既是党之大计,国之大计,更是家之大计。因此针对家风家教的激励势在必行。《湖南省家庭教育促进条例》（2021）第七条规定,对为促进家庭教育发展做出突出贡献的集体和个人,按照有关规定给予表彰和奖励。不过还可以进行细化。

——税收违法案件举报中心根据检举人书面申请及其贡献大小制作《检举纳税人税收违法行为奖励审批表》并提出奖励对象和奖励金额建议；

——经过有关人员审批后根据《检举纳税人税收违法行为领奖通知书》领取奖金。

通过以上程序可以看出,此种程序设计实际上由税收违法案件举报中心全程操控,检举人在何时、何地、按何种标准领取奖金均无从知晓。[①] 从而导致现实生活中,检举人从税务机关领取检举奖金变得困难重重,相关纠纷也较多。根据北大法律信息网的资料统计,从 1990 年至 2018 年有 52 起纳税违法举报奖金领取相关诉讼案件。

2. 激励程序方面的优化路径

规范的激励程序是正外部性源源不断供给的重要保障。同时,激励程序也需要考虑统一性和差异性。具体来讲:

(1)规定统一的原则性的激励程序。在未来出台的前述具有基本法性质的"中华人民共和国激励法"中,针对各种激励方式,可以规定统一的原则性的激励程序,从而为下位法的制定提供参考依据。例如,为了从激励程序上保障激励适当原则的实现,应当在基本法的指导之下,出台相关法律法规就激励过程中的申报、审核、签订、评选、审批、发放等环节做出具体规定。因为,只有严格履行法定的激励程序,才会增大激励适当的保障系数。

(2)针对不同激励方式可规定特殊的激励程序。由于各类激励方式具有其各自的特点,也不可能完全适用完全一致的激励程序,因此,就需要在统一的原则性的激励程序之外,出台"中华人民共和国××激励法实施细则",针对具体的激励情形制定具体的激励程序,如赋予权利型激励与特殊待遇型激励、特殊荣誉型激励的程序就不可能完全一致,此时就需要针对不同的激励方式制定不同的激励程序,确保统一性基础上的差异性和特殊性,从而保证激励机制实施的可操作性。

（五）　激励资金[②]方面的问题检视与优化路径

1. 激励资金方面的问题检视

关于激励资金的记载最早可见于商代铜器铭文中的"赏贝""锡（赐

---

① 李肖:《奖励性规范法律问题研究》,中国政法大学 2010 年硕士学位论文,第 40 页。

② 其实起到激励作用并不限于激励资金。在八种类型的激励方式中,赋予权利型激励、减免义务型激励、减免责任型激励、特殊资格型激励实际上不直接需要多少激励资金,只有特殊待遇型和特殊荣誉型激励,尤其是增加收益型激励特别需要激励资金。这里还涉及到各种激励方式的条件和是否容易实施等问题。

贝)"等。如:"丙午,王商(赏)戍嗣子贝廿朋"①、"庚戌,……贞赐多女贝一朋"②。这里的"贝"可以看作是用于激励的资金。正外部性的法律激励离不开激励资金,一般来讲,激励资金的多与寡决定着激励效果的好与差。阮籍曰:"财匮而赏不供,刑尽而罚不行,乃始有亡国戮君溃败之祸。"③这里他就指出了激励资金的重要性。无论是什么方式的激励,无论是什么类型的激励,都离不开财政资金的投入,即使是赋予权利型激励也是如此。我国目前在激励资金方面存在如下问题:

(1)激励资金的政府财政拨款常态化保障机制尚未建立。由于社会团体、法人和自然人作为激励主体时,其激励资金很不确定,激励对象在乎程度可能并不高,因此此处不予讨论。"国家"作为激励主体体现为立法机关、行政机关和司法机关等具体主体时,激励对象就很可能会关注激励资金的多少。由于当前国家并没有充分重视正外部性的法律系统化激励问题,因此,当前的激励资金主要还是来源于国家的财政拨款,数量有限且不平均。从各个地方来看,如果地方政府财力充足则激励资金能够得到保障,如果财力缺乏则激励资金也就缺乏,当然,相关财政预算的多少还与当地政府是否重视激励有关。

(2)激励资金的多元化筹集机制尚未建立。从全国范围来看,在正外部性激励资金方面还没有形成多元化筹集机制。正外部性经济法激励资金也应该是公益性的补偿基金,因此,可以与现有的公益性基金挂钩。但是,目前还有很多困难。如虽然我国2009年再次修订了《中央财政森林生态效益补偿基金管理办法》④,但是尚未真正建立起适应巨大需求的生态效益补偿基金,而真正完善的森林生态效益补偿基金应主要来自于社会和市场,而非主要由政府承担。

2.激励资金方面的优化路径

"国家"作为激励主体时,激励资金主要来源于政府财政拨款,但是通过多渠道筹集资金,设立各类补偿基金也是确保激励顺利实施的重要保障。因此,除建立激励资金的政府财政拨款常态化保障机制之外,还应当建立规范性的激励资金多元化筹集机制,积极提高正外部性经济法激励资金的筹集效率。尤其是社会团体作为激励主体时也应如此。具体来看:

---

① 《戍嗣子鼎》。
② 《殷墟书契后编》下八·五。
③ 《阮嗣宗集·大人先生传》。
④ 目前已失效。

（1）建立激励资金的政府财政拨款常态化保障机制。"国家"作为激励主体体现为立法机关、行政机关和司法机关时，针对激励对象的激励资金一般来源于政府的财政拨款。因此，为了实现有效激励的目标，必须提高重视程度，建立政府财政拨款常态化保障机制，从而确保激励机制的正常运行。具体来讲，应当建立从中央到地方系统的财政拨款常态化保障机制。在预算上严格落实，确保激励资金到位，同时确保激励资金逐年递增。

（2）建立激励资金的多元化筹集机制。政府在资金筹集方面应该发挥重要作用毋庸置疑，但是其资金毕竟有限，因此需要鼓励社会团体积极参与筹集资金。如美国1910年制定了《国家美术委员会条例》①，授权美术委员会将民间捐款汇集到政府手中，遂有计划地以适量的资助，有力地激励艺术家们从事创作。因此，从筹集更多的资金视角看，我国应当积极探索多级次、多形式的正外部性经济法激励资金筹集的有效途径，实现激励资金筹集多元化。还要鼓励在财政、税收方面采取适当的补贴和优惠政策，为推进正外部性激励资金的更多供给和增加创造必要的条件。同时，建立激励资金供给的稳定增长机制，也还需要在个人和组织提供激励资金方面建立激励机制。如《中小企业促进法》（2017）第12条规定"国家通过税收政策，鼓励对中小企业发展基金的捐赠。"同时，可以利用区块链技术进行激励资金的透明化筹集，从而不断吸引更多的个人和组织提供更多的激励资金。

（六）激励效益方面的问题检视与优化路径

1.激励效益方面的问题检视

激励效益不高也是我国当前激励领域普遍存在的主要问题之一。自然人作为激励主体时，其激励效益可能并不高，毕竟其影响范围有限。但是，当法人和社会团体作为激励主体时，提高其激励效益就明显重要得多，尤其是"国家"作为激励主体时，确保其激励的高效益是我们必须追求的目标。激励效益是指激励的收益与激励的成本之间的比例。要提高激励效益，一方面，需要提高激励资金的使用收益；另一方面，需要降低激励的成本支出。因为大部分激励方式都必须使用激励资金，因此，激励效益实际上与资金的使用效益密切相关。我国当前激励效益低下主要表现为激励资金的使用效益低下。由于相关法律制度并不完善，因此激励资金的使用具有一定的随意性，各个地方的激励力度也不尽相同，部分地方由于财力有限导致激励资金的使用在激励正外部性方面更是显得力不从

---

① 参见《国会法案及决议汇编》第243章第1条。

心,效益难以提高。

从具体实践问题来看,我国目前还缺乏规范的激励资金管理机制,具体包括缺乏严格规范、系统完善的激励资金监督检查机制和激励资金使用绩效评价机制。以我国粮食直补为例,我国管理体制运行不畅导致粮食补贴激励效率偏低。原因在于:一是激励资金使用监督检查机制不完善,带来粮食直补激励资金方面由于部门本位主义、地方保护主义等原因,出现"跑冒滴漏"的问题。二是激励资金使用绩效评价机制不完善,带来粮食直补激励资金方面由于实施涉及诸多部门而导致运行成本高的问题,由于农民数量庞大而导致交易成本高的问题。同时,激励效益不仅仅指激励的经济效益,还应当包括激励的社会效益。关于这一点,地方政府应该有全局意识,即将社会效益作为激励机制运行的重要目标。

2. 激励效益方面的优化路径

不断提高激励效益是我国未来实现有效激励的重要目标,因此要树立"提高激励效益就是发展生产力"的思想。要提高激励效益就必须进行制度的规范,如可以建立规范的激励资金使用管理机制。具体来看:

(1)针对常规性的激励资金使用流程,建立严格规范的激励资金使用监督检查机制。如建立激励资金专户,实行"进""出"分离制;单独设账管理,严格实行使用报批制、报账制并明确审批权限;定期进行审计、督查。还可以利用区块链技术,将激励资金的来源和流向进行"上链"从而确保可以追溯和方便审计。同时严格落实激励资金使用的责任追究机制,对在激励资金使用过程中的挤占、挪用、套取行为,必须从严追究相应法律责任,以提高资金使用的规范性、安全性和有效性。同时避免出现上述的部门本位主义、保护主义和寻租活动等问题。通过规范资金监管,确保激励资金有效地发挥作用,从而为激励机制的良性运行提供坚实的财力保障。

(2)针对阶段性的激励资金使用效果,建立科学合理的激励资金使用绩效评价机制。要提高激励效益,除了要监管好激励资金的正确使用之外,还需要健全激励资金使用绩效评价机制。具体来讲,可以根据不断提高激励效益的需要,出台科学合理的激励资金使用绩效评价办法,详细规定由相关绩效评价机构对激励资金使用进行全程绩效评价。在激励绩效评价的基础之上对激励资金的使用机制进行动态调整。通过制度调整以减少激励运行成本从而提高激励效益即"向制度要效益"。

为了实现上述目标,有必要制定"激励资金使用监督检查办法""激励资金使用绩效评价办法"等法律规范,建立和完善促进正外部性经济法激励资金使用监督检查法律机制和激励资金使用绩效评价法律机制。同时,应该强调激励的经济效益与激励的社会效应同等重要并将其制度化。

(七) 激励责任方面的问题检视与优化路径

1. 激励责任方面的问题检视

激励责任模糊是我国当前激励法律制度中存在的核心问题之一。对于自然人作为激励主体而言,我们可以按照合同法规则进行处理;对于法人和社会团体作为激励主体而言,其激励责任也相对明确一些。而当"国家"作为激励主体时,其激励责任不明确的问题就多一些。激励型法律一般规定的激励主体是各级人民政府。因此政府当然是激励型法律关系的主要法律主体,因而激励型法律的明显特征就是必然需要规定大量的政府职责,从而将政府作为激励型法律实施的核心主体。这样做的目的在于,通过政府履行相关职责可以兑现激励型法律的绝大部分规定。因此,这就必须重点强调政府的服务功能。而激励法的强制性在于,具体激励法规范所规定的激励主体(如政府主管部门)必须为激励作为,否则将被追究法律责任。①

但是,我国当前许多法律条款在激励主体的激励责任方面的规定是缺失的,从而导致实施效果达不到理想的目标。我们来分析两个法律条款:

> 《产品质量法》(2018)第 6 条规定:"对产品质量管理先进和产品质量达到国际先进水平、成绩显著的单位和个人,给予奖励。"
>
> 《税收征收管理法》(2015)第 13 条规定:"任何单位和个人都有权检举违反税收法律、行政法规的行为。收到检举的机关和负责查处机关应当为检举人保密。税务机关应当按照规定对检举人给予奖励。"

两个条文中,其中前一个没有使用"应当"一词,可以认为这里的激励不具有强制性。并且对于激励主体和激励方式都没有进行具体化。一些地方政府机构正是利用了这类条款中没有"应当"二字来规避奖励,而法院也就"依法"判决可以不进行奖励。相关案例可参见"任乐亮诉洛阳市涧西区发展和改革委员会、洛阳市丹尼斯量贩有限公司行政奖励纠纷案。"(详见〔2011〕洛行终字第 5 号)。这里摘抄河南省洛阳市中级人民法院的终审判决文书之部分,笔者认为其很具有代表性。

---

① 倪正茂:《激励法学要言》,《东方法学》2009 年第 1 期。

　　本院认为,国家计委、财政部《价格违法案件举报办法》第 3 条规定:"获得本办法规定的价格举报奖励应当具备以下条件;……"第 4 条规定:"对举报人需要奖励的,价格监督检查机构提出意见,报请价格主管部门负责人批准后实施。"第 5 条规定:"奖励给举报人的资金,按对举报案件的罚款总额的 10% 以内掌握,但每个案件一般不超过 2000 元。……"从该《办法》的有关规定可以看出,对价格违法举报的举报人可以奖励资金,但该办法并没有规定必须对每一个举报有功的人都必须进行奖金奖励,该《办法》第 3 条规定的条件只是需要奖励的人应当具备的条件,并不是只要符合这些条件就必须要进行奖金奖励。因此上诉人任乐亮要求被上诉人涧西区发改委对其举报给予奖金奖励,没有法律法规的明确规定,其上诉理由不能成立,本院不予支持。

　　第二个条文使用了"应当"一词,可以看出这里的激励具有强制性,即作为激励主体的税务机关负有按照规定对检举人给予奖励的法定责任。但是对于激励方式也没有进行具体化,这方面的案例还是不少。与其他类型的奖励法规相比,相对来说,因为纳税违法方面的举报奖励的实体法规定相对完善,举报人胜诉的情形也较多。如北京市海淀区国家税务局与杨智全等履行奖励职责上诉案①、马强诉郑州市管城国家税务局行政奖励案②中,举报人都得到了应该得到的举报奖励金。

　　学者们对政府的激励责任进行了较多研究。学者李艳芳指出,其一,"促进型立法"通常对政府不履行这些职责以及政府服务功能不彰等的法律后果或者说法律责任很少进行严格的规定,甚至不加以规定。其二,在促进型立法中,虽然对政府的相关职责进行了大量规定,不过这些政府职责均属于抽象行政行为。她还指出,促进型立法对政府法律责任不加严格规定,并不等于政府不应当承担任何责任。促进型立法中政府的责任通常是一种综合责任机制,包括法律责任、道义责任、社会责任和政治责任。在当前,由于可诉性机制的缺乏,以致于对政府法律责任的立法规定的意义还不够大,因此必须首先解决可诉性机制的问题。

　　学者倪正茂谈到,傅红伟在《行政奖励研究》一书中对行政奖励性质的论断,有否定激励法强制性的类似表现。学者傅红伟认为,"行政奖励是非

---

① 参见北京市第一中级人民法院(2000)一中行终字第 34 号。
② 参见河南省郑州市管城回族区人民法院(2005)管行初字第 8 号。

强制行政行为",主要表现为:一是在"行政相对人是否实施应受奖行为,取决于自己的意志,行政主体不能强制",亦即行政相对人的权利可以放弃;二是在"行政相对人实施了应受奖行为后,接受奖励与否,取决于自己的意志,行政主体不能强制"。① 倪正茂认为,行政奖励决定一旦公布,行政主体就负有实施奖励的义务了,因为职责已经产生,否则必须负法律责任。从这个意义上说,"行政奖励是具有强制性的,只不过逆向强制了行政主体而已"②,也即给行政主体施加了职责。所以,不能认为行政奖励是非强制行政行为。不过,笔者认为,傅红伟谈到的"非强制"是针对行政相对人的而不是行政主体,不能因为对行政相对人具有非强制性就否定行政奖励的强制性。

另外,关于那些为了获得激励而弄虚作假的相关主体的法律责任规定得也比较简单。也就是说,现有许多法律一般都只是规定了激励措施,而对于弄虚作假的惩罚机制很少进行规定,或者即使有之,也是规定得非常轻微,达不到震慑造假者的目的。如《科学技术进步法》(2007)第71条对于骗奖行为仅仅规定了撤销奖励、追回奖金和予以行政处分等措施,而相关的行政处罚和刑事责任都尚付阙如。

2.激励责任方面的路径优化

激励责任的不断强化可以确保激励目的的顺利实现和激励目标的圆满达成,具体来讲,可以从以下两个方面进行优化完善。

(1)立法上增加激励法律责任的相关条款以做到有法可依。从立法的远期视角来看,因为我国目前的激励性条款很多尚处于仅仅具有宏观倡导性作用的阶段,很多法律法规中并没有规定激励主体不予激励的法律责任。因此,在未来出台"中华人民共和国激励法"时,应当在"法律责任"章节详细规定代表"国家"作为激励主体的立法机关、行政机关和司法机关相应的法律责任。从立法的当期视角来看,首先是要考虑增加激励责任的相关条款,毕竟获取激励是一项法定权利。正如"无论何种奖励规范,对授奖主体、获奖主体和第三人都具有法律约束力。授奖主体负有依法授奖的义务,应奖不奖或授奖不当,都属于违法而必须纠正。"③只有在法律中规定相关激励主体不予激励的法律责任,激励的效果和影响才会真正体现,激励法的作用才会真正得到发挥。同时,激励责任的大小与正外

---

① 傅红伟:《行政奖励研究》,北京大学出版社2003年版,第44—45页。

② 倪正茂:《激励法学探析》,上海社会科学院出版社2012年版,第89页。

③ 王全兴:《经济法律奖励原理初探》,《中南政法学院学报》1998年第3期。

部性的大小应当相匹配,即激励责任的大小决定于需要法律激励的正外部性的大小。

(2)执法中做到有法必依、执法必严、违法必究。"徒法不足以自行"。除实体方面需要进行详尽规定外,还必须从程序方面对激励主体的激励法律责任进行完善。应当改变以前激励性条款仅仅具有宣示性作用的"宏观倡导型激励"属性,解决"沉睡法条"问题,使激励机制走上立法、执法、司法、守法的正常运行轨道。在改变我国当前很多法律法规中未规定激励主体不予激励的责任的现状基础上,同时在程序上规定具体操作过程,完善正外部性经济法激励的诉讼机制,以真正使激励主体的激励责任从"法制化"走向"法治化",从而使得对正外部性的经济法激励达到理想的目标。

以上几大核心要素的优化路径的"落地"对于正外部性的经济法激励意义重大。在将来出台"中华人民共和国激励法"时,必须将这几大核心要素体现到具体的激励性条款中去,否则将导致激励法的要素不完整,最终影响到激励法律机制的良性运行以及相应的激励效果。

总之,要使正外部性的经济法激励得以顺利运行,离不开以上几大核心要素相关具体制度的充分完善。但是,当出现激励方面的纠纷时,还必须寻求相应的法律救济。因此下面有必要继续探讨正外部性经济法激励的诉讼机制。

第七章　正外部性经济法激励的诉讼机制

一、正外部性经济法激励诉讼的理论障碍与制度缺陷及其克服

正外部性的经济法激励到底需不需要诉讼法？答案是肯定的。因为,激励法涉及到的激励对象的权利可能受损而需要救济。学者倪正茂认为,"在实践中,激励相对人的权益往往会受到侵害,救济之道何在,如何进行救济,都是激励法立法之后在实践中才会发现的新问题。"同时,倪正茂认为,"一些奖励性立法对奖励标准的设定、报审条件的规定、评审过程的设计不尽合理,一些激励法对激励主体义务规定不具体,法律责任不明确,致使激励救济发生问题。"①因此,必须有一套完整且系统的诉讼机制。学者刘大生甚至认为,"关于赏的程序性规定,可以成为一个小的法律部门"。②而程序性规定中也少不了救济性的相关规定。

(一) 现有关于正外部性法律激励方面的诉讼纠纷案件概览

需要说明的是,目前关于正外部性法律激励的诉讼纠纷案例主要体现在奖励纠纷方面。因此在梳理正外部性法律激励相关的案例时,笔者主要是在北大法宝的"司法案例"栏中通过搜索关键词"奖励"进行检索。根据北大法宝的资料统计,1990—2018 年共有法律奖励方面的诉讼纠纷案例 845 件,剔除不相关(如案由"刑事"部分主要是姓名为"×奖励",案由"民事"部分的主要为奖励费用分配而发生纠纷,因此与本书的研究无关) 的之后实际数量为 706 件③。下面从几个层面分别进行简要介绍。

---

① 倪正茂:《激励法学探析》,上海社会科学院出版社 2012 年版,第 63—64 页。
② 刘大生:《法律层次论》,天津人民出版社 1993 年版,第 106 页。
③ 数据来源于北大法宝,下载于 2019 年 2 月 14 日。

1.按照案件的案由进行分类(见表7-1)

表 7-1

案由①	具体纠纷类别	案件发生数量(件)	总计(件)
知识产权	一、知识产权合同纠纷(主要是技术合同纠纷)	74	389
	二、知识产权权属、侵权纠纷,具体包括: 1.著作权权属、侵权纠纷(2); 2.专利权权属、侵权纠纷(311); 3.其他科技成果纠纷(2)。	315	
行政	一、行政管理范围,具体包括: 1.行政作为(38); 2.行政不作为(4)。	42	303
	二、行政行为种类,具体包括: 1.行政处罚(1); 2.行政裁决(2); 3.行政复议(5); 4.行政奖励(236); 5.行政执行(2); 6.行政给付(4); 7.行政征收(2); 8.行政允诺(2); 9.行政监督(3); 10.其他行政行为(4)。	261	
执行	诉讼执行	10	10
国家赔偿	行政赔偿	4	4
合　计			706

　　从上表可知,当前正外部性法律激励的纠纷案件中,直接涉及行政奖励的纠纷案件较多,数量达到了236件。其采用的诉讼程序多是行政诉讼程序。事实上,因为经济法没有独立的程序法,故而在很多正外部性法律激励纠纷解决方面无能为力。易言之,很多正外部性法律激励不足的纠纷案件无独立的诉讼程序可依,仍然需要适用行政诉讼程序或民事诉讼程序。以"国家鼓励……行为"的规定为例,当某人真正做到了这些鼓励的行为却得不到相应鼓励时,如果要提起相关行政诉讼,却找不到被

―――――――――
　　① 此处借鉴了北大法宝关于"案由"的分类。

告,因为不知道谁应该是被告。因此,这些诉讼程序不利于实现正外部性供体的诉权。

2. 按照案件审结时间和数量进行分类(见表7-2①)

根据北大法宝有关"案件审结时间和数量"的数据和信息制作出如下表格。从中可以看出,1990—2018 年审结的正外部性法律激励纠纷案件呈逐年上升趋势。尤其是从 2013 年开始明显上升,呈现井喷式爆发趋势,到2017 年达到最高峰,共计 221 件。可以预先研判的是,今后相关案例还会愈来愈多。因此,对于这方面案例的研究也愈来愈重要。同时,笔者认为对这方面的公益经济诉讼机制的研究也应愈加重视才是。

表 7-2

审结时间(年)	1990	1991	1992	1993	1994	1995	1996	1997	1998	1999
审结数量(件)	1	0	1	0	0	0	0	0	0	2
审结时间(年)	2000	2001	2002	2003	2004	2005	2006	2007	2008	2009
审结数量(件)	1	1	0	1	3	8	2	1	3	11
审结时间(年)	2010	2011	2012	2013	2014	2015	2016	2017	2018	—
审结数量(件)	10	21	14	50	79	59	135	221	174	—

3. 按照案件审理的省、市、自治区及其数量进行分类(见表7-3②)

根据北大法宝关于"案件审理的省、市、自治区"的数据和信息制作出如下表格。从表中可以看出,1990—2018 年东部地区、沿海省市的正外部性法律激励纠纷案件比例较高,如广东省多达 131 件,江苏仅跟其后达 68 件。而西部地区、内陆地区的相关案件数量比例较低,部分省、市、自治区仅有几件。但是,表中的数据还是能够说明此类案例具有其普遍性,只是可能在经济发达地区,激励的规定更细致和完善一些,激励的金额和力度更大一些,人们法律意识更强一些,对于法律激励更在乎一些。

①　数据来源于北大法宝,下载于 2019 年 2 月 14 日。
②　数据来源于北大法宝,下载于 2019 年 2 月 14 日。

表 7-3

省、市、自治区	北京	天津	上海	重庆	河北	山西	内蒙古	辽宁	吉林	黑龙江
案件数量(件)	30	6	28	20	9	4	3	20	3	3
省、市、自治区	江苏	浙江	安徽	福建	江西	山东	河南	湖北	湖南	广东
案件数量(件)	68	34	20	29	7	32	31	22	22	131
省、市、自治区	广西	海南	四川	贵州	云南	山西	甘肃	宁夏	新疆	
案件数量(件)	2	2	30	23	4	23	7	2	1	

4. 按照案件激励内容进行分类(见表 7-4①)

根据北大法宝"案件激励内容"的数据和信息制作出如下表格。从表中可以看出,1990—2018 年正外部性法律激励的纠纷案件中以悬赏广告案件最多(被告含行政机关、法人和自然人),然后是职务发明纠纷案件(被告多为法人)次之,再次是行政奖励纠纷案件(被告多为行政机关)。其中悬赏广告纠纷由被告决定采用什么诉讼程序,行政奖励纠纷适用的多是行政诉讼程序,而职务发明纠纷一般属于民事纠纷,适用民事诉讼程序。

表 7-4

案件激励内容	具体正外部性行为	案件发生数量(件)	总计
行政机关行政奖励纠纷类	纳税违法举报行为	52	120
	招商引资居间行为	7	
	价格违法举报行为	1	
	见义勇为行为	47	
	关停并转行为	3	
	其他	10	
计划生育奖励纠纷类	计划生育行为	13	13

---

① 数据来源于北大法宝,下载于 2019 年 2 月 14 日。

续表

案件激励内容	具体正外部性行为	案件发生数量（件）	总计
公司企业员工职务技术发明成果奖励纠纷类	作出技术发明成果行为	121	121
悬赏广告	悬赏人指定的行为	186	186

从以上类型化的案例及其相应判决分析，是否认为行政奖励都可以进入诉讼程序，就不需要在这里再谈及正外部性经济法激励的诉讼机制问题？实际上，问题并没有那么简单。因为行政奖励纠纷仅仅是正外部性经济法激励纠纷的一个部分。还有很多并不是由行政机关作被告就可以解决的问题。毕竟作为激励主体，除了行政机关之外，还有其他几类激励主体。因此，正外部性的经济法激励纠纷诉讼面临理论障碍，而这些理论障碍也必须被克服。下面首先对正外部性经济法激励理论障碍的克服——可诉性问题——进行分析。

（二）正外部性经济法激励纠纷理论障碍的克服——可诉性问题分析

"许多学者认为，由于奖励规范不具备法律规范所应具备的制裁要素，因而也就不具备强制性，不能作为法律规范的一种形式单独分立出来"[①]。问题是：正外部性经济法激励的纠纷案件具有怎样的特殊性？为什么要研究正外部性经济法激励的可诉性问题？正外部性经济法激励可诉的法理依据是什么？

1. 从正外部性经济法激励中激励对象自身权利与义务平衡的视角分析

前文已述，当达到某些激励条件时，获得法律激励就成为激励对象的一项法定权利，可以称其为"被激励权"。激励对象对依法可得的法律激励有请求权和受领权，对既得的法律激励所带来的利益有支配权。这里需要说明的是，激励需要权利的赋予。因此，诸如植树造林做出巨大贡献的正外部性行为理应获得法律上的肯定性评价，并获得法律赋予的被激励的正当性权利。进一步说，正外部性的供体需要的是得到回报、补偿甚至奖赏等激励性质的权利，因为事实上其已经履行了本不应当由其履行但是其自愿、主

---

① 杨万明：《论奖励性法律规范》，《法学研究》1985 年第 4 期。

动履行了的义务,而这些被激励权利的缺失意味着正外部性不能得到激励,由此导致了权利与义务的不平衡。换句话说,根据权利与义务对等原则,当正外部性供体履行了超过其自身应当履行的多余义务(这些义务可能是政府的职责或其他主体的义务),就需要通过赋予额外的权利(可能是新型的增量权利)来进行平衡才能恢复其应有的公平与正义,同时必须赋予正外部性供体未被激励的救济性的权利。易言之,如果激励对象在应当得到激励而实际上没有得到激励时就应该有权进行诉讼。

2. 从正外部性经济法激励中激励对象权利和激励主体职责平衡的视角分析

正外部性的经济法激励纠纷应该具有可诉性,因为法律激励是一种授益性的法律行为。当前理论界和实务界不太重视正外部性经济法激励的救济,可能是因为有人认为不依法给予正外部性供体以激励不会给相对人带来不利益。所以,在此观点之下,对正外部性供体的法律救济就显得不是十分必要。笔者认为其实不然,因为符合激励条件的正外部性供体拥有被激励的权利,而实施激励措施大部分应该是政府的职责,两者之间是一种激励法律关系,即激励主体与激励对象之间是基于激励而产生的法律关系。所以,相关激励主体不依法给予相对人激励就是侵害正外部性供体的合法权益,导致的是激励对象权利和激励主体职责的不平衡。正外部性供体得到激励的诉求应当获得法律的保护,即有权通过合法的救济程序对自己权利予以保护。从另一个角度看,正外部性供体承担的义务可能本来是政府(激励主体)的职责,当供体履行了该义务后,其与政府(激励主体)之间就产生了债权债务关系,此时政府(激励主体)类似于“债务人”而正外部性供体类似于“债权人”,政府的激励就是清偿自身“债务”的行为,因此激励也就理所应当。也只有政府进行了相关的激励,才能真正实现激励对象权利和激励主体职责平衡。否则,正外部性供体可以行使诉权。

3. 从正外部性经济法激励中激励对象义务和激励主体职责平衡的视角分析

我国现有法律中,一般都重视激励对象的义务,而轻视激励主体的职责。如一些地方政府公布的行政奖励规定中,大多规定了相对人(激励对象)在骗取行政奖励时会被处以行政处分,几乎没有一个法规或条款规定相对人(激励对象)由于政府(激励主体)原因获取行政奖励不成功的救济方式,或者规定政府(激励主体)不激励应当承担哪些责任。导致激励对象成为激励法律关系中的弱势一方或弱势群体。如《海(水)上搜救奖励专项资金管理暂行办法》(2007)第 18 条就是如此的规定①,由此造成激励对象救济机制缺失,导致激励对象义务和激励主体职责的不平衡。因此,对于符合获得激励条件而没有获得激励的相对人(激励对象),应当赋予其获得救济的权利和途径,以反向增加或直接规定激励主体的职责,从而真正实现激励对象义务和激励主体职责的平衡。可以考虑的救济途径包括:行政复议、行政诉讼和获得国家赔偿等。然而,从立法的视角来看,现有立法还没有走到这一步,导致目前还很少有关于激励对象获得救济权利的规定,这显然不利于对激励对象救济权利的保护。② 因此这些问题涉及到的理论障碍必须得以克服。

(三) 传统诉讼机制解决正外部性经济法激励诉讼案件的局限

既然正外部性法律激励纠纷具有可诉性,那么,依据传统的诉讼机制是否就能很好地解决相关问题? 而从正外部性供体与受体的关系以及现有相关法律规范来看,诉讼启动和诉讼判决会面临一些问题。本书的观点是,传统的诉讼机制还不足以满足正外部性经济法激励纠纷的诉讼需要。

1. 部分正外部性激励诉讼启动不一定可行

很显然,对于负外部性诉讼案件,原告起诉的法律依据很明确,是法律赋予的环境权、健康权、财产权等相关实体权利受到了侵害,因而可以提起诉讼。这些受侵害的权利属于相关法律已经明确规定的具体内容。但是,对于正外部性激励诉讼案件,除了悬赏广告、行政奖励等有明确的规定外,很多还难以在现有法规中找到起诉依据。易言之,原告起诉的法律依据可能很模糊,因为很多基于正外部性行为获得激励还没有在现有法律体系中法定化为相应的权利。这就带来如下问题:获奖权、被激励权等新型权利能否成立和存在? 换句话说,如果经济主体供给了正外部性,但是国家或其他组织、个人等没有给予激励,是不是可以看作是供给该正外部性的主体被侵权了? 其权利依据何在? 如果没有法律上的权利是否就没有侵权的说法? 对此,笔者认为可以从两个向度四个方面来进行分析。

(1)如果国家目前有关于激励正外部性的相关法规,但是政府激励却不到位,此时应该是可以提起行政诉讼起诉政府具体行政不作为。此时,一般是按照行政诉讼法进行处理。如西安一市民向税务机关举报了有关单位的

---

① 即"申请奖励的单位和个人以虚报、冒领等手段骗取海(水)上搜救奖励资金的,除按国家有关规定给予行政处罚外,应当悉数追回骗取的资金;触犯刑法的,依法追究刑事责任。"
② 参见王传宏:《我国行政奖励法律制度研究》,中国政法大学 2009 年硕士学位论文,第 20 页。

偷税行为,因为嫌奖励太少而向法院起诉。① 还有相似的案例如潘某诉南京市地方税务局不依法发放税务违法案件举报奖金案②、林某诉广东花都区地税局案③、马某诉郑州市管城区国税局案④、任某诉洛阳市西工区国税局案⑤等等。这几个案例中,部分起诉和裁判有明确的法律依据,如2007年3月1日起施行的《检举纳税人税收违法行为奖励暂行办法》第6条就有明确规定⑥。但是,这些规定也存在很多问题,并因此也引发了不少奖励相关诉讼。

(2)经济主体与经济主体之间,即正外部性供体与正外部性受体之间的激励有明确的法律依据。如民法中关于无因管理、不当得利及拾金不昧情形的规定,以及悬赏广告的相关规定等。当他们之间发生此类纠纷时,正外部性供体要起诉正外部性受体应该没有问题,只需要直接根据债权法原理,依照民事诉讼法进行受损权利的救济即可。

(3)如果国家目前没有相关激励正外部性的相关法规,可以看作是政府的抽象行政行为不作为,此时要起诉的难度就比较大。学者李艳芳认为,如果在将来修改《行政诉讼法》时增加对抽象行政行为的可诉性,甚至能够建立有关公益诉讼的机制,那么有关对政府抽象行政行为的追究就成为可能。当前,由于可诉性机制的缺乏,对政府法律责任的立法规定尚不具有意义。⑦

---

① 参见施徐生:《关于行政奖励制度立法问题的思考》,《石油化工管理干部学院学报》2000年第3期。

② 参见南京市白下区人民法院行政判决书(2000)白行初字第16号。

③ 参见董柳:《男子不满5元举报奖励状告地税局胜诉》,《羊城晚报》2011年10月18日。

④ 参见张逸、毛萍:《嫌举报奖金没有如数兑现 郑州一市民状告国税局》,2005年6月2日,资料来源:http://www.chinacourt.org/article/detail/2005/06/id/16471.shtml。

⑤ 王娴:《市民举报逃税获一元钱奖金 感觉受辱起诉国税局》,中广网河南洛阳中国之声《新闻纵横》2011年9月25日,资料来源:http://china.cnr.cn/yaowen/201109/t20110925_508544889.shtml。

⑥ 即,检举的税收违法行为经税务机关立案查实处理并依法将税款收缴入库后,根据本案检举时效、检举材料中提供的线索和证据详实程度、检举内容与查实内容相符程度以及收缴入库的税款数额,按照以下标准对本案检举人计发奖金:(一)收缴入库税款数额在1亿元以上的,给予10万元以下的奖金;(二)收缴入库税款数额在5000万元以上不足1亿元的,给予6万元以下的奖金;(三)收缴入库税款数额在1000万元以上不足5000万元的,给予4万元以下的奖金;(四)收缴入库税款数额在500万元以上不足1000万元的,给予2万元以下的奖金;(五)收缴入库税款数额在100万元以上不足500万元的,给予1万元以下的奖金;(六)收缴入库税款数额在100万元以下的,给予5000元以下的奖金。

⑦ 她认为,在促进型立法中,虽然对政府相关职责进行了大量规定,但是由于这些政府职责均属于抽象行政行为。而按照我国《行政诉讼法》的规定,行政诉讼主要是针对政府机构的具体行政行为,因而对政府的抽象行政行为无法追究法律责任。参见李艳芳:《"促进型立法"研究》,《法学评论》2005年第3期。

（4）经济主体与经济主体之间，即正外部性供体与正外部性受体之间的激励没有相关法律依据，此时要起诉的难度也比较大。但即使有明确的法律规定，传统的诉讼机制也难以实现救济目标。因为根据侵权法的基本原理，要进行事后救济，必须满足以下条件：一是正外部性必须有确定的受益人，但是现实中受益人很难具体化（部分除外，如悬赏广告），如农民大规模植树造林，受益人到底有哪些难以确定；二是正外部性的存在必须是明显的，其相关信息对受益人而言必须是及时且充分的。但是现实中却很难测量，如农民大规模植树造林所带来正外部性的大小难以准确计量；三是正外部性的受益人的利益必须达到一定程度，但是现实中的受益程度和受益指标却很难被准确把握。如农民大规模植树造林的受益人各自受益多少也难以准确计量。因此，诸多正外部性诉讼的条件都难以满足，也就难以适用传统的诉讼机制。毕竟，正外部性的"损己利人"式的让权增益行为与传统的负外部性的"损人利己"式的侵权损益行为不同，那么在这种情况下正外部性供体要想维权就存在诸多制度障碍。

2.部分正外部性激励诉讼判决不一定公平

（1）正外部性供体的利益受损大小程度和正外部性受体的受益大小程度都不容易准确计量，判决结果不一定公平。以私人植树造林为例，由于环境正外部性的复杂性，很难在技术上判断正外部性供体和正外部性受体之间的利益剂量关系，由此给利益补偿的量化也造成巨大困难。这如同环境保护税法中确定污染的大小虽然有一个大的原则——"量害原则"（即污染大则多交税，污染小则少交税）——但是具体来讲污染大小的精确计量还需要技术的助力。因此，即使判决，法院对利益补偿方面量的判断可能不会很准确，无论判少或判多都有失公平，都可能会增加社会的损失费用，甚至可能带来新的外部性问题。

（2）正外部性案件特有的时间性导致判决结果不一定公平。再以私人植树造林的环境正外部性诉讼为例，由于植树造林除了带来当前可视的环境改善以外，大多还表现为一种滞后隐性的利益，可以说其既有代内正外部性也有代际正外部性，这就在技术上给法院的公正判断带来困难。还有，并不是所有的正外部性都相当明显，现实中相当多的正外部性并不是能够立即被受益人所感知，并且相当多的正外部性的感知并不是常人在一般条件下所能做到的，因此利益补偿的作用范围和大小也是有限的。这里的时间性如同环境保护税法中"污染的排放具有瞬时性的特点"一样难以把握，所以这类案件要得到公正判决也具有一定的困难。

（3）正外部性案件特有的空间性导致判决结果不一定公平。再以私人植树造林的环境正外部性诉讼为例，由于环境改善，空气质量变优涉及到的空间范围难以计量，因此，并不是所有的正外部性都能找到确定的受益人，如森林覆盖率提高后，要找到明确的受益人的成本很高。正因为不知道向谁主张权利要求赔偿，所以该正外部性就得不到激励。而即使受益人被找到，因为空间性原因，判决结果也不一定公平。这里的空间性也如同环境保护税法中"污染的排放具有跨区域性的特点"一样难以把握，从而也可能影响到公正判决。

总之，当正外部性产生后，受益人的"侵权"（其实是"获益"）行为发生时，传统诉讼机制难以应对。易言之，虽然传统诉讼方法可以为我们提供部分解决外部性的重要补救办法，但它难以解决各种不同类型的外部性问题，尤其是正外部性问题。因此，传统诉讼机制也有其局限性。其结果使得正外部性供体不能得到应有的公平正义，正如"经常导致放弃权利主张的民事审判制度无疑是一种机能不健全的制度。""置忍气吞声的权利者于不顾将导致大量非正义现象，其后果不单是个人权利遭到践踏，法和审判也会失信于民，最终导致人们对正义的绝望。"①质言之，在现代社会中，处理"纯粹人类纠纷"的司法解决方式已经无力解决对效率性和技术性（如环境保护税就属于技术型税收，因此相关诉讼就很可能涉及技术问题——笔者注）有严格要求的经济案件，这就提出了以"类型化"的司法机关和特别的诉讼程序来处理社会纷争的要求。② 即必须建立和完善特别的诉讼模式以弥补传统诉讼类型在正外部性经济法激励诉讼领域的局限。因此，从正外部性经济法激励案件的独有特点看，正外部性经济法激励的实现也需要公益经济诉讼机制。

（四）正外部性经济法激励诉讼案件需要公益经济诉讼机制

"公益"一词最早在1887年被写入清光绪三十四年（1908年）12月27日颁布的《城镇乡地方自治章程》中。公益是个人或组织自愿通过做好事、行善举而提供给社会公众的公共产品。在这里，做好事、行善举是对个人或组织行为的价值判断，行动的结果是向非特定的社会成员提供公益产品③。

正外部性与公益有着密切联系，而追求社会公共利益又是经济法的价

---

① ［日］小岛武司：《诉讼制度改革的法理与实证》，陈刚、郭美松译，法律出版社2001年版，第63页。

② ［日］小岛武司：《诉讼制度改革的法理与实证》，陈刚、郭美松译，法律出版社2001年版，第208页。

③ 钟一彪：《大学生公益活动实务》，中山大学出版社2013年版，第2页。

值目标之一。因此,正外部性、经济法及公益经济诉讼三者之间联系非常紧密,他们都有一个共同的指向——公益。公益经济诉讼也被称为经济公益诉讼,或者说经济公益诉讼也被称为公益经济诉讼。截至 2019 年 2 月 14 日,在中国知网数据库中,篇名中含有"经济公益诉讼"的论文为 98 篇,主题中含有"经济公益诉讼"的论文为 4398 篇;篇名中含有"公益经济诉讼"的论文为 7 篇,主题中含有"公益经济诉讼"的论文为 202 篇。学者韩志红、阮大强 1999 年在他们的著作《新型诉讼:经济公益诉讼的理论与实践》中较早使用了"经济公益诉讼"概念,但是并没有为其下定义,只是强调了"经济公益诉讼"具有一些显著特征①。后来,学者颜运秋于 2006 年在其博士学位论文《公益经济诉讼:经济法诉讼体系的构建》中使用了"公益经济诉讼"概念并下了定义②。本书基于正外部性经济法激励视角的分析,认为使用"公益经济诉讼"概念比较合适一些。

公益经济诉讼与经济法的关系是程序法与实体法的关系。"公民提起经济公益诉讼是一种程序性权利,对于保护公民的实体权利——管理国家事务的权利是必不可少的。"③因此,可以说公益经济诉讼对于经济法来说,正如任何诉讼对于任何实体法来说一样,是法律的生命形式。④ 既然公益经济诉讼与经济法有着密切的逻辑上的勾联,那么其对于正外部性经济法激励诉讼案件显然能够起到重要的作用。

1. 公益经济诉讼的产生是对经济法"不可诉"问题的回应

对我国而言,经济法实体问题与经济法程序问题都具有其特殊性。正如学者张守文指出的,"有关对调控主体或规制主体如何追究法律责任的规定,往往'尚付阙如',使经济法领域存在突出的'可诉性'不强的问

---

① 他认为,经济公益诉讼最主要的特征就在于,任何组织和个人都可以根据法律法规的授权,代表国家,以自己的名义或以国家的名义起诉经济违法行为,以保护国家经济利益,维护社会经济秩序。参见韩志红、阮大强:《新型诉讼——经济公益诉讼的理论与实践》,法律出版社 1999 年版,第 31 页。

② 他认为,公益经济诉讼是指任何组织和公民都可以根据经济法的授权,对违反经济法规范,侵犯国家和社会经济利益的行为,向法院起诉,由法院按照法定程序在诉讼当事人和其它诉讼参与人的参加下,由专业法官主持的,依法追究违法者法律责任的司法活动。参见颜运秋:《公益经济诉讼——经济法诉讼体系的构建》,中南大学 2006 年博士学位论文,第 41 页。

③ 韩志红、阮大强:《新型诉讼——经济公益诉讼的理论与实践》,法律出版社 1999 年版,第 93 页。

④ 参见[苏]B.B.拉普捷夫:《经济法理论问题》,中国人民大学法律系民法教研室译,中国人民大学出版社 1981 年版,第 254 页。

题"。① 但是,根据公平正义之法理,一切因为负外部性侵权损益行为都必须依法追究法律责任,一切因为正外部性让权增益行为都必须依法获得激励补偿。因此可以认为,现实中经济法纠纷与民事纠纷的严格差异是经济法诉讼产生和独立的现实前提。即"在任何社会中诉讼都以解决某种社会冲突为自身使命……一定的诉讼形式便获得了产生的根据。"②易言之,公益经济诉讼便是针对传统经济法"不可诉"而产生的解决特殊冲突的特殊诉讼机制。在正外部性经济法激励的诉讼案件中,如果是政府的激励失职,政府就应当承担相应责任,即承担激励主体责任,正外部性供体可以通过公益经济诉讼实现自己的权益;如果是市场主体怠于履行自己的激励义务,政府可以通过公益经济诉讼实现大家的权益,即形成"通过若干小的权利请求聚合成一个足以使诉讼成本合理化小的权利请求方法"。③ 需要强调的是,如果是立法机关通过赋予权利(如专利权、商标权)进行的激励(即赋予权利型激励),或者通过减免义务和责任进行的激励(即减免义务型激励和减免责任型激励),在激励不够甚至缺位的情况下能否对立法机关起诉? 毕竟,对立法机关的怠于立法行为进行起诉还是一个新的问题,现在甚至连对抽象行政行为都还难以起诉。

2. 公益经济诉讼的目标追求与经济法的价值取向相互契合

(1)从宏观层面来看。公益经济诉讼以维护社会公益为根本追求,经济法以追求社会公共利益为价值旨归,而正外部性所涉及到的行为均与公益相关,因此他们三者具有天然的契合性。公益经济诉讼机制是经济法维护社会整体利益的重要渠道。④ 只要经济法规的独立地位未发生改变,(公益)经济诉讼就始终具有存续和发展的实体基础。⑤ 也就是说,公益经济诉讼始终会为经济实体法律作保障。正如,"整个经济法学界都不反对把社会公共利益作为重要的法益保护客体……无论是经济法领域的纳税人诉讼、消费者诉讼,还是反垄断、反不正当竞争方面的团体诉讼等,都可能涉及公益诉讼……这对于完善经济法的司法来说是大有裨益的。"⑥

---

① 张守文:《经济法的发展与经济审判的变易》,漆多俊主编:《经济法论丛》(第3卷),中国方正出版社2000年版,第7—8页。

② 顾培东等:《经济诉讼的理念与实践》,四川人民出版社1988年版,第10页。

③ [美]理查德·A·波斯纳:《法律的经济分析》(下),蒋兆康译,中国大百科全书出版社1997年版,第677页。

④ 蒯继志、刘江:《论我国经济公益诉讼制度的构建》,《贵州民族学院学报(哲学社会科学版)》2006年第2期。

⑤ 顾培东等:《经济诉讼的理论与实践》,四川人民出版社1988年版,第5页。

⑥ 张守文:《经济法院的经济法思考》,《北京大学学报(哲学社会科学版)》2007年第5期。

（2）从微观层面来看。对于正外部性经济法激励诉讼案件而言,其必然也属于公益的内容,理应成为公益经济诉讼的重要内容。只是这类公益区别于传统的公益而已。因为传统的公益经济诉讼主要是缘于权利被侵害（遭受负外部性）而提起,新型的公益经济诉讼主要是缘于利益被损失（提供正外部性）而提起。从公益经济诉讼的期望来看,传统的公益经济诉讼旨在实现公益为主（从长远来看也利于私益）。如对于环境侵权的公益经济诉讼,诉讼的期望是保护环境公益免遭侵害。而正外部性经济法激励视域下的公益经济诉讼虽然旨在以实现私益为主（从长远来看也利于公益）。如植树造林的公益经济诉讼,诉讼的期望是获得自己应该得到的私益（补偿）。所以,无论是哪一种情形,都与经济法追求社会公共利益的价值目标完全契合。

3. 公益经济诉讼的范围与经济法的调整范围基本一致

（1）从宏观层面来看。公益经济诉讼的范围与经济法的调整范围存在一致性。学者李昌麒认为,"经济法……调整具有全局性的和社会公共性的经济关系。"[1]一般认为公益经济诉讼的典型范围包括:环境与资源保护、消费者权益保护、反垄断和反不正当竞争、股东派生诉讼以及其他反公益违法诉讼等。[2]　如果从经济法的制度体系来看,股东派生诉讼属于经济法主体制度的相关诉讼内容,消费者权益保护诉讼和反垄断、反不正当竞争诉讼属于市场秩序规制法律制度的相关诉讼内容,环境与资源保护诉讼属于可持续发展法律制度的相关诉讼内容（现在已经属于环境与资源保护法学科体系）。很显然,目前学界关于公益经济诉讼的范围与经济法的调整范围基本上是一致的,这表明公益诉讼机制主要应该是与经济法密切相关的,旨在实现经济法实体法律的特殊程序法律制度。需要特别说明的是,囿于研究的背景,以往学者大多没有将正外部性经济法激励视域下的诉讼案件纳入到经济公益诉讼范围之中。原因可能在于,他们所认为的公益经济诉讼有一个重要的前提,那就是"侵权"或"违法"。然而,在今天现实的法律背景之下,免费"享受"或"获益"于供给的正外部性行为在现有法律视域下并不具有"侵权"或"违法"的属性,因此,其也就不应该被纳入。基于此,笔者认为还需要扩大公益经济诉讼的受案范围。

（2）从微观层面来看。公益经济诉讼的目标除了对于负外部性法律抑制纠纷加以解决以外,肯定也应该包括对于正外部性法律激励纠纷进

---

① 李昌麒:《经济法学》,中国政法大学出版社1999年版,第55页。

② 孙颖:《"消法"语境下消费者组织的重构》,《中国法学》2013年第4期。

行处理。无论是从前文述及的权利、义务、责任方面的激励，还是效益方面以及资格待遇荣誉方面的激励都与经济法密切相关，都离不开经济法主体制度如《公司法》、市场秩序规制法律制度如《反垄断法》、宏观经济调控法律制度如系列财政税收法等等。正如"公益经济诉讼制度是维护经济法权利最有力最权威的司法途径，是弥补我国传统三大诉讼在解决经济法冲突和处理违反经济法行为方面存在严重缺陷的必然要求。"①只是需要特别强调的是，在公益经济诉讼中，正外部性经济法激励公益经济诉讼有其自身的特殊性。但这并不影响将其归入公益经济诉讼，因为其也存在"公益"之目的。

4. 正外部性经济法激励视域下新型公益经济诉讼的特殊性

综合来看，与传统的公益经济诉讼相比，正外部性经济法激励视域下新型公益经济诉讼的特殊性至少包括但不限于以下三点：

（1）"公益经济诉讼"的"动因"具有特殊性。传统的公益经济诉讼中，诉讼的动因在于公益被侵权②，是否危及自己的私益在所不论。正外部性经济法激励视域下新型公益经济诉讼的动因在于，自己提供的公益（正外部性）被大众"享受"③或"受益"④但没有得到回报。可见，这种情况下是不存在现有法律视域下的"违法"或者"侵权"的。换句话说，正外部性法律激励公益经济诉讼案件与负外部性法律抑制公益经济诉讼案件有着明显的区别。负外部性法律抑制公益经济诉讼的原因是被告对公共权益（可能包括原告权益）的损害，而正外部性法律激励公益经济诉讼的原因是"原告"对"被告"私人权益的增进（这里打引号的原因是其能否成为真正的原告和被告存疑）。

（2）"公益经济诉讼"的"公益"具有特殊性。比较而言，对于具体的正外部性经济法激励诉讼案件而言，其诉讼目的必然也涉及公益的内容，理应成为公益经济诉讼的重要内容，只是这类公益区别于传统的公益而已。因为传统的公益经济诉讼缘于经济主体遭受负外部性被"侵权"而提起，如环境污染。此时，起诉的主体是负外部性的受体或者不相关主体。起诉的目的是为了"公益"和"私益"。一般来说，"私益"大于等于零⑤，"公益"大于

---

① 参见颜运秋：《公益诉讼法律制度研究》，法律出版社 2008 年版，第 230 页。
② 如韩志红、阮大强强调诉讼目的是起诉"经济违法行为"，颜运秋强调"违反经济法规范，侵犯国家和社会经济利益的行为"。他们用"违法""违反""侵犯"等词语来描述公益被"侵权"。
③ 如大面积植树造林带来清新的空气。
④ 如举报偷逃税款使得税收避免了流失，使得国家增加了财政收入，最终使得国民获益。
⑤ 如果是受害人本人提起，一般都有私益，但是本人之外的第三方提起，此时私益等于零。

零。而正外部性法律激励纠纷的新型公益经济诉讼缘于经济主体供给正外部性利益被"损失"而提起,如植树造林产生的巨大社会效益被大众分享。此时,起诉的主体是正外部性的供体。起诉的目的是为了"私益"和"公益"。一般来说,"私益"大于零,"公益"大于等于零①。

(3)"公益经济诉讼"的"公益性影响"具有特殊性。在传统的公益经济诉讼中,由于"公益性影响"非常明显而容易被社会所关注和重视。但是,正外部性激励视域下的新型公益经济诉讼中的"公益性影响"往往却并不明显而易于被社会所忽略和轻视。这也是导致负外部性所致的公益经济诉讼容易被人们理解和接受,而正外部性所致的公益经济诉讼不容易被人们理解和接受的原因。

总之,无论是传统的负外部性法律抑制公益经济诉讼还是新型的正外部性法律激励公益经济诉讼,其中的"公益"都大于零,因此纳入公益经济诉讼的范畴有其理论基础和现实依据。如果非要仔细区分的话,"负外部性所致的公益经济诉讼"语境下,诉讼具有公益性质,可以理解为"公益经济的诉讼",即强调诉讼的目的属性上是具有公益的;而在"正外部性所致的公益经济诉讼"语境下,诉讼起因于公益,因此可以理解为"缘于公益的经济诉讼",即基于正外部性行为等公益而实施的诉讼。但是从本质上来看,无论是"负外部性所致的公益经济诉讼"还是"正外部性所致的公益经济诉讼",其发起的诉讼都具有公益属性,因此将其归类于"公益经济诉讼"并无不合理之处,只是他们具有自身的特殊性而已。

之所以要构建新型公益经济诉讼机制,是因为传统公益经济诉讼机制存在相关问题,下面具体进行分析。

二、正外部性经济法激励的传统公益 经济诉讼机制之问题检视

虽然正外部性经济法激励诉讼案件也必须适用公益经济诉讼机制,但是毕竟正外部性法律激励诉讼案件与负外部性法律抑制诉讼案件有着明显的区别。因此,也需要对现有的公益经济诉讼机制视域下的原告和被告适格标准、举证责任、审判机构、诉讼费用承担等方面存在的问题进行检视。

---

① 如果从短期或者表面来看,公益等于零,但是从长期或实质上来看,公益大于零。

（一）正外部性经济法激励公益经济诉讼的原告与被告问题

1. 正外部性经济法激励诉讼的原告及其相关问题

正外部性经济法激励诉讼首先涉及到原告问题。在正外部性经济法激励诉讼中，原告至少可以分为两类：第一类是供给了正外部性，但是没有得到应有的激励的相关主体，既包括个人，也包括单位。第二类是代表政府的相关机构，他们为了社会的公益进行诉讼。这一点在环境损害等负外部性侵权方面的理论与实践已经比较成熟，但是在正外部性法律激励方面的理论与实践完善还有待时日。需要说明的是，从表面上看来，第一类的原告是为自身的"私益"行为进行诉讼，实际上，因为其供给了正外部性，而该行为具有有益于社会公益的属性。因此，前文已述，其诉讼目的实质上是具有公益性的，其诉讼当然属于公益经济诉讼。

我国传统的原告适格理论不利于正外部性法律激励诉讼案件的解决。根据我国《民事诉讼法》（2017）第 119 条之规定，适格的原告必须是与本案有直接利害关系的公民、法人和其他组织。因此可以认为，传统民事诉讼理论中规定的"无直接关系即无诉权"原则中的"直接"二字一定程度上忽略了公共利益的存在，显然已不能适应当今社会公益经济诉讼机制快速发展的需要。因为，它使得正外部性供体在实践中因为利害关系不"直接"而很难行使诉权，正外部性受体因没有支付激励费用，从而又"激励"了正外部性的供给不足。另外存在的问题是：其一，第一类的单位或个人有没有起诉的资格和权利？毕竟它不同于一般的诉讼。其二，代表政府的相关机构能否"代表"正外部性的供体对正外部性的享受者起诉，而起诉的具体对象又是谁？显然这些都不明确。其三，前述相关机构又能否"代表"正外部性的供体对政府起诉？显然也不可能。

2. 正外部性经济法激励诉讼的被告及其相关问题

在正外部性经济法激励诉讼中，被告至少可以分为两类：第一类是应该对正外部性进行激励的政府及其相关主体，即代表"国家"作为激励主体的立法机关、行政机关和司法机关。关于政府该不该成为正外部性经济法激励案件的被告以及政府应该承担什么责任，前文已述，此处不赘。第二类是享受到正外部性，但是没有相关付出的其他相关主体，包括作为激励主体的社会团体、法人等组织和自然人。

这里存在非常棘手的问题是：其一，代表"国家"作为激励主体的立法机关、行政机关和司法机关能否成为正外部性法律激励诉讼的被告？如某些公共产品本身应该由政府来提供，但是政府没有提供，此时政府是否应该担责？

其二,享受到正外部性,但是没有相关付出的相关主体能否成为被告? 如农民植树造林带来了巨大的正外部性,享受到这些正外部性的相关主体能否可以成为被告? 至少,根据目前的相关法律这两个问题都难以得到解决,因为缺乏相应的法律规定。因此,还迫切需要进行制度的变革与创新。

(二) 正外部性经济法激励公益经济诉讼的举证责任问题

诉讼案件中,举证责任是其中的核心要素之一。而将举证责任施加于哪一方,就决定了对于该方的不利,正如法谚有云:举证之所在,败诉之所在。一般来说,负外部性相关的诉讼案件,举证责任由原告负担(当然也有例外规定)。但是在正外部性的经济法激励诉讼案件中,本来原告是正外部性的供体,为公益做出了巨大的贡献,如果此时还要其承担举证责任肯定不符合情理也不符合法理,显然也不利于正外部性的可持续供给。但反之,让受益人证明没有"享受"或"获益"于正外部性也可能存在难题,更不谈即使证明得了但受益人反驳说自己没有主动"享受"或"获益"的问题。

进言之,按照传统诉讼理论中"谁主张,谁举证"的举证责任分配原则不利于正外部性经济法激励诉讼案件的解决。在正外部性经济法激励诉讼案件中,正外部性溢出价值大小的测定一般都需要先进的技术和设备仪器,由于一般的人并不具备必要的专业知识与技能以及拥有先进的设备仪器,让他们承担这样的举证责任很不合适。如植树造林到底带来多少社会效益,让植树造林者本人来提供相关数据对他们来说很不公平。正如"让较少有条件获取信息的当事人提供信息,既不经济,又不公平。"[1]因此,为了减轻正外部性经济法激励诉讼案件原告的举证负担,实现原、被告双方力量的均衡,必须在正外部性经济法激励公益经济诉讼案件中对举证责任进行重新配置,即规定主要证据由被告提供,即提供没"享受"到正外部性的证据。但是,前文已述,这也会面临新的问题。因此,我们需要思考,到底应该由谁进行举证才更加公平? 还有,政府作为原告应该举证吗? 政府作为被告应该举证吗? 这一系列的问题都在挑战现有的法律制度。

(三) 正外部性经济法激励公益经济诉讼的审判机构问题

从权力分配体制的角度看,我国现行的行政机关和司法机关之间的权力分配体制不利于正外部性经济法激励诉讼案件的解决,原因在于目前我

---

①　[美]迈克尔·D·贝勒斯:《法律的原则——一个规范的分析》,张文显等译,中国大百科全书出版社 1996 年版,第 125 页。

国法院的职权"有限"。对于负外部性侵权损益行为,法院的职权是作出要求违法者赔偿损失、恢复原状等补救性的裁决。对于正外部性让权增益行为,法院的职权是作出要求受益者进行必要的补偿等进行激励的裁决。因此,当正外部性法律激励诉讼案件原告提起公益经济诉讼,法院或者在权限内将案件裁决后移送行政部门,或者先交给行政部门处理后再进行司法审判。这势必人为地将案件一分为二,一方面可能导致同一案件处理上发生冲突;另一方面也将耗费国家的执法和司法资源,这样对于原告和司法机关来说都不经济,也明显不利于正外部性经济法激励纠纷经济、快速的解决。

另外,正外部性经济法激励诉讼案件审判机构方面也面临一定的问题。如果是一般的审判机构,其要求的程序和基本条件都比较高,可能导致该诉讼案件缺乏必要的基本条件而不能进入相应程序。因此,不利于正外部性经济法激励诉讼案件的审判。这样,是否应该考虑设立特殊的审判机构以及配置专业化的审判人员?针对这些审判人员的设置是否应该考虑不应该全由法学专家担任而应该增加一定数量的经济学专家,因为经济学专家能够运用经济模型推演、预判走向趋势,进行经济分析,同时是否还要考虑配备能够计量正外部性大小的先进的仪器和设备。

(四) 正外部性经济法激励公益经济诉讼的费用承担问题

从诉讼费用承担角度看,我国目前的诉讼费用收取原则不利于正外部性经济法激励纠纷的解决。毫无疑问,在讨论审判应有作用时不能无视诉讼成本问题,尤其是对于起诉人来说。

一方面,随着社会的不断进步,各类正外部性经济法激励诉讼案件可能涉及许多复杂的专业知识与技能,这一点与环境保护税征收过程中的排污数据测量有相同之处。如因为私人植树造林的社会效益评价比较复杂,此时,原告即使想承担较轻的举证责任也必须花费昂贵的调查、测量、技术鉴定等费用。易言之,由于具体效益衡量评价的难度非常大,一般个人或组织显然难以承受相关成本。此时,无论审判在实现正义方面多么的完美,如果代价过于高昂,则人们只能放弃这种实现正义的希望。① 但是,这种情形无异于迫使正外部性供体"主动"放弃起诉请求。

另一方面,因为公民或者社会团体作为原告提起公益经济诉讼所争取的利益又并非完全属于真正的"私益"而具有"公益"性质,因此其起诉行为

---

① [日]棚濑孝雄:《纠纷的解决与审判制度》,王亚新译,中国政法大学出版社 2004 年版,第 267 页。

是无义务的,完全是出于对正义以及对充满正能量社会生活的追求而为之。另外,正外部性经济法激励诉讼案件虽然也是原告或政府机关发起的诉讼案件,但是如果让原告在供给了正外部性之后再承担诉讼费用,有些显失公平。因此,是否可以考虑由被告承担诉讼费用?

三、正外部性经济法激励的新型公益
经济诉讼机制之变革创新

除了传统诉讼机制不足以满足正外部性经济法激励诉讼案件的需求之外,由于正外部性经济法激励视域下新型公益经济诉讼的特殊性,也需要对传统的公益诉讼机制进行改革。在检视正外部性经济法激励传统公益经济诉讼机制存在问题的基础上,需要在原告和被告适格标准、主体举证责任、法院特别职权、审判组织和审判人员、诉讼费用承担等方面进行制度变革,从而创新正外部性经济法激励新型公益经济诉讼的独特诉讼机制。

(一) 适当拓宽正外部性经济法激励新型公益经济
诉讼案件中原告与被告的适格标准

与一般私人诉讼机制相区别的是,在正外部性经济法激励的新型公益经济诉讼机制下,原告起诉的目的在于希望保护公众利益或正外部性供体的利益。因此,该诉讼为保护扩散性利益诉讼。① 此时,在对原告起诉的资格限制方面必须打破原有桎梏,让追求公益的个人或组织通过司法力量维护社会公共利益的渠道畅通无阻,从而使正外部性供体得到补偿和激励,以实现实质上的公平与正义。

目前,公益经济诉讼提起主体至少可以包括以下几类:其一是公益经济普通人之诉,即"为了保护社会公共利益的诉讼,除法律有特别规定外,凡市民均可以提起。"②此时,法律授权这些个人或组织代表公众而非自己提起民众之诉,这类似于"路见不平,拔刀相助"式起诉。其二是公益经济受损人(即正外部性供体)本人提起之诉。此时,法律允许受损人提起含有保护私益和公益内容的公益经济诉讼。需要再次特别说明的是,这里表面上的"私益"却具有实质上的公益性质。以上二者都是赋予个人的起诉权,区

---

① ［意］莫诺·卡佩莱蒂编:《福利国家与接近正义》,刘俊祥等译,法律出版社2000年版,第67—68页。

② 周枏:《罗马法原论》(下册),商务印书馆1996年版,第886页。

别在于诉讼中是否有自己的诉讼利益(私益)。即前者没有自己的诉讼利益而后者存在自己的诉讼利益。这两种规定在正外部性经济法激励公益诉讼案件中继续沿用是没有疑问的。其三是公益经济机关之诉,即指有关国家机关有权就造成公益经济侵害或有侵害之虞的行为提起的公益经济诉讼。① 而本书语境下则指具有正外部性属性的公益经济诉讼。国外多有相关规定,如法国②、美国③以及德国和日本相关法律也规定由检察官代表社会公益提起诉讼。笔者认为,这种规定也可以沿用。其四是公益经济社团之诉,即社会团体基于对本团相关的公益事务行使原告权利。如德国、日本、法国都有类似的团体诉讼制度。我国也可以考虑设立公益组织,专门提起正外部性经济法激励公益经济诉讼。其五是其他特殊主体之诉。如美国联邦交易委员会、英国公平交易局等机构都曾代表社会公众提起诉讼。④不过,至少目前,这些特殊主体能否适用正外部性经济法激励公益经济诉讼还需要进一步论证研究。

需要说明的是,对于正外部性经济法激励的诉讼,属于"含有保护私益和公益两方面内容的公益经济诉讼"。如私人植树造林带来了巨大的社会效益,但是植树造林者却得不到应有的合理的补偿和激励。因此,在这种情形下进行起诉,就属于含有保护私益和公益两方面内容的公益经济诉讼。总之,为了更好地激励此类正外部性,必须借鉴其他国家的经验并结合我国的国情进行制度革新,进一步明确正外部性诉讼案件原告适格标准,从而更加有利于实现正外部性经济法激励的经济公益诉讼的目标。因此,无论怎样确定原告,至少都应该允许正外部性供体本人进行诉讼。

在正外部性经济法激励诉讼中,被告具体包括:第一类是代表"国家"作为激励主体的立法机关、行政机关和司法机关。目前立法机关要成为被告比较困难,但是行政机关和司法机关成为被告则没有疑问。第二类是作为激励主体的法人。主要是体现为单位职工基于职务发明成果奖励与单位发生纠纷时将法人作为被告。第三类是作为激励主体的自然人。主要体现

---

① 雷兴虎、张明华:《论我国经济公益诉讼制度之构建》,《河南公安高等专科学校学报》2003年第6期。

② 法国1806年的《民事诉讼法》确认了检察官为维护社会公益提起诉讼的职能。

③ 美国的《美国法典》亦规定,检察官在涉及联邦利益等七种民事案件中,有权参加诉讼,其中包括检察官有权对所有违反《谢尔曼法》或《克莱顿法》而引起的争议提起公诉。参见汤维建:《论检察机关提起民事公益诉讼》,《中国司法》2010年第1期。

④ 郑少华:《生态主义法哲学》,法律出版社2002年版,第205页。

在诸如因悬赏广告、不当得利、无因管理、拾金不昧行为导致的诉讼中。当然,悬赏广告要根据悬赏主体而决定激励主体,因此,其被告在以上三类情形中都可能涉及到。至于诸如私人植树造林带来了巨大的正外部性,享受到这些正外部性的相关主体能否可以成为被告,因为缺乏相应的法律规定,到目前为止我们还难以确定谁是被告,但其中最可能的是行政机关,即可以向行政机关诉求进行激励或加大激励力度。

(二) 合理配置正外部性经济法激励新型公益 经济诉讼案件中主体的举证责任

事实上,我国民事诉讼法中不乏举证责任倒置的情形,如针对特殊外部性侵权行为进行了特殊的举证责任分配形式。根据《最高人民法院关于审理劳动争议案件适用法律若干问题的解释(一)》(2020)第 44 条的规定:用人单位在做出某些特殊决定①等而发生的劳动争议,用人单位负举证责任。这里减免举证义务的目的主要在于从公平角度出发,从而能够激励劳动者保护自己的权益。

但是,就未来日益增多的正外部性经济法激励诉讼案件而言,还需要更多的类似规定。对于负外部性,原田尚彦认为,构成公害原因的污染物质排放到外界的事实得到证明时,应转换因果关系中证明责任的一般原则,企业者一方只要没有积极地证明其行为的无害性,就不能免除其对发生损害的赔偿责任。② 那么,正外部性的供体同样难以举证,如果规定只要是受益者能举出没有"享受"或"获益"于此类正外部性的证据则不予激励的话,公平正义就不能实现。

因此,必须合理配置正外部性经济法激励诉讼案件主体的举证责任,从而促进正外部性得到法律激励。当然,基于正外部性的特殊性,无论是正外部性供体还是受体在举证方面可能均有难度。比较而言,正外部性"让权增益"比负外部性"侵权损益"更不容易举证。因为负外部性的举证内容是原告的权利被侵害的具体表现,包括侵害主体、损害内容及其二者之间的因果关系。如果关于负外部性"侵权"的举证责任规定可以为被侵权者进行赋权而使其不承担举证责任的话,那么关于正外部性的"让权"的举证责任规定更不应该由其供体承担举证责任。因为正外部性的举证内容是正外部性供给行为、受益主体及受益大小及其几者之间的因果关系,而尤其是其中

---

① 具体包括:开除、除名、辞退、解除劳动合同、减少劳动报酬、计算劳动者工作年限等。
② [日]原田尚彦:《环境法》,于敏译,法律出版社 1999 年版,第 27 页。

的受益主体有哪些和受益程度大小的举证真是难上加难。因此,相对于正外部性受益主体,正外部性的供给主体此时处于弱势地位。正如公民在挑战优势群体的过程中,恰恰迫切需要立法赋权。[1] 此时,通过权衡并考虑到正外部性供体的已有付出,建议权利向其倾斜,即规定由正外部性受体承担举证责任。同时,国家也可以承担一部分举证责任,即通过专业评估机构对正外部性的大小和受体具体获益的多少进行专业评估。

(三) 明确赋予正外部性经济法激励新型公益 经济诉讼案件中法院的特别职权

习近平总书记深刻指出:"司法不公的深层次原因在于司法体制不完善、司法职权配置和权力运行机制不科学、人权司法保障制度不健全。"[2]因此,解决正外部性经济法激励公益经济诉讼法院的职权问题也是完善其诉讼机制的重要一环。有学者认为,民事公益诉讼中介入更多的法院干预,能够更好地解决公共纠纷。[3] 因为法院职权的大小决定了纠纷诉讼解决的效率的高低。

美国的公益诉讼立法和司法实践历史悠久。然而美国却不存在"公益经济诉讼"概念,可以说是无其"名"而有其"实"。当正外部性经济法激励纠纷发生时,依靠原有的民事诉讼法律制度是否可以妥善解决值得思考。前文已述,由于许多条件的限制因此很有难度。就我国而言,与英美等海洋法系国家相区别的是,作为具有大陆法系传统的国家,行政、民事分设,若要完全采纳英美法的"大民事"制度,在法律理念、司法体制方面还是存在一些障碍无法跨越。但是,参考英美法相关做法,赋予司法机关在案件审判中享有对违法者的"行政性"处罚权力,则是完全可行的。[4] 如果参考这种方式处理正外部性经济法激励纠纷案件,可能将利于正外部性法律激励相关案件经济、快速地得到解决。易言之,基于正外部性公益经济诉讼案件的特殊性,建议赋予法院针对正外部性法律激励纠纷的特别处理职权,在正外部性受体非常明确的情况下赋予法院享有对正外部性受体"行政性"的补偿决定权,使其承担相应的补偿义务和责任,以增强法院高效率地解决正外部

---

① 刘海洋:《论我国民事公益诉讼之举证责任分配》,《湖南社会科学》2015 年第 3 期。

② 本书编写组:《中共中央关于全面推进依法治国若干重大问题的决定(辅导读本)》,人民出版社 2014 年版,第 55 页。

③ 刘学锋、马黎:《环境民事公益诉讼程序的法院职权干预》,《人民司法》2014 年第 15 期。

④ 参见刘桂清:《经济公益诉讼的理论基础及其制度性障碍》,《重庆社会科学》2003 年第 6 期。

性法律激励案件从而及时维护公共利益的能力。另外,还可以赋予正外部性经济法激励诉讼的法院特殊管辖权。前文已述,由于此类公益经济诉讼具有空间特殊性,为了提高公益经济诉讼纠纷的解决效率,同时降低原告的起诉难度和起诉成本以及方便起诉,应该规定在不属于本院管辖但原告却坚持起诉时法院应该予以受理,并由法院转交给有管辖权的法院进行审理,然后通知当事人。目前,《人民法院组织法》的修订已经强化了对法院职权的保障,但还需要配套的法律制度的具体支撑。① 相信随着制度的完善,该类诉讼案件的审判会更加公平和经济。

(四) 适时配置正外部性经济法激励新型公益经济诉讼案件中的审判组织和人员

从审判庭的角度看,现行的审判庭模式不利于正外部性经济法激励公益经济诉讼案件的解决而迫切需要进行制度革新。经济法作为对正外部性能够实现较好激励的独立的法律部门,不仅要求建立相应的新型公益经济诉讼制度,还要求设立与该公益经济诉讼制度相适应的经济审判庭②,从而有利于正外部性经济法激励诉讼案件通过公益经济诉讼机制进行解决。2000 年经济审判庭撤销后,经济法相关诉讼“寄人篱下”的由民事法庭进行审理。但是随着社会经济关系变得日益复杂,尤其是正外部性经济法激励案件会日益增多,同时可能兼具民事、行政及刑事等诸方面因素,尤其是可能涉及社会公共利益,因此其对于经济审判庭提出了全新的需求。并且随着“领域法学”的兴起,其对程序法的冲击可能会更大。此时,对于正外部性经济法激励公益诉讼案件倘若再继续适用现在的民事审判格局就会带来如下一些问题:一是会导致同一案件在不同地区重复诉讼而增加诉讼费用;二是同一案件涉及行政或刑事诉讼,几个法庭相继审理将严重拖延审理时间,并大量浪费司法和执法资源;三是可能出现同一案件在不同地区裁决不一致,甚至还可能出现各个审判庭之间裁决不一致的情形,最终都不利于正外部性经济法激励诉讼案件的解决。

国外有许多专门法院和专门法庭,如德国有劳动法院、社会法院、财政税收法院,芬兰有水域权利法院,美国有联邦税务法院。这些法院主要是针对经济法领域特殊外部性诉讼案件而设立的。可供参考的是:其 ,可以借

---

① 施新洲:《人民法院在国家治理中的功能定位分析》,《治理现代化研究》2019 年第 1 期。
② 在 2009 年 7 月举行的第十届全国经济法前沿理论研讨会上,多位知名经济法学家呼吁重建经济审判庭。参见刘长:《经济审判庭重设之声再起》,《民主与法制时报》,2009 年 8 月 13 日。

鉴国外做法,建立专业法院①和专门法庭②,除了审理相关负外部性侵权相关的经济纠纷案件之外,还可以审理专门的正外部性激励相关的经济纠纷案件,比如反垄断法庭、反不正当竞争法庭、财政税收法庭、国有资产管理法庭等③经济审判庭可以审理专门的正外部性经济法激励诉讼案件,尤其是一些涉及到需要计量正外部性大小的案件。其二,创新的设立公益经济诉讼审判庭,为正外部性经济法激励公益经济诉讼案件的审理提供专门场所。它通过对公益类经济案件进行独立的全面审理,可以有效地避免对同一案件审理结果相矛盾以及因不同程序间的转换而带来的诉讼成本和时间成本高等问题。最关键的问题是,可以设置专业化的审判人员,针对正外部性经济法激励相关公益经济诉讼案件,对其正外部性大小进行量化,具体可以进行模型建构和专业评估并在此基础上进行专业审判,从而作出公正裁决。

(五) 合理分担正外部性经济法激励新型公益 经济诉讼案件中的诉讼费用

如果由正外部性供体提起诉讼,但是诉讼费用的承担原则却不利于正外部性供体显然是不公平的,其也不利于正外部性经济法激励诉讼案件的解决,所以必须确立有利于正外部性供体作为原告的诉讼费用承担原则。正如"服从法律更多的是一个利益刺激问题,而不是敬重和尊重的问题。"④国外相关的立法实践及诉讼实践中有可供借鉴之处。《日本公司法典》第852条规定,股东派生诉讼的原告在胜诉情况下可以请求公司进行费用补偿;甚至如果原告没有恶意,那么即使败诉,原告也无需对公司因诉讼而发生的损害承担赔偿责任。在国外这种维护公共利益诉讼中,诉讼费用的收取都利于起诉者,再如美国联邦最高法院和意大利宪法法院就曾分别判决预收原告诉讼费用的要求违宪。⑤ 在法国,当事人提起越权之诉时,事先不

---

① 事实上,我国从 2017 年 8 月以来,先后设立了杭州互联网法院、广州互联网法院和北京互联网法院,2018 年 4 月以来,先后设立了上海金融法院和北京金融法院。另外,还设立了知识产权法院等。

② 2008 年上海浦东新区组建了金融法庭,2018 年江西省成立了首个跨行政区域的金融法庭。

③ 高军东:《中国经济诉讼的现状与未来》,《平原大学学报》2005 年第 3 期。

④ [美]理查德·A·波斯纳:《法理学问题》,苏力译,中国政法大学出版社 1994 年版,第 297 页。

⑤ See, Boddie V. Connecticut 401 US371 (1971); *Italian Constitutional court*, Decision of 23 Nov. 1960.

缴纳诉讼费用,败诉时再按规定标准收取,数额极为低廉。①

　　虽然以上国外相关公益诉讼与本书讨论的正外部性经济法激励新型公益诉讼并不完全相同,但是我国仍然可以借鉴国外的相关经验,在正外部性供体提起的公益经济诉讼中,一是适当降低公益经济诉讼费用,通过立法做出有利于正外部性供体作为原告的一些具体规定,从而有利于正外部性经济法激励诉讼纠纷的解决。如为了鼓励原告提起公益经济诉讼,可以规定所有诉讼费用先由被告承担,在原告败诉时才由原告承担相对低廉的费用。二是为了减轻原告诉讼费用负担,甚至还可以设立公益经济诉讼基金。该基金用于正外部性效益巨大但没有经济实力的原告提起诉讼时支付,以及在原告败诉而又没有重大过失时支付,这样可以保证正外部性供体作为原告时能够无负担的"轻松上阵",以提起正外部性经济法激励相关的公益经济诉讼。三是可以考虑由正外部性供体作为原告免费提起,实现诉讼成本审判化。因为此时不宜将诉讼成本转嫁给做出公益事业的原告。毕竟由于公益经济诉讼以维护所有公民的共同利益、国家与社会公共利益为目标,因此有必要为公益组织诉权行使清除费用障碍。② 四是可以给予额外收益从而解决私人执法中的"搭便车"问题。奥尔森设计了"有选择性的激励"③方式,即对于那些为集团利益做出贡献的人,除了能获得正常利益份额外,还必须再给他额外的收益。而这种额外的收益具有补偿之外的奖励性质,能够起到激励的作用。贝克尔也认为,竞争法的私法执行通过来源于罚金的激励,能够取得最佳的执行效果。④ 当然,为了保证公益经济诉讼案件顺利得到审理同时也为了防止滥诉,也可以规定在法院立案时根据诉讼的具体情况要求原告必须交纳适当的保证金作为物质担保。

（六）及时构建正外部性经济法激励新型公益经济诉讼案件的激励机制

　　对负外部性进行抑制与对正外部性进行激励二者之间具有明显的区别。对负外部性进行抑制的目的是不让负外部性行为继续发生,即阻断该负外部性行为的继续发生。而对正外部性行为进行激励的目的是让正外部

① 王名扬:《法国行政法》,中国政法大学出版社1988年版,第669页。
② 王福华:《论民事司法成本的分担》,《中国社会科学》2016年第2期。
③ ［美］曼瑟尔·奥尔森:《集体行动的逻辑》,陈郁等译,三联书店、上海人民出版社1995年版,第40—42页。
④ Becker,G.S."Crime and Punishment:An Economic Approach."*Journal of Political Economy*,76(1986):169-217.

性行为持续发生,从而形成一个"供给正外部性——激励——供给正外部性——激励——供给正外部性……"的如同发动机一直运转式的良性循环。因此,针对正外部性激励诉讼问题的公益经济诉讼制度应建立与之配套的激励机制,从而有利于激励其中的正外部性。下面我们从两个方面进行分析。

其一,从基本层面来说,正外部性供体提起公益经济诉讼也是其行使一个良好公民权利和履行一个良好公民义务,以及承担相应法律责任的表现,同时也是具有正外部性的行为。因此,公民在行使这种具有公益的监督权时应当是经济的,即不需要其付出多大的代价,至少其耗费应当在其可以承受的能力范围之内。否则,一是不利于正外部性供体提起公益经济诉讼;二是不利于正外部性经济法激励问题的解决,因此有必要建立与之配套的激励机制,鼓励正外部性供体"勇于赴讼"。

其二,从提升层面来说,对提起正外部性诉讼相关的公益经济诉讼的供体进行经济上的奖励和资助,使其对自己的行为享有经济上的收益权利,从而有利于正外部性经济法激励问题的解决。也有人称此为"公益诉讼原告奖励制度",即公益经济诉讼的原告如果是公民或者社会组织,在胜诉后,可依法获得因诉讼而支出的补偿,同时可得到适当的奖励。① 否则,针对正外部性经济法激励诉讼问题的诸多公益经济诉讼难以得到长足发展,从而不利于社会公共利益的维护。学者张守文指出,"由于诸多原因,私益得到了很大的发展,并尤其在民事诉讼、行政诉讼中得到了充分的巩固,而公益经济诉讼则并未能像私益诉讼那样得到蓬勃发展,这也许与公益诉讼同公共利益、公共物品的密切关联有关。"② 申言之,公益经济诉讼同公共利益、公共物品的密切关联使得大家都在关注自己的私益而不愿意关注公益。甚至于认为与正外部性经济法激励相关的公益经济诉讼也似乎只是与正外部性供体的"私益"相关。而在当代社会,公益与私益的界限日益模糊,公益日渐与私益息息相关。鉴于正外部性经济法激励相关诉讼虽然表面属于私益而实质上却属于公益。因此必须通过一定的法律机制来引导大家对此类公益的更多关注。可以在公益经济诉讼制度中设计若干激励的规范以鼓励维护公共利益的行为,例如美国的"三倍赔偿"制度和我国《消费者权益保护法》(2013)第55条关于"三倍赔偿"的规定提供了成功的经验。正如"赔

---

① 王岚、蓝慰慰:《论我国公益诉讼激励机制之构建》,《玉林师范学院学报》2006年第4期。
② 张守文:《经济法理论的重构》,人民出版社2004年版,第544页。

偿额中超过损失额的部分,可以说是社会、法律政策对所希望的行为的奖励"。① 学者金福海也认为,"惩罚性赔偿事实上具有'公益诉讼'的性质,惩罚性赔偿金在这种意义上可以视为对提起诉讼的消费者维护公共利益的一种奖励。"②简言之,在公益经济诉讼制度中建立配套的激励机制对于解决正外部性经济法激励纠纷问题的意义非常重大。

不过,需要特别说明的是,根据现有的诉讼法规定,激励主体与激励对象之间有契约或者有明确的权利、义务和责任关系是进入诉讼的前提条件。而如果仅有"国家鼓励……""国家支持……""国家对……进行奖励"的一般规定,却没有具体的诸如由哪个主体承担激励职责和激励责任,被激励的条件、标准和程序的相关规定,换句话说,如果不在激励主体与激励对象之间赋予法律上的某种关系,那么是不能进入诉讼程序的,所以激励主体可能求诉无门。因此,除了对正外部性经济法激励的诉讼机制进行革新之外,还需要在实体法中对激励运行机制几大核心要素进行根本性制度变革,实现从激励的概括化、模糊化到激励的具体化、细节化。而后者可能才是真正能够激励正外部性的公益经济诉讼的重点所在。

---

① Stoll, "Consequences of Liability: Remedies(chapter 8)", *International Encyclopedia of Comparative Law*, 1972, p. 115.

② 金福海:《惩罚性赔偿制度研究》,法律出版社 2008 年版,第 150 页。

结　　论

　　法律的功能很多,激励功能是其中非常重要的功能。由于在"斗争法理学"思想桎梏下对法律过分强调其阶级属性,一般都认为其功能以惩罚为主,由此导致"法即刑""法即罚"的观点长时间占据主流地位。虽然我国历代法律思想家都强调在社会治理中要"赏罚并用",但是直到今天,无论是在理论研究还是在制度实施中,法律的激励功能还没有得到应有的重视和发挥。正如有学者甚至认为"赏是法律大厦里的装饰品,是法律菜肴中的味之素"。为此,学者倪正茂在 2012 年出版的《激励法学探析》一书中提出不同意见。他认为"激励法"是客观存在的,中国历史上最早出现的法律规范就是激励性法律规范。因此,他主张除了从一般意义上研究法律的激励功能以外,还应该去专门研究以激励为目标的法律,这些法律被他称之为"激励法"。我国应当重视"激励法"的理论研究和制度创新工作,尤其是在全社会大力倡导"激发社会正能量"的今天。

　　本书的学术贡献可能在于以下几个方面:一是对我国法理学有学术贡献。笔者不仅搜集了古今中外具有激励属性的法律法规,而且对我国 40 年(1979—2018)通过的狭义法律进行了系统梳理,以图表的形式对其中的"激励"内容进行展示并从时间视角、激励方式视角等方面,总结出其中"激励法"的发展规律,由此丰富了我国法理学的研究内容。这些无疑回应了"斗争法理学"并发展了"和谐法理学"。二是从经济法视角研究了激励法,为激励法学与部门法学结合的研究做出了学术贡献。笔者在正外部性法律激励研究的基础上,紧密结合经济法的特点,阐述了经济法在激励正外部性方面的独特优势,并从文本梳爬、方式剖释、理论基础、价值目标、基本原则、核心要素、诉讼机制等方面对正外部性的经济法激励机制进行了系统研究,尤其是对于其中存在的问题进行了深入分析并提出了富有见地的意见和建议。这些无疑丰富了激励法学与经济法学结合的研究内容。三是研究跨越学科,跨越部门法,具有创新价值。本书将经济学术语"正外部性"引入法学研究领域,明确了需要法律激励的一个前提即存在法律意义上的正外部性行为。法律的激励可以从大的方面着眼,也可以从小的方面着手,而对于需要法律激励的具体内容的明确无疑是重要的。因此,本书的研究为法律激励的目标、对象、内容等提供了合法性依据。同时,本书还对民法、行政法、刑法和经济法在激励正外部性方面的效果进行了比较,从而阐释了经济法在此方面具有独特优势的理论基础和现实依据。四是本书的研究从多个层面,多个视角研究了激励法,丰富了"激励法学"的研究方法。作者运用统计学、历史学的研究方法,不仅证明了激励法的客观存在,还通过多层面、多视角将"隐形"的激励法"凸显"于读者的视野之下,而且将客观存在的激励法从感性认识上升到理性认识。这些研究可能会改变过去学者们对于"激励法"的漠不关心,甚至视而不见的现象,可能会吸引更多的学者来关注"激励法"的过去、现在及将来。

本书具体的结论主要包括:一是正外部性及其激励进路在各个学科均有研究,当前尚缺乏法学视角下正外部性激励机制的系统研究。负外部性需要法律的抑制,而正外部性则需要法律的激励。与负外部性容易引起法律注意不同的是,对正外部性法律并没有积极进行激励。而仅仅由道德来激励则会导致正外部性供给严重不足,因此必须实现从依靠道德激励正外部性到依靠法律激励正外部性的转变。二是法律具有激励功能而且能够激励正外部性。法律是惩恶扬善的工具,惩恶与扬善(这里的善是具有正外部性属性的行为)二者都是法律控制社会行为的重要方式。在全社会需要激发社会正能量的今天,法律的激励功能愈加凸显。激励正外部性的法律不但愈加受到学者重视,立法实践也愈加增多且其作用愈加重大。三是从正外部性法律激励来讲,民法、行政法和刑法基于其价值目标、本位理念等原因,存在着比较明显的局限性。反之,经济法有其独特性和优势。正外部性经济法激励也有着广泛的学科理论基础,与经济法的基本原则和价值目标具有高度的契合性。四是有必要从法律文本与激励方式视角对中国40年(1979—2018)的激励法律规范进行梳爬和剖释。通过梳理40年立法实践发现,经济法的激励有其独特性,具体包括制定专门规范性法律文件、专门章节和专门条款等三种激励文本;包括着眼于权利、义务、责任配置,成本、收益分配以及资格、待遇、荣誉赋了等八种激励方式,他们在现实中也切实地发挥着激励功能。五是从经济法激励运行中的核心要素看,必须明确激励主体、加大激励力度、统一激励标准、规范激励程序、增加激励资金、提高激励效益以及强化激励责任等。在其新型公益经济诉讼机制方面,必须适当拓宽原告与被告适格标准、合理配置举证责任、明确赋予法院特别职权、适时配置审判组织和人员、合理分担诉讼费用以及及时构建激励机制等。当然,本书的研究还存在很多不足,尤其是诉讼机制部分,与其说是在解决问题,不如说是在提出问题。但是,应至少将基于正外部性经济法激励诉讼纳入公益经济诉讼的范畴,从而扩大公益经济诉讼的理论和实践范畴,希望笔者在这里提出的问题能够起到抛砖引玉的作用。总之,希望能通过不断创新完善正外部性经济法激励机制的理论基础和制度体系,从而为提高国家治理体系和治理能力的现代化水平,为提升"制度自信"和"制度文明"提供绵薄之力。因为在笔者看来,中华民族的伟大复兴也包括制度的复兴。我们不但要有商品货物的"中国制造",还要有法律制度的"中国创造"。我们将走一条从制度自给自足,到制度自信自豪,越来越多的被他国所借鉴和吸收的制度开放道路。因此,作为法学教育和研究者,我们的责任和义务是为全球贡献更多"中国创造"的优良制度,从而为世界文明的进步做出中国贡献,提供中国力量,从而彰显中国气派,传播中国价值。

后　记

每一部著作的选题都缘于一个故事,每一部著作的完成都是对故事主人公的一个交代。

本部著作主题的发轫与开掘,缘于对一篇报道的思考。有报道称,牛玉琴一家接力治沙,30 多年带领植树 2800 万棵,造林 11 万亩,使不毛之地变成了绿水青山。① 除了感动和敬佩,同时也深感作为一名经济法学者应有的责任和义务——那就是如何对正外部性供给者以经济法激励。

当面临市场失灵的外部性时,学者们更多关注对负外部性的法律抑制,而对于正外部性的法律激励鲜有思考。于我而言,考究正外部性的法律激励问题,正是源于对负外部性法律约束的延伸研究。

2006 年 9 月,我投身于李昌麒教授门下攻读博士学位。在李老师看来,市场失灵是经济法产生的逻辑起点之一。因此,他一直对市场失灵的经济法克服问题倍加关注。当时已有关于垄断、公共产品供给不足、社会分配不公、信息失灵等经济法克服的博士论文问世,唯有外部性的经济法克服尚无人系统研究。在李老师的不断鼓励和鞭策下,我于 2006 年开始关注市场失灵中的外部性问题并将其作为博士论文选题,且一直没有停止思考并积极尝试撰写相关论文。到 2009 年下半年发表的相关论文已逾 10 篇,以"外部性问题解决的经济法进路研究"为题的博士论文也顺利通过答辩,并成功获得了教育部人文社科一般项目(09XJC820013)的资助。该论文选题主要研究负外部性问题解决的经济法进路,而在研究中我发现,正外部性的经济法激励问题也颇值得研究,尤其是在了解到牛玉琴植树造林的感人事迹之后。因此我从 2011 年开始持续关注相关理论研究和制度现状,陆续发表相关论文 10 余篇。在 2013 年底就完成了"正外部性的经济法激励机制研究"初稿,经过几年时间的连续积累和持续积淀,2018 年获得国家社科基金后期资助项目(18FFX069)的资助。从内容上看,此著作算得上《外部性问题解决的经济法进路研究》的姊妹篇。从时间上看,"板凳要坐十年冷"。同时,也让我陡生"十年怀胎一朝分娩"的感慨。

---

① 2016 年 12 月,牛玉琴治沙基地被列为陕西省首批党性教育示范基地,2018 年 11 月,该基地正式揭牌。

　　本著作历经十年并得以顺利完成,离不开学术前辈们的热心提点和无私帮助,这里对他们慷慨地提供学术支点和付出学术热情表示衷心的感谢!

　　感谢李昌麒教授的教诲!李昌麒教授是中共中央第九次法制讲座主讲专家、中央联系的高级专家,曾被评为"影响中国法治建设进程的百位法学家""20世纪中国知名科学家""当代中国法学名家"等。2019年,他被授予"全国杰出资深法学家"称号。我有幸于2004年就成为李老师的学术助手和经济法学科秘书,从此一直沐浴着他的智慧之光。他一直勉励我在经济法基础理论方面进行深入和持续的研究,不断关心和了解我的研究进度。他提出的建议和意见总是高屋建瓴、鞭辟入里,让我茅塞顿开、醍醐灌顶,不断走出思维局限的泥潭,获得无限可能的灵感。

　　感谢倪正茂教授的指导!倪教授是上海政法学院的终身教授,多年来一直从事激励法学的研究。他于2012年出版的《激励法学探析》更是系统研究了激励法学的诸多问题,为我从事相关研究提供了诸多借鉴与启发。我对激励法学的研究引起了倪老师的持续关注。我们之前虽然未曾谋面,但是电话可以连线1小时以上。他热情支持我的研究并给予了非常好的建议和意见,让我对激励法学的研究不断走向深入。特别要提及的是,他还于2019年11月亲自赴我校推动设立了"西南政法大学激励法学研究中心",并寄希望我们年轻一代把激励法学的研究不断推向一个新的高度。

　　感谢北京大学法学院的张守文教授!如果说本著作选题的现实思考来源于农民承包荒沙地植树造林做出的巨大贡献,那么理论探索则来源于张教授的学术思想。张老师指出,"从某种意义上说,成本与收益之于经济学,就像权利与义务之于法学一样。"这句"思想火花""燎原"了我关注的外部性问题法律解决领域。也正是这一句话启迪了我将外部性从经济学术语转换成法学术语的大胆尝试。张教授还担任了我的博士论文答辩委员会主席,他的肯定和鼓励加速了我在此领域的继续探究。他还指出,"促进型经济法定会成为未来研究的重要领域。"也正是这一句论断激励着我不断前行,尝试在正外部性经济法激励机制的研究中有所建树。

　　感谢卢代富教授!我自2004年担任经济法学科秘书以来,在参与的申报国家级重点学科、中央与地方共建特色优势学科、国家级精品课程、国家级教学团队、中央与地方共建实训项目中国农村经济法制创新研究中心等等过程中,除了得到李昌麒老师的指导以外,卢老师严谨求实、精益求精的做事态度,也让我受益终生。另外,他有关企业承担社会责任的观点,也为本书的撰写提供了诸多启发。

　　感谢江帆教授！在攻读硕士学位的3年中，我已经发表多篇核心期刊论文。其中《经济法基本原则层次论》是我发表的第一篇经济法基础理论方面的核心期刊论文。发表前，江老师为此文作了详尽的修改批注，使我获益良多，让我愈加自信并敢于挑战重要学术问题。

　　感谢经济法学院张怡教授、岳彩申教授、许明月教授、盛学军教授、邓纲教授等！张怡教授有关人本税法的观点、岳彩申教授有关激励性规制的观点、许明月教授有关资源优化配置的观点、盛学军教授有关金融消费者保护的观点、邓纲教授有关外部性矫正的观点等等都对本书产生了重要影响。还要感谢经济法学院的其他同仁。经济法学院获得过多项国家级荣誉称号，是一个温暖的"大家庭"。

　　感谢我的父母、岳父母、兄妹、妻子和孩子等家人的支持和理解！我感恩自己出生于一个尊师重教的家庭，求学中得到父母的倾力托举。工作后，繁重的科研教学任务让我难以周全家庭和家事。正是由于家人的支持和理解，以及给予我进行学术思考的诸多时间和空间，激励我笔耕不辍，使得本书终得完成付梓。

　　感谢人民出版社的编辑茅友生先生！茅老师为本书的出版付出了巨大辛劳，和他的每一次沟通和交流都让我受益匪浅。他从出版大局和学术编辑的视角所提出的每一条意见和建议，从站位、格局、视野等方面一点一滴的浸润到著作中，使得著作质量不断提升。

　　感谢五位国家社科基金项目同行评议专家！他们就该项目的理论探索和制度创新给予了充分肯定，同时也对书稿的框架结构、逻辑铺排、研究思路等需要完善的地方提出了很好的建议和意见。

　　感谢在正外部性经济法激励方面撰写相关先期成果的研究者们，包括但不限于文献综述、脚注和参考文献中提及的诸位作者。正是"站在他们的肩膀之上"，吸纳他们的学术成果，参考他们的学术文献，从而在字里行间找到学术增长点并不断得到启发和升华，才有今天面世的这部著作。

　　感谢求学过程中遇到的近100位老师！在撰写本书过程中总能想到您。是您给我智慧与光芒，让我不懈前行，追寻美丽梦想……。感谢余业君先生、孙林博士付出的辛劳，也要感谢我指导的部分博士生和硕士生同学在资料整理、书稿校对方面付出的努力。还要感谢华为手机为我带来的诸多摄影方面的乐趣，缓解了写作过程中身体的疲惫和精神的疲劳，也助推我以业余爱好者的身份加入到重庆市高校摄影协会，激励我拍出更多传递正能量的美的图片。

　　今年是中国共产党成立100周年，也是"十四五"规划的开局之年。各级党委和政府对各行各业、各条战线中涌现出来的先进典型进行了各类表彰和激励。谨以此书献给那些已经、正在和将来不断做着公益事业而供给着正外部性的人。

迈入新的百年征程,吾也将继续终日乾乾,与时偕行,做习近平法治思想的坚定信仰者和积极传播者,把论文写在祖国大地上;做中国法治教育的忠实践行者和有力推动者,把"桃李""种"在祖国大地上。希望以此能够为坚定道路自信、理论自信、制度自信和文化自信提供助力和推力,为提升政党自信、国家自信、民族自信和人民自信贡献智力和心力。

囿于研究能力,本著作还有诸多不完善之处,敬请读者批评指正。如有好的建议和意见,请发送到邮箱 782918534@ qq.com,谢谢!

胡元聪

2021 年 7 月于悦秀上东 3 期

2022 年 9 月再版修订于悦秀上东 3 期

参 考 文 献

一、国外相关著述

[1][德]马克思、恩格斯:《马克思恩格斯全集》(第三卷),人民出版社1995年版。

[2][德]黑格尔:《法哲学原理》,范扬、张企泰译,商务印书馆1961年版。

[3][德]柯武刚、史漫飞:《制度经济学:社会秩序与公共政策》,韩朝华译,商务印书馆2000年版。

[4][日]青木昌彦、奥野正宽:《市场的作用国家的作用》,林家彬等译,中国发展出版社2002年版。

[5][日]川岛武宜:《现代化与法》,王志安等译,中国政法大学出版社1994年版。

[6][美]约瑟夫·斯蒂格利茨:《政府经济学》,曾强等译,春秋出版社1998年版。

[7][美]丹尼尔·F.史普博:《管制与市场》,余晖等译,上海三联书店、上海人民出版社1999年版。

[8][美]迪克西特:《法律缺失与经济学》,郑江淮等译,中国人民大学出版社2007年版。

[9][美]史蒂芬·霍尔姆斯、凯斯·R.桑斯坦:《权利的成本——为什么自由依赖于税》,毕竟悦译,北京大学出版社2004年版。

[10][美]罗纳德·哈里·科斯:《论生产的制度结构》,盛洪等译,上海三联书店1994年版。

[11][美]曼瑟尔·奥尔森:《集体行动的逻辑》,陈郁等译,上海人民出版社2003年版。

[12][美]约翰·罗尔斯:《正义论》,何怀宏等译,中国社会科学出版社1988年版。

[13][美]约拉姆·巴泽尔:《国家理论:经济权利、法律权利与国家范围》,钱勇、曾咏梅译,上海财经大学出版社2006年版。

[14][美]查尔斯·沃尔夫:《市场,还是政府:不完善的可选事物间的抉择》,陆俊等译,重庆出版社2007年版。

[15][美]詹姆斯·M.布坎南:《民主财政论》,穆怀朋译,商务印书馆2002年版。

[16][美]米歇尔·勒伯夫:《奖励的奥秘》,陈海龙译,上海科学技术文献出版社1989年版。

[17][美]道格拉斯·C.诺斯:《制度、制度变迁和经济绩效》,刘守英译,上海三联书店1994年版。

[18][美]罗纳德·哈里·科斯、道格拉斯·诺斯等:《制度、契约与组织》,刘刚等译,经济科学出版社2003年版。

[19][美]理查得·A.波斯纳:《法律的经济分析》(上册),蒋兆康译,中国大百科全

书出版社 1997 年版。

[20][美]罗纳德·哈里·科斯:《企业、市场与法律》,盛洪等译,上海三联书店 1992 年版。

[21][美]阿兰·斯密德:《制度与行为经济学》,刘璨等译,中国人民大学出版社 2004 年版。

[22][英]冯·哈耶克:《自由秩序原理》,邓正来译,北京三联书店出版社 1997 年版。

[23][英]边沁:《道德与立法原理导论》,时殷弘译,商务印书馆 2000 年版。

[24][英]边沁:《政府片论》,沈叔平等译,商务印书馆 1995 年版。

[25][英]弗里德利希·冯·哈耶克:《法律、立法与自由》(第 1 卷),邓正来等译,中国大百科全书出版社 2000 年版。

[26][英]亚历山大·罗伯逊:《贪婪:本能、成长与历史》,胡静译,上海人民出版社 2004 年版。

[27][英]冯·哈耶克:《个人主义与经济秩序》,贾湛等译,北京经济学院出版社 1991 年版。

[28][英]亚当·斯密:《国民财富的性质和原因的研究》(下),郭大力、王亚南译,商务印书馆 1974 年版。

[29][英]詹姆斯·米德:《效率、公平与产权》,施仁译,北京经济学院出版社 1992 年版。

[30][英]阿瑟·塞西尔·庇古:《福利经济学》,朱泱等译,商务印书馆 2017 年版。

[31][英]霍布斯:《利维坦》,黎思复等译,商务印书馆,1997 年版。

[32][英]马歇尔:《经济学原理》,朱志泰、陈良璧译,商务印书馆 1981 年版。

[33][法]孟德斯鸠:《论法的精神》,张雁深译,商务印书馆 2000 年版。

[34][法]伏尔泰:《哲学辞典》(上册),王燕生译,商务印书馆 1991 年版。

[35][法]伏尔泰:《风俗论》(上册),梁守锵译,商务印书馆 1995 年版。

[36][古罗马]查士丁尼:《法学总论——法学阶梯》,张企泰译,商务印书馆 1995 年版。

[37][古罗马]西塞罗:《论共和国》,王焕生译,上海人民出版社 2006 年版。

[38][匈]卢卡奇:《理性的毁灭》,王玖兴等译,山东人民出版社 1997 年版。

二、国内相关著述

[1]李昌麒:《经济法理念研究》,法律出版社 2009 年版。

[2]李昌麒:《中国改革发展成果分享法律机制研究》,人民出版社 2011 年版。

[3]李昌麒:《李昌麒法治论说拾遗》,人民出版社 2012 年版。

[4]种明钊等:《国家干预法治化研究》,法律出版社 2010 年版。

[5]倪正茂:《激励法学探析》,上海社会科学院出版社 2012 年版。

［6］夏勇:《人权概念起源——权利的历史哲学》,中国政法大学出版社 2001 年版。

［7］张五常:《经济解释》,商务印书馆 2000 年版。

［8］张维迎:《信息、信任与法律》,生活·读书·新知三联书店 2003 年版。

［9］张文显:《法哲学范畴研究》,中国政法大学出版社 2001 年版。

［10］张守文:《经济法理论的重构》,人民出版社 2004 年版。

［11］吕忠梅等:《规范政府之法:政府经济行为的法律规制》,法律出版社 2001 年版。

［12］吕世伦:《现代西方法学流派》,中国大百科全书出版社 2000 年版。

［13］颜运秋:《公益经济诉讼:经济法诉讼体系的构建》,法律出版社 2008 年版。

［14］韩志红、阮大强:《新型诉讼——经济公益诉讼的理论与实践》,法律出版社 1999 年版。

［15］曲安京:《中国近现代科技奖励制度》,山东教育出版社 2005 年版。

［16］盛洪:《治大国若烹小鲜——关于政府的制度经济学》,三联书店 2003 年版。

［17］姚建宗:《法律与发展研究导论》,吉林大学出版社 1998 年版。

［18］赵振宇:《奖励的科学与艺术》,科学普及出版社 1989 年版。

［19］肖江平:《中国经济法学史研究》,人民法院出版社 2002 年版。

［20］厉以宁等:《西方福利经济学述评》,商务印书馆 1984 年版。

［21］卫志民:《政府干预的理论与政策选择》,北京大学出版社 2006 年版。

［22］钱弘道:《经济分析法学》,法律出版社 2005 年版。

［23］周林军:《经济规律和法律规则》,法律出版社 2009 年版。

［24］王炎坤:《科技奖励论》,华中理工大学出版社 2000 年版。

［25］刘大生:《法律层次论》,天津人民出版社 1993 年版。

［26］郭志斌:《论政府激励性管制》,北京大学出版社 2002 年版。

［27］傅红伟:《行政奖励研究》,北京大学出版社 2003 年版。

［28］胡光聪:《外部性问题解决的经济法进路研究》,法律出版社 2010 年版。

［29］胡元聪等:《扩大农村消费需求的法律激励机制研究》,法律出版社 2012 年版。

［30］程江:《激励的本质与主体性的转化:以道德为本的激励哲学及操作模式研究》,南开大学出版社 2014 年版。

［31］曲顺兰、许可:《慈善捐赠税收激励政策研究》,经济科学出版社 2018 年版。

［32］张百灵:《正外部性视野下的环境法律激励问题研究》,知识产权出版社 2017 年版。

［33］丰霏:《法律制度的激励功能研究》,法律出版社 2015 年版。

三、论 文 类

（一）期刊论文

［1］李昌麒:《发展与创新:经济法的方法、路径与视域》(一、二),《山西大学学报

（哲学社会科学版）》2003 年第 3—4 期。

[2]李昌麒、鲁篱:《中国经济法现代化的若干思考》,《法学研究》1999 年第 3 期。

[3]倪正茂:《郑观应的法律激励思想》,《东方法学》2013 年第 2 期。

[4]倪正茂:《激励法学与法制发展》,《文汇报》2012 年 9 月 24 日。

[5]倪正茂:《激励法学要言》,《东方法学》2009 年第 1 期。

[6]倪正茂:《以法律激励自主创新》,《民主与科学》2008 年第 4 期。

[7]倪正茂:《论激励法的客观存在》,《上海市政法管理干部学院学报》2000 年第 1 期。

[8]倪正茂:《论科技法的激励原理》,《中央政法管理干部学院学报》1999 年第 3 期。

[9]倪正茂:《论企业技术进步的法律激励手段》,《政治与法律》1986 年第 1 期。

[10]程信和:《硬法、软法与经济法》,《甘肃社会科学》2007 年第 4 期。

[11]程信和:《论经济法的理论基础》,《厦门大学学报（哲学社会科学版）》2008 年第 3 期。

[12]徐孟洲:《经济法理论对法学基础理论的几点创新》,《法学论坛》2008 年第 3 期。

[13]卢代富:《〈企业所得税法〉关于公益性捐赠税前扣除规定研究——从落实公司社会责任的角度谈起》,《现代经济探讨》2009 年第 3 期。

[14]岳彩申:《理论的解释力来自哪里:中国经济法学研究的反思》,《政法论坛》2005 年第 6 期。

[15]黄河:《论我国农业补贴法律制度的构建》,《法律科学》2007 年第 1 期。

[16]黄河、李永宁:《关于西部退耕还林还草工程可持续性推进问题的几点思考——基于相关现实案例分析》,《理论导刊》2004 年第 2 期。

[17]吴越:《经济法学现实地位与思索方法之考察》,《政法论坛》2006 年第 5 期。

[18]张怡:《论非均衡经济制度下税法的公平与效率》,《现代法学》2007 年第 4 期。

[19]张守文:《论促进型经济法》,《重庆大学学报》2008 年第 5 期。

[20]史际春、孙虹:《论"大民事"》,《政法论坛》2002 年第 8 期。

[21]刘剑文:《中国财政转移支付立法探讨》,《法学杂志》2005 年第 5 期。

[22]付子堂:《法律的行为激励功能论析》,《法律科学》1999 年第 6 期。

[23]刘普生:《论经济法的回应性》,《法商研究》1999 年第 2 期。

[24]鲁篱:《经济法基本原则新论》,《现代法学》2000 年第 5 期。

[25]刘大洪、吕忠梅:《现代经济法体系的反思与重构》,《法律科学》1998 年第 1 期。

[26]江帆:《经济法实质正义及其实现机制》,《环球法律评论》2007 年第 6 期。

[27]王廷惠:《外部性与和谐社会的制度基础——兼论政府角色定位》,《广东经济管理学院学报》2006 年第 1 期。

[28]盛洪:《外部性问题和制度创新》,《管理世界》1995 年第 2 期。

［29］沈满洪、何灵巧：《外部性的分类及外部性理论的演化》，《浙江大学学报（人文社会科学版）》2002 年第 1 期。

［30］［美］诺斯：《制度创新的理论：描述、类推与说明》，载科斯：《财产权利与制度变迁》，上海三联书店、上海人民出版社 1994 年版。

［31］魏建、黄少安：《经济外部性与法律》，《中国经济问题》1998 年第 4 期。

［32］汪丁丁：《产权博弈》，《经济研究》1996 年第 10 期。

［33］李郁芳、李项峰：《地方政府环境规制的外部性分析——基于公共选择视角》，《财贸经济》2007 年第 3 期。

［34］庞永红：《"外部性"问题与"科斯定理"的伦理追问》，《道德与文明》2006 年第 5 期。

［35］张天上、于宏：《权利冲突的经济分析——外部性的视角》，《河北经贸大学学报》2007 年第 3 期。

［36］邹先德：《论经济外部性的法律特征》，《西安石油学院学报（社会科学版）》1999 年第 1 期。

［37］向景：《以礼制利：外部性的克服及其局限——对我国古代经济思想义利观的现代思考》，《怀化师专学报》2001 年第 4 期。

［38］贾丽虹、颜国芬：《外部性：个人理性向集体理性过渡的可能性——基于制度形成的分析》，《学术研究》2005 年第 12 期。

［39］刘良毕、刘明贵：《经济外部性与道德约束》，《浙江社会科学》2001 年第 4 期。

［40］陶爱萍等：《高新技术产业的外部经济性与激励性规制》，《中国科技论坛》2003 年第 3 期。

［41］孙钰：《外部性的经济分析及对策》，《南开经济研究》1999 年第 3 期。

［42］黄小勇、王军敏：《外部性与意识形态的关联性分析》，《首都师范大学学报（社会科学版）》2001 年第 6 期。

［43］谢晓尧：《惩罚性赔偿：一个激励的观点》，《学术研究》2004 年第 6 期。

［44］王冰、杨虎涛：《论正外部性内在化的途径与绩效——庇古和科斯的正外部性内在化理论比较》，《东南学术》2002 年第 6 期。

［45］朱进：《外部性与政府干预行为》，《长江论坛》2003 年第 2 期。

［46］郑长德：《外部性、科斯定理与最优产权结构》，《西南民族学院学报（哲学社会科学版）》2003 年第 1 期。

［47］刘笑平、雷定安：《论外部性理论的内涵及意义》，《西北师大学报（社会科学版）》2002 年第 3 期。

［48］申来津：《法律与行为选择：法律激励及其发生机制》，《法学杂志》2006 年第 4 期。

［49］梁高峰、李录堂：《正外部性问题法律解浅议》，《甘肃理论学刊》2007 年第 4 期。

［50］凌祁漫、谢晓尧：《也论知识产权的冲突与协调——一个外部性的视角》，《思

想战线》2007 年第 2 期。

　　[51]李艳芳:《"促进型立法"研究》,《法学评论》2005 年第 3 期。

　　[52]陈昶屹:《论"促进型立法"的形成背景》,《北京行政学院学报》2005 年第 1 期。

　　[53]焦海涛:《论"促进型"经济法的功能与结构》,《政治与法律》2009 年第 8 期。

　　[54]刘志强:《论促进型法律之法律责任》,《社科纵横》2010 年第 10 期。

　　[55]李龙亮:《促进型立法若干问题探析》,《社会科学辑刊》2010 年第 4 期。

　　[56]李友根:《法律奖励论》,《法学研究》1995 年第 4 期。

　　[57]汪习根、滕锐:《论区域发展权法律激励机制的构建》,《中南民族大学学报(人文社会科学版)》2011 年第 2 期。

　　[58]郑显文:《中国古代关于见义勇为的立法》,《中外法学》1999 年第 6 期。

　　[59]金善明:《反垄断执行中的宽恕政策评估》,《重庆社会科学》2009 年第 1 期。

　　[60]方纯:《法律的激励机制及其实现条件》,《广西民族学院学报(哲学社会科学版)》2006 年第 4 期。

　　[61]李杰生:《基于正外部性的我国农业保险问题透析》,《西安航空技术高等专科学校学报》2008 年第 4 期。

　　[62]喻燕《农地正外部性及其内在化途径》,《国土资源科技管理》2007 年第 6 期。

　　[63]杨惠、熊晖:《农地管制中的财产权保障——从外部效益分享看农地激励性管制》,《现代法学》2008 年第 3 期。

　　[64]倪清燃:《从教育的外部性角度谈政府对教育的补贴问题》,《宁波大学学报(教育科学版)》2006 年第 1 期。

　　[65]乐志强、高鹏:《论高等教育外部性内在化的政府补贴措施》,《高教探索》2007 年第 5 期。

　　[66]吴雅杰:《试论教育的正外部性及政府作用》,《民族教育研究》2009 年第 1 期。

　　[67]喻林红:《食品安全有奖举报日趋完善缺常态化》,《中国食品安全报》2011 年 10 月 13 日。

　　[68]黄灿宏、王炎坤:《国外政府科技奖励的基本情况及特点》,《科学研究》1999 年第 1 期。

　　[69]史明浩:《南非政府设立的科技奖励情况》,《中国科技奖励》1999 年第 3 期。

　　[70][加]吕文峰:《以税务奖励政策促进科技发展的探讨——加拿大经验的介绍及对中国的相关建议》,《贵州财经学院学报》2000 年第 4 期。

　　[71]徐建生:《论民国初年经济政策的扶植与奖励导向》,《近代史研究》1999 年第 1 期。

　　[72]郑士贵:《德国的劳动激励法》,《管理科学文摘》1997 年第 8 期。

　　[73]崔秀花:《简论新的企业所得税法对提高自主创新能力的激励作用》,《价格月刊》2008 年第 5 期。

　　[74]岳天明:《社会运行规范化与西北民族社会的和谐》,《新疆大学学报(人文社

会科学版)》2005 年第 6 期。

　　[75]叶姗:《企业所得税税收优惠的法律分析》,《江西财经大学学报》2008 年第
1 期。

　　[76]丰霏:《法律激励的理想形态》,《法制与社会发展》2011 年第 1 期。

　　[77]丰霏:《法律治理中的激励模式》,《法制与社会发展》2012 年第 2 期。

　　[78]丰霏:《论法律制度激励功能的分析模式》,《北方法学》2010 年第 2 期。

　　[79]丰霏、王霞:《论见义勇为的奖金激励条款》,《当代法学》2010 年第 3 期。

　　[80]丰霏、王天玉:《法律制度激励功能的理论解说》,《法制与社会发展》2010 年
第 1 期。

　　[81]陈治:《财政激励、金融支农与法制化——基于财政与农村金融互动的视角》,
《当代财经》2010 年第 10 期。

　　[82]王冬:《法学视域下正外部性激励问题考辨》,《西南民族大学学报(人文社科
版)》2008 年第 11 期。

　　[83]吴越秀:《默顿学派科学奖励思想评析》,《兰州学刊》2006 年第 12 期。

　　[84]尹亚明:《奖励问题的法学思考》,《政法论坛》1997 年第 4 期。

　　[85]刘海燕:《论奖励的适度性》,《湖南社会科学》2004 年第 3 期。

　　[86]杨万明:《论奖励性法律规范》,《法学研究》1985 年第 4 期。

　　[87]钱伟:《中国社会科学院优秀科研成果奖励制度演进浅析》,《社会科学管理与
评论》2007 年第 1 期。

　　[88]钱宁峰:《论国家荣誉制度的宪法基础》,《法律科学》2008 年第 5 期。

　　[89]刘墨兰:《论我国的科技奖励法律制度》,《中共济南市委党校学报》2006 年第
2 期。

　　[90]朱中彬:《外部性的三种不同涵义》,《经济学消息报》1997 年 7 月 23 日。

　　[91]林毅夫:《关于制度变迁的经济学理论:诱致性变迁与强制性变迁》,载科斯:
《财产权利与制度变迁》,上海三联书店、上海人民出版社 1994 年版。

　　[92]刘水林、雷兴虎:《论经济法的社会经济功能》,《法学评论》2004 年第 2 期。

　　[93]郑鹏程:《论经济法制定与实施的外部性及其内在化》,《中国法学》2003 年第
5 期。

　　[94]邓纲:《侵权之诉还是政府干预——经济法与民法视野中的外部性矫正问
题》,《现代法学》2001 年第 1 期。

　　[95]颜文垚、郑文力:《中国古代激励思想演变浅析》,《重庆科技学院学报(社会科
学版)》2008 年第 4 期。

　　[96]张伟:《行政奖励的行政法思考》,《天水行政学院学报》2005 年第 2 期。

　　[97]潘墨涛:《行政奖励科学化:原则、机制和保障》,《理论探索》2012 年第 2 期。

　　[98]丁美东:《个人慈善捐赠的税收激励分析与政策思考》,《当代财经》2008 年第
7 期。

　　[99]王兴运:《奖励与惩罚并举:双轨制经济法律保障制度研究》,《经济法研究》

2008 年第 1 期。

［100］袁珂:《经济法中奖励制度的完善思路探析》,《哈尔滨职业技术学院学报》2014 年第 6 期。

［101］王丽华:《完善我国捐赠人税收优惠制度的法律思考》,《法治论丛》2006 年第 4 期。

［102］王岚、蓝慰慰:《论我国公益诉讼激励机制之构建》,《玉林师范学院学报》2006 年第 4 期。

［103］王兴运:《"牛玉琴等人的法律难题"解析》,《河北法学》2005 年第 7 期。

［104］胡元聪、杨秀清:《农村金融正外部性的经济法激励——基于完善农村金融法律体系的视角》,《农业经济问题》2010 年第 10 期。

［105］胡元聪、李美珍:《正外部性视野下我国个人捐赠的税法完善探析》,《税务与经济》2010 年第 1 期。

［106］胡元聪:《经济法的激励功能与外部性解决分析》,《社会科学论坛(学术研究卷)》2009 年第 10 期。

［107］胡元聪:《农业正外部性解决的经济法分析》,《调研世界》2009 年第 5 期。

［108］胡元聪:《我国法律激励的类型化分析》,《法商研究》2013 年第 4 期。

［109］胡元聪、王俊霞:《科技创新正外部性的经济法激励探讨》,《科技与经济》2013 年第 5 期。

［110］胡元聪、胡丹:《林业正外部性的经济法激励探讨》,《林业经济》2013 年第 11 期。

［111］胡元聪、曲君宇:《商业信息数据有偿共享制度构建研究》,《福建论坛·人文社会科学版》2020 年第 9 期。

［112］胡元聪:《区块链技术激励机制的类型化分析》,《学术界》2021 年第 1 期。

［113］胡元聪:《区块链技术激励机制的制度价值考察》,《现代法学》2021 年第 2 期。

［114］胡元聪 :《法与经济学视野中的外部性及其解决方法分析》,《现代法学》2007 年第 6 期。

(二)硕士博士学位论文

［1］贾丽虹:《外部性理论及其政策边界》,华南师范大学 2003 年博士学位论文。

［2］石声萍:《经济外部性问题研究》,西南农业大学 2004 年博士学位论文。

［3］丰霏:《法律制度的激励功能研究》,吉林大学 2010 年博士学位论文。

［4］俞海山:《消费外部性的经济学、人口学分析》,华东师范大学 2005 年博士学位论文。

［5］林成:《从市场失灵到政府失灵:外部性理论及其政策的演进》,辽宁大学 2007 年博士学位论文。

［6］姚昆仑:《中国科学技术奖励制度研究》,中国科学技术大学 2007 年博士学位论文。

[7]路艳娥:《法经济学视野中的权利冲突》,武汉大学 2005 年硕士学位论文。

[8]杨德田:《论我国公司社会责任立法规制之完善》,中南大学 2006 年硕士学位论文。

[9]付斌:《我国普通高等教育的经济学分析》,四川师范大学 2007 年硕士学位论文。

[10]王传宏:《我国行政法律奖励制度研究》,中国政法大学 2009 年硕士学位论文。

[11]李肖:《奖励性规范法律问题研究》,中国政法大学 2010 年硕士学位论文。

[12]龙明选:《论经济法奖励制度的完善》,湘潭大学 2012 年硕士学位论文。

[13]张雯雯:《经济法鼓励性规范和奖励后果研究》,兰州大学 2017 年硕士学位论文。

[14]黄昕宇:《论经济法的激励功能》,贵州大学 2015 年硕士学位论文。

[15]戴小宝:《李世民的人才激励问题研究——以古代正激励机制为范畴的溯及和考察》,南昌大学 2007 年硕士学位论文。

四、外 文 资 料

[1] J. Austi, *The Province of Jurisprudence Determined*, London: Weidenfeld & Nicolson, 1954.

[2]Guido Calabresi and A. Douglas Melamed. "Property Rules, Liability Rules, and Inalienability: One View of the Cathedral." *Harvard Law Review*, 85.6(1972).

[3]Immanul Kant, *Kant Political Writings*, Edited by H. S. REISS, Cambridge University Press, 1970.

[4]Aristotle, *The Nikomachea Ethics*, Penguin Books, Revised edition, 1976.

[5]Laurent Hodges, *Environmental Pollution*, Holt, Rine-hart and Winston, Inc, 1973.

[6]George E. Rejda, *Principles of Risk Management and Insurance*(*Fifth edition*), New York: Harper Collins College Publishers, 1995.

[7]J. E. Parkinson, *Corporate Power and Responsibility: Issues in the Theory of Company Law*, Oxford University Press, First Edition(London), 1993.

[8]Douglass. C. North and Roerbt. P. Thomas., *the rise of the west world*, Cambridge University Press, 1973.

[9] Friedman. M, *Essays in Positive Economics Chicago*, University of Chicago Press, 1953.

[10] Johnson. Paul, *The civilization of ancient Egypt*, London: Weidenfeld & Nicolson. 1999.

[11]A Martya Sen, *Choice Welfare and Measuremant*, Oxford Blackwell Co, 1982.

[12]Claphan. J. h. "On Empty Economic Box." *Economic Journal*, 1922(32).

[13] Ronald Coase. "The Problem of Social Cost." *Journal of Law and Economics*,

Vol. 3.No. 1. 1960.

[14] Becker, G. S., "Crime and Punishment: An Economic Approach." *Journal of Political Economy*, 1986, 76.

[15] Rutherford Smith. "Social Responsibility: A Term We Can Do Without." *Business and Social Reviewm*, 1986(2).

[16] R.Stewart. "Regulation in a Liberal State: The Role of Non-commodity Values." *Yale Law Journal*, 1983(92).

[17] Talbot, Page. "On the problem of achieving efficiency and equity, intergeneration ally." *Land Economics*, 1997(4).

[18] Howarth R B. "Sustainability as Opportunity." *Land Economics*, 1997(4).

[19] Bator, F. M. "The Anatomy of Market Failure." *Quarterly Journal of Economics*, (1958) 72.

[20] Tibor Scitovsky. "Two Concepts of External Economies." *The Journal of Political Economy*, 1954(2).

责任编辑：茅友生

图书在版编目（CIP）数据

正外部性的经济法激励机制研究/胡元聪 著. —北京：人民出版社，2021.7
　（2022.10 重印）
（国家社科基金后期资助项目）
ISBN 978－7－01－022767－2

Ⅰ.①正… Ⅱ.①胡… Ⅲ.①经济法-研究 Ⅳ.①D912.290.4

中国版本图书馆 CIP 数据核字（2020）第 250160 号

正外部性的经济法激励机制研究

ZHENGWAIBUXING DE JINGJIFA JILI JIZHI YANJIU

胡元聪 著

人民出版社 出版发行
（100706 北京市东城区隆福寺街 99 号）

北京中科印刷有限公司印刷 新华书店经销

2021 年 7 月第 1 版 2022 年 10 月北京第 2 次印刷
开本：710 毫米×1000 毫米 1/16 印张：21
字数：320 千字

ISBN 978－7－01－022767－2 定价：118.00 元

邮购地址 100706 北京市东城区隆福寺街 99 号
人民东方图书销售中心 电话 （010）65250042 65289539